Construction Technology of Large-Span Flying Swallow Arch
Bridge with Irregular Curved Arch Ribs in High-Intensity Areas
— Taking Jingxiong Bridge as an Example

高烈度地区空间异形曲面拱肋
大跨径飞燕式拱桥建造技术
——以京雄大桥为例

黄　新　王永明　唐　琪　刘子健　等　编著

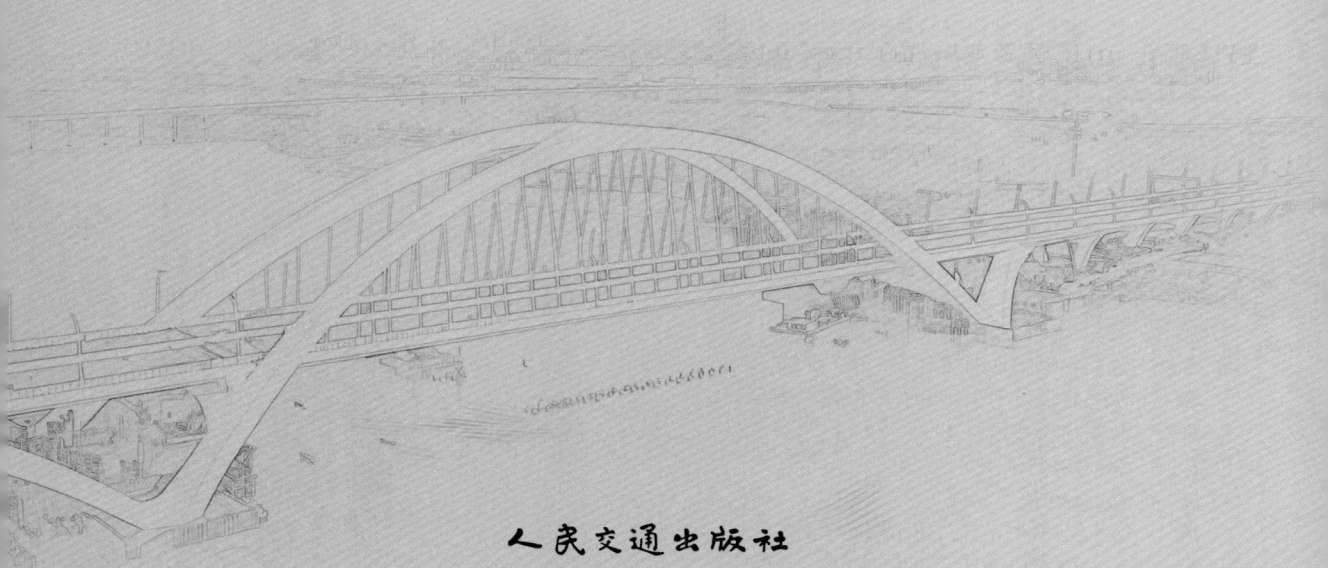

人民交通出版社
北　京

内 容 提 要

本书基于京雄大桥项目的建设实践及其科研创新与技术攻关成果,系统介绍了高烈度地区空间异形曲面拱肋大跨径飞燕式拱桥建造技术。本书聚焦高烈度地区空间异形曲面拱肋大跨径拱桥建造的安全性和可靠性,重点阐述了工程设计技术、智能建造技术和数字技术应用,总结凝练了涉河工程 PPP 项目管理的总体思路与做法,可为类似项目的建设提供有益的参考。

本书可供从事桥梁工程建设的工程技术人员阅读借鉴,也可作为高等院校相关专业师生的参考书。

图书在版编目(CIP)数据

高烈度地区空间异形曲面拱肋大跨径飞燕式拱桥建造
技术 : 以京雄大桥为例 / 黄新等编著. — 北京 : 人民
交通出版社股份有限公司, 2025. 6. — ISBN 978-7-114-
20399-2

Ⅰ. U448.22

中国国家版本馆 CIP 数据核字第 2025H6R605 号

Gao Liedu Diqu Kongjian Yixing Qumian Gonglei Da Kuajing Feiyanshi Gongqiao Jianzao Jishu
——yi Jing-Xiong Daqiao Weili

书　　名:	高烈度地区空间异形曲面拱肋大跨径飞燕式拱桥建造技术——以京雄大桥为例
著 作 者:	黄　新　王永明　唐　琪　刘子健　等
责任编辑:	袁倩倩
责任校对:	赵媛媛
责任印制:	张　凯
出版发行:	人民交通出版社
地　　址:	(100011)北京市朝阳区安定门外外馆斜街 3 号
网　　址:	http://www.ccpcl.com.cn
销售电话:	(010)85285911
总 经 销:	人民交通出版社发行部
经　　销:	各地新华书店
印　　刷:	北京市密东印刷有限公司
开　　本:	787×1092　1/16
印　　张:	18
字　　数:	429 千
版　　次:	2025 年 6 月　第 1 版
印　　次:	2025 年 6 月　第 1 次印刷
书　　号:	ISBN 978-7-114-20399-2
定　　价:	128.00 元

编委会

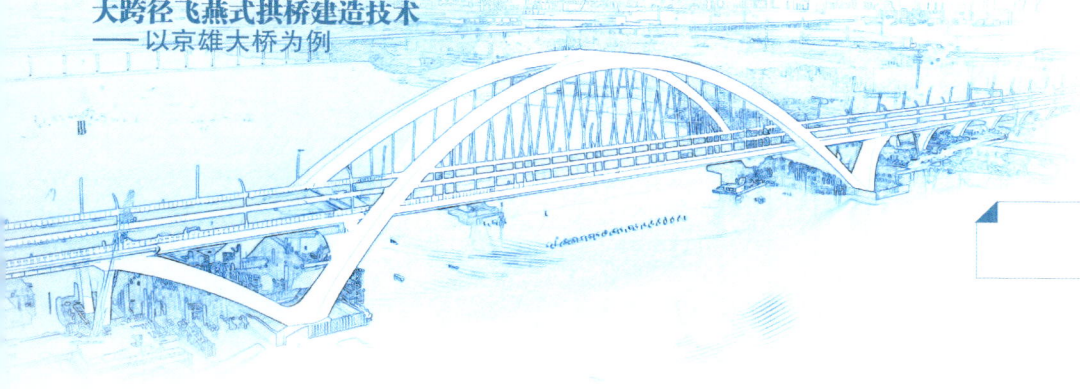

序

改革开放特别是党的十八大以来,我国交通事业实现跨越式发展,建成了一批具有世界影响力的跨海、跨江桥梁工程,创造了举世瞩目的建设成就。为深入贯彻中共中央、国务院印发的《交通强国建设纲要》战略部署,加速完善城市群快速公路网络,在工程建设中不可避免地面临公路、城市道路等跨越河流的需求,且涉河工程数量较多。鉴于河流汛期对涉河桥梁的影响大,跨河桥梁工程的设计、施工、管理、运维全周期均须严格遵循技术规范,对于高烈度地震区大跨径跨河复杂桥梁,更应建立全生命周期的安全保障体系。

为落实《河北雄安新区规划纲要》关于"完善雄安新区与外部连通的高速公路、干线公路网""实现新区60分钟到北京、天津"的战略要求,服务北京非首都功能疏解重大国家战略,北京市人民政府组织实施了京雄高速公路(北京段)工程。作为全线控制性节点工程,京雄大桥自立项起便受到社会各界广泛关注。北京市市政工程设计研究总院有限公司牵头的设计联合体,历时两年完成"跨越之虹"空间异形钢箱拱桥设计方案论证。经中铁上海工程局集团有限公司组织多轮专家评审,项目先后于2021年3月通过涉河方案专项审查、7月完成施工技术方案终审,2021年7月正式进入全面实施阶段。施工团队科学组织施工,于2022年6月攻克主桥基础技术难关,2023年6月实现主拱肋精准合龙,12月28日全面建成通车。在建设全周期内,各参建方需同步突破技术瓶颈、管控高危风险、严守质量红线,面对三重压力叠加的严峻挑战,通过全过程精细化管理和技术创新,最终将这一复杂工程从蓝图变为现实。

中铁上海工程局集团有限公司联合中铁投资集团有限公司、中铁京雄(北京)高速公路发展有限公司、北京市市政工程设计研究总院有限公司、中铁大桥科学研究院有限公司和北京京博通工程咨询有限公司，以世界主跨最大的空间异形扭曲钢箱拱肋拱桥——京雄大桥为工程载体，构建了"设计-施工-运维"一体化技术管理体系。面对桥梁与河道安全协同的技术挑战，各参建方开展系统性攻关：在管理机制上搭建跨领域协同创新平台，在设计技术中攻克空间异形曲面精准建模难题，在施工中创新非通航水域地质适配工艺，在形态控制领域研发动态几何反馈系统，在 BIM 应用方面实现全周期数据贯通，在运维阶段构建智能预警体系。通过设计与施工深度融合，不仅突破了大跨径拱桥建造的技术瓶颈，而且形成了可复制推广的技术解决方案库，为同类工程提供重要参考。

本书从设计与施工的角度出发，立足 PPP 项目管理模式，系统总结了本工程的关键技术。在管理过程中严格执行水利部海河水利委员会和北京市水务局河道管理规定，全面落实标准化、规范化及信息化管理。本工程设计与施工推行了多项创新技术甚至首创技术，如五孔钢－混凝土混合梁＋三角刚架结构体系、不通航水域胶结状卵石地质深水基础施工技术、大跨径空间异形曲面拱肋加工制造技术、大跨径空间异形曲面拱肋线形控制技术等，这一系列设计与施工技术的构思巧妙与精准控制均在工程建设过程中一一体现。

本书研究成果在三个维度实现突破：技术创新层面，构建了 BIM 正向设计与智能建造融合的技术体系，为异形拱桥建设提供标准化解决方案；管理创新维度，开创了涉河工程 PPP 项目多参与方协同管理新模式；行业价值层面，形成了"技术驱动＋管理赋能"的基建升级新范式。这些成果不仅推动了交通基础设施向智能化、精细化迈进，更为新时代工程高质量发展提供了理论支撑与实践范例。

中国工程院院士：

2025 年 4 月

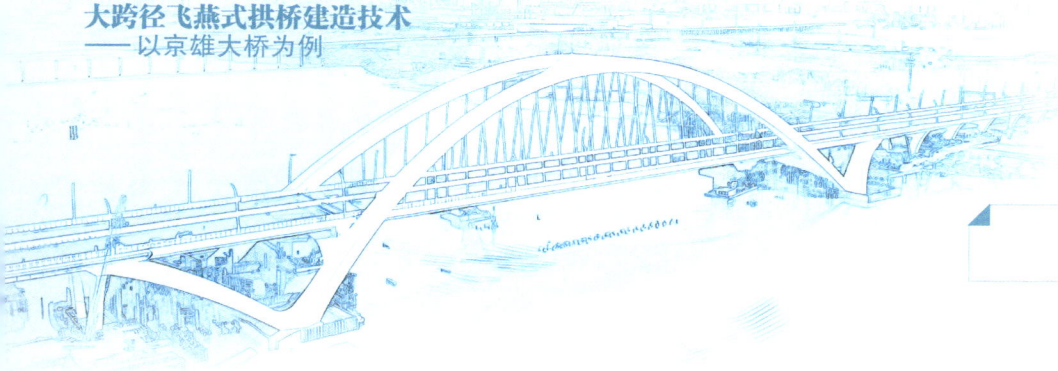

前言

　　京雄大桥是世界主跨最大的空间异形扭曲钢箱拱肋拱桥,在永定河平原南段长兴湿地内跨越永定河。对于大跨径空间异形钢箱拱肋拱桥的建造而言,在满足河道要求的前提下,保证桥梁结构建造的安全和质量是重中之重。前所未有的水阻比、景观要求、复杂地质和几近严苛的精度控制要求,使该工程的设计与施工面临严峻的挑战。为此,项目研发团队开展了多项科研与技术攻关,在广泛吸纳国内外相关工程实践经验的基础上,首创了 60m + 50m + 300m + 50m + 60m 五孔钢-混凝土混合梁 + 三角刚架飞燕系杆拱桥形式,研发了不通航水域胶结状卵石地质深水基础施工技术,创新了空间异形钢箱拱肋加工制造和线形控制技术,融入了 BIM、三维扫描、信息化管理等一系列新技术;在施工过程中,主梁和主拱钢结构构件在工厂集中加工,采用大型浮式起重机进行拼装,辅以施工监测和成桥健康监测系统进行桥梁全生命周期监控。以上这些措施,在既有条件下最大限度地减少对河道的影响,同时保证了主桥工程施工的安全可靠,大大降低了工程风险。

　　事非经过不知难,成如容易却艰辛。经过多方共同努力,2023 年 6 月 17 日,主桥拱肋顺利合龙;12 月 28 日,主桥建成通车。京雄大桥主拱优雅轻盈的现代感造型与大自然的远山静水融合成一幅静谧的和谐画卷,使其成为首都北京西南部新的地标建筑。在建设过程中,巴西国家电视台、中国中央电视台、人民日报社等多家国家和地方媒体相继进行了报道,引起了业内普遍关注。

　　本书记录了京雄大桥工程建设过程的诸多突破性进展与标志性成果。全书由中铁上海工程局集团有限公司组织编写,共分为五篇二十四章。第一篇"工程概况",介绍了项目基本情况、工程方案比选、建设条件及技术标准,归纳涉河工程建设要点,简要分析了涉河工程PPP项目管理模式的优点。第二篇"工程设计",先对桥梁总体设计和关键节点设计进行了阐述,进而对桥梁的结构体系进行了对比分析,最后对桥梁抗震和抗风性能进行了论述。第三篇"工程施工",介绍了桥梁的总体施工组织思路,针对桥梁建造的关键工序、深水基础施工、不通航水域钢梁施工、大跨径空间异形曲面拱肋加工制造,以及施工监控和成桥荷载试验等方面内容进行了重点介绍。第四篇"数字技术应用",对数字技术的整体策划,设计、施工和运维各阶段的应用,分别进行了介绍。第五篇"工程创新与展望",对本桥设计、施工、监控的技术创新进行了系统总结,同时对未来桥梁的建造技术进行了展望。

从立项到项目竣工是一项庞大的系统工程,无论是在项目前期还是在项目实施过程中,京雄大桥项目得到了北京市发展和改革委员会、北京市交通委员会、水利部海河水利委员会、中国中铁股份有限公司等上级管理部门的全面支持,尤其是北京市永定河管理处、中铁投资集团有限公司、中铁京雄(北京)高速公路发展有限公司、北京京博通工程咨询有限公司和中铁大桥勘测设计院集团有限公司多次组织会审,各级领导亲临现场指导,解决了工程设计与施工一系列难题。北京市房山区、大兴区和丰台区各级部门为项目实施提供全方位保障,解决工程推进中很多实际困难。北京市交通运输综合执法总队十六支队,在项目实施过程中,对工程安全、质量等方面进行了全面督导与落实。借此书出版之际,对参与、支持与帮助工程建设的单位及个人表示衷心的感谢!

同时,在本书编写过程中,得到了北京工业大学、合肥工业大学、中铁上海工程局集团第一工程有限公司、中铁上海工程局集团建筑工程有限公司、中铁山桥集团有限公司及柳州欧维姆机械股份有限公司等单位的大力支持,在此表示诚挚的谢意。北京工业大学张文学教授,合肥工业大学牛忠荣教授、胡宗军副教授,中铁二院工程集团有限责任公司王应良教授级高级工程师,中铁上海工程局集团有限公司孙爱军教授级高级工程师对书稿进行了深入审查,并给出了具体修改完善建议,中铁上海工程局集团有限公司王永明、唐琪、王迎彬、朱邦志,北京市市政工程设计研究总院有限公司刘子健、杨文忠,中铁大桥科学研究有限公司陈忠宇中做了大量的插图处理与文档编辑工作,在此一并感谢!

由于作者水平有限,本书内容难免有不当之处,敬请读者提出宝贵意见。

作　者
2025 年 5 月

目录

第一篇 工程概况

第二篇 工程设计

第三篇　工程施工

第四篇　数字技术应用

第五篇　工程创新与展望

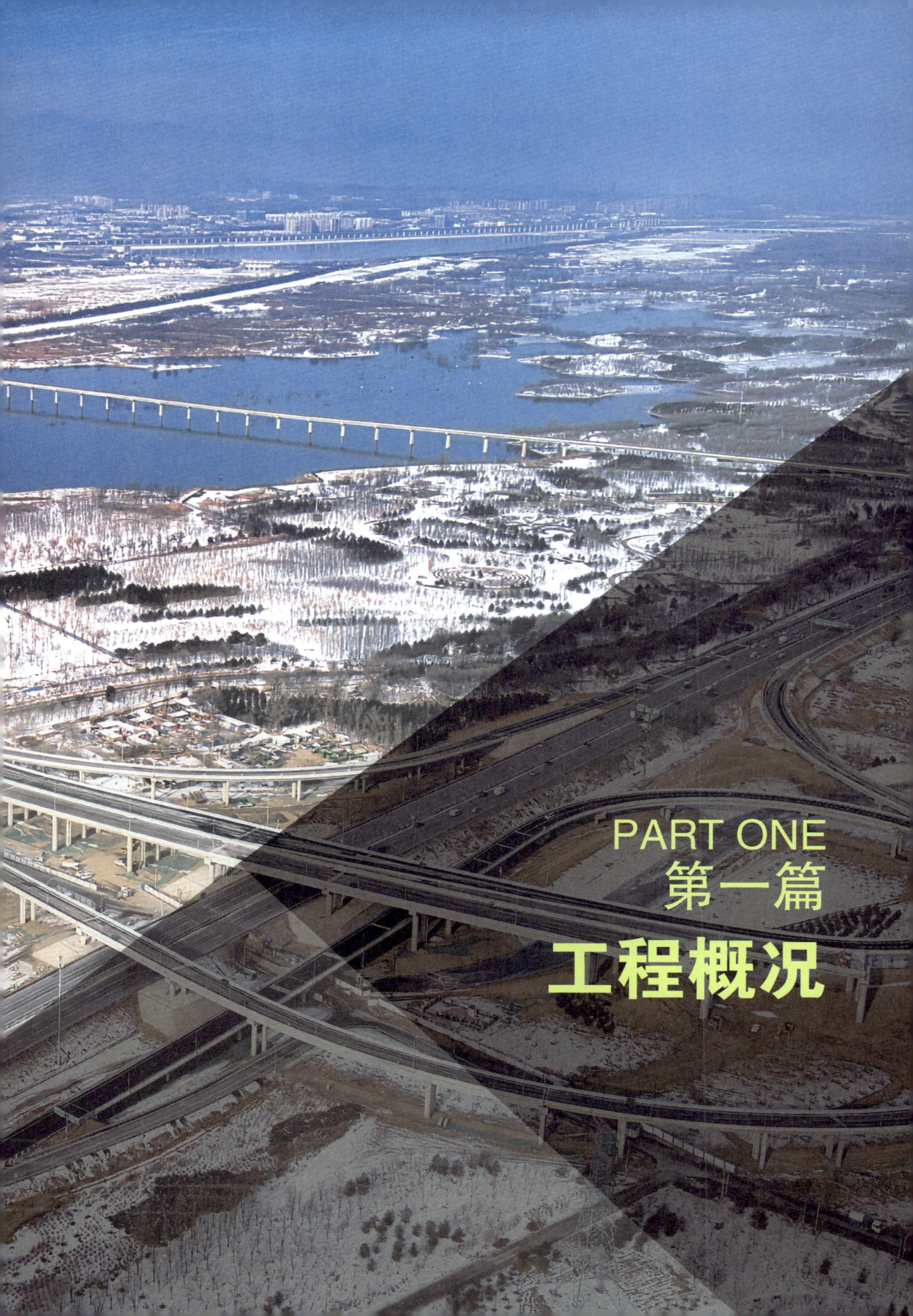

PART ONE
第一篇
工程概况

第一章 工程简介

第一节 工程背景

河北雄安新区（简称"雄安新区"）距北京、天津均为 105km，距石家庄 155km，距保定 30km，距北京大兴国际机场 55km。设立雄安新区，是以习近平同志为核心的党中央深入推进京津冀协同发展做出的一项重大决策部署，对于集中疏解北京非首都功能、探索人口经济密集地区优化开发新模式、调整优化京津冀城市布局和空间结构、培育创新驱动发展新引擎，具有深远历史意义和重大现实意义。

中共中央、国务院印发的《交通强国建设纲要》（2019 年第 28 号）提出：建设城市群一体化交通网，推进干线铁路、城际铁路、市域（郊）铁路、城市轨道交通融合发展，完善城市群快速公路网络，加强公路与城市道路衔接。

中共中央、国务院批复的《河北雄安新区规划纲要》提出：构建"四纵三横"区域高速公路网。"四纵"为京港澳高速、大广高速、京雄高速（含新机场北线高速支线）、新机场至德州高速，"三横"为荣乌高速新线、津雄高速、津石高速。京雄高速是该区域高速公路网的重点项目之一。

京雄高速是连接北京城区与雄安新区最便捷的高速公路，它的建成通车对于构建北京中心城区与雄安新区之间"1 小时交通圈"，服务京津冀协同发展交通一体化进程具有重要意义。京雄高速的建成不仅对推动京津冀协同发展交通一体化具有重要意义，随着交通一体化建设的不断完善，也将有力带动三地的经济社会发展，增进民生福祉。京雄高速不仅强化了北京南部地区与中心城区、大兴国际机场与雄安新区的相互联系，更为雄安新区建设发展、北京非首都功能疏解以及京津冀协同发展提供了交通服务保障。京雄高速公路（北京段）跨永定河大桥（简称"京雄大桥"，图 1-1）是京雄高速北京段的控制性工程，是雄安新区进出北京中心城区的门户，也是京雄高速的重要节点工程。

图 1-1 京雄大桥

第二节 工程方案比选

一、设计方案

1.方案征集

2018 年 6 月,建设单位针对京雄大桥的特殊性,组织国内设计单位进行桥型设计方案征集,共征集到 14 个方案。经交通规划、桥梁结构、建筑景观和水利及地质等方面专家评审,评选出其中 6 个方案,见表 1-1。

大桥比选方案表 表 1-1

排序	方案名称	方案效果图
1	共济之桥	
2	跨越之虹	
3	永定塔影	
4	大道至简	
5	乐动之桥	

续上表

排序	方案名称	方案效果图
6	百舸争流	

经对评选出的方案进行深入研究和分析,由于"共济之桥"桥型不满足河道阻水要求,最终确定了适合本项目的三个具有代表性的方案,即拱式桥"跨越之虹"、斜拉桥"永定塔影"、梁式桥"大道至简",并由北京市市政工程设计研究总院有限公司(简称"北京市政总院")和阿海普建筑设计咨询(北京)有限公司(简称"法铁")联合体单位共同进行方案设计和优化。

京雄大桥位于北京市西南部,上跨永定河,为北京的西南门户。永定河呈西北—东南走向,是北京西部发展带的重要组成部分,也是西南部地区的绿色生态走廊、文化休闲发展带和低碳产业基地。京雄大桥位于永定河中段,与西部山脉、北京中心城构成 V 形对景结构。远景的山、城与近景的水、岸构成其主要的景观元素。

基于对大桥整体方案的理解,北京市政总院和法铁联合体从交通需求、技术特点、经济性和美观性等多个维度出发,根据方案征集确定的拱式桥、斜拉桥、梁式桥三个方案,逐步细化并形成最终方案。以下是对这三个方案的详细阐述:

(1)拱式桥方案。

此建筑概念源自首都北京与雄安新区的双城联结。北京,作为一座历史悠久的名城,承载着深厚的文化底蕴;雄安新区,作为新兴的特区,依托白洋淀自然湿地,致力于展现具有前瞻性的未来城市设计理念。大桥将两座不同类型的城市紧密相连,成为两者未来交流的重要纽带。设计方案中,Y 形的双拱与 Y 形的桥面结合,向来自桥两端的人们展示出两种截然不同的气质。这座大桥不仅体现了人造公路与自然景观的和谐共生,也展现了传统元素与现代结构的兼容并举,更成为首都北京与雄安新区的双城门户。拱作为最经典的结构形式之一,跨越古今,连接北京与雄安。450m 跨径的拱桥,在车辆穿桥而过的过程中产生极强的视觉冲击感。具体设计方案详见图 1-2。

(2)斜拉桥方案。

此建筑概念取自中国传统写意山水的经典构图——塔、水、远山。挺拔的桥塔借景永定河水与起伏的西山,神韵上巧妙地契合了中国传统山水的意境,使大桥融入自然环境中,浑然天成。简洁的桥塔设计结合近景的水与远景的西山,共同构成了桥、水、远山的构图,桥巧妙地与自然环境融合;桥塔中部的镂空结合横向结构杆件,形成的剪影与中国古塔的造型相呼应,现代化的外形中蕴含着传统的元素;由于结构受力的需求,桥塔两端的拉索呈不对称布局,使人们在进京与出京时感受到截然不同的动态韵律。斜拉桥具有简洁而鲜明的形象,以尽可能少的线条,轻盈悬浮于水上。白天通透消隐,以桥塔作为形象主体;夜间通过对拉索的照明勾勒山的轮廓,呼应北京西部的山脉,从而具有"横看成岭侧成峰"的意味。主桥桥型为独塔双索面混合梁斜拉桥,主梁为半漂浮体系,主桥桥梁跨径为 320m + 210m,主桥全桥长 530m。塔柱为 A 形塔,在桥塔下横梁处设置支座。主梁采用分离式钢箱梁,在拉索处设置横梁将主梁横向连成一体。具体设计方案详见图 1-3。

图 1-2　拱式桥设计方案

图 1-3　斜拉桥设计方案

（3）梁式桥方案。

梁式桥方案平实内敛，低调谦和，不凸显个性，体现结构的极简化处理；用现代雕塑手法处理壳体造型，桥体表面适当做光滑处理，与自然水景形成一定程度的映像，将景观延伸至桥体表面，与自然和谐共生。依据河道跨径、墩形、上部结构受力特点，梁式桥采用五跨连续混合梁刚架桥，跨径布置为 90m + 3 × 120m + 90m，主桥全长 540m，两侧引桥布置均为跨径 60m 的现浇混凝土箱形梁结构。具体设计方案详见图 1-4。

2. 方案优化

2019 年 7 月，北京市政总院和法铁联合体在细化的拱式桥、斜拉桥和梁式桥三个方案的基础上，充分结合规划条件、水利条件及永定河综合治理要求，对桥型方案进一步开展了深入研究。具体设计思路详见图 1-5。

2020 年初，北京市规划和自然资源委员会组织北京市政总院和法铁联合体与市属各部门充分沟通配合，重点围绕永定河历史文化挖掘、桥梁方案与永定河生态修复和综合治理工程衔接、精细化设计和投资优化等方面对三个桥型方案又进行了多轮深化研究和优化。通过综合比选,拱式桥方案脱颖而出,其主要优化历程详见图1-6。

图1-4　梁式桥设计方案

京雄高速上的第一桥,应该是一座怎样的桥?
As the first bridge on Jing xiong Expressway, what kind of bridge should be?

1.永定河的历史,就是人与自然相生相伴的历史,是一种从依附到征服再到最终走向和谐共生的过程。
2.京雄高速的建设就是贯彻新发展理念,实现"一核"带动"两翼",推动京津冀协同发展,助力雄安新区展翅高飞。
3.根据这些解读提炼出京雄大桥"联运跨越、和谐共生"的建设理论。

图1-5　桥梁方案设计思路

北京市规划和自然资源委员会于2020年8月19日正式发布《关于京雄高速公路(北京段)工程跨永定河大桥桥梁设计方案的批复》(京规自函〔2020〕1707号),确定京雄大桥桥型按照拱式桥方案("跨越之虹"方案)实施,主桥桥梁结构形式为中承式系杆拱桥,具体设计方案详见图1-7。

a)竞标阶段:主孔450mY形拱　　　b)方案阶段:主孔350m提篮拱(带立柱)

图　1-6

c)洪评阶段：主孔300m提篮拱（带斜腿）　　　　d)审批阶段：取消斜腿（五孔）

图1-6　拱式桥方案优化历程

拱式桥方案体现了北京与雄安的双城联结
大桥将跨越自然，
连接京雄两座城市，
成为两者未来重要的沟通媒介

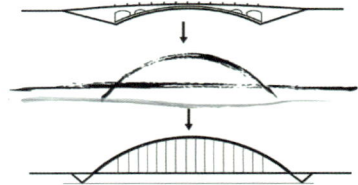

传统元素与现代结构之兼容并举

文化元素

 ▶  ＋ 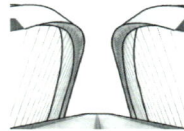 ＝

◎主拱顶部横撑采用抽象后的中国结选型，创造出交织扭转的视觉体验，在体现跨越概念的现代化外形中蕴含着传统元素

传统元素+韵律感

 ＋ ▶

◎引桥的桥墩采用V形设计，呈一字排开，在视觉上形成主拱韵律的延续。主拱的大尺度跨越与引桥的小尺度排列，共同构成了一个在永定河上交织跨越的中国结形象

简洁—通透—灵动—富于变化

大桥效果图

□ 大桥总长1620m，主桥长520m，主桥宽48m。
□ 主拱矢高75m，矢跨比1:4，横桥向偏角17.05°，桥面单向纵坡0.4%。
□ 结构体系采用主跨300m空间异形拱肋飞燕式提篮钢箱拱桥，总用钢量约2万t

图　1-7

图 1-7　京雄大桥最终设计方案

二、施工方案

因本工程为涉河项目,国内外均无类似工程施工的先例,大桥施工面临着景观要求高、桥梁形态多变、地质情况复杂、建造精度控制难以及全生命周期数字化技术应用等多个亟待突破的重大难题。京雄大桥各参建单位对此高度重视,2020 年 12 月,成立了专门的技术攻关小组。小组充分研究了项目重难点及桥型、建设条件、场地条件等因素,先后于 2021 年 1 月、2021 年 3 月和 2021 年 7 月邀请内外部专家,开展了多轮次的方案比选工作,最终确定了京雄大桥的施工方案。

1. 栈桥施工方案

(1)通长栈桥方案。

京雄大桥跨越永定河,需进行栈桥搭设,考虑主桥全部在河道内,为满足主桥基础及下拱肋及拱肋横梁施工,栈桥通长设置。考虑洪水水位,栈桥高程设置为 +49.2m,栈桥宽度为 8m,长度为 548m,两侧顺接路基。在进行栈桥受力计算后,基础采用 φ630mm×10mm 螺旋钢管,钢管打入砂砾层深度不小于 7m。横梁采用双拼 I45a 工字钢,纵梁采用 321 型贝雷梁,上面设置桥面板。考虑施工组织和栈桥受力情况,栈桥标准跨径设置为 12m,采用钓鱼法施工。栈桥布置图详见图 1-8 和图 1-9。

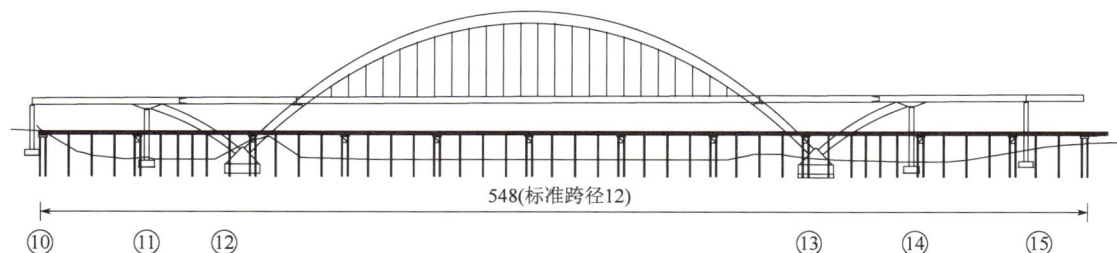

548(标准跨径12)

⑩　　⑪　　⑫　　　　　　　　　　　　　　　　⑬　　⑭　　⑮

图 1-8　栈桥立面布置图(尺寸单位:m)

根据桥梁基础施工周期短、主梁和主拱均采用钢结构的特点,不同位置的栈桥功能不同,且在不同施工阶段栈桥上机械设备的站位也会发生变化。因此,设置了能够满足不同荷载需求、适应不同通行宽度需要的栈桥,并使其能够适应基础与上部结构施工的相互倒用关系。主栈桥和支栈桥顶高程为 +49.2m,设计最高水位为 +47.5m,施工水位为 +43.0m,栈桥采用钢管桩 + 分配梁 + 贝雷梁 + 钢桥面板的结构形式。主栈桥跨径为 15m,支栈桥跨径有 12m 和 9m 两种。

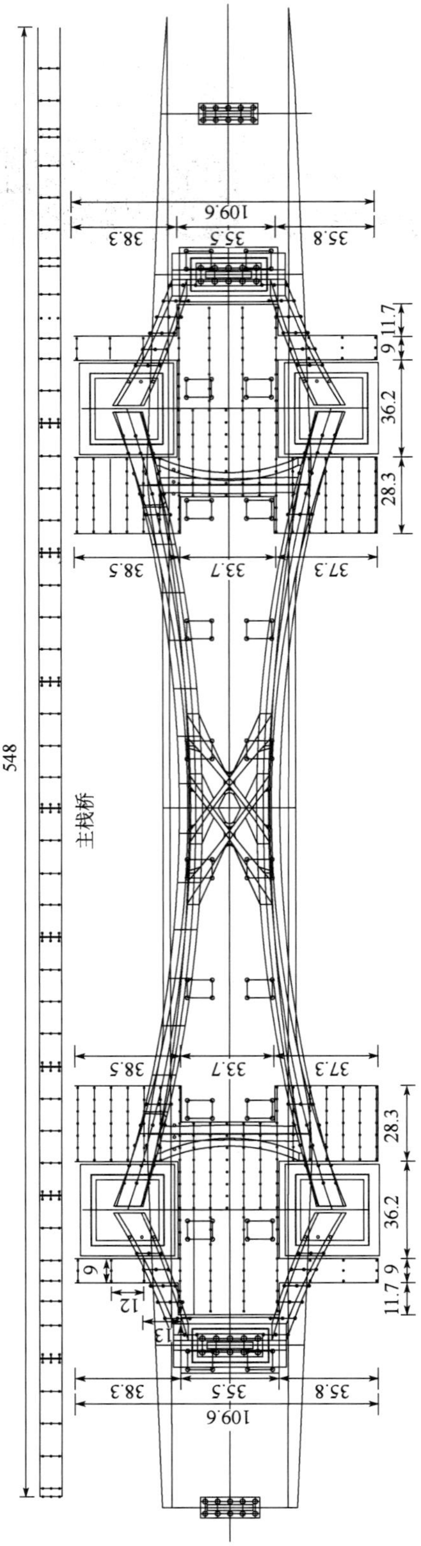

图 1-9　栈桥平面布置图（尺寸单位：m）

一期栈桥包括至主墩处的8m宽主栈桥＋主墩三面的9m宽支栈桥,分别满足基础施工履带式起重机、长臂挖掘机、混凝土搅拌运输车通行或站位施工要求,以开展主墩基础施工。

二期主栈桥,宽6m,主墩基础施工完毕,连通一期主栈桥并拓宽延长至跨中,拼装主跨钢梁支架,两者合二为一。具体布置详见图1-10。

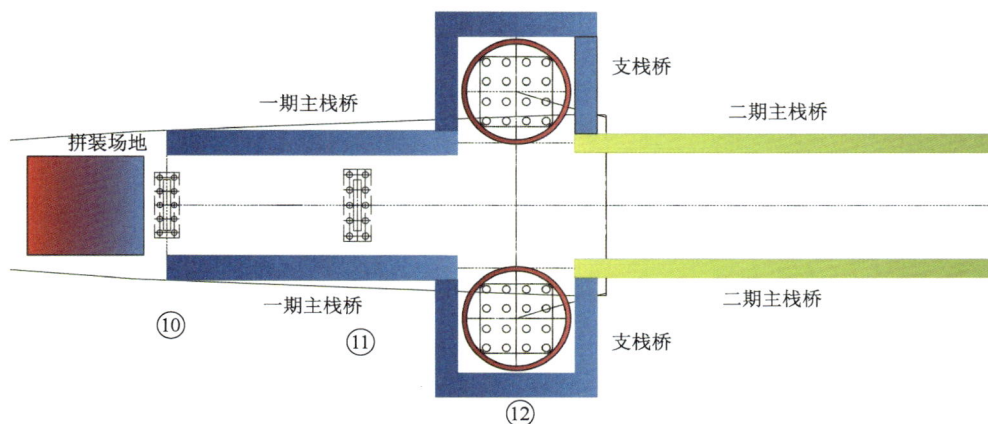

图 1-10　一、二期栈桥平面布置图

三期栈桥由一期8m宽的主栈桥改造而成。基础施工完毕,将内侧半幅桥面拆除、内侧栈桥两排桩接高作为主梁的高支架,外侧留有5m宽的栈桥,即后期变为宽5m栈桥＋内侧高支架。

四期栈桥考虑在主墩V形腿施工完成和下横梁安装完成后实施,主要用于通行到二期栈桥及拆除钢梁滑移支架。具体布置详见图1-11。

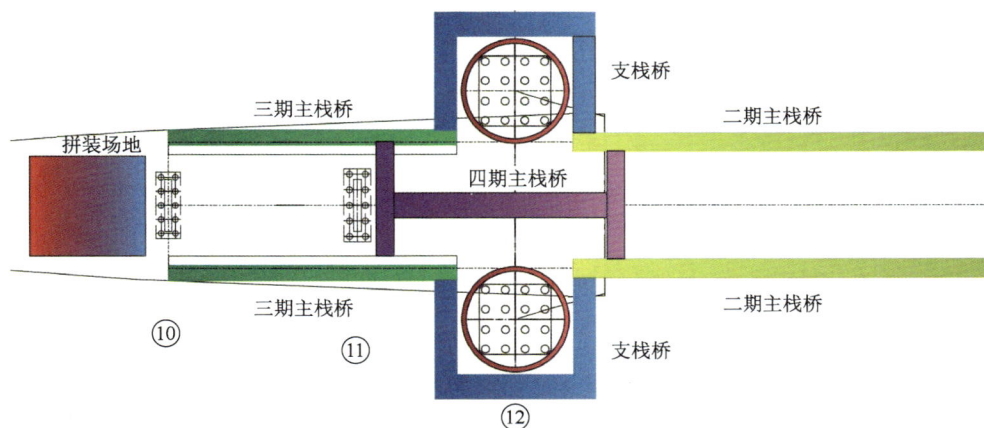

图 1-11　三、四期栈桥平面布置图

（2）不连通栈桥方案。

永定河为行洪河流,考虑到防汛要求,防止河道行洪时漂浮物在栈桥处形成堵塞影响行洪,因此取消通长栈桥,将栈桥优化为三期栈桥。

一期主栈桥桥面宽8m,西岸左幅栈桥长117m,西岸右幅栈桥长189m,东岸栈桥长114m,东岸一期栈桥起点高程为+51.84m,终点高程为+49.2m,坡度为1.5%。栈桥主要用于机械设备通行、材料运输及施工临时支架搭设。栈桥的设计荷载须满足150t履带式起重机走行荷载要求。栈桥钢管桩打入卵石层深度为4.2m。

二期栈桥桥面宽10m,长45m,主要用于机械通行、辅助墩基础施工。栈桥的设计荷载须满足150t履带式起重机侧吊20t荷载要求。栈桥钢管桩打入卵石层深度为4.5m。

三期栈桥为回字形栈桥,南北向桥面宽10m,长384m。东西向栈桥面宽10m,长28.5m。栈桥主要用于主墩基础施工。栈桥的设计荷载须满足150t履带式起重机+最大起吊40t荷载要求。栈桥钢管桩打入卵石层深度为4.5m。

东岸斜向栈桥桥面宽8m,长159m。起点高程为+52m,终点高程为+49.2m,坡度为2.1%。由于前期东岸用地为林地,征地手续未审批,需在其南侧搭设斜向栈桥至主墩处用于前期施工。栈桥设计荷载须满足150t履带式起重机走行荷载要求。栈桥钢管桩打入卵石层深度为4.2m。具体栈桥布置详见图1-12。

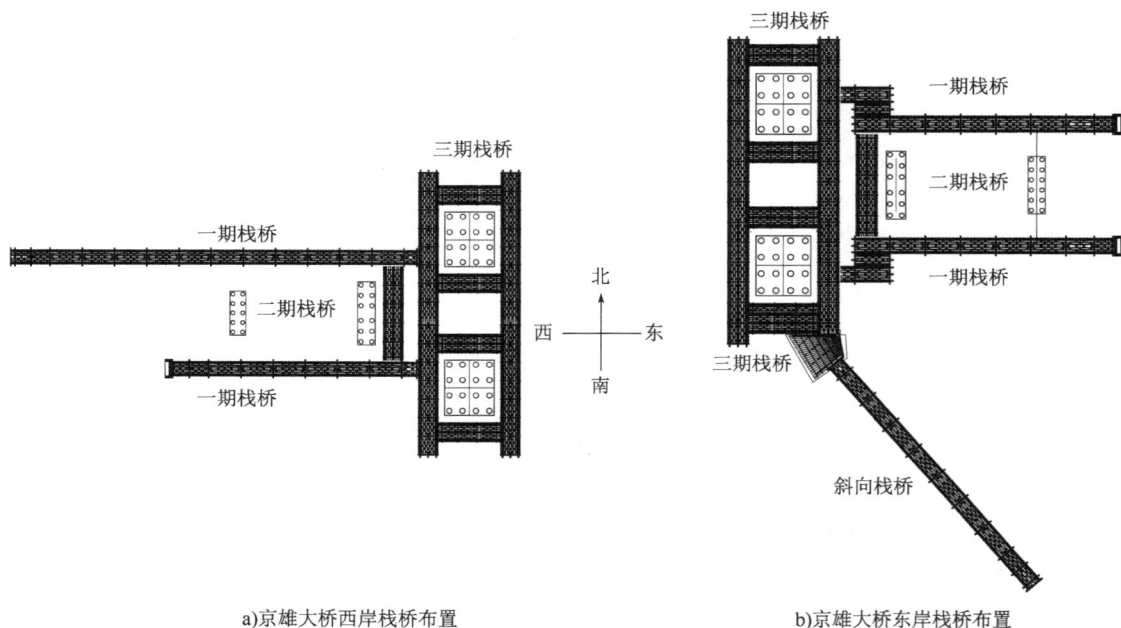

a)京雄大桥西岸栈桥布置

b)京雄大桥东岸栈桥布置

图1-12 栈桥平面布置图

栈桥方案比选详见表1-2。

栈桥方案对比表　　　　　　　　　　　　　　　　　　　　表1-2

方案名称	优点	缺点	是否推荐
通长栈桥方案	方便东西两岸通行,方便主桥施工	对河道行洪影响较大,会形成堤坝	否
不连通栈桥方案	满足主墩基础施工要求,根据需要分期施工	无法连通两岸	是

2. 基础施工方案

京雄大桥主墩基础位于永定河河道内,由于永定河常年采砂,河床以下 17～24m 为胶结状卵石地层,河道水深 10m。桥位处河床地质主要为粉细砂、粉土及胶结状卵石层。其中,胶结状卵石层密实,一般粒径为 40～60mm,最大粒径为 600mm,粒径大于 20mm 的约占 65%,粒径间中砂充填约 30%。具体粒径图详见图 1-13。

图 1-13　胶结状卵石粒径图

(1)筑岛围堰方案。

主墩基础围护结构初步方案采用筑岛围堰 + 拉森钢板桩 + 钻孔咬合桩结构形式。拉森钢板桩采用拉森Ⅳ型,其打入土层深度为 7.3m;钻孔咬合桩采用 AB 桩形式,桩径 1.5m,桩间距 1.3m;围堰内共设置 4 道支撑,在钻孔咬合桩顶部设置冠梁,冠梁尺寸为 1.7m×1m。冠梁顶设置三角斜撑以抵抗土体侧向压力,拉森钢板桩、钻孔咬合桩与主墩桩基同步施工。具体布置详见图 1-14。

(2)圆形双壁钢围堰 + 钢板桩围堰组合方案。

在方案一的基础上,考虑到永定河河道内不允许筑岛施工,因此调整方案。主墩基础采用先围堰后平台的施工方法,围堰为圆形双壁钢围堰 + 钢板桩围堰组合结构形式。圆形双壁钢围堰外直径为 34.4m,壁厚 1.6m,总高为 15.9m;钢板桩围堰外直径为 31.2m,长度为 9m,钢板桩深入双壁侧板内 0.6m。围堰按照最高水位高程 +47.5m 设计,围堰顶面高程为 +47.8m,承台顶高程为 +32.5m,承台高 5m,混凝土分两次进行浇筑。封底混凝土厚 3.5m,采用 C30 水下混凝土,侧板内填充 C30 水下混凝土。具体布置详见图 1-15。

(3)锁扣钢管桩围堰方案。

考虑到桥位处地层主要为胶结状卵石地层,河道水深,钢套箱下沉困难,2021 年 7 月对京雄大桥主墩基础施工方案再次进行研讨,经过中铁上海工程局集团有限公司汇报,专家咨询和研讨,建议采用锁扣钢管桩围堰方案。围堰结构采用 ϕ820mm×16mm 锁扣钢管桩,设置 3 道钢支撑,围檩采用双拼 H900 工字钢,支撑采用 ϕ820mm×10mm 钢管。封底混凝土厚 3.0m,采用 C30 水下混凝土。具体布置详见图 1-16。

基础施工方案比选详见表 1-3。

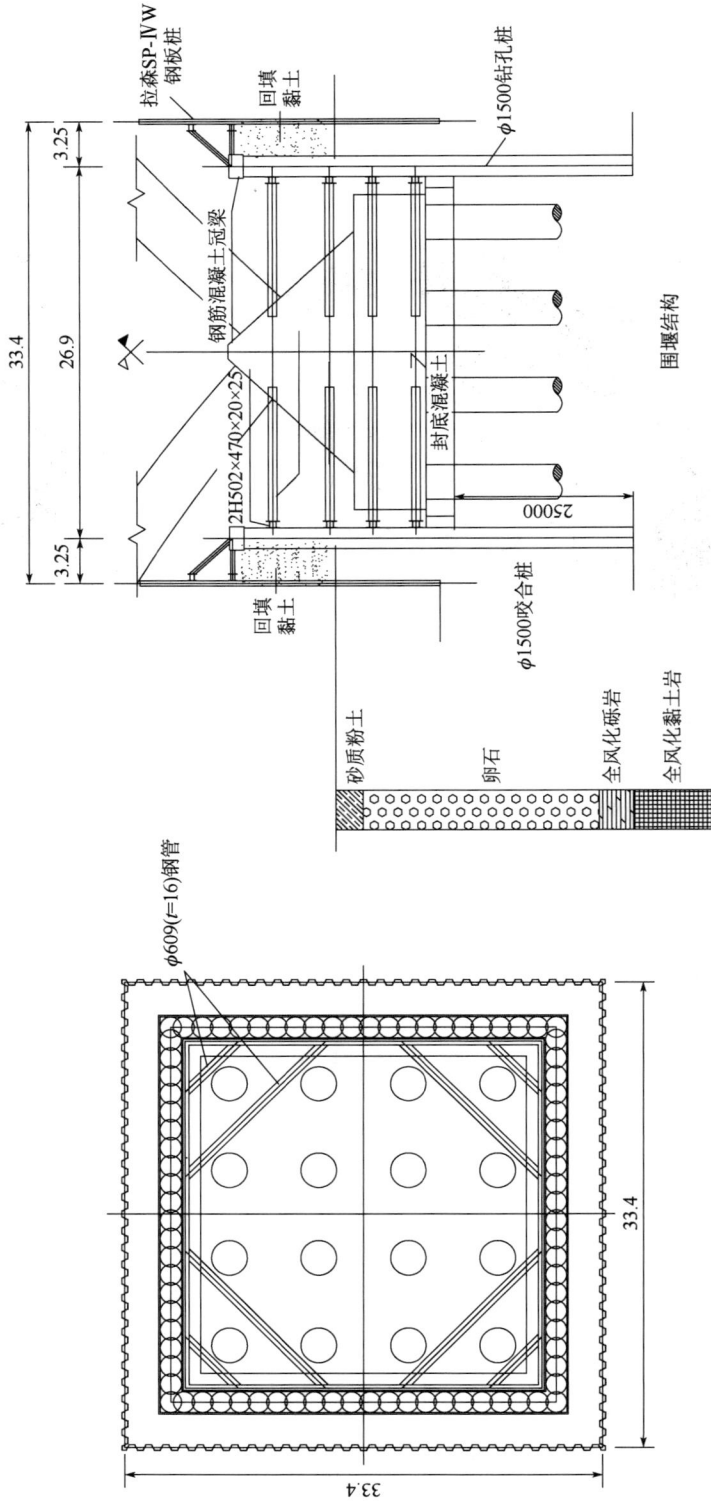

图 1-14 拉森钢板桩+钻孔咬合桩围堰布置图 (尺寸单位: m)

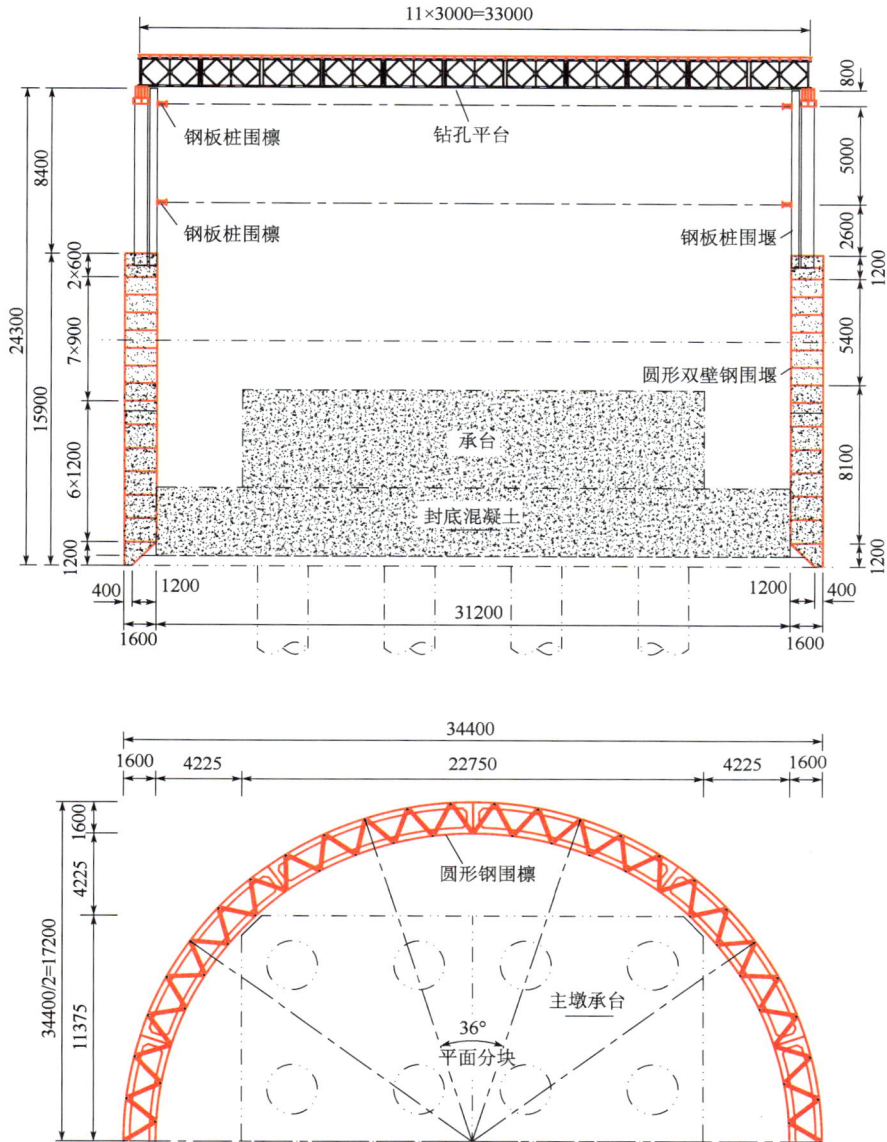

图 1-15　圆形双壁钢围堰 + 钢板桩围堰组合布置图(尺寸单位:m)

基础施工方案对比表　　　　　　　　　　　　　　　　　　表 1-3

方案名称	优点	缺点	是否推荐
筑岛围堰方案	施工方便,操作简单	需要大量土方,对水体造成污染	否
圆形双壁钢围堰 + 钢板桩围堰组合方案	刚度大,止水效果好,工艺成熟,用钢量最少	制作难度大,无法周转。在胶结状卵石地质中下沉困难	否
锁扣钢管桩围堰方案	围堰制作难度较低,刚度较大,施工完可拔出周转	用钢量极大,锁扣施工精度要求高。卵石层插打困难,需要采用换填法或者内引孔	是

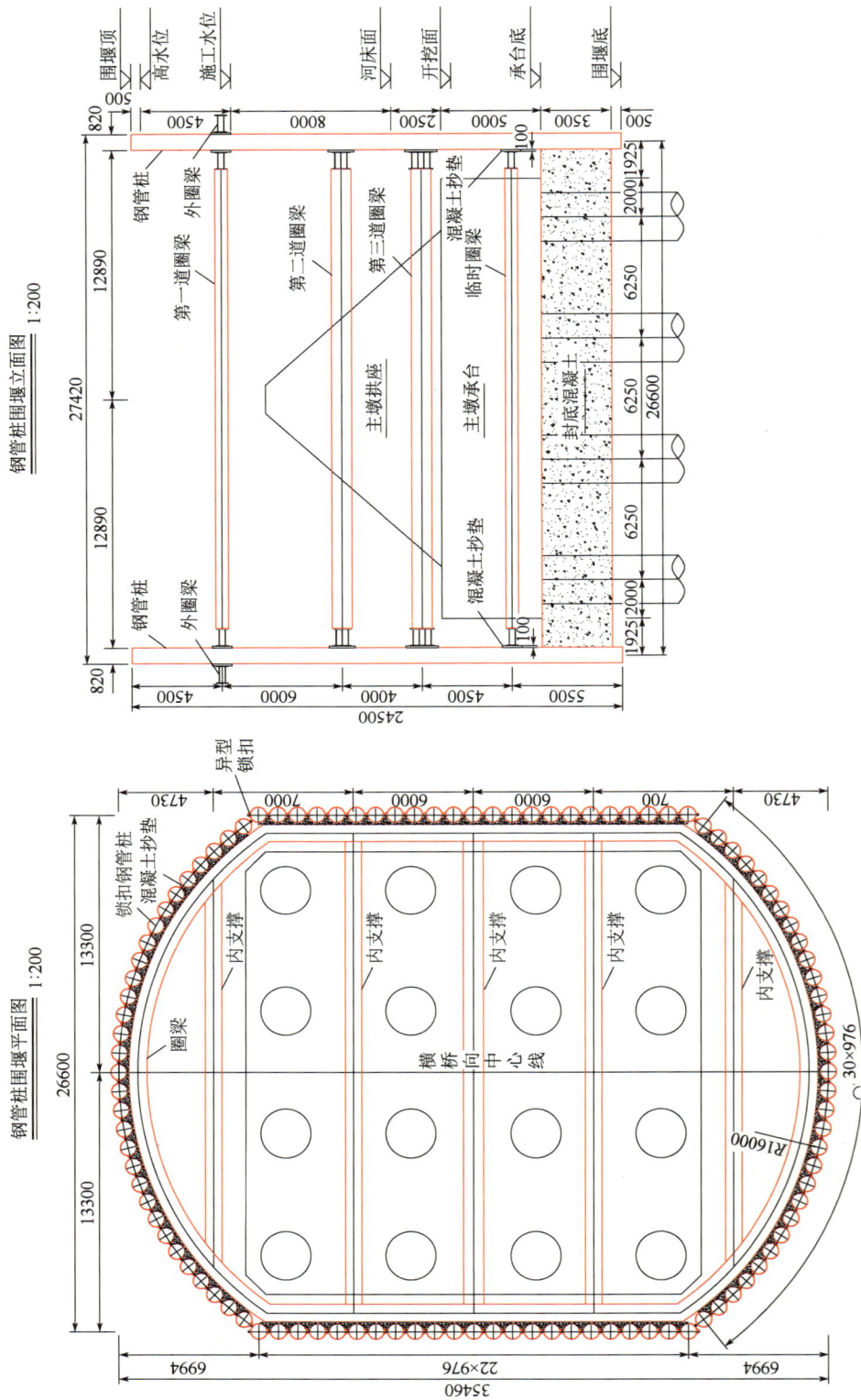

图 1-16　锁扣钢管桩围堰布置图（尺寸单位：m）

3. 钢梁施工方案

（1）钢梁顶推方案。

大桥钢梁总长 380.03m，其中中孔钢梁长 246m，边孔钢梁（大里程端）长 67.765m，边孔钢梁（小里程端）长 66.265m。钢梁采用顶推法施工，顶推胎架平台＋涂装车间＋拼装平台设置在东岸引桥桥位处。在便道外侧设置钢梁板单元存放区＋双拼区＋半成品存放区。场地设置 2 台 10t 门式起重机辅助钢梁拼装。顶推支墩间距为 45m，共设置 10 组，顶推支墩采用 $\phi1500mm \times 16mm$ 的螺旋钢管，钢管打入土层深度为 8m。顶推法采用步履式顶推工艺，设置 4 道滑梁，分 3 个循环将钢梁顶推到位。具体布置详见图 1-17。

（2）钢梁滑移方案。

在钢梁顶推的基础上，考虑施工工期要求，提出了钢梁滑移的施工方案，即在东西岸两侧（9~10 号/14~15 号墩）上分别设置可随机变位的滑移提升系统，将钢梁运输至滑移提升系统下，然后提升至滑移轨道上，利用牵引设备牵引钢梁在滑移轨道上滑动，直至钢梁到达设计位置，钢梁安装从跨中向两端分节段进行。具体布置详见图 1-18 和图 1-19。

（3）原位支架吊装方案。

由于采用钢梁提升站占用辅助孔现浇梁施工空间，且部分拱肋镶入钢梁中，致使中孔钢梁无法滑移至设计位置，故考虑调整方案。采用原位支架吊装方案，具体如下：采用模块小车运输钢梁至岸边码头，采用浮船运输钢梁至吊装位置，采用 610t 散拼浮式起重机吊运钢梁至原位支架上（支架基础采用打入桩基础），钢梁分段就位后拼接为整体。具体布置详见图 1-20 和图 1-21。

钢梁安装方案比选详见表 1-4。

钢梁安装方案对比表

表 1-4

方案名称	优点	缺点	是否推荐
钢梁顶推方案	支架少，无须大型机械	钢梁纵向刚度不足，顶推时已发生变形，占用引桥用地，工期长	否
钢梁滑移方案	支架少，无须大型机械	施工风险较高，占用引桥用地，工期长	否
原位支架吊装方案	不占用引桥用地，灵活性强，工期短	受水位影响大	是

4. 拱肋施工方案

（1）拱肋提升方案。

本桥钢拱肋设计为飞燕式部分推力拱体系，拱轴采用抛物线形，主拱跨度为 300m，矢高 75m，竖面内倾 17°。上下游箱形拱肋独立设置，在拱顶处采用中国结造型的风撑结构连接。钢拱肋提升方案具体如下：在河道内设置整体提升装置，该装置大部分支架支撑在河床断面上，其余支架支撑于梁面上。提升门架采用 $\phi1500mm \times 16mm$ 的螺旋钢管，门架高点位于河床面以上 90m 的位置。支架基础采用引孔法进行施工，并设置高桩承台进行接高。采用汽车起重机或者履带式起重机在梁面上进行拱肋拼装，整体提升重量约 3000t。具体布置详见图 1-22。

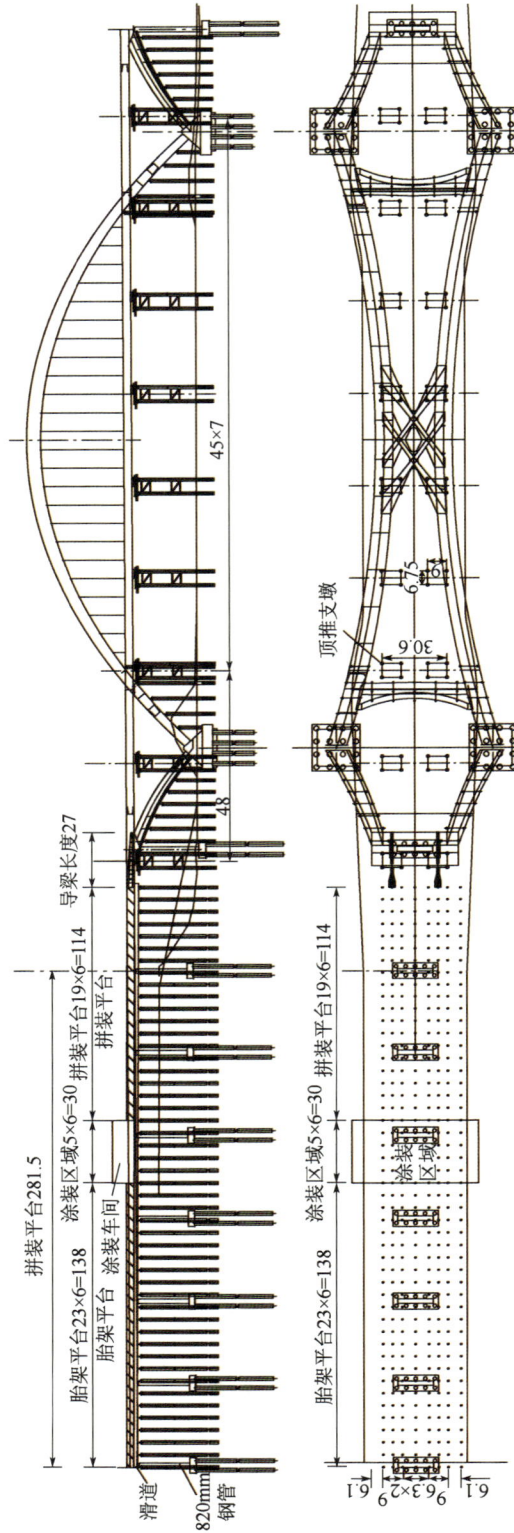

图 1-17　钢梁顶推布置图 (尺寸单位：m)

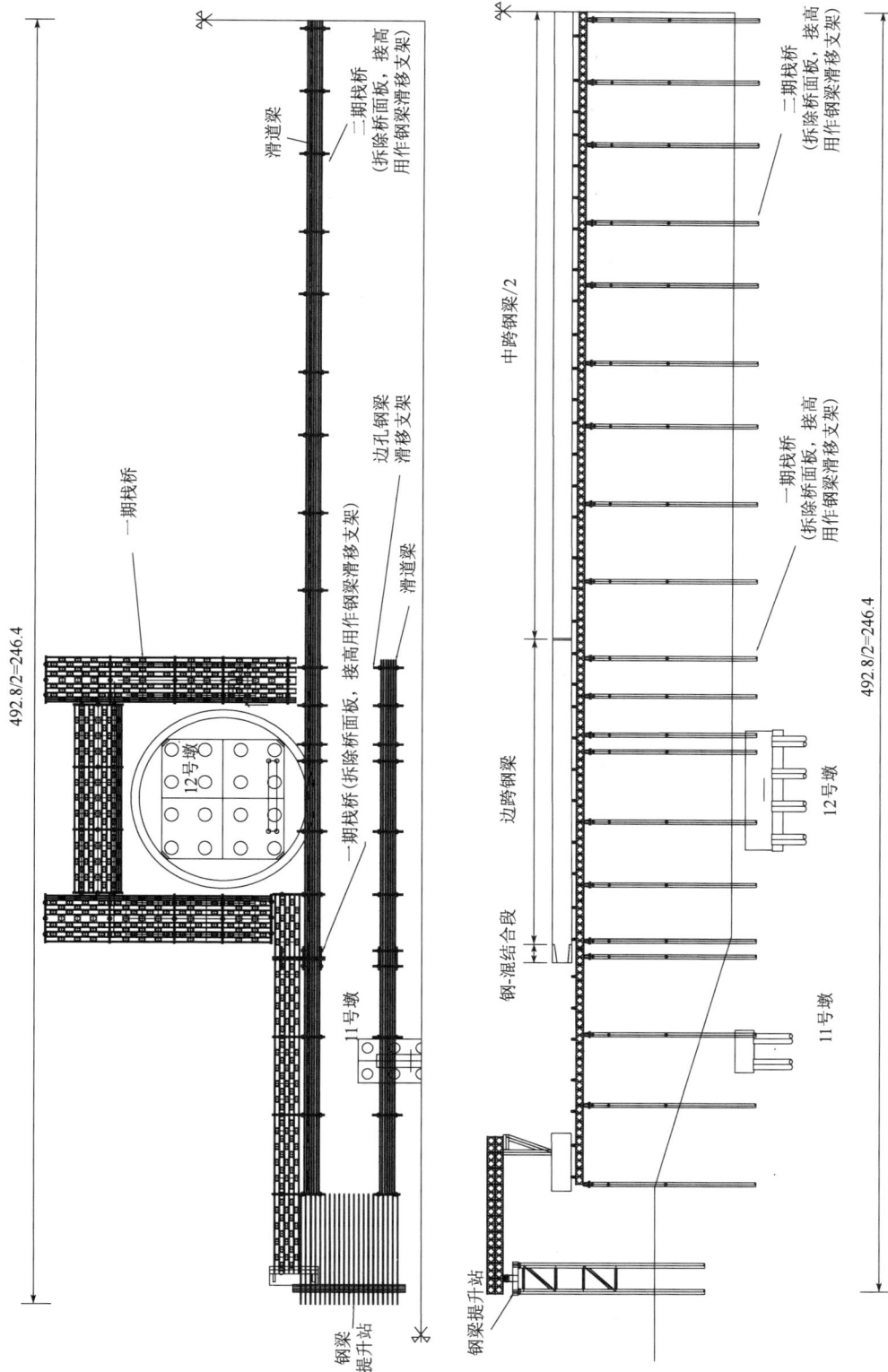

图 1-18　钢梁滑移布置图 (尺寸单位: m)

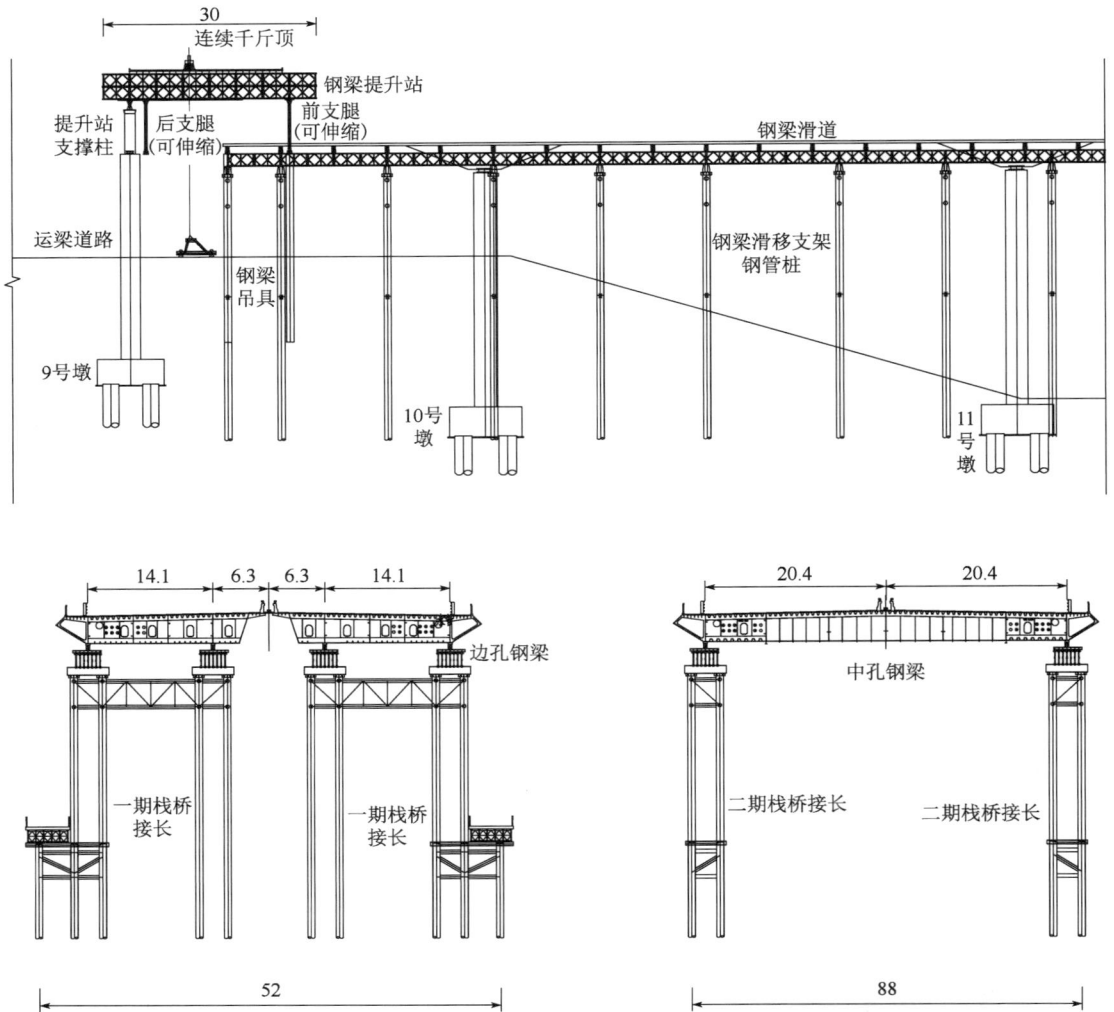

图 1-19　钢梁可伸缩变位滑移提升站布置图(尺寸单位:m)

(2)拱肋滑移方案。

考虑到方案一拱肋提升方案,需提升塔架高度约 60m,影响周边机场通航,拱肋分段拼装需要大吨位起重机多点站位,钢梁需要加固,同时巨大的移动荷载导致钢箱梁支架工程量大大增加,因此需对方案一进行优化,采用拱肋单节滑移 + 悬臂拼接施工方案。

拱肋施工时在已安装就位的钢梁梁面上拼装滑移支架,在两主墩附近采用中型履带式起重机在梁上定点站位,低位拼装节段拱肋,利用自动同步调整卷扬机牵引系统,牵引拱肋分段沿拱轴线快速向上滑移至设计位置。拱肋单节吊装长度为 9m,每吊装 3 个节段拼接成 1 个大节段后进行滑移,滑移从拱顶向拱底对称、分段进行。具体布置详见图 1-23。

(3)原位支架吊装方案。

考虑国内采用拱肋滑移方案施工经验较少,施工风险高,且拱肋为空间异形结构,滑移时易倾倒,故钢拱肋采用"原位支架 + 分段吊装"法进行施工。钢拱肋施工时,先在河床和钢梁上搭设拱肋的原位拼装支架,然后进行拱肋节段的吊装,由浮式起重机从码头吊装拱肋节段至原位拼装支架上,依次进行节段的线形调整和固定,最后完成拱肋合龙。具体布置详见图 1-24。

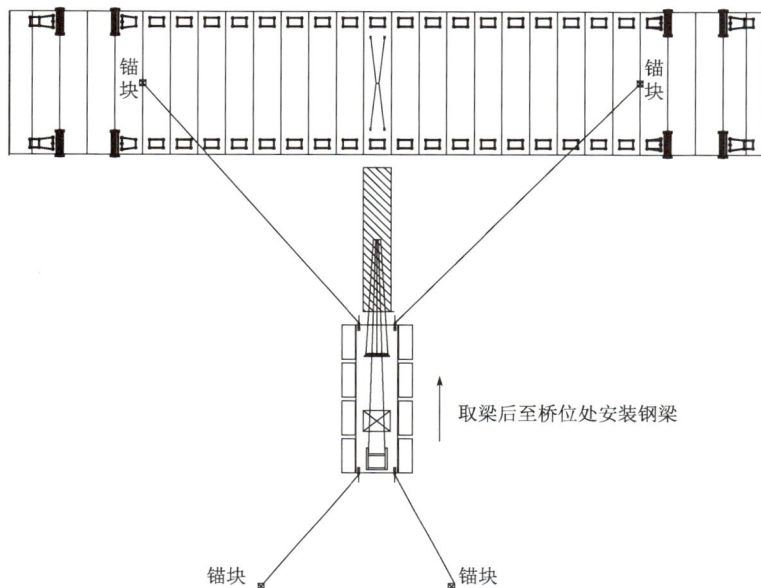

图 1-20 钢梁吊装平面图

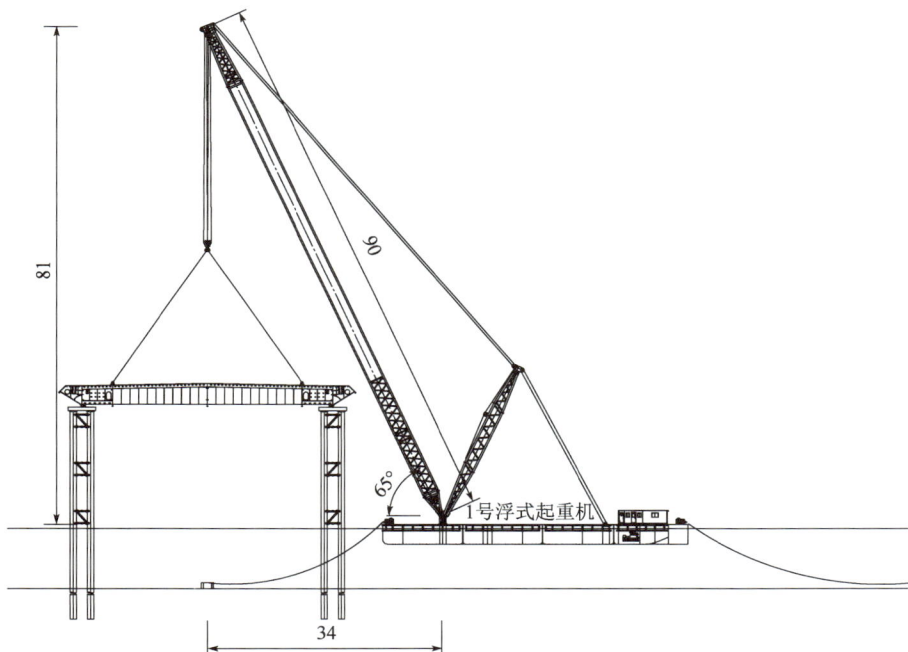

图 1-21 钢梁吊装立面图(尺寸单位:m)

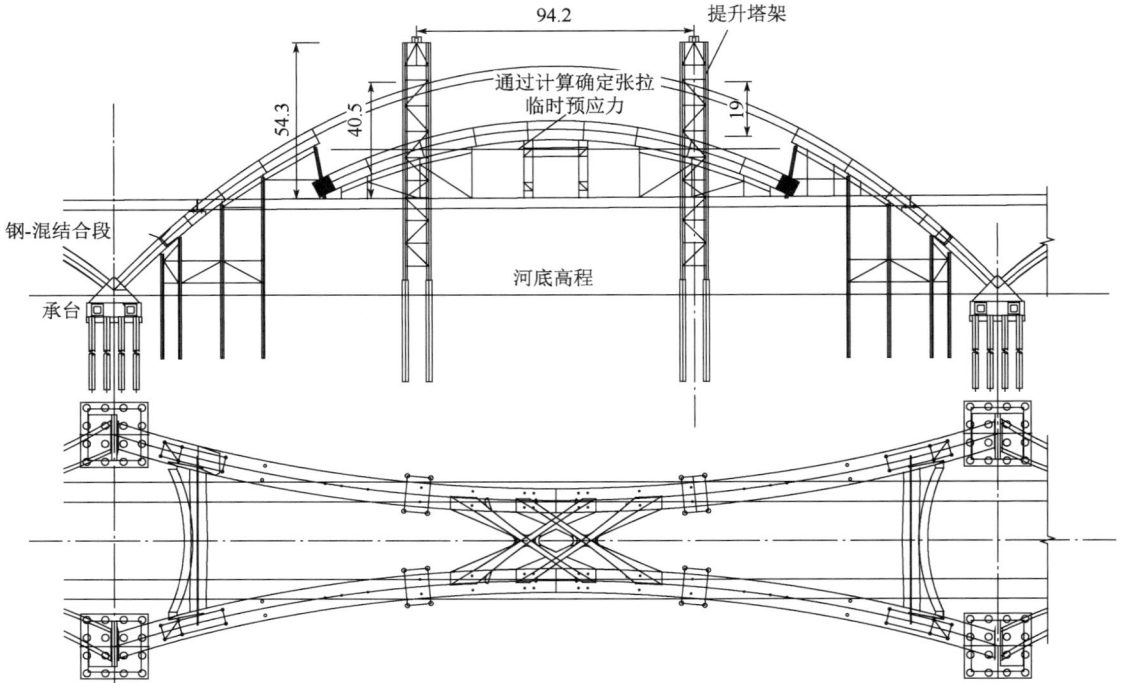

图 1-22 拱肋"边拱原位支架 + 部分整体提升"施工方案(尺寸单位:m)

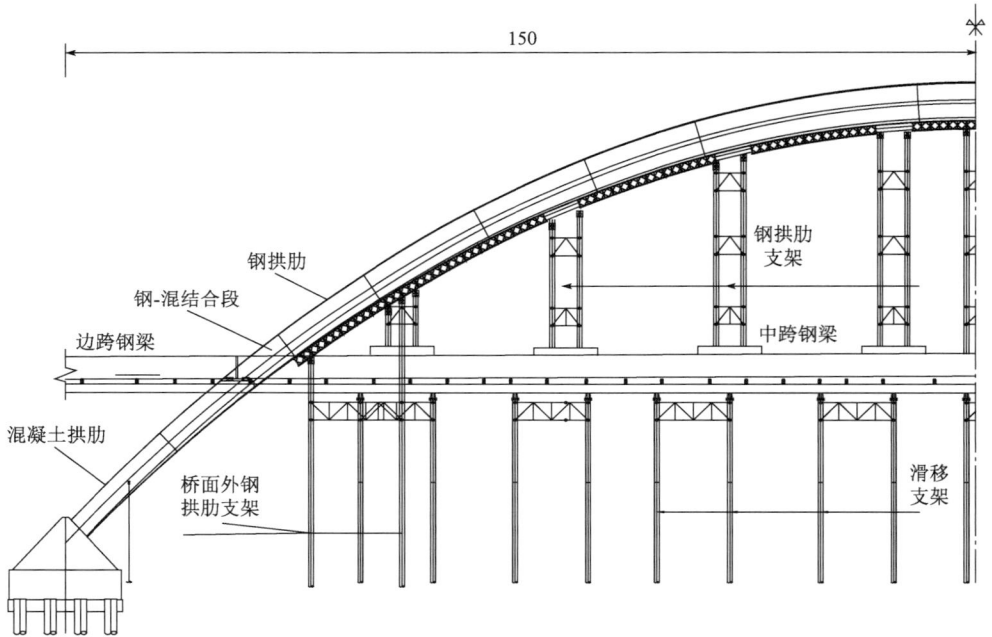

图 1-23

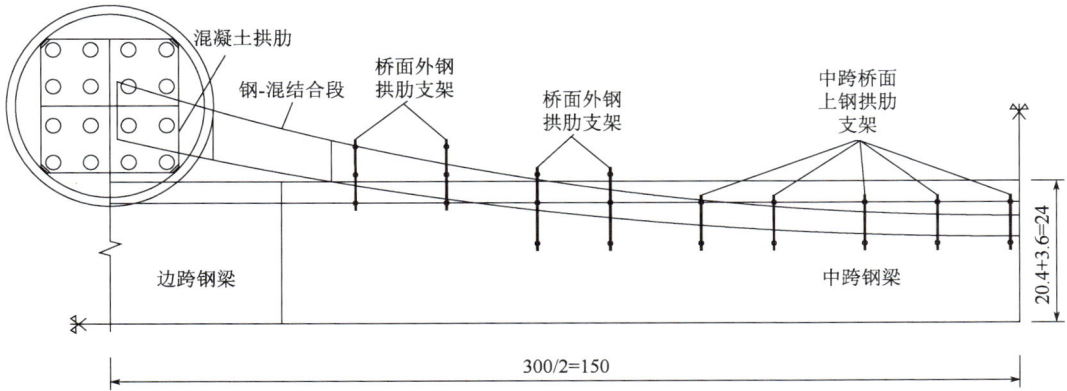

图 1-23 拱肋滑移布置图(尺寸单位:m)

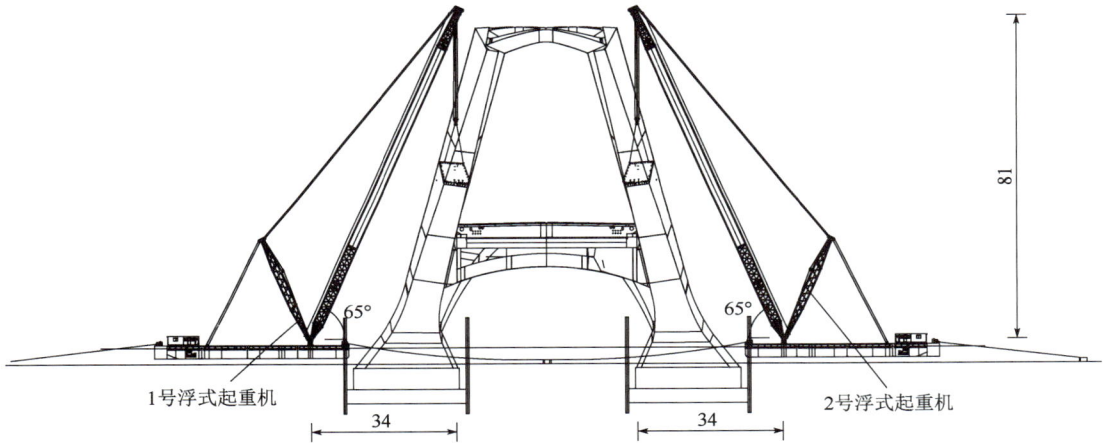

图 1-24 拱肋支架和吊装布置图(尺寸单位:m)

拱肋安装方案比选详见表 1-5。

拱肋安装方案对比表 表 1-5

方案名称	优点	缺点	是否推荐
拱肋提升方案	支架少,工期短	钢梁体系无法承受拼装节段和吊装设备的重量	否
拱肋滑移方案	支架少	国内相关施工经验较少,施工风险高	否
原位支架吊装方案	工期短,灵活性强	受水位影响大	是

第三节 工程建设面临的挑战

一、桥梁人文景观设计要求高

京雄大桥位于永定河与京雄高速的地理交汇点,更是生态文明建设与京津冀协同发展的战略交汇点。京雄大桥既是联结北京与雄安新区的生态文化纽带,又是京津冀跨越发展的纽带。基于上述理念,桥梁设计要求从自然景观和人文历史的有机结合、北京与雄安新区的联结跨越发展的角度出发,将桥梁融入永定河的生态环境中进行设计,对桥梁设计要求较高。

二、高烈度地区桥梁设计难度大

京雄大桥设计需满足人文景观要求,导致桥梁结构体系异常复杂,且桥址位于高烈度地区,地震风险高,还需满足桥梁抗震的要求。目前国内尚无相关规范及类似工程实例可供参考,因此高烈度地区桥梁设计难度大。

三、施工组织难度大、工期紧

京雄大桥为飞燕式提篮拱桥,其施工难度大。桥梁的主墩、边墩、辅助墩均位于永定河内,河道宽约600m,水深10m,需搭设钢栈桥进行施工,在钢栈桥和水上组织拱桥基础围堰、钢梁和拱肋施工难度尤其大。基础围堰、钢梁和拱肋的施工工序转换较多,垂直交叉作业施工安全风险高。常规类似跨径的拱桥施工工期为3~5年,本桥施工工期仅2年9个月。施工工序间存在空间上和时间上的交叉,施工组织难度大、工期紧。

四、主墩基础施工难度大

主桥桥址处最复杂地层为卵石层,呈胶结状,该层厚15~24m,卵石粒径最大达600mm。基础开挖难度大,大直径钻孔桩成孔和围护结构插打困难,围堰施工安全风险高。承台、拱座基础采用劲性骨架形式,造型扭曲,结构形式复杂。拱座施工与围堰施工互相交叉,需要多次进行体系转换,施工难度极大。

五、主梁结构形式多样

主梁中孔为整幅式PK断面钢箱,梁宽为48m,边孔主梁为分幅式钢箱梁,辅助孔梁为预应力混凝土现浇箱梁,对临时结构设计和施工组织都造成了极大困难。

六、拱肋空间结构复杂

拱肋节段为空间异形扭曲结构,结构形式特殊,由其底部3.5m×8m的四边形断面渐变为顶部边长6m的不规则五边形断面,截面高度由3.5m变为7m,截面扭曲变化大。对制造安装精度要求高,施工难度大。

七、涉河手续办理繁杂

本桥跨越永定河,桥梁施工需办理涉河手续,涉河手续办理涉及的管理部门多,申请资料多,审批时间长,手续办理复杂。每年汛期均需办理汛期施工手续,并进行多轮专家论证,手续办理烦琐,审批时间长。

第四节　技术标准及工程规模

一、技术标准

（1）标准横断面：双向 8 车道，引桥标准横断面宽 42m，主桥标准横断面宽 48m；

（2）桥梁设计荷载：公路-Ⅰ级。

（3）抗震要求：地震基本烈度为 8 度，对应设计基本地震动峰值加速度为 0.2g，地震动反应谱特征周期为 0.4s。

（4）桥梁设计使用年限：100 年。

（5）设计洪水频率：1/300，桥墩阻水比应不大于 5%。

具体技术标准详见表 1-6 和表 1-7。

桥梁平面技术标准表　　　　表 1-6

名称	标准值	采用值
设计速度（km/h）	100	100
圆曲线最小半径（m）	700	6000
圆曲线极限最小半径（m）	400	
圆曲线不设超高最小半径（m）	4000	
回旋线最小长度（m）	85	200
平曲线最小长度（m）	170	1668.932
停车视距（m）	160	—

桥梁纵断技术标准表　　　　表 1-7

名称	标准值	采用值
设计速度（km/h）	100	100
最大纵坡（主路）（%）	4.00	0.50
最小坡长（m）	250	1610.560
凸形竖曲线极限最小半径（m）	6500	60000
凸形竖曲线一般最小半径（m）	10000	
凹形竖曲线极限最小半径（m）	3000	25000
凹形竖曲线一般最小半径（m）	4500	
竖曲线最小长度（m）	85	224.99

二、工程规模

本工程桥梁东起南五环跨越左堤路、永定河、中堤路，起止桩号为 K0+350～K1+970，桥梁长度为 1620m。大桥自东向西分为东引桥、主桥、西引桥三部分，其中东引桥桥梁长度为 410m，桥面面积为 18802m²，以 40m 跨径的现浇箱梁为主；主桥桥梁长度为 520m，桥面面积为 24660m²，采用主跨 300m 中承式系杆拱桥；西引桥桥梁长度为 690m，桥面面积为 28980m²，以 60m 跨径的现浇箱梁为主。大桥桥梁总面积为 72442m²。

第二章　工程建设条件

第一节　桥址情况

　　京雄大桥位于北京市大兴区黄村镇、丰台区宛平城街道及房山区长阳镇的交界地段,正线里程为 K0 + 350 ~ K1 + 970,长度为 1.620km,跨越左堤路、中堤路。上游 1km 为房山地铁线,下游 2.3km 为京良路。起点位于永定河左堤路,终点至永定河中堤路西侧约 90m。场地内主要为现状永定河、河漫滩以及绿化林地,场地内地下管线分布相对较少。具体如图 2-1 ~ 图 2-4 所示。

图 2-1　桥梁位置

图 2-2　永定河

图 2-3　京良路

图 2-4　房山地铁线

第二节　自然环境条件

一、地形、地貌

　　本工程位于北京市大兴区黄村镇高家堡村附近,本区域为永定河冲积平原,沿线场地周围主要为河道、居民住宅和林地等,地形较为平坦,略有起伏。地貌类型主要为阶地、河床和河漫滩。

二、场地工程地质条件

勘察揭露地层最大深度为80m,根据钻探资料及室内土工试验结果,按地层沉积年代、成因类型,将本工程场地勘探范围内的土层划分为人工堆积层、新近沉积层、第四纪沉积层及古近纪沉积岩层四大层。

1. 人工堆积层

粉细砂填土①层:褐黄色,稍湿~湿,松散~稍密,含植物根系、云母、碎石、少量圆砾。局部永定河中堤为碾压式砂土均质坝,坝体材料为最大厚度约5m的粉细砂,稍湿,中密,混圆砾、黏性土。

杂填土①$_1$层:杂色,稍湿~湿,松散~稍密,主要成分为建筑垃圾、粉土,次要成分为砖块、碎石等。

人工堆积层较连续分布,一般厚度为0.5~1.5m,中堤处局部厚度较大,约5.0m,该地层层底高程在42.94~53.40m之间。

2. 新近沉积层

粉细砂②层:褐黄色,湿~饱和,稍密~中密,局部松散,低压缩性,含石英、长石、云母。

粉土②$_2$层:褐黄色,很湿,中密,中高~中压缩性,含氧化铁。

新近沉积层连续分布,厚度为0.9~11.7m,该地层层底高程在29.43~45.88m之间。

3. 第四纪沉积层

粉细砂③$_3$层:褐黄色,湿~饱和,中密~密实,局部稍密,低压缩性,含石英、长石、云母。该地层厚度为0.5~9.8m,层底高程在30.65~40.93m之间。

卵石④层:杂色,饱和,密实,亚圆形,级配较好,低压缩性,一般粒径为40~60mm,最大粒径不小于180mm,粒径大于20mm的约占65%,中砂充填约30%。

粉土④$_3$层:褐黄色,湿,密实,中~中低压缩性,含云母、氧化铁。该地层厚度为3.1~9.9m,层底高程在24.33~34.57m之间。

卵石⑥层:杂色,饱和,密实,亚圆形,级配较好,低压缩性,一般粒径为50~100mm,最大粒径不小于220mm,粒径大于20mm的约占65%,中砂充填约30%。该地层厚度为7.2~17.8m,层底高程在11.46~21.06m之间。

粉质黏土⑨$_1$层:褐黄色,饱和,可塑,中低~低压缩性,含云母、氧化铁,局部含碎石。该地层厚度为0.9~5.1m,层底高程在9.52~15.82m之间。

4. 古近纪沉积岩层

全风化砾岩⑩$_{01}$层:杂色,半胶结~弱胶结的极软岩,成岩性较差,节理裂隙十分发育,岩芯呈散体状或碎块状,手掰易碎,饱和单轴抗压强度为0.1~1.1MPa,岩体基本质量等级为V级,局部为泥岩及砂岩夹层。

强风化砾岩⑩$_{02}$层:杂色,半胶结~弱胶结的极软岩,成岩性较差,节理裂隙发育,岩芯主要呈碎块状,不易掰碎,饱和单轴抗压强度为0.3~1.5MPa,岩体基本质量等级为V级,局部为中风化,含泥岩及砂岩夹层。

中风化~强风化砾岩⑩₀₃层:杂色,半胶结~弱胶结的极软岩,胶结物以黏粒组为主,局部为砂粒,岩芯主要呈柱状,局部呈碎块状,锤击声脆,不易碎,饱和单轴抗压强度为 $0.4~4.4MPa$,岩体基本质量等级为 V 级,砾石粒径一般为 $4~6cm$,局部可达 $20cm$ 以上,磨圆度中等,局部为泥岩及砂岩夹层。

全风化黏土岩⑩₁₁层:棕红色~褐黄色,胶结中等~差的极软岩,含云母、氧化铁,岩芯呈短柱状或碎块状,手掰易碎,天然单轴抗压强度为 $0.1~1.3MPa$,自由膨胀率为 $20\%~53\%$,岩体基本质量等级为 V 级,局部为砾岩及砂岩夹层。

强风化黏土岩⑩₁₂层:棕红色~褐黄色,胶结中等~差的极软岩,含云母、氧化铁,岩芯主要呈碎块状,不易掰碎,天然单轴抗压强度为 $0.1~3.4MPa$,自由膨胀率为 $37\%~52\%$,岩体基本质量等级为 V 级,局部为中风化,含砾岩及砂岩夹层。

中风化~强风化黏土岩⑩₁₃层:棕红色~褐黄色,胶结中等~差的极软岩,岩芯主要呈柱状,局部呈碎块状,锤击声脆,不易碎,含云母、氧化铁,天然单轴抗压强度为 $0.2~4.1MPa$,自由膨胀率为 $34\%~49\%$,岩体基本质量等级为 V 级,局部为砾岩及砂岩夹层。

全风化砂岩⑩₂₁层:灰白色~青灰色,胶结中等~差的极软岩,细粒结构,块状构造,岩芯呈短柱状、碎块状,手捻易碎,饱和单轴抗压强度为 $0.6~1.9MPa$,岩体基本质量等级为 V 级,局部为砾岩及泥岩夹层。

强风化砂岩⑩₂₂层:灰白色~青灰色,胶结中等~差的极软岩,细粒结构,块状构造,岩芯主要呈短柱状、碎块状,手掰不易碎,饱和单轴抗压强度为 $0.3~2.5MPa$,岩体基本质量等级为 V 级,局部为中风化,含砾岩及泥岩夹层。

中风化~强风化砂岩⑩₂₃层:灰白色~青灰色,胶结中等~差的极软岩,细粒结构,块状构造,岩芯主要呈柱状、局部呈碎块状,锤击不易碎,局部为砾岩及泥岩夹层。

根据测试和试验成果数据,综合统计得出的各土层物理力学指标设计参数,见表 2-1。

岩土物理力学指标综合统计表 表 2-1

成因年代	岩土层编号	岩土名称	湿度	钻孔桩桩侧土的摩阻力标准值 q_{ik}(kPa)	地基承载力特征值 f_{a0}(kPa)
人工堆积层	①	粉细砂填土	稍湿~湿	—	—
	①₁	杂填土	稍湿~湿	—	—
新近沉积层	②	粉细砂	湿~饱和	45	150
	②₂	粉土	很湿	43	130
第四纪沉积层	③₃	粉细砂	湿~饱和	50	160
	④	卵石	饱和	140	400
	④₃	粉土	湿	55	180
	⑥	卵石	饱和	160	500
	⑨₁	粉质黏土	饱和	60	180

续上表

成因年代	岩土层编号	岩土名称	湿度	钻孔桩桩侧土的摩阻力标准值 q_{ik}（kPa）	地基承载力特征值 f_{a0}（kPa）
古近纪沉积岩层	⑩$_{01}$	全风化砾岩	湿	110	320
	⑩$_{02}$	强风化砾岩	湿	160	600
	⑩$_{03}$	中风化～强风化砾岩	湿	180	750
	⑩$_{11}$	全风化黏土岩	湿	70	250
	⑩$_{12}$	强风化黏土岩	湿	90	300
	⑩$_{13}$	中风化～强风化黏土岩	湿	110	420
	⑩$_{21}$	全风化砂岩	湿	100	300
	⑩$_{22}$	强风化砂岩	湿	130	430
	⑩$_{23}$	中风化～强风化砂岩	湿	140	480

三、场地土类型和类别

依据《公路桥梁抗震设计规范》（JTG/T 2231-01—2020）中有关规定计算，拟建场地地面下 20m 深度范围内土层的平均剪切波速（V_{se}）为 232～282m/s；场地类别为Ⅱ类，地震动峰值加速度为 0.20g，反应谱特征周期为 0.40s。

本桥场地土的环境类型属于Ⅱ类，本场地地下水位以上土体对混凝土结构和钢筋具微腐蚀性。具体分析及结果见表 2-2。

土的腐蚀性评价表　　　　　表 2-2

层号	岩性名称	钻孔编号	取样深度（m）	试验指标					对建筑材料的腐蚀性评价	
				A-强 B-弱	SO_4^{2-}（mg/kg）	Mg^{2+}（mg/kg）	pH	Cl^-（mg/kg）	混凝土结构	钢筋混凝土结构中的钢筋
①	粉细砂填土	JK20	0.5	A	48.14	9.75	7.8	42.26	微	微
		JK64	0.7	A	23.22	7.31	7.9	49.68	微	微
②	粉细砂	JK19	8	A	8.53	6.02	8.4	24.56	微	微
		JK10	1.5	A	25.52	4.82	8.61	29.49	微	微
		JK15	1.5	A	22.92	10.84	8.69	24.55	微	微
④$_3$	粉土	JK10	21.2	B	12.92	6.09	8.64	44.71	微	微
		JK15	21.5	B	8.56	4.83	8.66	32.03	微	微
		JK19	21	B	12.95	4.88	7.96	42.32	微	微

四、不良地质作用及特殊性岩土

1. 不良地质作用

（1）地震液化：根据对本次勘察资料及收集的工程场区周边已有资料的分析,判定在地震烈度为 8 度、地下水位按历史最高水位考虑时,东引桥场地（K0 + 350 ~ K0 + 720 里程段）地面下 20m 深度范围内的粉细砂②层、粉细砂③层会产生液化,钻孔液化指数为 1.8 ~ 14.5,液化土层深度主要集中在 1.65 ~ 13.65m,液化等级为轻微 ~ 中等;主桥及西引桥场地（K0 + 720 ~ K1 + 800 里程段）地面下 20m 深度范围内的粉细砂②层、粉细砂③层会产生液化,钻孔液化指数为 8.3 ~ 34.7,液化土层深度主要集中在 1.15 ~ 13.65m,液化等级为中等 ~ 严重。当不全部消除液化土时,建议设计对液化土层的承载力、侧阻力、压缩模量、内摩擦角、黏聚力等进行折减,折减系数按最不利条件考虑,建议综合按 0 考虑。永定河中堤坝体材料人工堆积的粉细砂填土①层,经过碾压,密实度相对较好,为非液化土层,但应考虑振动荷载可能对其产生的不利影响。

（2）高边坡：由于河道内常年采砂及受河水冲刷,在永定河东西两侧形成高边坡地形,东侧边坡尤为陡峭,边坡最大高度约为 16m,高宽比约为 1∶1.2。边坡稳定性对桩基设计及施工、桥梁运营等均有一定影响,建议对该边坡进行专项治理,防止边坡失稳。

2. 特殊性岩土及不利土层

通过本次勘察、地质调查,拟建场地分布的特殊性岩土层主要为人工堆积层和古近纪沉积岩层。

（1）人工堆积层：本工程人工堆积层厚度一般在 0.5 ~ 1.5m 之间,中堤处局部厚度较大,约 5.0m,受城市建设影响,局部填土厚度可能更大。人工堆积层一般堆积时间较短,未经压密处理,结构松散,压缩性高,抗剪强度低,土质很不均匀,力学性质较差,对桩基施工及桩基侧壁土层摩阻力的发挥有一定不利影响,作为承台的基坑边坡土层或桩基侧壁土层易坍塌,填土作为桩基侧壁土层可能产生负摩阻力。

（2）古近纪沉积岩层：本工程全线第四纪沉积层下伏为古近纪沉积岩层,场区分布的古近纪沉积岩层属极软岩,其成岩时间短、胶结较差。

力学性质：根据取样的室内力学试验和水理性状测试结果,古近纪沉积岩样单轴抗压强度相对较低,为弱胶结极软岩。由于钻孔中采取的样品已经过围压释放、机械振动,室内无侧限试验结果与天然状态有一定差异。

水理性质：黏土岩、砾岩和砂岩的力学性质受水的影响均较大,具有饱和软化、干燥收缩、吸水崩解特征,属易软化岩石。砾岩胶结物水理性质较差,胶结物遇水软化后降低了砾岩的整体力学强度;黏土岩、砾岩和砂岩在浸水、失水的交替作用下,力学强度（抗压、抗剪）将很快降低。

膨胀崩解性质：场区分布的古近纪沉积岩含有大量亲水性黏土矿物蒙脱石、伊利石、高岭石,黏土矿物在吸收水分后体积膨胀,失水后易崩解和产生强度损失,根据室内试验结果,黏土岩自由膨胀率为 20% ~ 53%,属于微 ~ 弱膨胀性岩石。沿线的古近纪沉积岩层在未揭露的天然沉积条件下,其工程和水理特性不会产生变化,即不会产生体积膨胀和崩解破坏的现象,但在暴露状态和干湿交替环境中,砾岩泥质胶结物、黏土岩及砂岩会因外界湿度变化而产生体积膨胀和收缩崩解的现象,在完全暴露浸水和无约束的条件下,砾岩将因胶结物的崩解破坏而丧失强度。

结合本工程实际工况和设计条件分析,天然状态下的古近纪沉积岩层工程性质良好,是桩基方案的良好备选桩端持力层。在施工过程中,应主要考虑减少对古近纪沉积岩层原状结构的扰动,在成孔后应及时清孔、清渣并浇筑混凝土,以保持古近纪沉积岩层天然状态下的结构特征和作为桩端持力层的承载力性状。卵石和砾岩中局部分布有粒径较大的砾石,可能会对成桩工艺造成困难。

五、水文地质情况

1. 地下水赋存情况

根据场区地层、相邻桥梁钻孔资料及附近地下水位观测孔的水位观测数据,工程场区地面下 30m 深度范围内一般赋存 3 层地下水:

第 1 层地下水赋存于 7m 深度范围内的砂土层中,其地下水类型属潜水(二)。本次实测地下水稳定水位高程为 +32.46 ~ +34.69m[潜水(二)水头埋深 4.80 ~ 6.30m]。

第 2 层地下水赋存于埋深 11 ~ 16m 的砂土、圆砾、卵石层中,其地下水类型属承压水。本次实测地下水稳定水位高程为 +28.29 ~ +29.79m(承压水头:埋深 9.50 ~ 11.20m)。

第 3 层地下水赋存于埋深约 29m 以下的卵石、圆砾层中,其地下水类型属承压水。本次实测地下水稳定水位高程为 +13.30m(承压水头:埋深 26.49m)。

2. 永定河水位情况

永定河规划河床高程为 +35m,图纸设计主墩承台顶高程为 34m,生态补水常水位为 +43m;100 年一遇标准洪水水位为 +50.99m,流速为 0.25m/s;300 年一遇标准洪水水位为 +51.96m,流速为 0.43m/s。目前水质为Ⅳ类水,经施工调查,2019 年、2020 年永定河生态补水后,桥位处水位为 +45m;经多次与建设单位和规划部门沟通,确定桥位处常水位为 +43m。具体河道断面布置图详见图 2-5。

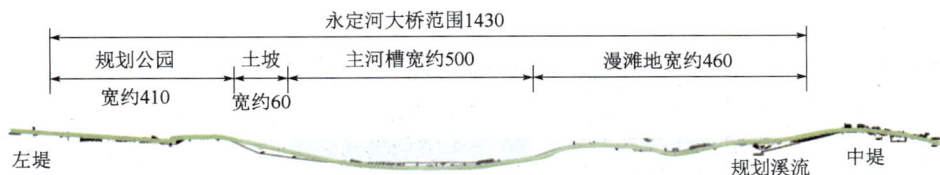

图 2-5 永定河河道断面布置图(尺寸单位:m)

3. 地下水与地表水腐蚀性评价

北京地区属于湿润区,环境类型属于Ⅱ类。潜水(二)对混凝土结构具微腐蚀性,对钢筋混凝土结构中的钢筋在长期浸水条件下具微腐蚀性,干湿交替条件下具微腐蚀性。地表水对混凝土结构具微腐蚀性,对钢筋混凝土结构中的钢筋在长期浸水条件下具微腐蚀性,干湿交替条件下具弱腐蚀性。

六、气象条件

本工程位于北京市大兴区、丰台区和房山区的交界处,此处属暖温带半湿润、半干旱大陆性季风气候地区,一年四季分明,春季干旱多风,夏季炎热多雨,秋季凉爽,冬季寒冷干燥。

北京市气象服务中心提供的房山站气象资料:

房山站年平均气温为12.4℃;极端最高气温为40.3℃,出现在2010年7月5日;极端最低气温为-20.4℃,出现在2010年1月6日。

年平均降水量为533.1mm;年最大降水量为800.2mm,年最小降水量为346.4mm;暴雨日最大降水量为167.5mm,出现在2012年7月21日。

年平均风速为1.9m/s,主导风向为静风,次多风向北东风(NE);最大风速为14.3m/s,风向为北(N)。

年平均雷电日数为30天;年最多雷电日数为42天;年最少雷电日数为19天。

年最多积雪天数为31天,最大积雪深度为20cm;年平均结冰天数为120天,最早结冰初日为10月24日,最晚结冰初日为11月14日。

第三节　社会经济条件

一、交通情况

本工程位于北京市大兴区黄村镇、丰台区宛平城街道及房山区长阳镇的交界地段,沿途有南五环路、永定河道左堤路、永定河道中堤路等主要道路,具体见图2-6~图2-8。施工人员、设备、材料均可通过上述道路沿便道进入施工场地。

图2-6　永定河道左堤路

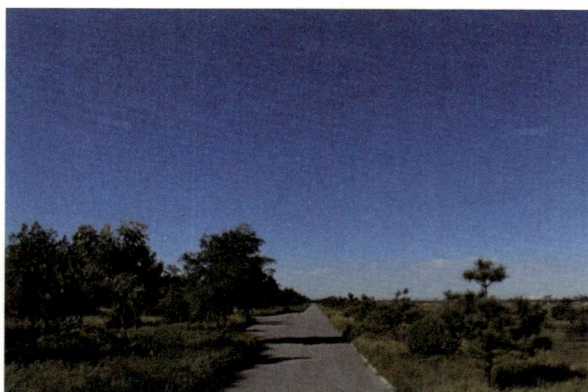

图2-7　永定河道中堤路

二、水、电、通信情况

工程建设的水、电就近接驳方便,生活用水采用自来水,生产用水(养护、洒水等)可就近取用水质合格的地表水,用电从附近的国家电网主干线路上T接至项目变压器。信息通信方便,采用光纤接入施工现场。

图 2-8　南五环路

三、永定河系防洪规划情况

《永定河防御洪水方案》确定永定河流域防洪体系按 100 年一遇洪水标准设防,本工程处河道规划泄量为 2500m³/s,左右堤均按 1 级堤防标准设计。该处河道为南北走向,现状上开口宽约 1543m,局部沙坑底高程为 +35m。左堤(图 2-9)顶高程为 +57.26m,顶宽约 25.0m;中堤(图 2-10)顶高程为 +56.11m,顶宽为 67.6m,河道右侧为稻田水库。根据《永定河防御洪水方案》和《北京市防洪排涝规划》(2016),规划该段河道断面基本维持现状,现状左右堤顶高程基本已满足设计洪水位加超高要求。规划河底高程不低于现状,约为 +35m;左堤、中堤顶高程分别不低于 +57.26m 和 +56.11m。根据《永定河综合治理与生态修复总体方案》,项目处河道规划为湖泊和溪流相串联的生态型河流,桥位处主河槽利用现有砂石坑建成湖泊,对河床进行生态修复,并在河道左岸滩地建设长兴公园。由于该段河道具有游荡性的特点,横向水流不稳,河床还会受到洪水冲刷影响。

图 2-9　现状左堤路大堤

图 2-10　现状中堤路大堤

四、永定河生态补水情况

2019 年,我国首次"引黄入京",对永定河进行生态补水。全年春、秋两季共向永定河集中输水 3.31 亿 m³(含引黄河水)。

2020 年,我国连续第二年引黄河水对永定河进行生态补水,春季向永定河补水约 1.75 亿 m³,其中当地水集中输水约 0.55 亿 m³。2020 年 5 月初,生态补水抵达卢沟桥拦河闸,2020 年永定河北京段生态补水达到最大放水流量,即 380m³/s,这也是卢沟桥拦河闸建闸 33 年以来的最大过水流量。

五、设计常水位情况

永定河发生 100 年一遇标准洪水时,桥位处河道洪水位高程为 +50.97m,流速为 1.12m/s;永定河发生 300 年一遇洪水时,桥位处河道洪水位高程为 +51.96m,流速为 1.34m/s。

本工程横跨现状永定河,现状永定河在拟建场区内呈南北走向,水流方向自北向南,勘察时期水域宽度约 500m,本次勘察期间(2020 年 6 月)实测水位高程约为 +42.55m。拟建场区内潜水历年最高水位高程如下:

1959 年最高水位高程:+50.0m;

1971—1973 年最高水位高程:+48.0m;

近 3~5 年最高水位高程:+45.0m。

大桥前期方案水位条件依据《京雄高速公路工程跨永定河河道水利条件分析》(北京市水利规划设计研究院 2018 年 8 月)研究确定,其中桥位处河底高程为 +35.00m,生态水位为 37.00m。现场实际长期观测情况:2019 年生态补水后,经过渗漏和蒸发,桥位处冬季水位接近规划生态水位为 +37.00m;2020 年生态补水后,经过渗漏和蒸发,桥位处水位高程为 +41~ +44m。

由于永定河流域生态补水无明确长期规划,建设单位与相关规划部门、水利部门多次商讨,最后一致认为桥位处常水位高程宜确定为 +42m。

第三章　涉河工程建设要点

第一节　国家、行业管理规定

一、国家管理规定

1.《中华人民共和国防洪法》（1997 年 8 月 29 日中华人民共和国主席令第 88 号公布，2016 年 7 月 2 日修正）

建设跨河、穿河、穿堤、临河的桥梁、码头、道路、渡口、管道、缆线、取水、排水等工程设施，应当符合防洪标准、岸线规划、航运要求和其他技术要求，不得危害堤防安全、影响河势稳定、妨碍行洪畅通；其工程建设方案未经有关水行政主管部门根据前述防洪要求审查同意的，建设单位不得开工建设。

2.《中华人民共和国水法》（1988 年 1 月 21 日中华人民共和国主席令第 61 号公布，2016 年 7 月 2 日修正）

在河道管理范围内建设桥梁、码头和其他拦河、跨河、临河建筑物、构筑物，铺设跨河管道、电缆，应当符合国家规定的防洪标准和其他有关的技术要求，工程建设方案应当依照防洪法的有关规定报经有关水行政主管部门审查同意。因建设前款工程设施，需要扩建、改建、拆除或者损坏原有水工程设施的，建设单位应当负担扩建、改建的费用和损失补偿。但是，原有工程设施属于违法工程的除外。

3.《中华人民共和国防汛条例》（1991 年 7 月 2 日中华人民共和国国务院令第 86 号发布，2011 年 1 月 8 日修订）

在汛期，河道、水库、闸坝、水运设施等水工程管理单位及其主管部门在执行汛期调度运用计划时，必须服从有管辖权的人民政府防汛指挥部的统一调度指挥或者监督。

4.《中华人民共和国河道管理条例》（1988 年 6 月 10 日中华人民共和国国务院令第 3 号发布，2018 年 3 月 19 日修订）

修建开发水利、防治水害、整治河道的各类工程和跨河、穿河、穿堤、临河的桥梁、码头、道路、渡口、管道、缆线等建筑物及设施，建设单位必须按照河道管理权限，将工程建设方案报送河道主管机关审查同意。未经河道主管机关审查同意的，建设单位不得开工建设。

5.《河道管理范围内建设项目管理的有关规定》(1992 年 4 月 3 日水利部、国家计委水政〔1992〕第 7 号发布,2017 年 12 月 22 日修正)

河道管理范围内的建设项目,必须按照河道管理权限,经河道主管机关审查同意后,方可开工建设。

6.《水行政许可实施办法》(2005 年 7 月 8 日中华人民共和国水利部令第 23 号发布)

公民、法人或者其他组织从事特定水事活动,依法需要取得水行政许可的,应当直接向有水行政许可权的水行政许可实施机关提出申请。

二、北京市管理规定

1.《北京市实施〈中华人民共和国防洪法〉办法》(2001 年 6 月 1 日北京市人民代表大会常务委员会公告第 27 号公布,2019 年 7 月 26 日修正)

对壅水、阻水严重的桥梁、引道、码头和其他跨河工程设施,根据该河道的防洪标准,有关水行政主管部门可以报请人民政府责令建设单位限期改建或者拆除。

新建、改建、扩建跨河、穿河、临河、穿堤的桥梁、码头、道路、渡口、管道、缆线和取水、排水等工程设施,按照《中华人民共和国防洪法》第二十七条的规定执行。

2.《北京市河湖保护管理条例》(2012 年 7 月 27 日北京市人民代表大会常务委员会公告第 23 号发布,2019 年 7 月 26 日修正)

建设水工程,依照《中华人民共和国水法》及相关法律、法规的规定执行。

第二节　建设管理程序

为确保涉河工程的建设,根据法律、法规实行以下工程报建程序。

1. 获得原则跨越位置可行性的函

建设单位首先应向北京市水务局行文,申请办理地方涉河工程设计审查手续,文件受理后,再向河道管理部门提供《京雄高速公路(北京段)洪水影响评价报告》,由北京市水务局组织参建单位现场踏勘,完成设备调查,形成原则性意见。根据反馈意见及可行性研究报告,确定跨越河道是否可行,回函给建设单位。

2. 获得方案设计审查意见的函

本阶段由设计单位按照北京市水务局反馈意见,对《京雄高速公路(北京段)洪水影响评价报告》进行修改,修改完成后报送水利部海河水利委员会,函件受理后,由水利部海河水利委员会组织相关部门召开方案审查会。

3. 获得建设工程水行政许可

水利部海河水利委员会对《京雄高速公路(北京段)洪水影响评价报告》进行审查,认可后,建设单位将报告报送北京市永定河管理处和北京市水务局,办理建设工程水行政许可。

4.获得汛期施工许可

每年河道汛期前,建设单位须组织单位编制汛期施工方案及应急预案,报北京市水务局组织专家审查,建设单位根据专家审查组织施工单位修改后再次上报,以获得汛期施工许可。

建设流程见表3-1。

建设流程表　　　　　　　　　　　　　表 3-1

阶段	文件形成	流程	主责单位
可研阶段	来函文件、洪水影响评价报告	项目申请 → 受理 → 涉河工程审查（不通过→受理；通过↓）→ 复函	建设单位
设计阶段	洪水影响评价报告	项目申请 → 受理 → 设计方案审查（不通过→受理；通过↓）→ 复函	设计单位
施工阶段	汛期施工方案及应急预案	项目申请 → 受理 → 汛期施工方案审查（不通过→受理；通过↓）→ 复函	建设单位

第三节　控制要素

一、涉河设计方案选择

1.《防洪标准》(GB 50201—2014)

高速公路特大桥防洪标准 300 年。

2.《海委审批权限范围内涉河建设项目技术审查规定（试行）**》**（海建管〔2013〕33 号）

桥墩阻水比。新建、改建、扩建桥梁时桥墩阻水比应不大于 5%。扩建桥梁的桥墩阻水比应不大于原桥墩阻水比。

3.《中华人民共和国河道管理条例》（1988 年 6 月 10 日中华人民共和国国务院令第 3 号发布,2018 年 3 月 19 日修订）

修建桥梁、码头和其他设施,必须按照国家规定的防洪标准所确定的河宽进行,不得缩窄行洪通道。桥梁和栈桥的梁底必须高于设计洪水位,并按照防洪和航运的要求,留有一定的超高。设计洪水位由河道主管机关根据防洪规划确定。跨越河道的管道、线路的净空高度必须符合防洪和航运的要求。

省、自治区、直辖市以河道为边界的,在河道两岸外侧各 10km 之内,以及跨省、自治区、直辖市的河道,未经有关各方达成协议或者国务院水利行政主管部门批准,禁止单方面修建排水、阻水、引水、蓄水工程以及河道整治工程。

在河道管理范围内,禁止堆放、倾倒、掩埋、排放污染水体的物体。禁止在河道内清洗装贮过油类或者有毒污染物的车辆、容器。

4.《北京市河湖保护管理条例》（2012 年 7 月 27 日北京市人民代表大会常务委员会公告第 23 号发布,2019 年 7 月 26 日修正）

在河湖上新建、扩建以及改建开发水利、防治水害、整治河湖的各类工程和在河湖管理范围、保护范围内修建桥梁、道路、管道、缆线、闸房、码头、渡口、取水、排水等工程设施及其附属设施需要临河、跨河、穿堤、破堤、筑坝、围堰的,建设单位应当向有管辖权的水行政主管部门提出申请,报送工程建设方案。水行政主管部门应当在收到申请之日起 30 个工作日内作出同意或者不同意的决定,不同意的应当说明理由。

任何单位或者个人不得直接或者间接向河湖排放未经处理或者经处理未达到规定标准的污水,不得向路边雨水口、雨水管线及其附属设施排放或者倾倒污水、污物和其他有毒、有害物质。

二、总体设计的选择

1.《公路桥涵设计通用规范》（JTG D60—2015）

桥上纵坡不宜大于 4%,桥头引道纵坡不宜大于 5%;桥头两端引道的线形应与桥梁的线形相匹配。位于城镇混合交通繁忙处的桥梁,桥上纵坡及桥头引道纵坡均不得大于 3%。对易结冰、积雪的桥梁,桥上纵坡不宜大于 3%。

2.《公路工程技术标准》（JTG B01—2014）

桥梁及其引道的平、纵、横技术指标应与路线总体布设相协调,并应符合下列规定:桥上纵坡不宜大于 4%,桥头引道纵坡不宜大于 5%。对于易结冰、积雪的桥梁,桥上纵坡宜适当减小。位于城镇混合交通繁忙处的桥梁,桥上纵坡和桥头引道纵坡均不得大于 3%。桥头两端引道的线形应与桥梁的线形相匹配。

三、净空和孔径选择

1.《公路工程技术标准》（JTG B01—2014）

（1）桥面净空规定。

一条公路应采用同一净高。高速公路、一级公路、二级公路的净高应为 5.00m；三级公路、四级公路的净高应为 4.50m。人行道、自行车道、检修道与行车道分开设置时，其净高应为 2.50m。

（2）桥下净空规定。

通航或流放木筏的河流，桥下净空应符合通航标准或流放木筏的要求。跨线桥桥下净空，应符合被交叉公路、铁路、其他道路等建筑限界的规定。桥下净空应考虑排洪、流水、漂流物、冰塞以及河床冲淤等情况。

2.《公路桥涵设计通用规范》（JTG D60—2015）

（1）桥涵孔径的设计必须保证设计洪水以内的各级洪水及流冰、泥石流、漂流物等安全通过，并应考虑壅水、冲刷对上下游的影响，确保桥涵附近路堤的稳定。桥涵孔径的设计应考虑桥位上下游已建或拟建桥涵和水工建筑物的状况及其对河床演变的影响。桥涵孔径设计尚应注意河床地形，不宜过分压缩河道、改变水流的天然状态。

（2）桥下净空应根据计算水位（设计水位计入壅水、浪高等）或最高流冰水位加安全高度确定。

当河流有形成流冰阻塞的危险或有漂浮物通过时，应按实际调查的数据，在计算水位的基础上，结合当地具体情况酌情留一定富余量，作为确定桥下净空的依据。对于有淤积的河流，桥下净空应适当增加。

四、主要技术指标的采用

1. 设计荷载的采用

（1）《公路桥涵设计通用规范》（JTG D60—2015）。

公路桥涵设计时，汽车荷载的计算图式、荷载等级及其标准值、加载方法和纵横向折减等应符合下列规定：汽车荷载分为公路-Ⅰ级和公路-Ⅱ级两个等级。汽车荷载由车道荷载和车辆荷载组成。桥梁结构的整体计算采用车道荷载；桥梁结构的局部加载，涵洞、桥台和挡土墙土压力等的计算采用车辆荷载。车辆荷载与车道荷载的作用不得叠加。

（2）《公路工程技术标准》（JTG B01—2014）。

汽车荷载分为公路-Ⅰ级和公路-Ⅱ级两个等级，由车道荷载和车辆荷载组成，并规定如下：车道荷载由均布荷载和集中荷载组成，用于桥梁结构整体分析计算。车辆荷载用于桥梁结构局部分析计算和涵洞、桥台、挡土墙土压力等的分析计算。车道荷载与车辆荷载的作用不得相互叠加。

2. 抗震设防等级

依据《公路工程技术标准》（JTG B01—2014）：

①地震动峰值加速度系数小于或等于 0.05 地区的公路工程，除有特殊要求外，可采用简易设防。

②地震动峰值加速度系数大于 0.05、小于 0.40 地区的公路工程,应进行抗震设计。

③地震动峰值加速度系数大于或等于 0.40 地区的公路工程,应进行专门的抗震研究和设计。

④做过地震小区划地区的公路工程,按主管部门审批的地震动峰值加速度系数进行抗震设计。

3. 设计安全等级

依据《公路桥涵设计通用规范》(JTG D60—2015),特大桥、重要桥梁设计安全等级为一级。

五、安全防护措施的选择

1. 防护栅栏的设置

(1)《公路交通安全设施设计规范》(JTG D81—2017)。

公路路侧或中央分隔带应通过保障合理的净区宽度来降低车辆驶出路外或驶入对向行车道事故的严重程度。

(2)《公路工程技术标准》(JTG B01—2014)。

公路隔离栅设置应符合下列规定:高速公路、一级公路需要控制出入的路段两侧宜连续设置,也可利用天然屏障间隔设置。其他公路可根据需要设置。

2. 防眩板的采用

(1)《公路交通安全设施设计规范》(JTG D81—2017)。

高速公路、高等级公路中央分隔带宽度小于 9m 且符合下列条件之一者,宜设置防眩设施:

①夜间交通量较大,且设计交通量中,大型货车和大型客车自然交通量之和所占比例大于或等于 15% 的路段。

②设置超高的圆曲线路段。

③凹形竖曲线半径等于或接近于现行《公路工程技术标准》(JTG B01)规定的最小半径值的路段。

④公路路基横断面为分离式断面,上下行车道高差小于或等于 2m 时。

⑤与相邻公路、铁路或交叉公路、铁路有严重眩光影响的路段。

(2)《公路工程技术标准》(JTG B01—2014)。

高速公路和一级公路应根据需要设置防眩设施。

3. 防落物网的设置

(1)《公路交通安全设施设计规范》(JTG D81—2017)。

①上跨饮用水水源保护区、铁路、高速公路、需要控制出入的一级公路的车行或人行构造物两侧均应设置防落物网。

②公路跨越通航河、交通量较大的其他公路时,应设置防落物网。

③需要设置防落物网的桥梁采用分离式结构时,应在桥梁内侧设置防落物网。

④防落物网应进行防腐和防雷接地处理,防雷接地的电阻应小于10Ω。

⑤防落物网的设置范围为下穿铁路、公路等被保护区的宽度(当上跨构造物与公路斜交时,应取斜交宽度)并各向路外延长10~20m,其中上跨铁路的防落物网的设置范围还应符合相关规定。

(2)《公路工程技术标准》(JTG B01—2014)。

公路防落网设置应符合下列规定:

①公路跨越铁路、通航河流、交通量较大的其他公路时。

②公路路堑边坡可能有落石并影响交通安全的路段。

4. 桥面排水的设置

(1)《中华人民共和国河道管理条例》(1988年6月10日中华人民共和国国务院令第3号发布,2018年3月19日修订发布)。

在河道管理范围内,禁止堆放、倾倒、掩埋、排放污染水体的物体。禁止在河道内清洗装贮过油类或者有毒污染物的车辆、容器。

(2)《北京市河湖保护管理条例》(2012年7月27日北京市人民代表大会常务委员会公告第23号发布,2019年7月26日修正)。

任何单位或者个人不得直接或者间接向河湖排放未经处理或者经处理未达到规定标准的污水,不得向路边雨水口、雨水管线及其附属设施排放或者倾倒污水、污物和其他有毒、有害物质。

第四节　水防治验收

2021年3月24日,北京市水务局以京水行许字〔2021〕156号《行政许可事项决定书》对本项目批复的主要工程内容包括:永定河左堤防护范围顺水流方向长度为75m,垂直水流方向宽度为6m,采用混凝土连锁板形式;滩地采用铅丝石笼+覆土形式防护,并在防护范围内进行绿化恢复。中堤永定河侧防护范围顺水流方向长度为224m,垂直水流方向宽度为10m,采用混凝土连锁板形式;保留堤肩现状防浪墙及护坡,并在坡脚处采用铅丝石笼+覆土形式防护;桥墩结构外边线外扩10m范围内采用铅丝石笼+覆土形式防护,并在防护范围内进行绿化恢复;中堤永定河灌浆加固,顺水流向上、下游均按桥梁垂直投影外轮廓线外扩5m控制,长59m,垂直水流方向宽度为堤顶宽71m,加固土层为堤身粉细砂填土层;对堤防表面进行垂直位移和水平位移安全监测。具体防护布置图详见图3-1。

水防治工程基面清理平整后,应及时报验;基面验收后应抓紧施工,若不能立即施工,应做好基面保护,复工前应再检验,必要时必须重新清理。基坑开挖至设计高程以上200mm左右时,应通知设计、勘察人员验槽,待验收合格后,立即人工开挖至设计高程,并铺设垫层。水防治工程完工后,由施工单位报监理和北京市永定河管理处技术科进行验收。

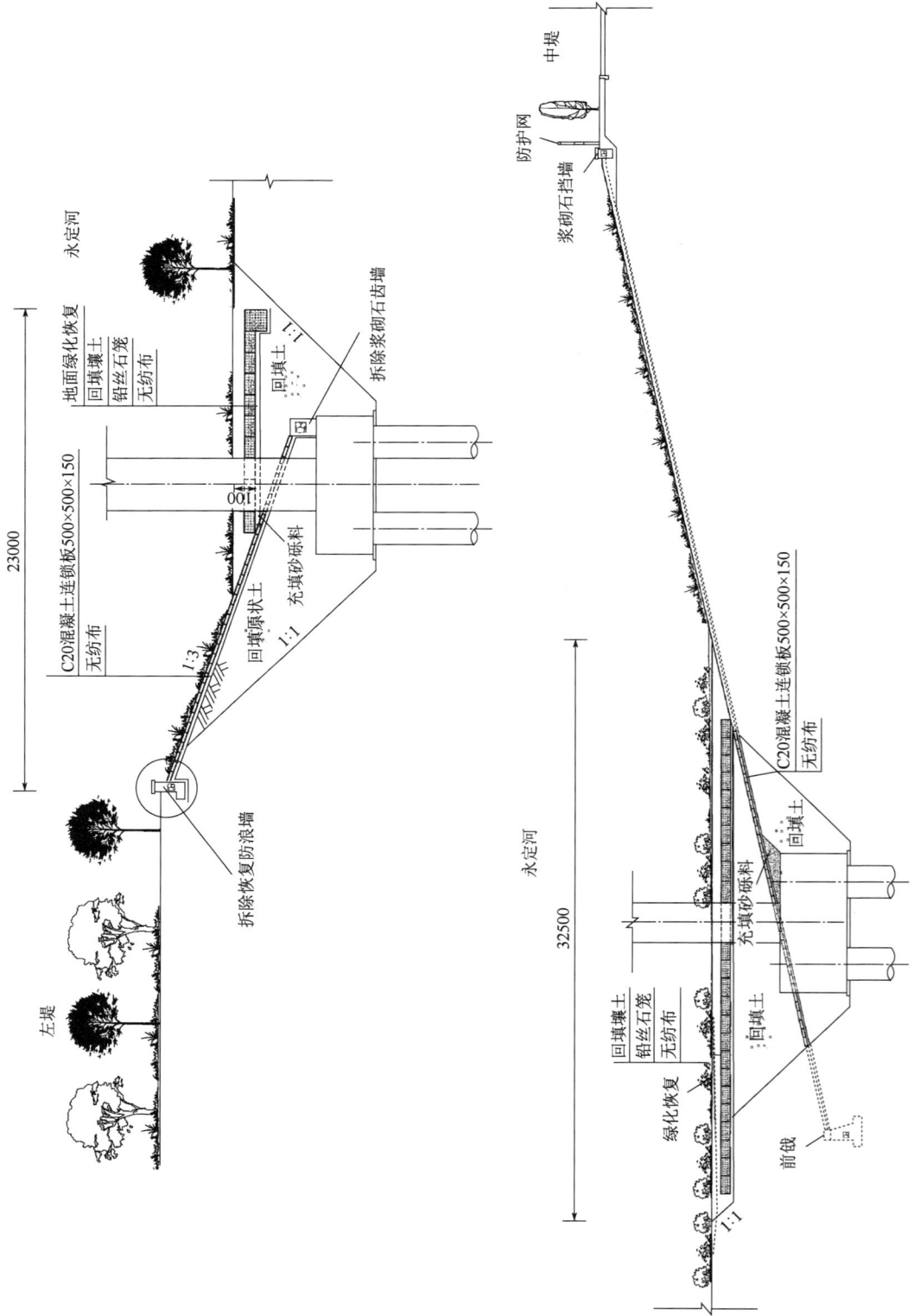

图 3-1 水防治防护图 (尺寸单位: mm)

第四章　建设管理模式

第一节　涉河工程 PPP 项目管理模式

一、涉河工程特点

涉河工程的报建需要得到河道主管部门的行政许可与技术许可,在实施过程中需要河道各级部门的支持与配合,且建成后需河道主管部门进行验收。从工程建设的角度,涉河工程有如下特点:

1. 建设审批周期长

涉河工程审批周期长,主管部门对报批的方案需进行反复研究、审查。再者,地方建设单位对涉河工程管理流程和安全要求较陌生。此外,涉河审批部门签字盖章层次多,导致工程审批总是"在路上"。

2. 沟通协调难度大

由于涉河工程需跨系统沟通,建设单位或施工单位在建设过程中沟通协调复杂,困难重重。加上涉河工程具有特殊性,所涉及的项目关联部门与人员非常多,如在项目立项阶段,涉及地方的发展改革、规划,水务主管部门及下属管理处等单位;在项目的实施阶段,涉及水务管理处、监察等单位;在项目的验收阶段,需取得上述各家单位的签认。

3. 涉河工程施工难度大

建设项目施工期间,应当接受河道主管部门的质量、安全监督检查;汛期时河道内施工要求高,施工围堰或者临时阻水设施影响防洪安全的,任何单位或者个人应当按照防汛指挥机构的紧急处理决定,限期清除或者采取其他紧急补救措施;建设项目完成后,应当及时清除施工围堰等阻水设施,清理现场并恢复河道原状,依法验收合格后方可启用。

二、涉河工程管理模式

1. 施工总承包

施工总承包是指建设单位委托一个施工单位或由多个施工单位组成的施工联合体或施工合作体作为施工总包单位。经建设单位同意,施工总承包单位可以根据需要将施工任务的一部分分包给其他符合资质的分包单位。施工总承包模式存在多家施工单位沟通协调不顺畅,工程工期与造价不可控等问题。

2. 平行发包

平行发包是指建设单位将整个工程的不同部分分别发包给不同的施工单位进行施工。在这种模式下,建设单位需要与多个施工单位签订合同,并负责协调各个施工单位之间的关系。平行发包模式适用于工程规模较大、专业分工较细的工程项目,但建设单位的管理难度和协调工作量相对较大。

3. PPP 工程总承包模式

PPP 工程总承包模式是指政府与社会资本建立合作关系,由社会资本负责项目的投融资、建设和运营,而政府则提供必要的支持和监管的一种项目管理模式。在这种模式下,社会资本通常会成立一个项目公司,与政府签订特许经营协议,获得项目的建设权和运营权。项目公司负责资金筹集、项目设计、材料采购和设备、施工建设,并在项目建成后进行运营和维护。政府则通过提供土地、减免税费、给予补贴等方式支持项目公司,并对项目的质量和进度进行监督。特许经营期满后,项目公司将设施移交给政府。

三、PPP 工程管理模式优势

(1)在 PPP 工程管理模式(简称"PPP 模式")下,只有当项目已经完成并得到政府批准使用后,社会资本才能开始获得收益,因此 PPP 模式有利于提高工程效率和降低工程造价,能够消除项目完工风险和资金风险。研究表明,与传统的融资模式相比,PPP 模式下的项目平均为政府部门节约 17% 的费用,并且建设工程都能按时完成。

(2)政府可以从繁重的事务中脱身出来,从过去的基础设施公共服务的提供者变成监管者,从而保证工程质量,也可以在财政预算方面减轻政府压力。

(3)社会资本参与项目还能推动项目设计、施工、设施管理过程等方面的革新,提高办事效率,传播最佳管理理念和经验。

(4)政府部门和社会资本间可以取长补短,发挥政府公共机构和社会资本各自的优势,弥补对方的不足。双方可以形成互利共赢的长期合作关系,以最有效的成本为公众提供高质量的服务。

(5)与 BOT(建设-经营-转让)等模式不同,PPP 模式在项目初期就可以实现风险分配,同时由于政府分担一部分风险,风险分配更合理,减少了承建商与投资商的风险,从而降低了融资难度,提高了项目融资成功的可能性。政府在分担风险的同时也拥有一定的控制权。

(6)应用范围广泛。该模式突破了引入社会资本参与公共基础设施项目组织机构的多种限制,适用于城市各类市政公用事业及道路、铁路、机场、医院、学校等领域。

第二节　管理目标及组织机构

一、管理目标

坚持以国家及行业发布的各项法律、法规、规章为依据,以项目总承包管理办法为抓手,树立一流的目标,创新一流的管理,打造一流的团队,高标准、严要求,实现全面精细化管理,将本工程建设成优良工程。总目标为"三优三零","三优"即方案优化,工程质量优良,项目管理优秀;"三零"即重大、严重质量事故数为零,重大、较大安全事故数为零,重大环保事故数为零。

1. 工期目标

严格遵守合同约定工期,以月、周为工期管理节点,严格控制分部、分项工程进度,满足总工期要求,确保工程如期完工。

2. 质量目标

(1)杜绝一般及以上工程质量责任事故,遏制质量缺陷。

(2)符合设计文件和有关技术标准要求,分部、分项和单位工程一次竣工验收合格率100%。

3. 安全目标

贯彻"安全生产、预防为主、综合治理"的安全生产管理方针,实现工程施工全过程无重大安全事故。

(1)杜绝因工死亡责任事故,遏制因工重伤事故和轻伤事故。

(2)杜绝以汽车行车为主要责任的事故。

(3)杜绝一般及以上机械和特种设备事故。

(4)杜绝一般及以上火灾事故。

(5)杜绝环境污染事件发生。

(6)无新增职业病病例发生。

4. 环境保护和文明施工目标

环境保护目标为:施工扬尘、有毒有害气体及固体排放量控制在北京市排放标准以内。施工污水排放量控制在北京市排放标准以内。环境敏感地区施工现场噪声达标。永定河内杜绝发生水污染事件。采取有效措施,杜绝重大环境污染。减少一般环境污染,逐步提高环境绩效。

文明施工目标为:按国家、北京市有关规定执行,做到依法施工,文明施工,杜绝违法施工、野蛮施工事件发生。施工现场做到布局合理,施工组织有序,材料堆码整齐,设备停放有序,标识标志醒目,环境整洁干净,实现施工现场标准化、规范化管理。

5. 成本管理目标

(1)在做好项目策划常规性动作的同时,充分发挥项目"铁三角"在项目策划中的重要作用,在中铁上海工程局集团有限公司主要领导带领下,公司机关各部门负责人对项目开展了深度策划,项目经理、项目总工、项目商务经理全过程参与策划。

(2)在深入研究PPP项目投资合同、总承包合同、施工合同及初步设计图纸和初步设计概算的基础上,形成了项目前期变更索赔策划,策划从施工方案编制、施工图出图优化、施工图预算编制、现场签证、保险理赔、政策性调查六个方面提出了成本管理的意见和建议。

(3)项目进场初期,项目部结合自身情况,在公司前期项目策划小组的指导下细化劳务分包策划,严格按照公司劳务分包招标的要求,通过合理设置评标办法,使各参投单位之间合理竞争,降低了劳务成本,夯实了责任成本,效果良好。

(4)项目中标后,公司和项目部立即开展物资市场调查,先后调查确定了主要物资的市场资源分布、供应特点及市场单价等重要信息,对项目周边资源进行了探访并与潜在供应商进行洽商。在保障物资供应及质量的前提下,公司和项目部通过合理的经济、技术手段降低了生产成本,促进了整体效益的提升。

二、组织机构

1. 项目组织机构

项目部全权代表中铁上海工程局集团有限公司向建设单位负责,全面履行合同协议、兑现合同承诺。项目经理部全权负责资源调配、生产指挥和控制、安全、质量、合同以及内外协调等各项工作。

项目均设置完整的管理团队,由工程部、工经部、安质部、财务部、物资部、试验室、办公室组成。具体组织机构详见图4-1。

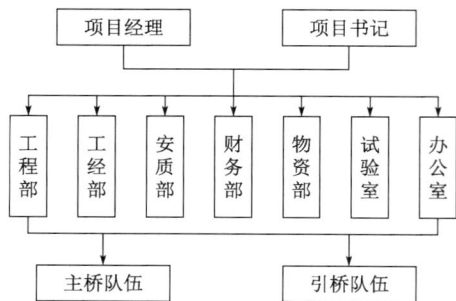

图4-1 组织机构图

2. 项目经理部主要职责

(1)项目策划与启动:负责编制项目总体策划书,明确项目的目标、范围、进度、成本、质量、风险等方面的要求。组织和参与项目启动会议,确保项目团队和关键干系人对项目目标、范围和要求有共同的理解。

(2)项目计划制定:制定详细的项目进度计划、成本预算、资源需求计划等,确保项目资源的合理配置和有效利用。设定项目里程碑和关键绩效指标,以便对项目的进展和成果进行监控和评估。

(3)项目执行与控制:组织和协调项目团队,按照项目计划开展工作,确保项目按时、按质、按量完成。对项目进度、成本、质量、风险等方面进行持续监控,及时发现和解决问题。采取必要的变更控制措施,确保项目变更得到合理的管理和批准。

(4)项目沟通与协调:建立和维护有效的沟通渠道,确保项目信息在团队内部和关键干系人之间及时、准确地传递。定期组织项目会议,汇报项目进展,讨论和解决问题。与客户、供应商、合作伙伴等外部干系人进行沟通和协调,确保项目顺利进行。

(5)项目风险管理:识别和分析项目的潜在风险,制定风险应对策略和计划。对风险进行持续监控和评估,确保风险得到有效控制。及时向项目团队和关键干系人报告风险状况,以便他们做出相应的决策和行动。

(6)项目质量管理:制定项目质量计划,明确质量标准和要求。对项目成果进行质量检查和评估,确保其符合质量标准和要求。采取必要的纠正措施和改进措施,提高项目质量。

(7)项目文档与记录管理:负责项目文档和记录的编制、整理、归档和保管工作。确保项目文档和记录的完整性、准确性和可追溯性。

(8)项目收尾与总结:组织项目验收和交付工作,确保项目成果符合合同要求和客户期望。对项目进行总结和评估,总结经验教训,为今后的项目提供参考和借鉴。清理项目资源,关闭项目账户,完成项目的收尾工作。

3. 项目管理制度

PPP项目管理制度是规范项目管理行为、提高项目管理效率、确保项目建设质量的重要保障。它通常包括以下几个方面:

（1）明确职责分工：通过制定项目管理制度，明确政府、社会资本方及第三方机构的职责和权限，避免职责不清导致的推诿和效率低下。

（2）建立有效的沟通机制：通过定期举办会议、使用信息共享平台和配备专职沟通人员等方式，确保各方在项目实施过程中信息畅通，问题解决及时。

（3）注重项目风险管理：从风险识别、风险评估、风险应对及风险监控等方面入手，确保项目风险可控。

（4）加强绩效考核：通过制定科学合理的绩效考核指标，定期开展绩效考核，评估项目实施效果，发现问题并及时改进。

（5）加强合同管理：在项目初期，各方应共同制定合同，明确各自的职责和权利。在合同签订后，严格按照合同约定履行职责，确保项目顺利推进。

（6）注重项目培训：通过加强项目培训，提升各方的专业能力和管理水平，确保项目顺利推进。

（7）强调社会责任：在项目实施过程中，重视环境保护、社区参与和社会效益等，提升项目的社会效益和可持续发展能力。

第五章　桥型总体设计

第一节　设计原则、规范与标准

一、设计原则

（1）契合永定河是北京母亲河的历史文脉，与自然环境和谐共生，经济合理，技术可行。

（2）京雄大桥应传承永定河历史文化，方案继承发展永定河的历史名片卢沟桥。

（3）京雄大桥应与规划长兴湿地景观和谐统一，桥梁规模尺度应与河面宽度相适应，充分保护生态水面，桥梁结构简洁明快，整体融于环境与河道景观，相映成趣。

（4）通过精确计算分析和精细化设计，确保结构体系合理，满足景观要求的同时控制桥梁投资。

（5）充分考虑施工方案，确保施工技术可行，并能达到预期景观效果。

二、设计规范

（1）《工程建设标准强制性条文　城镇建设部分（2013年版）》。

（2）《公路工程技术标准》（JTG B01—2014）。

（3）《公路桥涵设计通用规范》（JTG D60—2015）。

（4）《公路钢筋混凝土及预应力混凝土桥涵设计规范》（JTG 3362—2018）。

（5）《公路钢结构桥梁设计规范》（JTG D64—2015）。

（6）《公路桥涵地基与基础设计规范》（JTG 3363—2019）。

（7）《公路桥梁抗震设计规范》（JTG/T 2231-01—2020）。

（8）《公路桥梁抗风设计规范》（JTG/T 3360-01—2018）。

（9）《公路钢管混凝土拱桥设计规范》（JTG/T D65-06—2015）。

（10）《公路工程混凝土结构耐久性设计规范》（JTG/T 3310—2019）。

（11）《公路桥涵施工技术规范》（JTG/T 3650—2020）。

（12）《公路交通安全设施设计规范》（JTG D81—2017）。

（13）《公路交通安全设施设计细则》（JTG/T D81—2017）。

（14）《公路养护工程质量检验评定标准　第一册　土建工程》（JTG 5220—2020）。

（15）《钢结构工程施工质量验收标准》（GB 50205—2020）。

（16）《建筑物防雷装置检测技术规范》（GB/T 21431—2015）。

三、主要技术标准

（1）道路等级：高速公路，本桥范围设计速度为 100km/h。

（2）荷载等级：汽车荷载为公路-Ⅰ级。

（3）设计安全等级：一级。

（4）桥梁结构设计基准期：100 年。

（5）设计使用年限：特大桥为 100 年（可更换部件吊杆设计使用年限为 20 年；系杆设计使用年限为 20 年；主桥伸缩缝设计使用年限为 20 年；桥梁检查车主体设计使用寿命为 30 年；护栏、引桥伸缩缝、支座等为 15 年）。

（6）环境类别：与除冰盐接触的结构为Ⅳ类；处于河道中及可能接触水的墩柱为Ⅱ类；其他结构（弱腐蚀及优于弱腐蚀情况下的桩基、承台）为Ⅰ类。

（7）桥面防水等级：Ⅰ级。

（8）防洪标准：桥梁设计洪水频率，特大桥为 1/300；阻水比不大于 5%。

（9）标准横断面：引桥标准断面总宽 $B = 42m$；主桥标准断面总宽 $B = 48m$。

（10）桥面横坡：标准段双向为 2%。

（11）桥梁护栏防撞等级：根据《公路交通安全设施设计规范》（JTG D81—2017）的规定，路侧护栏采用 SS 级防撞护栏；中央隔离带处采用 SAm 级防撞护栏。

（12）桥下净空：中堤路桥下净空不小于 5.0m。

（13）航道等级：无通航要求。

（14）地震参数：桥梁抗震设防类别为 A 类，地震基本烈度为 8 度，地震动峰值加速度为 0.2g，抗震措施等级为四级，场地类别为Ⅱ类，地震动反应谱特征周期为 0.4s。

第二节　桥型布置

一、总体布置

京雄大桥由东引桥、主桥、西引桥三部分组成，全长 1620m，东引桥长 410m，主桥长 520m，西引桥长 690m。大桥东侧与五环立交衔接，西侧与跨越稻田水库的高架桥衔接（图 5-1）。

二、主桥立面布置

京雄大桥主桥上部结构采用中承式系杆拱桥形式，主拱肋跨径为 300m，主拱采用悬链线线形，矢高为 75m，矢跨比为 1:4，拱轴系数 $m = 1.5$，主拱肋内倾角度约为 17.05°。

中孔主梁为钢结构双主纵梁与横梁组成梁格结构，边孔梁为两幅钢箱梁，辅助孔梁为两幅预应力混凝土箱梁，每幅单箱多室，主梁顶面设置 2% 横坡，底面水平，道路定线处对应梁高 3.5m（图 5-2）。

中孔钢梁主结构由南北两根边纵箱梁和中纵梁、大横梁及横肋（含正交异性桥面系）构成。中孔钢梁两端支承在主拱下横梁上，拱肋下横梁与中孔钢梁间设置盆式橡胶活动支座与黏滞阻尼器。

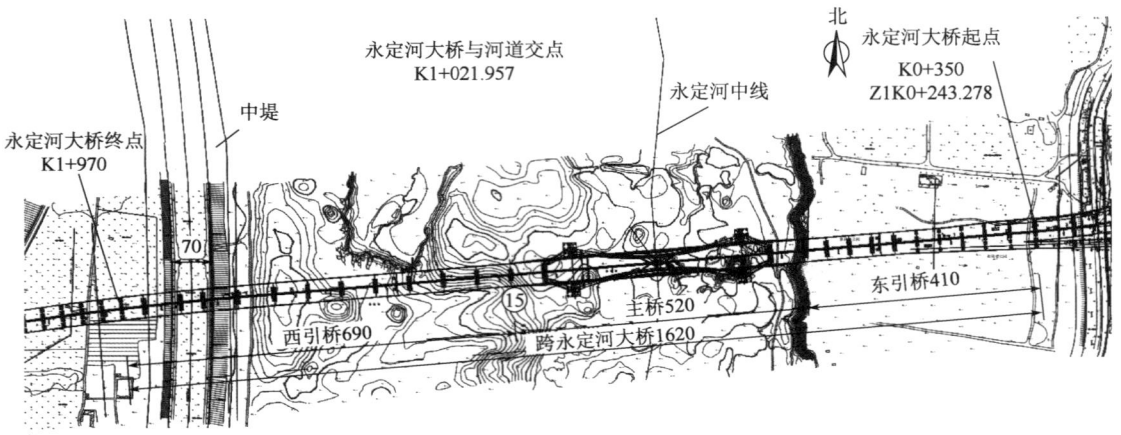

图 5-1 京雄大桥总体平面布置图(尺寸单位:m)

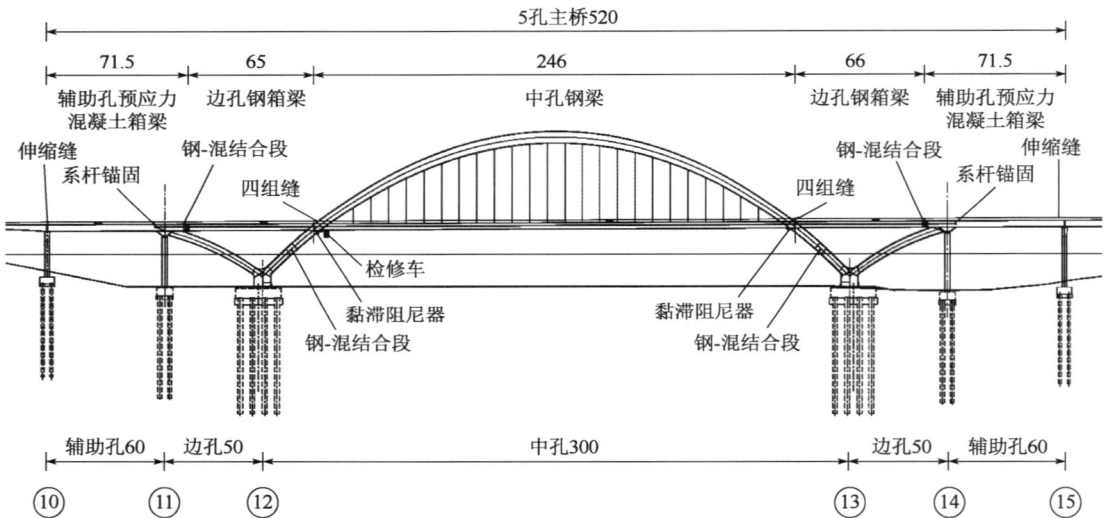

图 5-2 京雄大桥主桥立面布置图(尺寸单位:m)

边孔钢梁为左右分幅的单箱四室钢箱梁,两幅主梁间设置80cm间隙。边孔钢箱梁一端与主拱下横梁连接,一端通过钢-混结合段与辅助孔预应力混凝土箱梁连接。

辅助孔预应力混凝土箱梁为左右分幅的单箱四室混凝土箱梁,两幅主梁间设置80cm间隙。混凝土箱梁在10号墩、11号墩、14号墩、15号墩设置整体横梁,将左右两幅混凝土箱梁连接成整体。

中孔拱肋在300年一遇洪水位以上采用钢结构五边箱形拱,在300年一遇洪水位以下及边孔拱肋采用钢筋混凝土异形箱形拱。中孔拱圈与中孔钢梁间设置48组双吊杆,吊杆顺桥向间距9m。

过渡墩、辅助墩下部结构采用V形墩(含预应力混凝土上系梁),上系梁顶面水平无

052

横坡,中部厚5m,顶面宽2.65m,墩柱顺桥向厚度分别为2.2m和2.4m;接下承台群桩基础。

主墩下部结构采用异形基座上接混凝土拱肋,下接承台群桩基础。

主桥承台均采用围堰施工,下方设置封底混凝土。

三、主桥横断面布置

主桥边孔、中孔和辅助墩中线两侧各10m范围内桥梁宽度为48m,辅助墩中线两侧各6m至过渡墩桥梁宽度由48m渐变至42m。

48m横断面布置如下:[3.0m(检修带)+0.55m(栏杆)+3.2m+4×3.75m+0.75m+0.5m(C值)+0.6m(栏杆)]+0.8m(盖板)+[0.6m(栏杆)+0.5m(C值)+0.75m+4×3.75m+3.2m+0.55m(栏杆)+3.0m(检修带)]=48m。

42m横断面布置如下:[0.55m(栏杆)+3.2m+4×3.75m+0.75m+0.5m(C值)+0.6m(栏杆)+0.8m(盖板)+[0.6m(栏杆)+0.5m(C值)+0.75m+4×3.75m+3.2m+0.55m(栏杆)]=42m。

第三节　主桥结构体系

京雄大桥主桥结构体系受多个因素制约,具体如下。

1. 阻水比要求高

取消拱肋立柱,拱肋设计为扁片外形,根部高4m,宽12m,导致结构受力特点如下:

(1)边孔计算跨径约为70m,阻水比及造型要求取消立柱,经典飞燕式提篮拱桥结构体系无法适用。

(2)拱肋竖向刚度偏弱。

(3)拱肋横桥向刚度大,拱顶中国结风撑满足稳定性要求。

2. 建筑造型要求高

边孔要求通透,不能增设背索;主梁要求轻薄;系杆要求隐藏到主梁内部,结构外观平顺过渡。由此产生的问题及解决措施如下:

(1)边孔竖向弯矩很大,且竖向挠度显著(图5-3)。

(2)边孔与下拱肋固结,增设辅助孔以提高边孔主梁抗弯能力,制约辅助孔处转角幅度。

3. Ⅷ度抗震要求高

(1)边孔三角刚架+主跨拱圈+3孔通长系杆+主墩基础作为大桥主要承载结构,以满足抗震需求。

(2)设置连续辅助孔平衡支座上拔,减小边拱肋扭转导致的附加弯矩。地震增加的水平力需要基础承担。

(3)中孔主梁设置伸缩缝释放温度力,增设阻尼器。

基于以上因素,最终京雄大桥创新采用五孔钢-混凝土混合梁+三角刚架结构体系(图5-4、图5-5)。

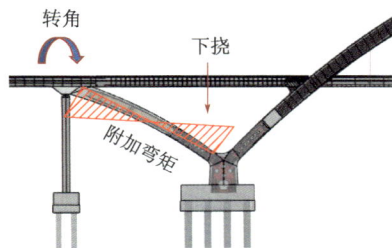
图5-3　边孔梁拱受力关系

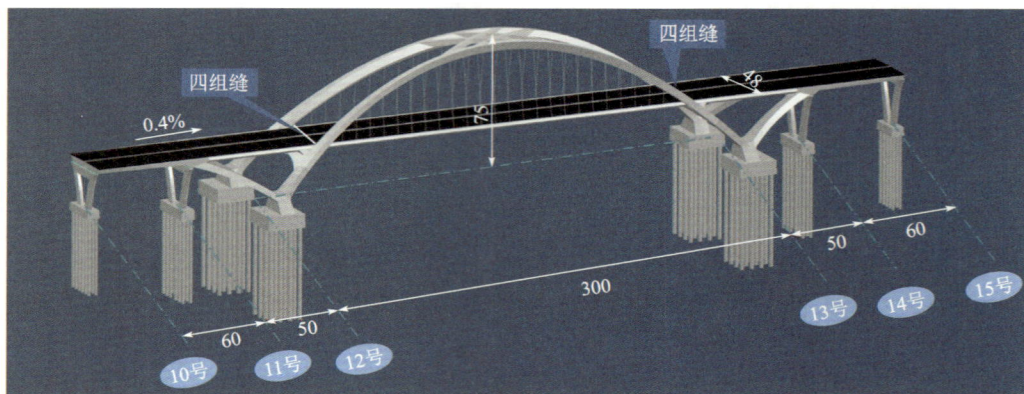

图 5-4　京雄大桥主桥整体布置图(尺寸单位:m)

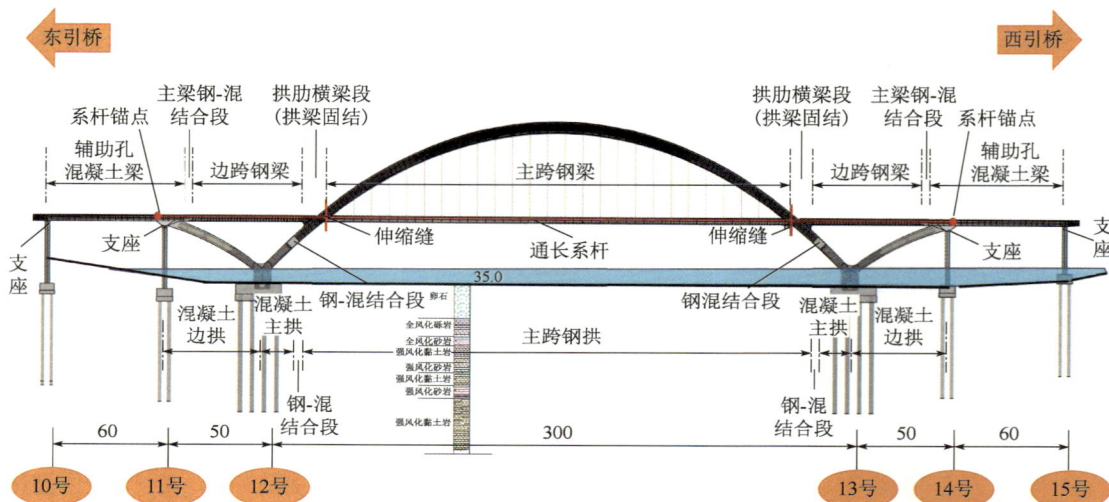

图 5-5　京雄大桥主桥结构体系布置图(尺寸单位:m)

第六章 关键节点设计

第一节 主桥钢拱肋

大桥主拱肋为内倾式提篮拱,拱顶设置风撑。主拱肋为钢-混组合结构,在300年一遇洪水位以上设置钢-混结合段,钢-混结合段以下为混凝土结构,拱肋根部与基座连接。

主桥钢拱肋采用BIM(建筑信息模型)正向设计模式,利用大桥主拱肋骨架、隔板定位面、吊杆定位线、拱顶风撑定位面等主拱定位要素,通过这些骨架线控制要素局部构件定位,达到协同设计的目的。

主桥钢拱肋主要与大桥大横梁、拱脚基座相接,大横梁与拱脚基座均采用BIM协同设计。主桥钢拱肋主要分为南侧主拱肋、北侧主拱肋及主拱风撑三大部分。大桥三维模型如图6-1所示。

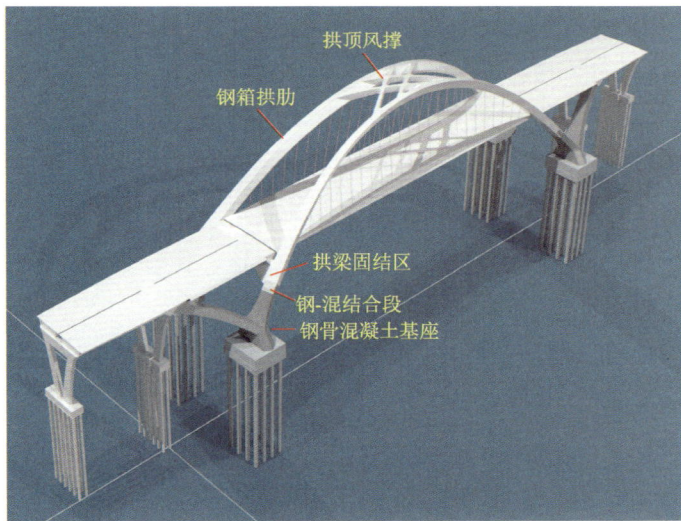

图6-1 大桥三维模型

主拱拱顶设计预拱度为0.16m,按多次样条曲线设置。

拱肋沿轴线方向壁板初拟设置两种厚度,从底部到顶部板厚依次为40mm、30mm,其中加劲肋规格对应为32mm×320mm、25mm×250mm。为方便后期检修维护,拱肋桥面附近和拱顶均设置有检修密封门。拱肋检修通道开孔位置均设置有补强板。

主拱肋拱座横向间距为70m,拱顶横向间距为28m。整体为异形变截面扭曲断面,基座附近断面近似矩形,尺寸约为9.8m×3.8m,桥面以上过渡为五边形,至拱顶变化为不规则五边形,主拱肋壁板整体为空间扭曲变化。主拱肋在桥面顶附近内侧壁板及拱顶设置检修人孔通道,并设置相应密封门。

拱肋轴线及预拱度设置是拱肋线形的关键控制因素,线形见图6-2及图6-3。

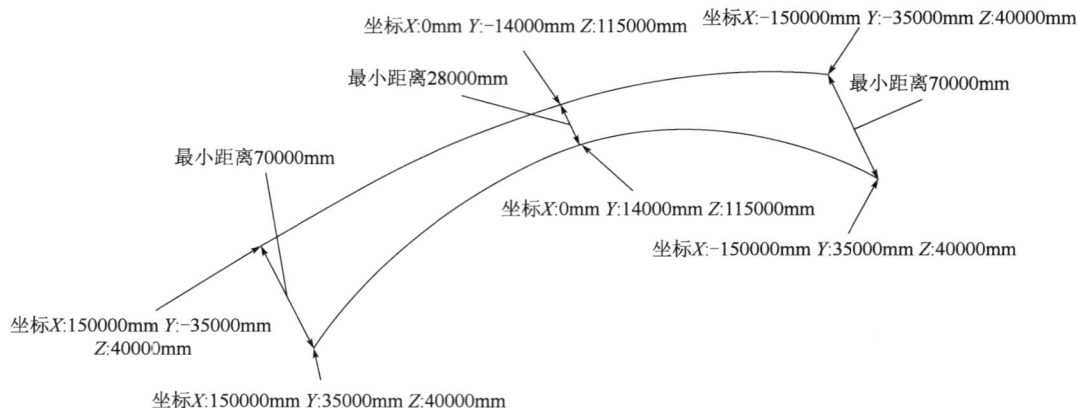

图6-2 大桥拱肋轴线控制线形(坐标为局部相对坐标值)

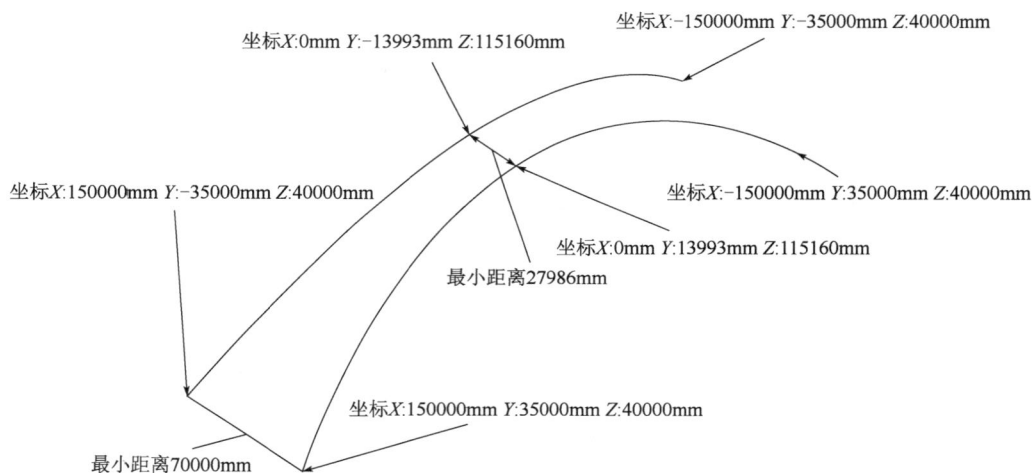

图6-3 大桥拱肋轴线预拱度线形(坐标为局部相对坐标值)

主拱肋横隔板垂直主拱肋轴线设置,间距为3m左右。吊杆锚区设置为通过拱肋轴线布置的方式,配合横隔板及拱肋分仓板进行整体布置。由于拱肋为异形变截面扭曲结构,横隔板为空间斜置,为便于吊杆张拉,施工过程中可在锚区附近设置辅助张拉平台或施工操作平台。

拱肋截面主要分为桥面附近以下的四边形结构与桥面附近以上的五边形结构,其变化点设置在主梁桥梁顶附近(图6-4、图6-5)。

拱肋横隔板沿拱肋轴线径向布置,间距为2.5~3.2m,拱肋横隔板根据区段位置不同采用两种板厚。

拱肋分仓板主要设置在断面中部,兼顾吊杆锚区的锚固,分仓板厚25mm。因拱肋截面的扭曲,两块分仓板在拱肋中部有过渡衔接,在拱肋主体结构部分始终保持有一块分仓板上下连接。分仓板在第一根吊杆以下采用实腹式腹板,底部开孔位置采用补强板。

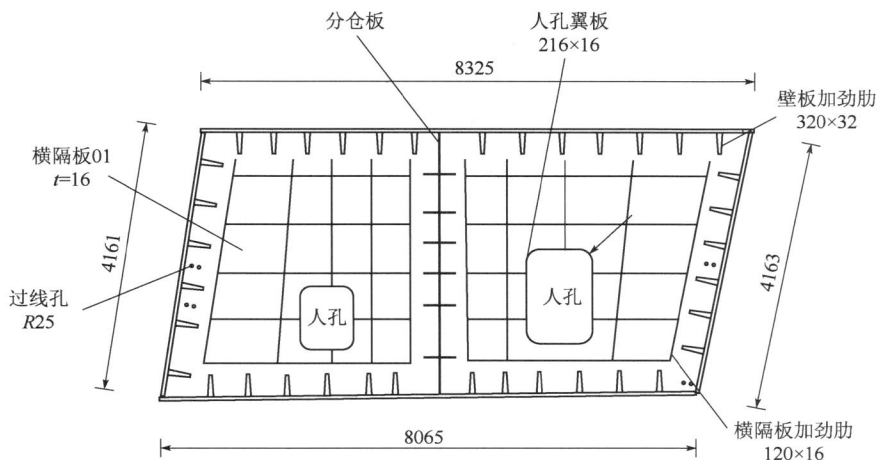

图 6-4 拱肋底部断面示意图(尺寸单位:mm)

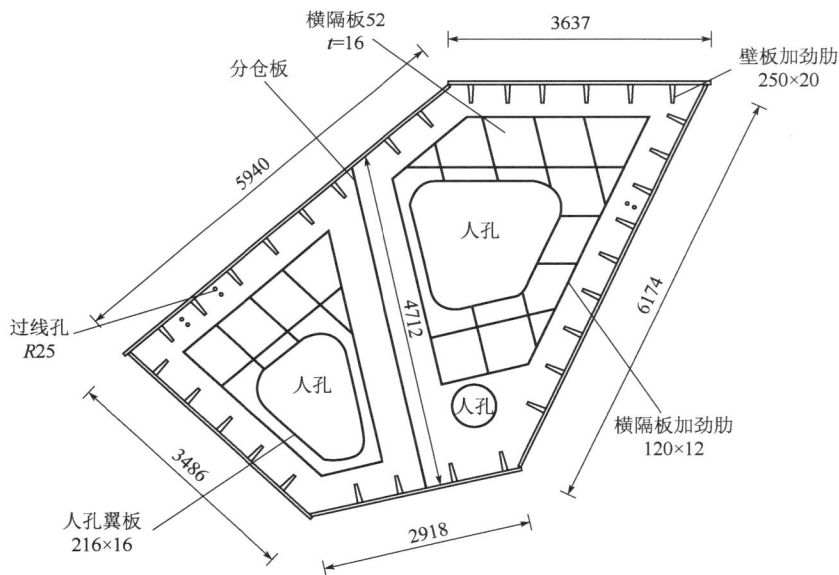

图 6-5 拱肋顶部断面示意图(尺寸单位:mm)

拱肋共有 48 组双吊杆,单侧 24 组双吊杆。吊杆锚区受异形拱肋的影响,构造形式较为复杂,根据具体受力及截面特点,主要分为端部、中部、顶部三种锚区形式。端部第一根吊杆锚区吊杆控制线与分仓板板面成约 5.5°的横桥向夹角,其余吊杆锚区吊杆控制线与对应局部分仓板板面为平行关系。吊杆锚区构造差异主要体现在分仓板外侧加劲肋的布置形式上。大桥拱肋端部吊杆锚区见图 6-6。

拱肋顶部设置横向风撑(图 6-7、图 6-8)。拱顶风撑为变截面结构,其中风撑中部断面最

小尺寸为 $2m \times 3m$（宽度×高度）。拱顶风撑端部与拱肋衔接，其中风撑顶部翼缘板与拱肋壁板为同曲面衔接；底部翼缘板与拱肋底部壁板对应，采用 T 形对接焊衔接。

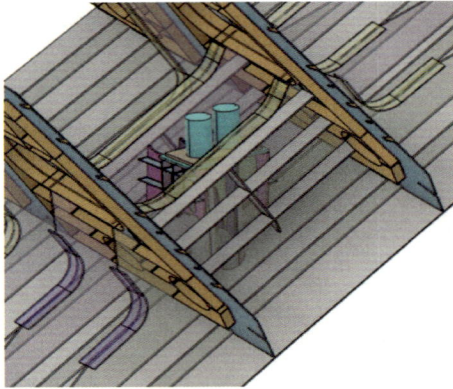

图 6-6　拱肋端部吊杆锚区示意图

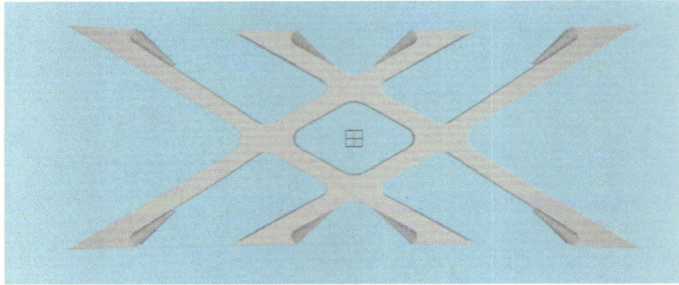

图 6-7　大桥拱肋风撑平面图

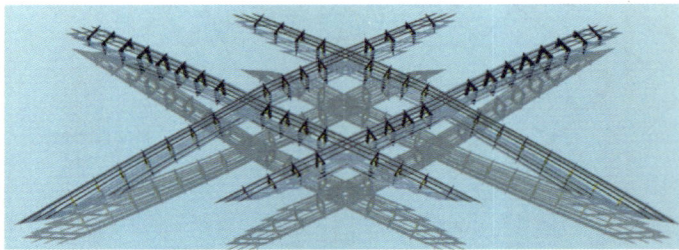

图 6-8　大桥拱肋风撑外壁板加劲肋及隔板布置示意图

第二节　主桥中孔拱肋横梁

中孔拱肋横梁位于中孔钢梁和东西侧边孔钢梁之间伸缩缝处，拱肋、边跨主梁和拱肋间横梁焊接为一个整体，横梁顺桥向伸出一个平台作为牛腿，中跨主梁支座设置于牛腿上。具体位置和外形见图 6-9、图 6-10（由于桥梁结构在横桥向对称，图 6-10 中只展示半跨）。

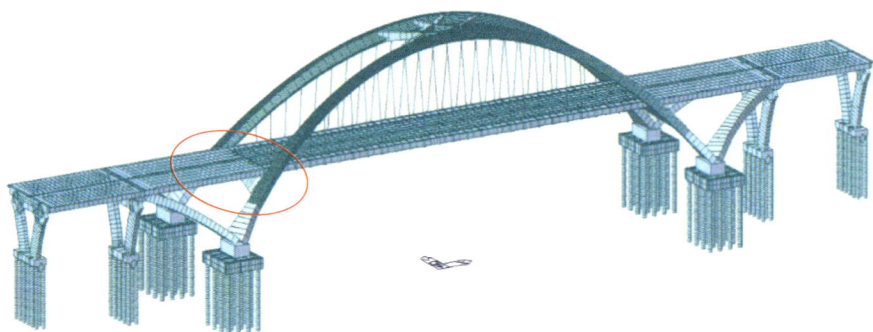

图 6-9　中孔拱肋横梁位置和构造

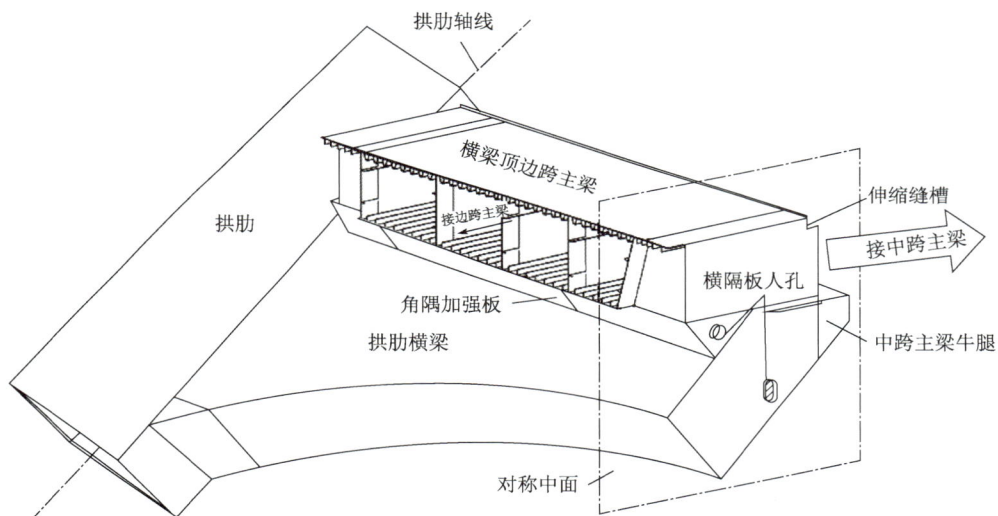

图 6-10　拱肋横梁外形图

横梁顶至边跨主梁底板,跨中梁高约 6m,根部高约 12.7m,横断面宽度与拱肋相同,约 4.2m。横梁顶板、底板与拱肋内横隔板顺接,横梁腹板与拱肋外壁板顺接。拱肋横梁部位为全焊接钢结构,拱肋横梁内部构造细节见图 6-11。

由图 6-11 可以看出,横梁内部由纵、横隔板划分为小区格,上部主梁与横梁之间设置角隅加强板。其中,纵隔板与拱肋内隔板、角隅加强板顺接;横隔板与上部主梁腹板顺接。纵、横隔板相交位置保持横隔板连续,纵隔板断开;顶底板、腹板和隔板的加劲肋与板件相交位置断开后焊接,不设置加劲肋通过孔。

横梁内部纵、横隔板上开人孔,保证内部梁格都可通可达。人孔设置圈肋,根据计算结果,纵隔板受力较小,横隔板受力相对较大,因此人孔设置原则为纵隔板人孔较大、较多,横隔板人孔较小,仅按保证通达原则设置即可。

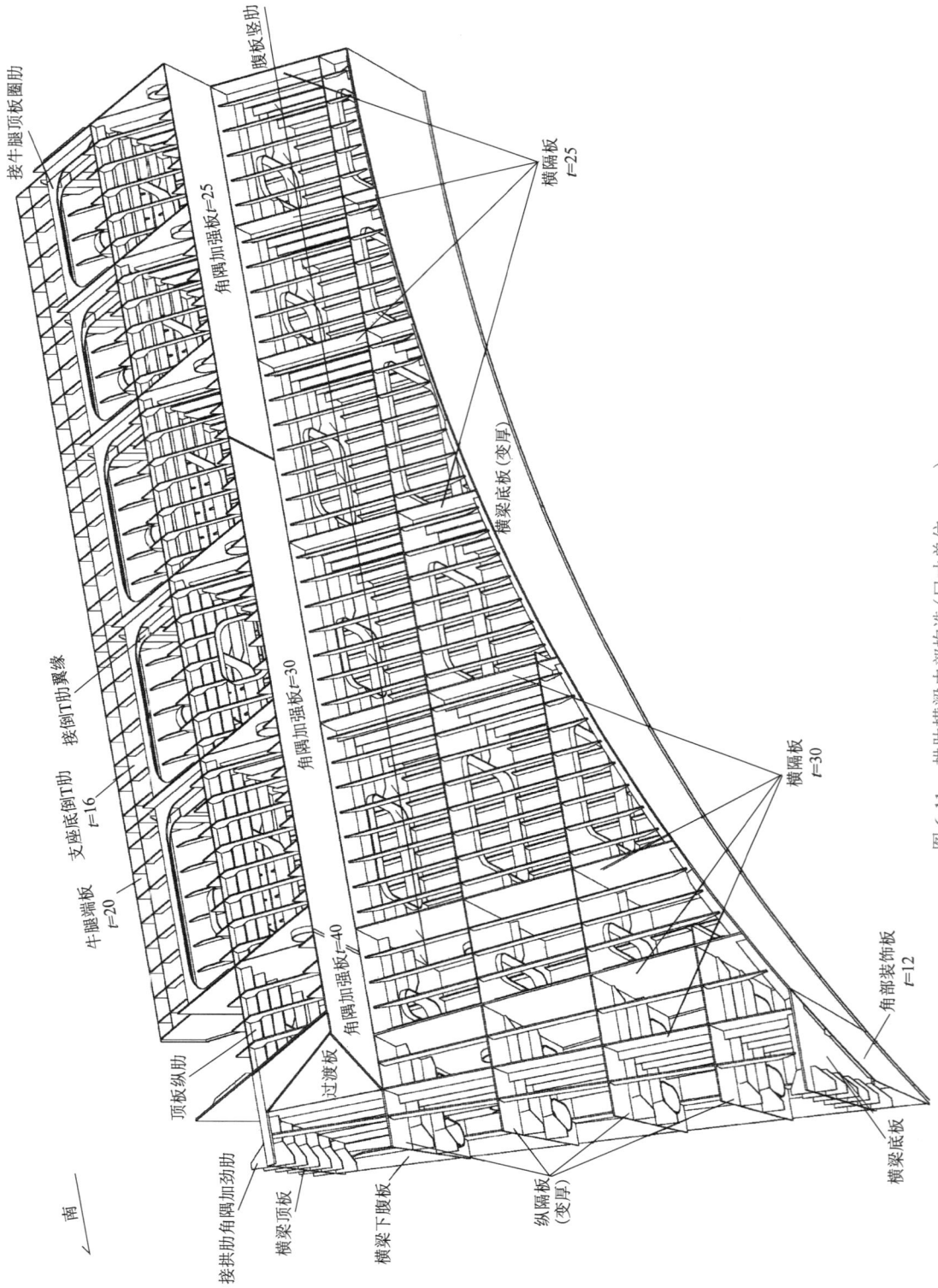

图 6-11 拱肋横梁内部构造 (尺寸单位: mm)

接牛腿顶板圈肋

腹板竖肋

角隅加强板 $t=25$

横隔板 $t=25$

横梁底板 (变厚)

接倒T肋翼缘

角隅加强板 $t=30$

横隔板 $t=30$

支座底倒T肋 $t=16$

牛腿端板 $t=20$

角部装饰板 $t=12$

角隅加强板 $t=40$

过渡板

顶板纵肋

接拱肋角隅加劲肋

横梁顶板

横梁下腹板

纵隔板 (变厚)

横梁底板

南

第三节　主桥拱座与混凝土拱肋

1. 中孔拱肋

本桥拱肋为钢-混凝土混合结构拱肋,其中边拱为混凝土结构,主拱设计水位以下为钢筋混凝土结构,主拱拱肋混凝土段截面为单箱双室钢筋混凝土结构,通过钢-混结合段与上部钢拱肋衔接。钢-混结合段内采用焊钉连接件和开孔板连接件进行连接设计,承压板设置预应力进行预压。拱肋腹板内置型钢骨架,拱肋截面为单箱双室截面,截面形状为四边形,见图6-12。

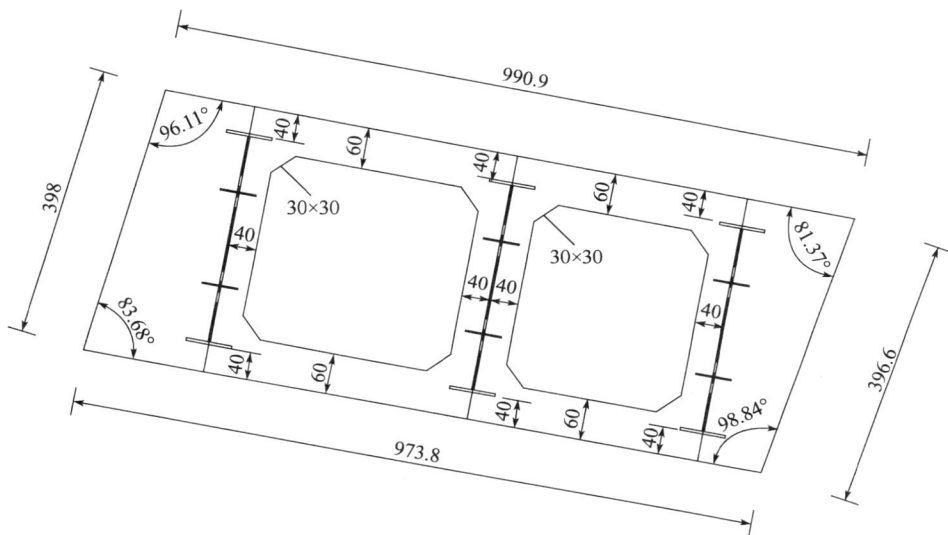

图6-12　主拱截面示意图(尺寸单位:cm)

2. 边跨混凝土拱肋

边跨拱肋纯混凝土段截面为单箱双室钢筋混凝土结构,拱肋截面为四边形的单箱双室截面,腹板内置型钢骨架,三片型钢骨架腹板平面设置,边拱型钢骨架截断于距拱轴线交点顺桥向15m处,边腹板沿着顺桥向变化,在距拱轴线交点15m的范围内,内侧边缘距型钢骨架腹板中心40cm,外侧形状随拱肋整体变化(图6-13)。

3. 拱肋钢骨架

主拱和边拱内,每个腹板设置一片工字形钢骨架,工字形钢骨架的上下翼缘宽度为1000mm,板厚为40mm,腹板厚度为32mm,钢腹板高度随混凝土截面变化,为钢腹板所在平面的截面高度上下各减400mm,腹板和翼缘上设置剪力钉与混凝土连接。

4. 钢-混结合段

钢-混结合段是混合结构的关键部位,要求其对各种荷载产生的轴力、弯矩、扭矩和剪力的传递顺畅可靠,在荷载作用下具有一定的承载安全贮备,刚度过渡良好,耐久性好,抗疲劳性能好,力求减小应力集中。中孔混凝土拱肋钢-混结合段处构造见图6-14。

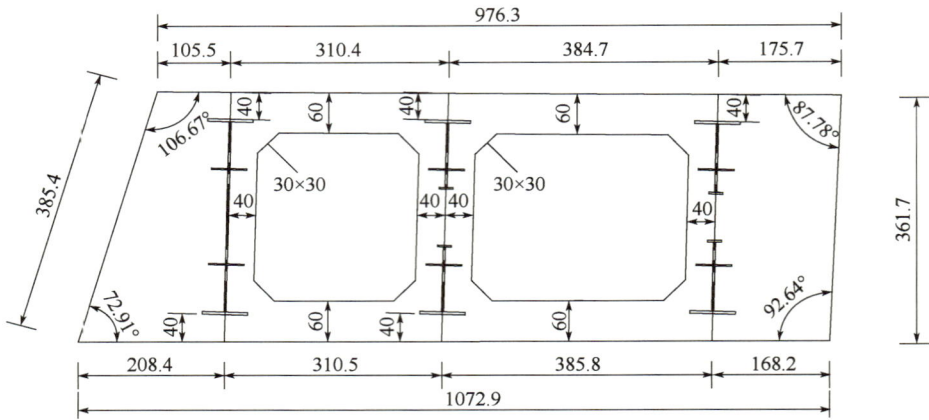

图6-13　边拱截面示意图(尺寸单位:cm)

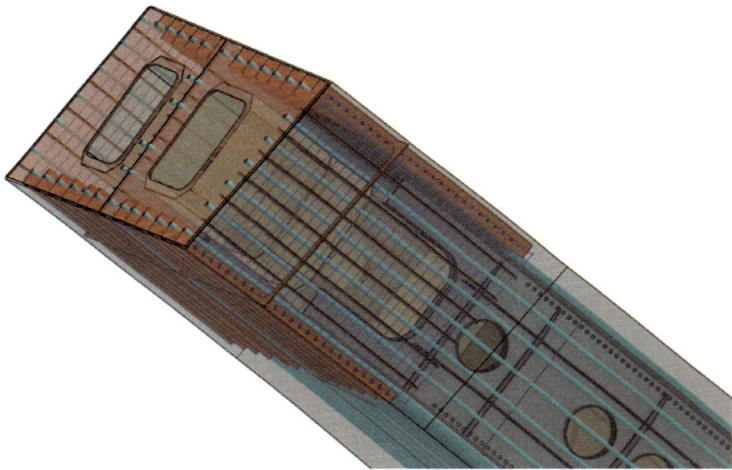

图6-14　中孔混凝土拱肋钢-混结合段处构造

5. 拱座

拱座为钢骨混凝土的异形结构,以主拱和边拱的拱轴线交点作为拱座中心,相对于承台中心设置偏心距,其中横桥向偏心为承台向外偏心1m,顺桥向偏心为拱座向主拱偏心2m,拱座与承台接合处顺桥向宽度为9m,向上为线性变化的变截面,截面顺桥向随着高度增加线性变窄,拱座在主拱侧和边拱侧的斜面与水平面夹角为87.61°,且在拱轴线交点高程处的顺桥向宽度为8.5m(未考虑倒圆角的影响)。拱座顶尺寸由主拱和边拱上缘面倒半径为5m的圆角确定。内外侧面以与拱座和拱肋相应的侧面相切的顺滑曲面过渡(图6-15)。

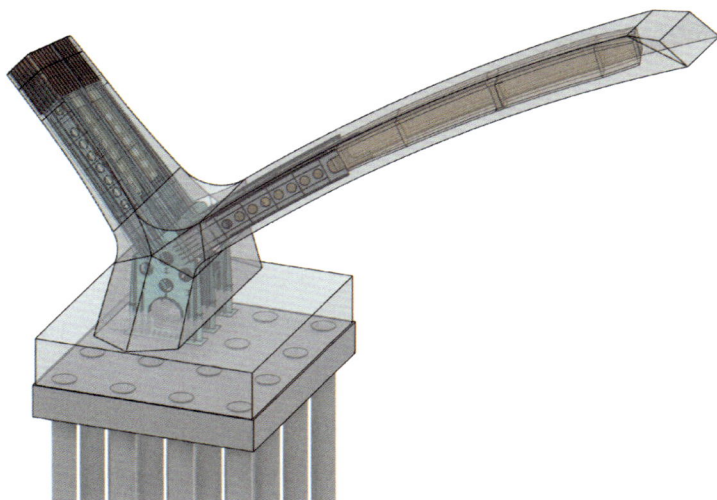

图 6-15　混凝土拱肋及拱座

第四节　主桥钢主梁

1. 主桥中孔钢梁

中孔钢梁主结构由南、北两根边纵箱梁和中纵梁、大横梁及横肋(含正交异性桥面系)构成。中孔钢梁两端支承在主拱下横梁牛腿上,中间由南、北两侧 24 组吊杆支承,吊杆纵向间距为 9m。为方便后期更换吊杆,每个吊点处纵向设置两根吊杆,吊杆纵向中心距为 40cm。

中孔钢梁全宽 48m,梁高 3.5m,中孔钢梁的梁高以道路定线处梁高为基准。钢梁顶板厚 18mm,顶板在行车道范围横桥向设置双向 2.0% 横坡,在检修道范围横桥向设置 1.5% 横坡,底板横桥向保持水平无横坡(图 6-16)。

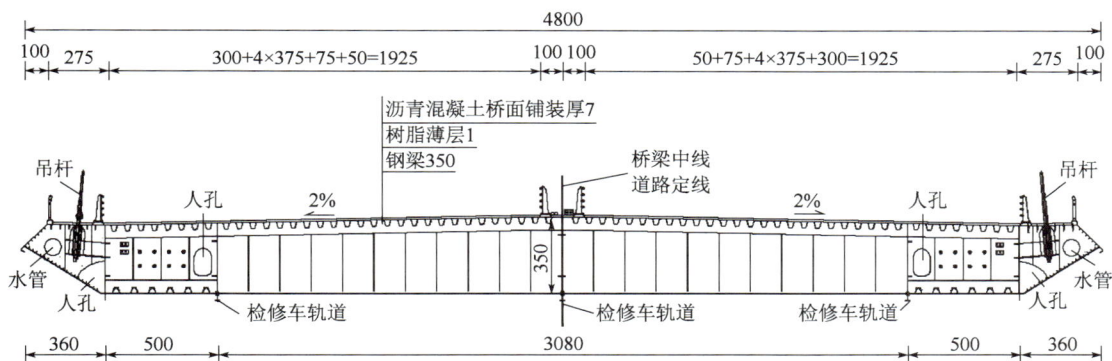

图 6-16　中孔钢梁大横梁处断面图(尺寸单位:cm)

中孔钢箱梁吊杆处和吊杆间设置一道大横梁,大横梁间距为 4.5m,大横梁下翼缘宽 70cm,翼缘厚 25mm。大横梁间均匀设置 2 道横肋,横肋间距为 1.5m(图 6-17)。

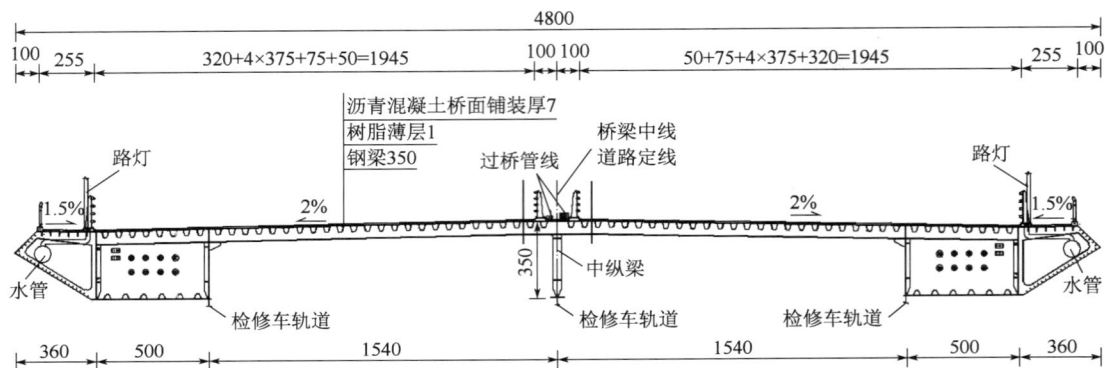

图 6-17 中孔钢梁横肋处断面(尺寸单位:cm)

中孔钢梁边纵箱梁外侧设置吊杆锚箱和风嘴(图 6-18)。

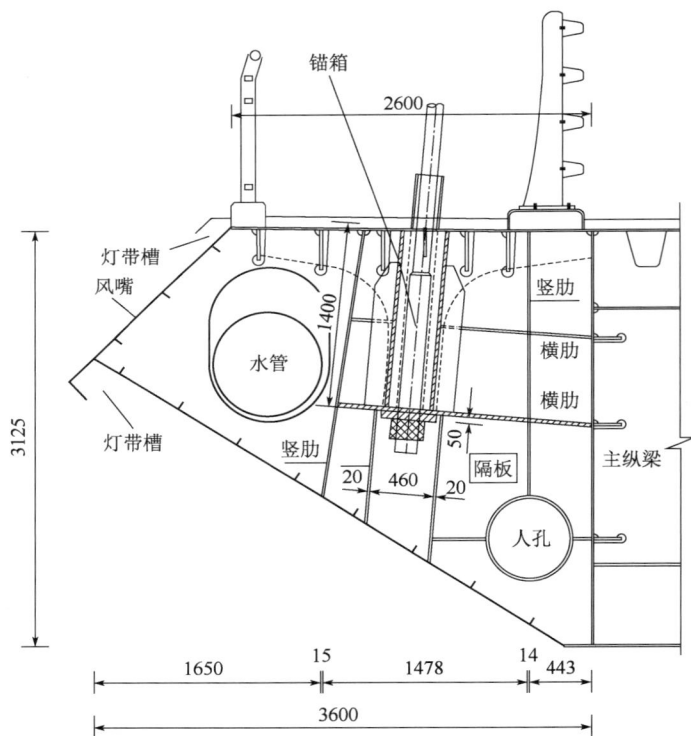

图 6-18 中孔钢梁吊杆锚箱和风嘴(尺寸单位:mm)

中孔钢梁南、北侧各设置 24 个吊杆锚箱,吊杆锚箱间距为 9m。吊杆锚箱定位点为道路定线外偏 21.6m 的竖直面与桥面板顶面及横梁腹板中心面的交点。吊杆锚箱以锚箱定位点为轴旋转,保证吊杆锚箱定位点至锚垫板下端面的距离为 1.45m,锚下板和锚垫板与吊杆轴线垂直,加劲板垂直于锚下板。在锚箱区域设置一道腹板局部纵肋,该局部纵肋与锚下板位置对立。锚箱隔板水平肋与腹板纵肋对应设置。

2. 主桥边孔钢主梁

主桥边孔钢主梁为左右分幅的单箱四室钢箱梁,两幅主梁间设置 80cm 间隙。边孔钢箱梁一端与主拱下横梁连接,另一端通过钢-混结合段与辅助孔混凝土箱梁连接。

边孔钢箱梁半幅桥全宽 23.6m,梁高 3.5m,以道路定线处梁高为基准。边孔钢箱梁顶板厚 18mm,顶板在行车道范围横桥向设置双向 2.0% 横坡,在检修道范围横桥向设置 1.5% 横坡,底板横桥向保持水平无横坡(图 6-19)。

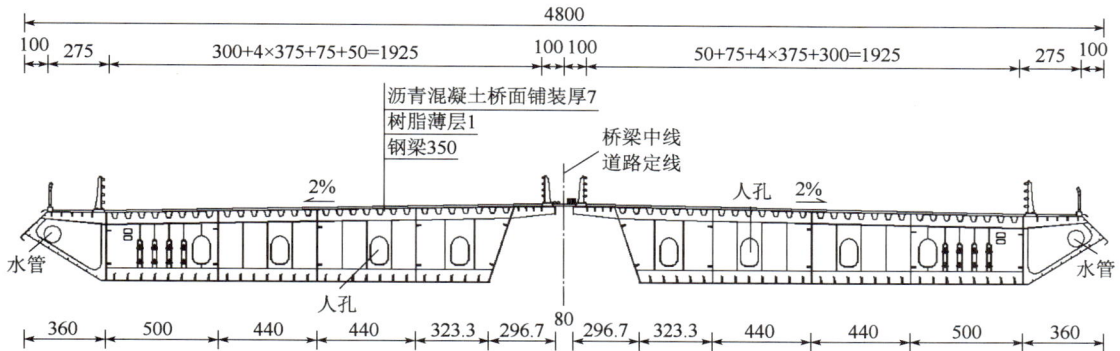

图 6-19 边孔钢箱梁横隔板处断面图(尺寸单位:cm)

边孔钢箱梁设置实腹式隔板,隔板间距为 9.0m(图 6-20)。

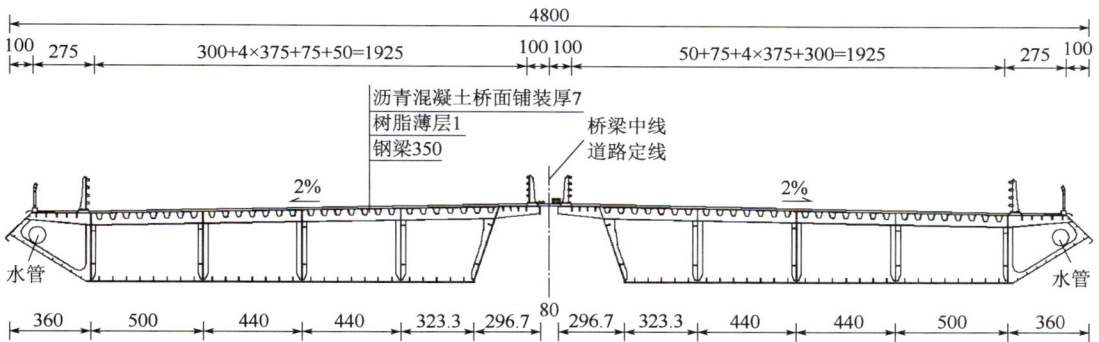

图 6-20 边孔钢箱梁横肋处断面(尺寸单位:cm)

边孔钢箱梁隔板间设置倒 T 形横肋,横肋间距为 1.5m。

第五节 主桥边孔钢梁钢-混结合段

边孔钢梁与辅助孔混凝土梁通过钢-混结合段连接(图 6-21)。

钢-混结合段钢梁与混凝土梁接触面设置承压板,承压板厚 30mm,承压板与混凝土梁接触面设置 M22 剪力钉($L=15$cm),承压板与钢梁接触面设置 M22 剪力钉($L=10$cm)与主梁钢束封锚混凝土连接。钢梁顶板伸入混凝土梁 2.9m,钢梁底板伸入混凝土梁 2.5m,钢梁外腹板伸入混凝土梁 2.9m。

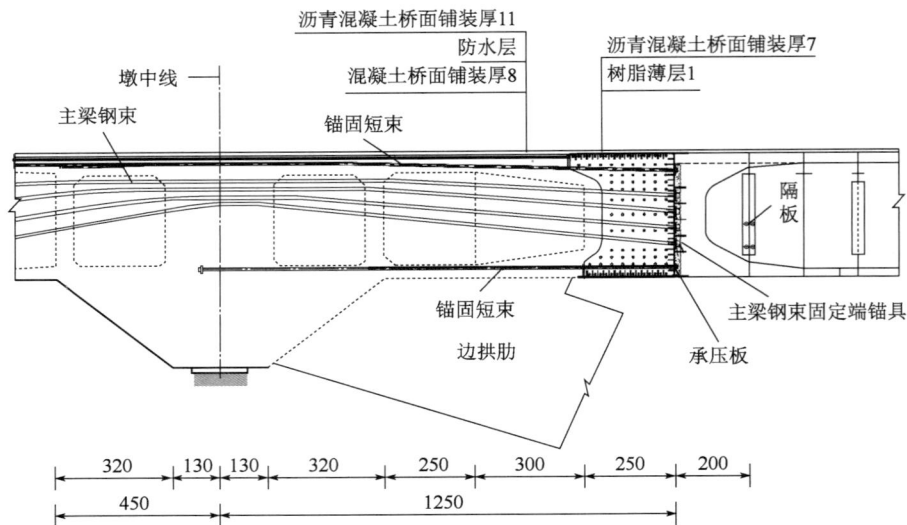

图 6-21　钢-混结合段立面图(尺寸单位:cm)

为保证承压板与混凝土梁四周紧密贴合,将辅助孔混凝土梁纵向钢束锚固于承压板上,并在承压板上、下缘设置锚固短束。

第六节　主桥辅助孔预应力混凝土箱梁

京雄大桥主桥共五跨,辅助孔、边孔主梁为两孔连续梁,辅助孔主梁为分幅式预应力混凝土箱梁,辅助孔主梁跨径为60m(后接12.5m混凝土段)。辅助孔主梁采用预应力混凝土箱梁,桥面宽42~48m,主梁平面纵向关于结构中心线对称、横向关于道路定线对称。道路定线处梁高3.39m,桥面设2%双向横坡。主梁纵向设置3道横隔板。辅助孔主梁断面在过渡墩处与引桥的主梁断面保持一致,在辅助墩处与主桥钢主梁断面保持一致,外观上保持顺接。

主梁采用C50混凝土,设置纵向预应力束,纵向预应力束根据部位分为顶板束、底板束和腹板束。

第七节　主桥吊杆、系杆

一、主桥吊杆设计

主桥吊杆采用整束挤压 + 冷铸复合锚固方式的钢绞线成品索体结构,吊杆型号有15-16和15-22两种。吊杆索体为环氧喷涂钢绞线成品索,满足《单丝涂覆环氧涂层预应力钢绞线》(GB/T 25823—2010)中的相关要求,抗拉强度不低于1860MPa。全桥共48组(96根)吊杆,吊杆纵向间距9m,吊杆布置见图6-22。

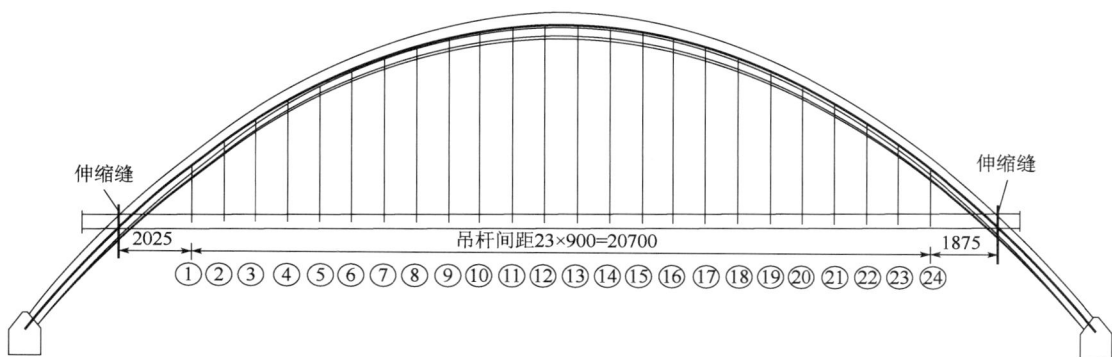

图6-22 主桥吊杆布置断面图(尺寸单位:cm)

二、主桥系杆设计

主桥系杆采用15-37孔可换索式系杆,锚具型号为15-37,索体为环氧喷涂钢绞线成品索,采用抗拉强度1860MPa。一侧边纵箱设置4对(8根)系杆通过孔,其中3对(6根)设置通长柔性系杆,预留2个备用通过孔。柔性系杆锚固于辅助墩横梁,系杆成桥索长409m(图6-23)。

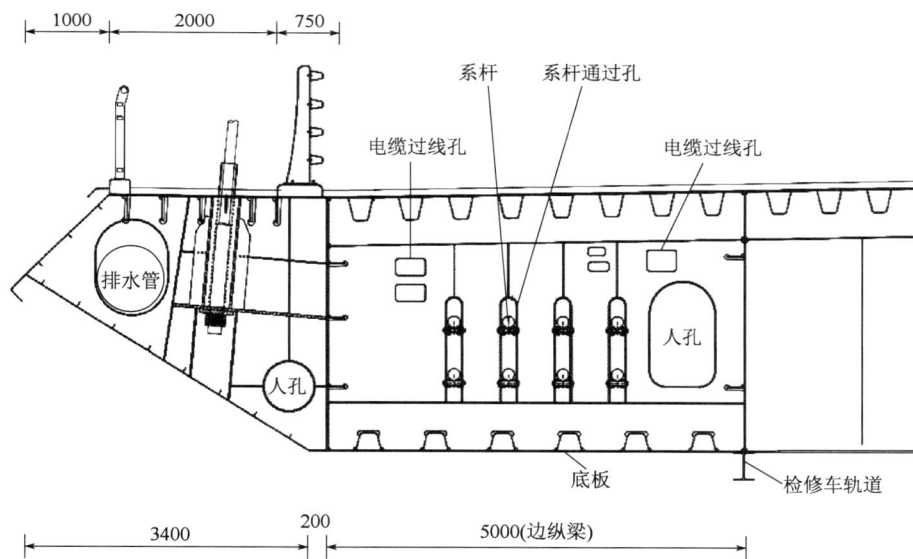

图6-23 主桥系杆布置断面图(尺寸单位:mm)

第八节 主墩承台基础

为改善主墩承台基础受力状态,按照成桥状态主墩各桩顶轴力尽可能均匀的原则,对主墩承台和桩基进行整体偏移,向边孔侧偏移2m,横向(向桥外侧)偏移1m。

主墩承台基础采用钻孔灌注桩形式,主墩承台采用C40混凝土,承台基础下布置16根直径为2.5m的桩基础,桩基顺桥向中心距为6.25m,横桥向中心距为7.5m。承台平面为矩形,平面尺寸为27.0m(横桥向)×23.25m(顺桥向),承台高5.15m,承台底设置3.5m厚封底混凝土。桩基础设计为摩擦桩基础。

第九节　行车道钢桥面铺装

行车道钢桥面铺装设计采用正交异性钢桥面板＋环氧薄层铺装＋SMA面层(图6-24),铺装构造方案中的10mm环氧薄层对铺装的耐久性起到了至关重要的作用。环氧铺装层具有重量轻,可常温施工,材料黏结、拉伸、弯曲和压缩强度高,透水性低,抗冻融循环性能好的优点,并且技术成熟可靠。

磨耗层	双改性沥青玛琋脂碎石混合料SMA-13(3.5cm)
黏结层	双不粘轮乳化沥青黏层
保护层	双改性沥青玛琋脂碎石混合料SMA-13(3.5cm)
黏结层	热熔型改性环氧树脂黏层
防水保护	改性环氧树脂碎石薄层(1cm)
钢板	钢箱梁顶板+喷砂除锈

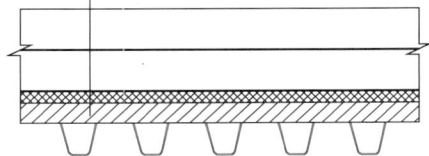

图6-24　钢梁行车道钢桥面铺装体系

第十节　阻　尼　器

大桥中孔主梁的主纵梁两端与拱肋横梁间设置纵桥向阻尼器,由上海材料研究所有限公司生产,为目前国产最大吨位黏滞阻尼器,全桥共设置8套(图6-25、图6-26)。

图6-25　大桥阻尼器组装图

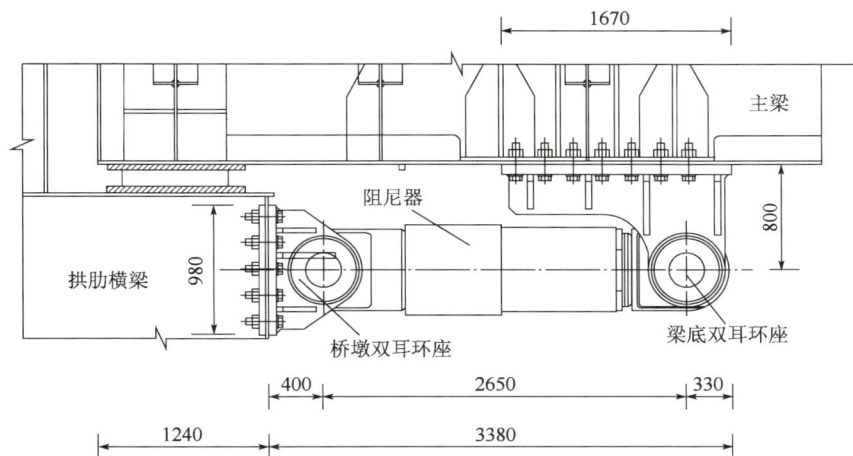

图 6-26　大桥阻尼器构造图(尺寸单位:mm)

一、阻尼器设计参数

本工程阻尼器设计采用内置硅油液体黏滞阻尼器,设计额定阻尼力为 5000kN,最大行程为 ±150mm,安全系数为 1.5。阻尼器应满足 $F=5000V^{0.35}$ (V 表示相对速度)的本构关系。正常使用状态下阻尼器出力不得超出按照上述公式计算所得阻尼器出力的 ±15%。阻尼速度指数 α 为 0.35。

二、阻尼器技术规格

1. 阻尼器的正常使用寿命

阻尼器的正常使用寿命不得少于 35 年。在正常使用寿命内,阻尼器应该是免维护的。在正常使用状态下,不得发生漏油等相关问题。

2. 阻尼器工作环境

阻尼器需适应 −25 ~50℃的工作环境温度。

3. 阻尼器的超载及安全系数

在高烈度地区,阻尼器应设计成具有一定的安全储备及超载保证的装置,且保证阻尼器的安全系数在 1.5 倍以上,以在超大地震发生时使用。

4. 阻尼器适应的角度

阻尼器能适应的角度与其连接部件的形式有关,阻尼器在销轴轴线与阻尼轴线构成的平面内能适应的转动角度不得小于 ±6°。

第十一节　三轨同步梁底桥检车

京雄大桥结构形式与环境决定了常规梁底桥检车不能满足项目需求,衡橡科技股份有限公司针对项目特点与各参建单位共同研发了新型桥检车(图6-27),其具备以下特点:

(1)桥检车需覆盖梁底48m宽度,为减少对建筑整体景观影响,要求桥检车梁高尽可能小,故国内首次采用三轨驱动方式,克服了三轨同步的难题。

(2)桥检车两侧悬臂要求可伸缩,不使用时缩回至主纵梁底。

(3)为了使检修范围完全覆盖两侧悬臂,桥检车两端设置可折叠检修装置。

(4)中间梁格部分设置可移动升降装置,以满足能够检修横梁和正交异性桥面板全部范围。

(5)根据环保需求,要求桥检车可采用电池驱动(一组背包电池可来回行走两次)+手动驱动两种方式,不得采用汽油或柴油驱动的发动机设备。

(6)为了能够与大桥整体建筑造型匹配,主体桁架要求采用经过工业设计的高强铝合金材质。

(7)检修车总重不大于11t,设计荷载为1t。

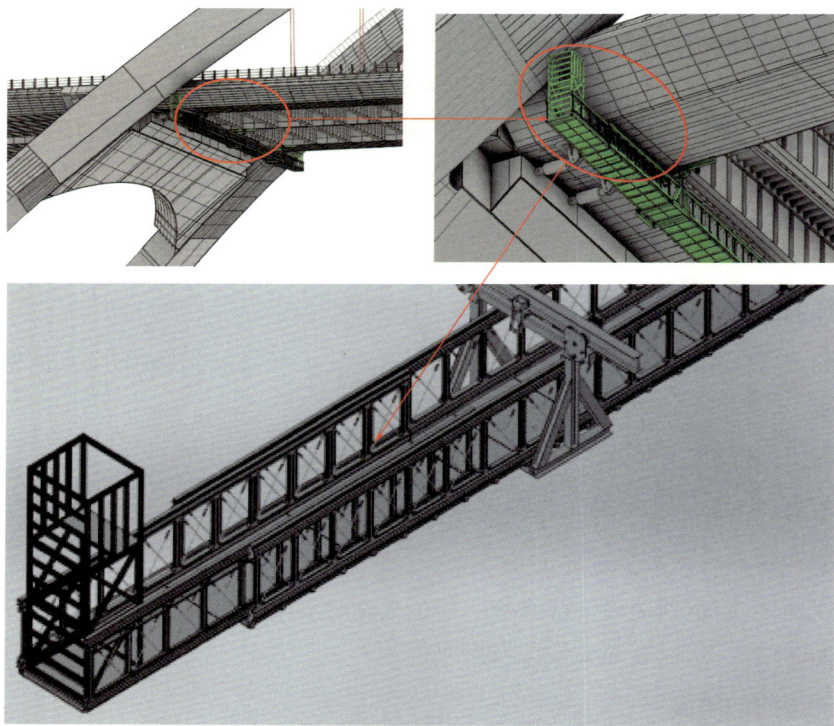

图6-27　桥检车构造图

第七章　结构体系对比分析

第一节　结构体系设计

常规飞燕中承式系杆拱桥主、边拱在同一竖直面内,边拱上设置立柱支撑主梁;主梁与拱分离,通过支座支撑在主、边拱的拱间横梁上,主梁为三跨连续结构;系杆通过系杆支架架设在主梁顶面,并锚固于边拱端部,通过边拱将系杆力传递至拱脚以抵消主拱产生的水平推力。该桥受道路竖向限制,在 300 年一遇洪水位时,拱脚附近部分拱肋已没入水中,导致桥梁阻水比较大。若采用常规方案在边拱上设置拱上立柱支撑主梁,则难以满足河道阻水比小于 5% 的要求,且桥梁建筑景观也不允许设置边跨拉索。

另外,根据桥梁建筑景观要求,边拱拱顶向内倾斜,系杆需隐藏于主梁内,不得外露,故为抵消主拱水平推力,只能使边拱与主梁横梁固结并将系杆锚固于主梁横梁上,通过横梁将系杆力传递至边拱。但采用这种构造方式时,若与常规飞燕中承式系杆拱桥相同,主梁采用三跨连续结构,系统升降温使主梁伸缩,会在边拱产生很大的次内力,且因箱内外温度并不一致,则系杆伸缩与主梁不同步,导致系杆力发生变化,增加系杆应力幅。为减小系统升降温工况下主梁纵向伸缩产生的结构次内力和系杆力变化,在中孔钢梁和边孔钢梁间各设置一道伸缩缝,将主梁分为三跨结构,即边孔主梁 + 中孔主梁 + 边孔主梁。中孔主梁端部通过支座支撑于主拱下横梁上,边孔主梁与主拱下横梁的连接方式可采用活动支座或固结的方式。

鉴于此,提出满足河道行洪和景观要求的四种局部构造体系:①三跨固结体系。边孔主梁与主拱下横梁固结。②三跨活动体系。边孔主梁通过支座支撑于主拱下横梁上,边孔设置短系杆。③五跨固结体系。边孔主梁与主拱下横梁固结,且在两侧各增加一孔混凝土辅助跨。④五跨活动体系。边孔主梁通过支座支撑于主拱下横梁上,边孔设置短系杆,且在两侧各增加一孔混凝土辅助跨。

1. 三跨固结体系

三跨固结体系即主桥为由 50m 边拱 + 300m 主拱 + 50m 边拱组成的飞燕中承式系杆拱桥。该局部构造体系主梁分为中孔钢梁、边孔钢梁、混凝土横梁三部分,主梁内设置通长柔性系杆以抵消拱肋产生的水平推力,主梁除承受荷载外,兼作柔性系杆通道。三跨固结局部构造体系简图如图 7-1 所示。

中孔钢梁由南、北 2 根边纵箱梁和中纵梁、大横梁及横肋(含正交异性桥面系)构成;边孔钢梁为左、右分幅的单箱四室钢箱梁(图 7-2),两幅主梁横桥向设置 80cm 间隙。中孔钢梁两端支承在主拱下横梁牛腿上,每端设置 4 个盆式橡胶活动支座(图 7-3)。边孔钢梁一端与主拱下横梁固结,另一端通过钢-混结合段与混凝土横梁连接。该体系主梁边孔钢梁与主拱拱肋下横梁固结,边拱与混凝土端横梁固结,通长系杆锚固于混凝土横梁端部(图7-4)。

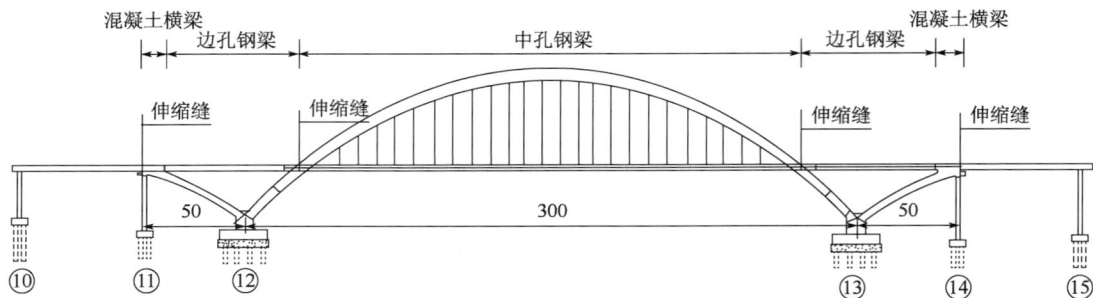

图7-1 三跨固结构造体系(尺寸单位:m)

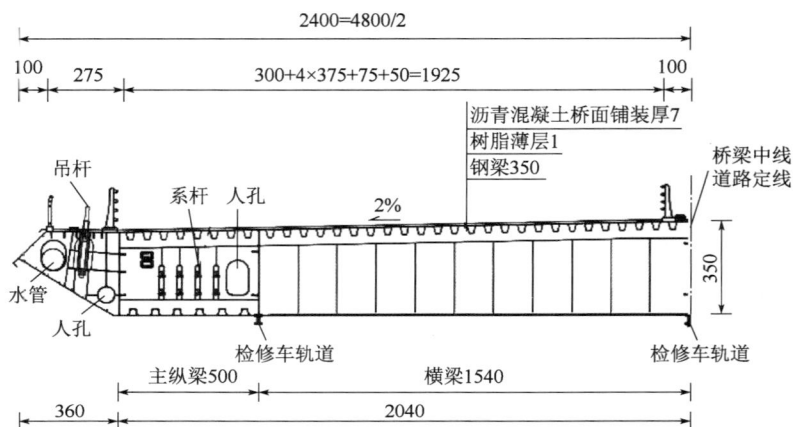

a)1/2中孔

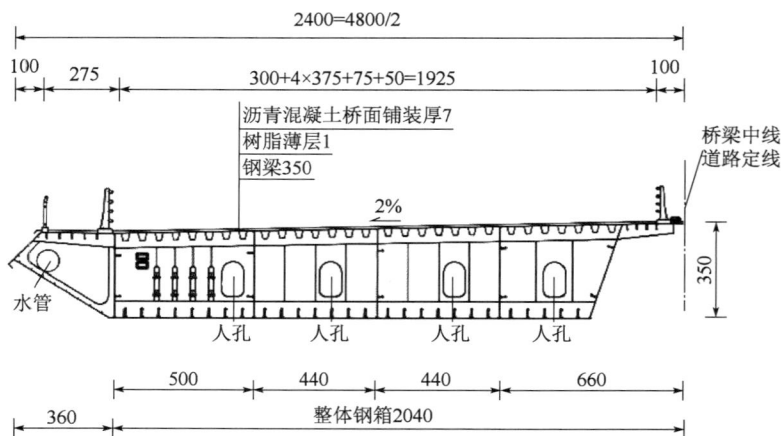

b)1/2边孔

图7-2 主梁标准横断面(尺寸单位:cm)

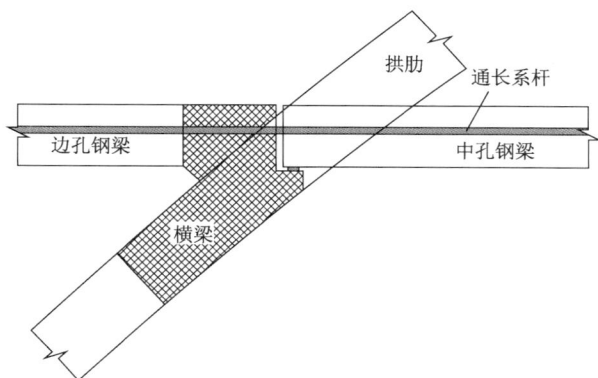

图 7-3　梁拱结合处构造

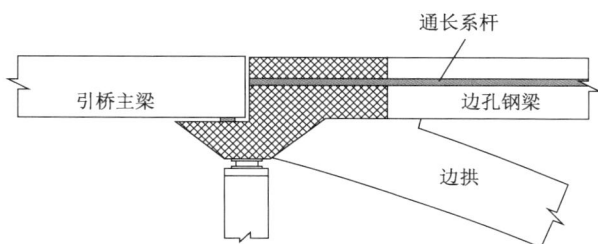

图 7-4　边拱端部构造

2. 三跨活动体系

三跨活动体系与三跨固结体系的区别在于三跨活动体系的边孔钢梁与拱肋下横梁不固结,边孔钢梁通过单向盆式活动支座支撑于拱肋下横梁上。为降低主拱拱脚成桥内力,设置边孔短系杆,短系杆一端锚固于混凝土端横梁上,另一端锚固于主拱拱肋上(图 7-5)。

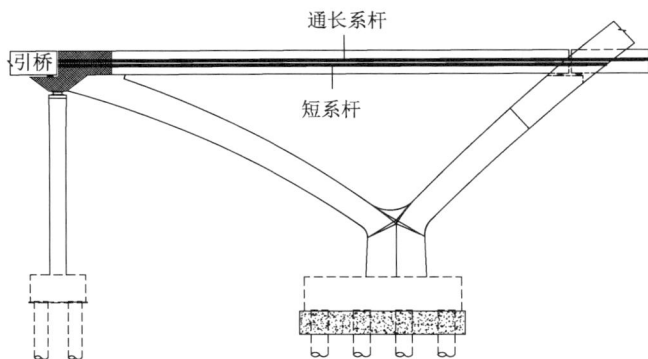

图 7-5　短系杆布置

3. 五跨固结体系和五跨活动体系

三跨固结体系和三跨活动体系在构造上有以下弊端:①主桥混凝土端横梁通过活动支座支撑在墩柱上,引桥主梁又通过活动支座设置于主桥混凝土端横梁上,这种双层支座构造后期更换难度较大。②主桥系杆锚固于端横梁上,需要在引桥端横梁内设置单独的检修室,构造较复杂。基于上述原因提出五跨固结体系和五跨活动体系。相对于三跨固结体系和三跨活动体系,五跨体系仅在两侧各增加一孔混凝土辅助跨,主桥系杆锚固于辅助墩端横梁上,辅助孔预应力混凝土箱梁内腔作为系杆张拉和检修的空间(图 7-6)。辅助跨主梁为左、右分幅的单箱四室预应力混凝土箱梁,并通过钢-混结合段与边孔钢梁连接成整体。辅助跨主梁断面如图 7-7所示。

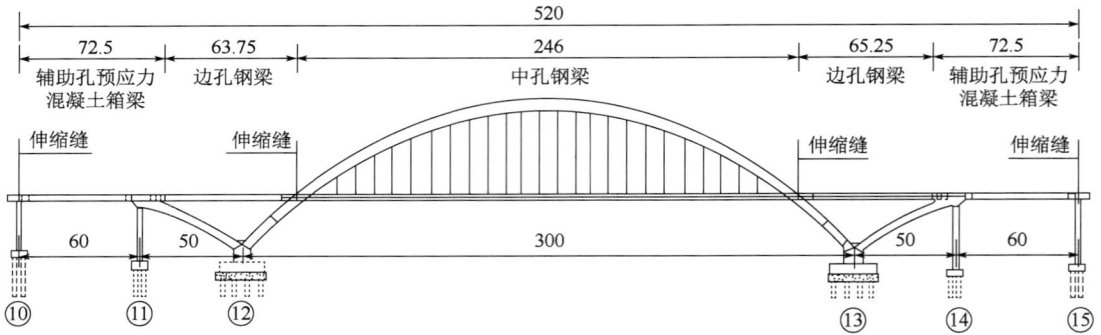

图 7-6 五跨固结构造体系(尺寸单位:cm)

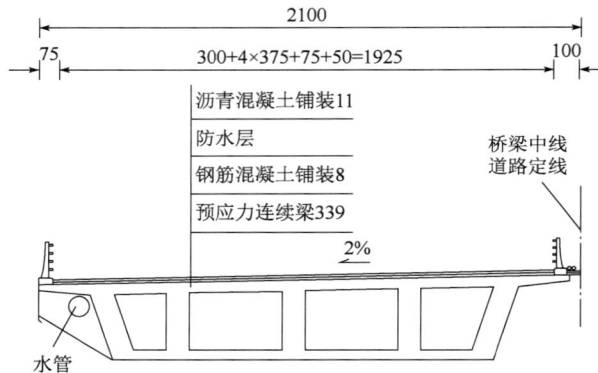

图 7-7 1/2 辅助跨主梁断面(尺寸单位:cm)

五跨活动体系与五跨固结体系区别在于边孔钢梁与拱肋下横梁不固结,边孔钢梁通过单向盆式活动支座支撑于拱肋下横梁上。为改善主拱拱脚成桥内力,设置边孔短系杆,短系杆一端锚固于混凝土端横梁上,另一端锚固于主拱拱肋上(见图 7-5)。

第二节 静 力 分 析

1. 有限元模型

为详细研究各局部构造体系在成桥状态下静力受力情况,采用 MIDAS/Civil 软件建立有限元模型进行成桥静力分析,有限元模型如图 7-8 所示。模型中吊杆、系杆采用桁架单元模拟,承台采用实体单元模拟,其余采用空间梁单元模拟。桩土作用采用土弹簧模拟,土弹簧刚度根据《公路桥涵地基与基础设计规范》(JTG 3363—2019)m 法按土层特性和埋深计算。过渡墩、辅助墩、边孔钢梁(活动体系)、中孔钢梁支承处均设置盆式活动支座,支座采用一般弹簧单元模拟。

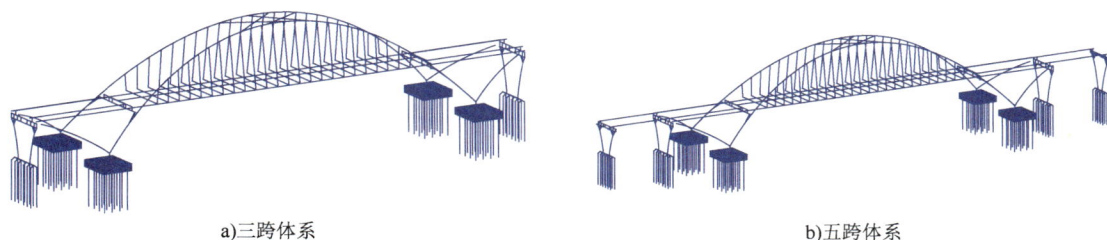

a)三跨体系　　　　　　　　　　　　b)五跨体系

图 7-8　静力分析有限元模型

计算时考虑恒载、活载、整体升降温、主梁温度梯度、拱肋日照温差、不均匀沉降、风荷载和雪荷载等。计算模型中单根吊杆初始张拉力为 550kN,单根系杆初始张拉力为 4380kN。荷载及其组合按《公路桥涵设计通用规范》(JTG D60—2015)计算。

该桥按照先梁后拱原则施工,钢主梁和钢拱肋采用临时墩节段拼装法施工。主梁、拱肋合龙后交替张拉系杆、吊杆,具体顺序如下:主梁、拱肋合龙→张拉 1/3 系杆→拆除部分拱肋支架→张拉吊杆至一期索力→张拉 1/3 系杆→张拉吊杆至二期索力→张拉剩余 1/3 系杆→拆除剩余拱肋、主梁支架→施工附属构造。

2. 静力计算结果分析

计算四种局部构造体系的结构内力并进行对比,其中成桥状态下四种局部构造体系关键部位纵向弯矩极值如表 7-1 所示。由表可知,成桥状态下三跨体系在边拱拱顶产生了较大的纵向弯矩,该弯矩主要由主梁恒载产生的负弯矩导致;而五跨体系由于有辅助跨的平衡,主梁恒载产生的负弯矩较小,故其边拱拱顶和拱脚的弯矩均较小。

成桥状态下四种局部构造体系关键部位纵向弯矩极值　　　　　　表 7-1

局部构造体系	纵向弯矩(kN·m)				
	主拱拱顶	主拱 1/4 处	主拱拱脚	边拱拱顶	边拱拱脚
三跨活动	53650	33616	7595	172666	107754
三跨固结	41017	27699	113285	115237	107983
五跨活动	54395	33974	17528	44885	51318
五跨固结	41785	27866	92492	13617	60846

注:弯矩取绝对值。

同时,计算结果表明三跨体系边拱拱顶在正常使用状态下的裂缝宽度很难满足《公路钢筋混凝土及预应力混凝土桥涵设计规范》(JTG 3362—2018)的要求,故排除三跨体系,后续仅比较基本组合下五跨体系的各关键部位内力,如表 7-2 所示。

由表 7-2 可知,基本组合下五跨固结体系的主拱拱脚纵向弯矩较大,五跨活动体系在边拱拱顶的纵向弯矩和主拱拱脚的横向弯矩较大。根据静力计算结果可知,两种体系各有优劣,在合理配筋范围内均能满足规范要求,故需进一步通过动力时程分析进行对比。

基本组合下五跨体系关键部位弯矩极值 表 7-2

局部构造体系	纵向弯矩（kN·m）					横向弯矩（kN·m）				
	主拱拱顶	主拱1/4 处	主拱拱脚	边拱拱顶	边拱拱脚	主拱拱顶	主拱1/4 处	主拱拱脚	边拱拱顶	边拱拱脚
五跨活动	108351	78647	116034	117824	106294	10830	22166	185676	20337	8533
五跨固结	94122	66883	195160	68004	121988	2488	31399	96594	24449	31752

注：弯矩取绝对值。

第三节　特征值分析

特征值分析是进行动力时程分析的前置条件。目前特征值分析方法有兰乔斯（Lanczos）法、子空间迭代法和多重里茨（Ritz）向量法。Lanczos 法和子空间迭代法除最低阶的十几阶模态外，其高阶模态精度较差，而多重 Ritz 向量法与荷载相关，且能用于非线性结构，计算效率也更高，故采用多重 Ritz 向量法进行特征值分析。

特征值分析中水平两个方向各计算 50 阶，竖向计算 15 阶。以五跨固结体系为例，根据计算结果顺桥向振型参与质量合计为 95.04%，横桥向振型参与质量合计为 90.55%，竖向振型参与质量合计为 97.95%，满足《公路桥梁抗震设计规范》（JTG/T 2231-01—2020）要求，前 50 阶模态自振周期与模态阶数关系见图 7-9，主桥顺桥向第 1 阶基频模态见图 7-10，主桥横桥向第 1 阶基频模态见图 7-11。

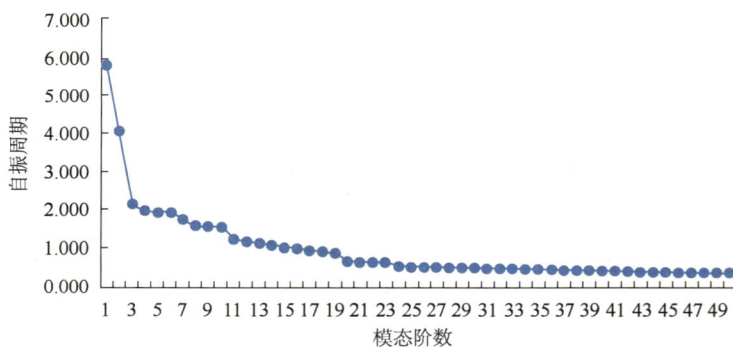

图 7-9　前 50 阶模态周期

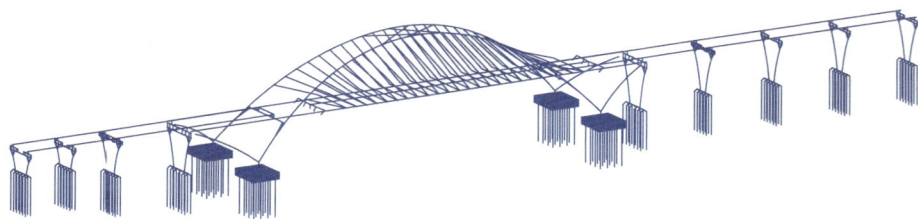

图 7-10　主桥顺桥向第 1 阶基频模态

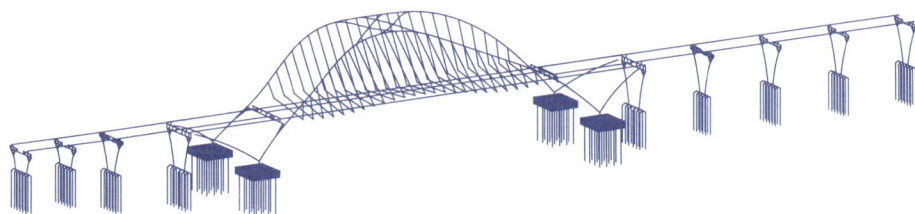

图 7-11　主桥横桥向第 1 阶基频模态

阻尼是影响结构地震反应的重要因素,根据《公路桥梁抗震设计规范》(JTG/T 2231-01—2020),进行地震动时程分析时结构阻尼采用瑞利阻尼。根据瑞利阻尼假设,结构的阻尼矩阵可表示为

$$C = a_0 M + a_1 K \qquad (7\text{-}1)$$

式中,M、K 分别为结构的质量矩阵和刚度矩阵;a_0 和 a_1 按式(7-2)确定。

$$\begin{Bmatrix} a_0 \\ a_1 \end{Bmatrix} = \frac{2\xi}{\omega_n + \omega_m} \begin{Bmatrix} \omega_n \omega_m \\ 1 \end{Bmatrix} \qquad (7\text{-}2)$$

式中,ξ 为结构的阻尼比,对于拱桥 ξ 为 0.05;ω_n 和 ω_m 分别为结构振动的第 n 阶和第 m 阶圆频率,一般 ω_n 取结构的基频,ω_m 取后几阶对结构振动贡献较大的模态频率。根据模态计算结果,结构顺桥向的 ω_n 基频为第 1 阶模态频率,横桥向的 ω_n 基频为第 7 阶模态频率,具体模态见图 7-12 和图 7-13。顺桥向和横桥向的 ω_m 模态,需根据各模态在顺桥向和横桥向的振型参与质量来确定。

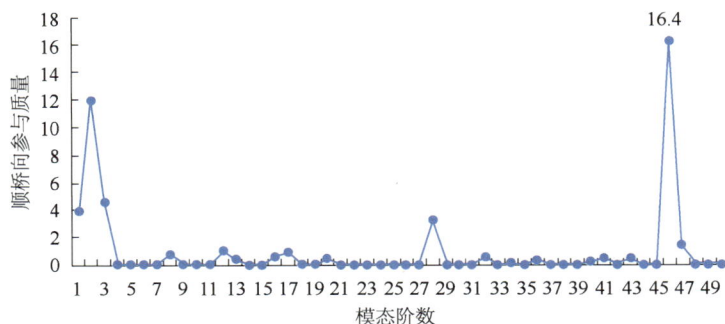

图 7-12　前 50 阶顺桥向模态振型参与质量

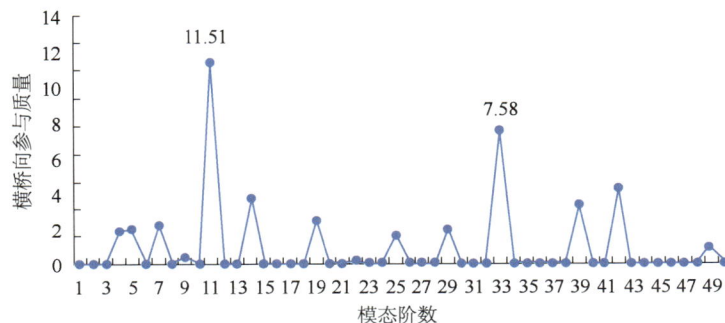

图 7-13　前 50 阶横桥向模态振型参与质量

由上述计算结果可知,顺桥向振型参与质量最大的对应模态阶数为第 46 阶(图 7-14),且该振型为主桥振型。横桥向振型参与质量最大的对应模态阶数为第 11 阶,参与质量第二大的对应模态阶数为第 33 阶(图 7-15),但由于第 11 阶为西引桥振型,不能作为计算主桥阻尼比的主振型,故采用第 33 阶作为计算横桥向瑞利阻尼的主振型。

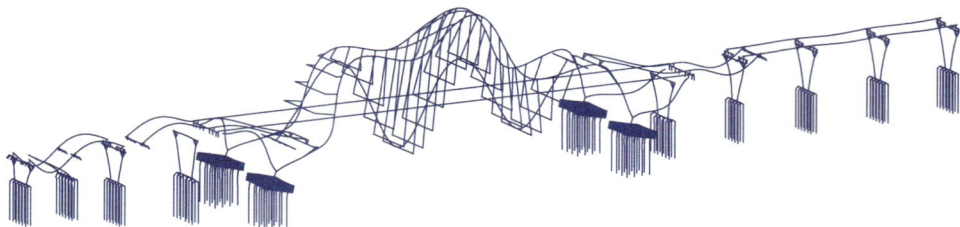

图 7-14　顺桥向主桥参与质量最大模态(第 46 阶)

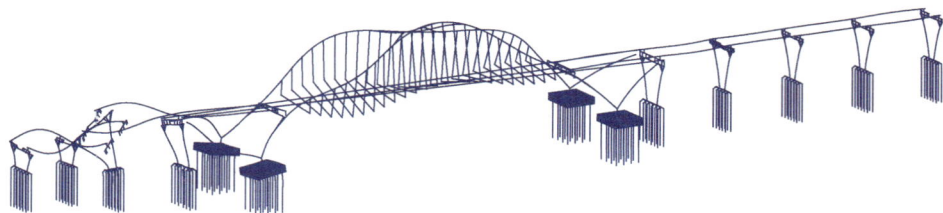

图 7-15　横桥向主桥参与质量最大模态(第 33 阶)

第四节　动力时程分析

《公路桥梁抗震设计规范》(JTG/T 2231-01—2020)第 9.3.3 条规定,动力时程分析应建立主桥与相邻引桥孔耦联的空间计算模型。五跨体系动力时程分析有限元模型如图 7-16 所示。

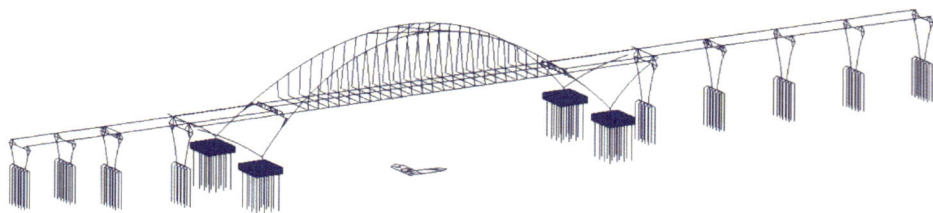

图 7-16　五跨体系动力时程分析有限元模型

动力时程分析有限元模型中将地震安全性评价(简称地安评)提供的三条水平地震波分别以顺桥向、横桥向两个方向加载,并结合一条竖向地震波,共 12 个荷载工况。由于《公路桥梁抗震设计规范》(JTG/T 2231-01—2020)要求特大桥在 E2 地震作用下材料也不能屈服,限于篇幅,仅列举 E2 地震作用下的计算结果,E2 地震作用下结构内力计算结果如表 7-3 所示,E2 地震作用下结构位移计算结果如表 7-4 所示。

E2 地震作用下结构内力计算结果　　　表 7-3

局部构造体系	轴力（kN）					纵向弯矩（kN·m）				
	主拱拱顶	主墩桩基	主拱拱脚	边拱拱顶	边拱拱脚	主拱拱顶	主墩桩基	主拱拱脚	边拱拱顶	边拱拱脚
五跨活动	−29611	25086	−60153	88855	85702	104720	4873	361208	286074	194901
五跨固结	−31623	18754	−49476	92157	89202	82232	3002	166578	232415	208070

注：轴力受拉为正，受压为负；弯矩取绝对值。

E2 地震作用下结构位移计算结果　　　表 7-4

局部构造体系	最大顺桥向位移（mm）			最大横桥向位移（mm）			最大竖向位移（mm）		
	辅助墩横梁	边孔钢梁梁端	中孔钢梁梁端	辅助墩横梁	边孔钢梁梁端	中孔钢梁梁端	辅助墩横梁	边孔钢梁梁端	中孔钢梁梁端
五跨活动	29	31	244	67	67	41	10	79	81
五跨固结	30	34	181	46	16	48	9	30	30

注：位移取绝对值。

由表 7-3 可知，在 E2 地震作用下，五跨固结体系和五跨活动体系的主、边拱轴力基本相当，但五跨活动体系在主墩桩基的轴拉力明显大于五跨固结体系。另外，五跨活动体系在地震作用下不仅主拱拱脚纵向弯矩较大，边拱拱顶和边拱拱脚的纵向弯矩也较大。

由表 7-4 可知，在 E2 地震作用下五跨活动体系的结构位移幅度和位移峰值也更大。五跨固结体系由于梁拱固结作用，结构在地震作用下的内力较小，且位移响应也更小，而五跨活动体系由于没有主梁的约束，拱的内力和位移都更大。

综上所述，依据静力和动力时程分析结果，三跨体系系杆检修不方便，端横梁需要设置双层支座，边拱拱顶有较大弯矩，很难满足抗裂要求，故排除三跨体系；五跨体系系杆检修方便，与三跨体系相比，辅助跨的存在使得边拱拱顶弯矩较小，受力性能较优；与五跨活动体系相比，五跨固结体系构造简单，便于系杆锚固和检修，且静力荷载作用下边拱拱顶弯矩小于三跨体系，地震作用下结构位移和内力响应小于五跨活动体系，因此京雄大桥选取五跨固结体系为最终结构体系。

第八章 抗震试验验证

第一节 试验必要性

基于京雄大桥的结构特点,从抗震角度来看,其技术难点如下:

1. 结构体系异常复杂

(1)大跨度提篮式拱桥,地震作用下横向稳定性差,自振周期长。

(2)拱肋为空间异形扭曲的变截面钢结构,多维地震作用下空间耦合效应明显。

(3)主桥与引桥结构动力特性不同,易引发主引桥碰撞问题。

(4)竖向地震作用对桥梁受力机理影响不明确。

2. 桥址位于高烈度地区,地震安全风险高

(1)抗震设防烈度为8度,设计基本地震动峰值加速度为0.2g。

(2)甲类城市桥梁,抗震措施按本地区地震基本烈度提高1度,达到9度。

(3)50年超越概率2%的地震动,桥址处地震动峰值加速度达到405gal。

(4)存在近断层影响。

3. 无规范及类似工程实例可供参考

(1)《城市桥梁抗震设计规范》(CJJ 166—2011)第1.0.2条:本规范适用于地震基本烈度6、7、8和9度地区的城市梁式桥和跨度不超过150m的拱桥。

(2)《公路桥梁抗震设计规范》(JTG/T 2231-01—2020)第1.0.2条:本规范适用于单跨跨径不超过150m的圬工或混凝土拱桥、下部结构为混凝土结构的梁桥。

(3)《公路工程抗震规范》(JTG B02—2013)第1.0.3条:地震动峰值加速度大于或等于0.40g地区的公路工程构筑物的抗震设计应作专门研究。

基于以上论述,京雄大桥有必要进行振动台试验,以验证大桥结构的抗震安全性。

第二节 试验模型设计

选取Q345钢材作为拱、梁的主体材料,依照严格几何相似比缩尺后,模型所用钢板厚度为1~2mm,但现有钢板规格以及焊接工艺很难满足缩尺模型需求,因此模型主体结构采用8mm厚钢板,通过设计计算保证模型与原桥刚度满足相似比。

试验设计模型与实桥比为1∶40;模型刚度与实桥成比例关系,质量通过配重块调整(图8-1)。振动台试验模型理论与实际频率振型关系详见表8-1。

振动台试验模型充分考虑了原桥的材料属性、截面特征、边界条件,基本能够反映原桥的动力特性。

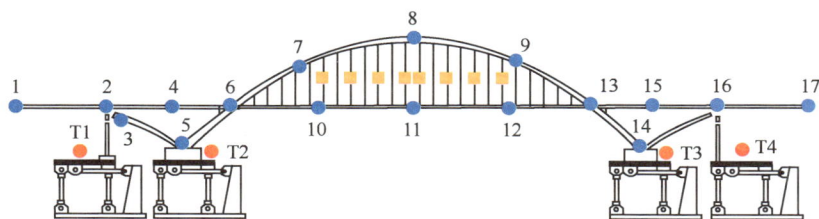

图 8-1　振动台试验简图

振动台试验模型理论与实际频率振型关系　表 8-1

阶数	频率（Hz）		振型描述	
	理论	模型桥	理论	模型桥
1	0.887	0.876	主梁纵飘	主梁纵飘
2	7.938	7.040	主拱横弯	主拱横弯

振动台试验模型见图 8-2，图中蓝色阻尼器、黄色支座、白色吊杆均依据实际设计参数进行折算设计，在模型中能够真实地体现参与静动力的效果。

图 8-2　振动台试验模型及细节

试验中采用的测量仪器有加速度传感器、位移传感器、应变片、拉力传感器以及拉压力传感器。

在桥边跨主梁两端分别布置两个方向的加速度传感器，在两侧辅助墩承台中间分别布置两个方向的加速度传感器，在边拱与主梁连接处、拱顶处、1/2 拱处、1/4 拱处、中孔主梁跨中处布置加速度传感器（图 8-3）。

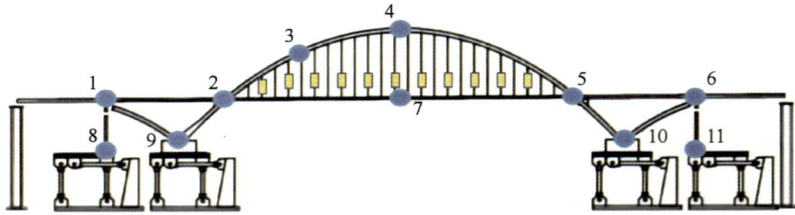

图 8-3　主要测点布置

在中孔钢梁端布置水平双向和竖向位移传感器;在辅助墩承台处中间布置水平双向位移传感器;在拱顶处、1/2 拱处、1/4 拱处、主拱结合段、中孔主梁跨中处布置位移传感器。

对于应变,主要关注模型桥的主拱拱脚、边拱拱脚、辅助墩墩顶部和底部、桥面跨中等的局部钢板应变。

选择三条地安评波和一条天然波作为地震动输入,E1 加速度峰值调整为 $0.6g$,E2 加速度峰值调整为 $1.2g$(图 8-4)。

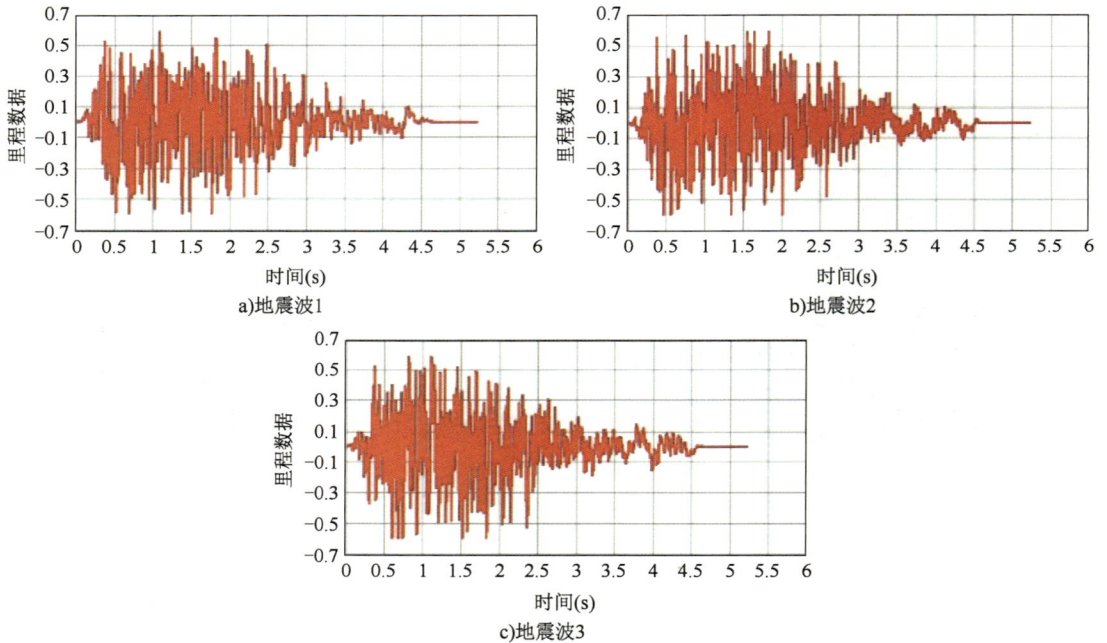

a)地震波1

b)地震波2

c)地震波3

图 8-4　三条地安评波的加速度时程曲线

第三节　试 验 结 论

试验结论如下。

(1)通过对缩尺模型桥进行振动台试验发现:模型桥的实测应变小于钢材的屈服应变,且试验过程中未出现破坏现象,验证了桥梁结构具有良好的抗震性能和减震控制措施。桥梁最大位移响应发生在拱顶和主梁桥面跨中处,在主梁桥面跨中出现一定的竖向位移。在双向地震动输入时,桥梁的位移响应更大。在地震作用下,靠近边跨的吊杆内力响应更大。

(2)E1 和 E2 地震激励时,模型桥最大应变分别为 105.61μm/m 和 220.47μm/m,均小于钢材弹性应变值的 0.2% 。

(3)单向地震动输入:E1 地震激励时,试验模型桥拱顶的最大位移响应为6.64mm,桥面跨中的最大位移响应为 5.98mm;E2 地震激励时,拱顶的最大位移响应为 11.23mm,桥面跨中的最大位移响应为 9.25mm。

(4)在 E2 双向地震动激励时,试验模型桥吊杆的最大内力响应值为 861.06N。

(5)对比有限元模型和试验结果发现,两者加速度响应变化趋势基本一致,应力响应基本相同。

(6)基于相似比和有限元模拟误差对原桥在最不利工况下的地震响应进行安全性校核可知:原桥辅助墩墩底、边拱拱脚、主拱拱角、1/4 拱肋和拱顶等关键截面在最不利地安评波输入时的抗震需求值均小于能力值。

(7)原桥三种类型吊杆在最不利地安评波输入时截面的内力响应小于屈服承载力。

(8)原桥支座在顺桥向位移需求值小于支座能力值。

(9)原桥中跨主梁在最不利地安评波输入时的跨中竖向挠度满足相关规范要求。

第九章 抗风试验验证

第一节 设计风速

京雄大桥上跨永定河通风廊道,东临五环路通风廊道,为确保大桥运营安全,有必要对该桥进行抗风试验,以验证大桥的抗风稳定性。

根据《公路桥梁抗风设计规范》(JTG/T 3360-01—2018),桥梁或构件基准高度 Z 处的设计基准风速可按式(9-1)和式(9-2)计算:

$$U_d = k_f \left(\frac{Z}{10}\right)^{\alpha_0} U_{s10} \tag{9-1}$$

$$U_{s10} = k_c U_{10} \tag{9-2}$$

式中,α_0 是桥址处的地表粗糙度系数,按 B 类地表类别取 0.16;基本风速 U_{10} 为 30.6m/s;且该大桥桥址处为 R2 类风险区域,抗风风险系数 k_f 为 1.02;Z 是桥梁主梁或构件的基准高度;U_{s10} 是桥梁设计基本风速;B 类地表类别转换系数 k_c 为 1.0。最终计算可得:

主梁位置的设计基准风速为

$$U_{s10} = 1.0 \times 30.6 = 30.6 (\text{m/s})$$

$$U_d = 1.02 \times \left(\frac{32}{10}\right)^{0.16} \times 30.6 = 37.60 (\text{m/s})$$

拱顶位置的设计基准风速为

$$U_d = 1.02 \times \left(\frac{75}{10}\right)^{0.16} \times 30.6 = 43.09 (\text{m/s})$$

根据《公路桥梁抗风设计规范》(JTG/T 3360-01—2018),颤振检验风速可按 $[U_{cr}] = \gamma_f \gamma_t \gamma_\alpha U_d$ 计算。其中 γ_f 为颤振稳定性分项系数,采用风洞试验方法获取颤振临界风速时取 1.15;γ_t 为风速脉动空间影响分项系数,该桥主跨跨径为 300m,根据《公路桥梁抗风设计规范》(JTG/T 3360-01—2018)表 7.5.8,取 $\gamma_t = 1.30$;γ_α 为攻角效应分项系数,当攻角 α 为 ±3° 和 0° 时取 1.0;U_d 为桥梁或构件的设计基准风速。由此可得京雄大桥的主要控制风速参数如下:

主梁的颤振检验风速为(攻角 α 为 ±3° 和 0° 时)

$$[U_{cr}] = 1.15 \times 1.30 \times 1.0 \times 37.60 = 56.21 (\text{m/s})$$

《公路桥梁抗风设计规范》(JTG/T 3360-01—2018)规定,桥梁及构件的驰振稳定性检验应满足式(9-3)要求:

$$U_{cg} > \gamma_{cg} U_d \tag{9-3}$$

式中,γ_{cg} 为驰振稳定性分项系数,取 1.2。据此可计算出拱肋的驰振检验风速为

$$U_{cg} = \gamma_{cg} U_d = 1.2 \times 43.09 = 51.71 (\text{m/s})$$

对于施工阶段,不同重现期下的设计风速为

$$U_{sd} = K_{sf}U_d \tag{9-4}$$

式中,K_{sf}为施工期抗风风险系数,按桥梁施工年限不大于 3 年计算,$K_{sf} = 0.84$。

表 9-1 为京雄大桥成桥状态和施工状态在 $-3° \sim 3°$ 攻角下的风速标准汇总。

成桥状态和施工状态的风速标准　　　　　　　　　表 9-1

风速类型		成桥状态	施工状态
地区基本风速(m/s)		30.6	30.6
设计基准风速(m/s)	主梁	37.60	31.58
	拱肋	43.09	36.20
主梁颤振检验风速(m/s)		56.21	47.22
拱肋驰振检验风速(m/s)		51.71	43.44

第二节　试验方案与结论

针对大桥中孔悬吊主梁和中孔钢箱拱肋进行抗风稳定性试验,其中主梁节段模型弹性悬挂测振试验参数如下:

(1)缩尺比:1/60。

(2)来流风场:均匀流场(图 9-1)、格栅紊流场(图 9-2)。

(3)试验攻角: $-3°$、$0°$、$3°$。

图 9-1　均匀流场 1

图 9-2　格栅紊流场(紊流度 4%)

主梁节段模型弹性悬挂测振试验结论如下:

(1)竖向振幅和扭转振幅均很小,随风速的增大缓慢增大,未发生涡激共振现象。

(2)未发生颤振失稳现象。

(3)主梁具有较好的涡振性能和颤振稳定性。

为节约费用,在试验方案设计阶段采用拱肋节段模型弹性悬挂测振,试验参数如下:

(1)缩尺比:1/30。

(2)试验模型:单拱肋、双拱肋。

(3)来流风场:均匀流场(图 9-3)、格栅紊流场(图 9-4)。

（4）格栅紊流度：4%～9%。

（5）试验攻角：-3°、0°、3°。

（6）风向：正面迎风、背面迎风。

（7）阻尼比：0.2%、0.3%。

（8）测试工况：施工阶段（仅考虑拱肋自身的质量）、成桥阶段（同时考虑拱肋的质量和主梁的等效质量）。

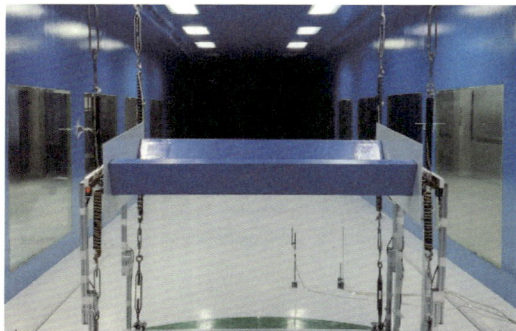

图9-3　均匀流场2

图9-4　格栅紊流场（紊流度4%～9%）

拱肋节段模型弹性悬挂测振试验结论如下：

（1）拱肋在设计基准风速范围内发生了涡激共振现象（约35m/s）。

（2）拱肋的驰振稳定性满足《公路桥梁抗风设计规范》（JTG/T 3360-01—2018）要求。

由于拱肋节段模型试验结果出现超《公路桥梁抗风设计规范》（JTG/T 3360-01—2018）容许值的涡激共振现象，经专家论证后，进一步采用全桥气弹模型进行测振试验，试验参数如下：

（1）缩尺比：1/80。

（2）拱肋气弹模型采用"芯梁＋外衣"的形式，"芯梁"模拟拱肋刚度，"外衣"（3D打印）模拟拱肋外形（图9-5、图9-6）。

（3）来流风场：均匀流场、紊流场。

（4）试验攻角：-3°、0°、3°。

（5）测试工况：施工阶段、成桥阶段。

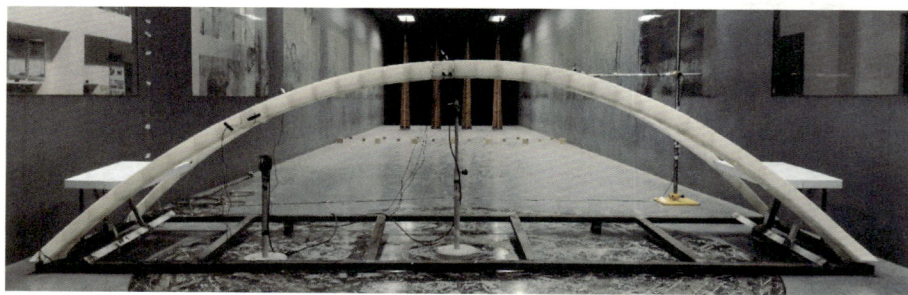

图9-5　拱肋施工状态气弹模型风洞试验（紊流场，0.25倍设计紊流强度）

图9-6　拱肋成桥状态气弹模型风洞试验(紊流场,0.25倍设计紊流强度)

全桥气弹模型测振试验结论如下:

(1)驰振临界风速远大于驰振检验风速,具有很好的驰振稳定性。

(2)各工况均有涡激共振现象,紊流场下,涡振振幅均小于《公路桥梁抗风设计规范》(JTG/T 3360-01—2018)允许幅值。

PART THREE
第三篇
工程施工

第十章 总体施工组织

第一节 施工场地布置

一、总体施工场地布置

主桥施工场地位于永定河河道内,为了利于施工,在永定河东岸设置 1 个钢筋加工场,在永定河西岸设置 3 个钢筋加工场和 1 个钢结构拼装场,在栈桥桥头设置 1 个临时结构拼装场(前期栈桥拼装场)。施工场地包括施工便道、钢筋加工场、临时结构拼装场(前期栈桥拼装场)、钢结构拼装场、运梁通道、码头等。总体施工场地布置如图 10-1 所示。

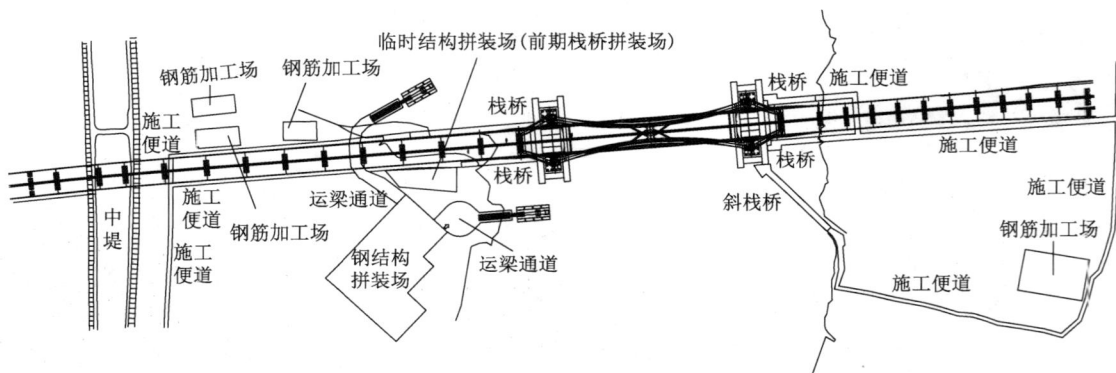

图 10-1 总体施工场地布置图

二、钢结构拼装场场地布置

京雄大桥钢构件采用在工厂加工、现场组装方案,钢材总量约 1.98 万 t。在桥址处规划一处梁场,可满足钢梁拼装、保存、涂装、梁段转运要求。

钢结构拼装场场地主要由施工便道、板单元存放区、板单元构件双拼区、双拼单元存放区、梁拱总拼区、涂装区、成品节段存放区等组成。板单元存放区尺寸为 29m × 86m,占地面积为 2494m²。板单元构件双拼区尺寸为 29m × 40m,占地面积为 1160m²。双拼单元存放区尺寸为 29m × 54m,占地面积 1566m²。梁拱总拼区(含拱肋总拼区)占地面积为 6480m²。现场拼装场设涂装区域 1 处,占地面积为 1350m²。场地内设置 1 处成品节段存放区,成品梁段存放区的占地面积满足一个拼装轮次的成品梁段存放需求。梁场配置两台 MH20-52A4 型门式起重机、两台 MH20-27A4 型门式起重机,以满足梁拱施工需求。钢结构拼装场场地布置如图 10-2 所示。

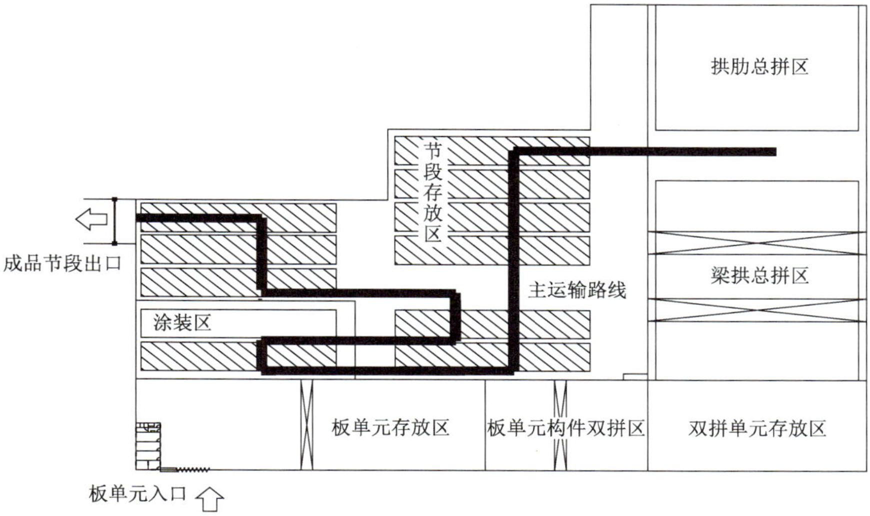

图 10-2　钢结构拼装场场地布置图

第二节　总体施工方案

一、京雄大桥引桥施工方案

桥梁钻孔桩主要采用旋挖钻成孔,钢筋笼采用钢筋厂内分节加工,现场吊装机械连接,水下混凝土灌注采用导管法施工。

承台基坑开挖采用钢板桩围堰或者放坡开挖。承台开挖至基坑底后用水泵将基坑内积水抽干,浇筑20cm厚C20混凝土垫层。桩基桩头采用人工凿除,承台和模板采用起重器辅助人工安装。承台模板采用组合钢模板,模板加固采取外撑内拉的方式。

墩身模板采用拉杆式定制组合钢模,墩身高度在12m以下一次浇筑,12~24m分两次浇筑,24m以上分三次浇筑或采用翻模法施工。

连续梁采用满堂支架法和膺架法进行施工,支架高度在15m以下的连续梁采用满堂支架法,支架高度在15m(含)以上的连续梁采用膺架法,支架高度为15m(含)以上膺架基础采用钻孔灌注桩或钢管桩。

二、京雄大桥主桥施工方案

根据主桥拱桥结构特点,并结合现场实际情况,对施工组织进行优化。在施工主墩基础的同时施工钢梁支架,随后进行拱座施工,同时进行中孔钢梁架设;拱座施工完成后进行下拱肋施工;下拱肋施工完成后进行边孔钢梁架设,之后,进行辅助孔现浇梁施工;边孔钢梁桥体架设时,同步施工拱肋结构。施工方案由3部分构成:基础施工方案、主梁施工方案和拱肋施工方案。围绕以下两条关键线路进行施工,实现拱桥的快速化建造。

第一条关键线路:主墩基础→拱座→下拱肋→边孔钢梁→辅助孔现浇梁→钢梁合龙段,如图 10-3~图 10-8 所示。

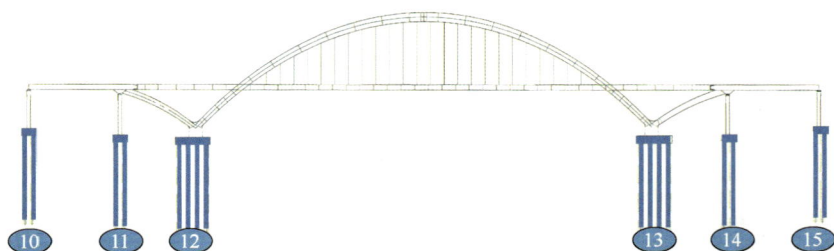

图 10-3　步骤一：主墩基础施工

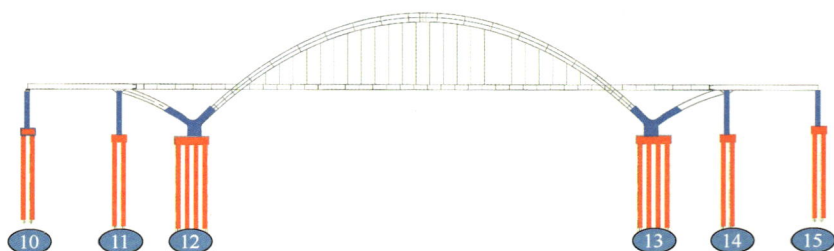

图 10-4　步骤二：拱座施工

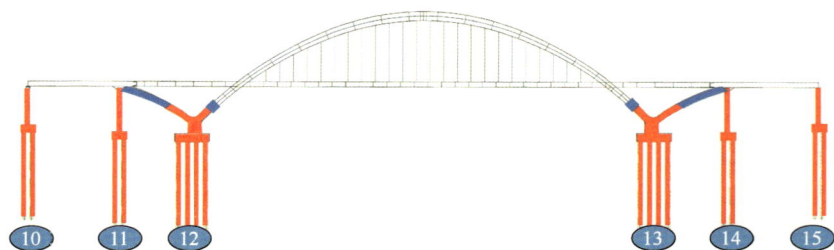

图 10-5　步骤三：下拱肋施工

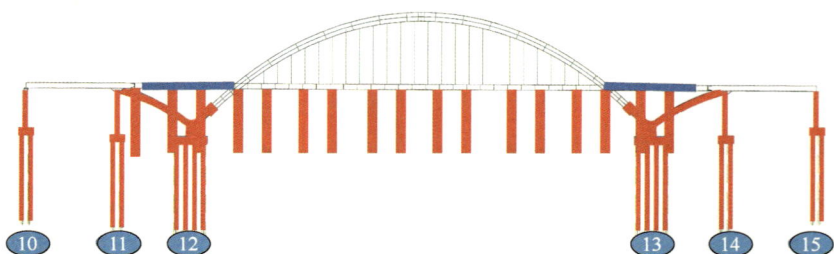

图 10-6　步骤四：边孔钢梁施工

第二条关键线路：主墩钢梁支架→钢梁安装→拱肋支架→拱肋安装，如图 10-9～图 10-12 所示。

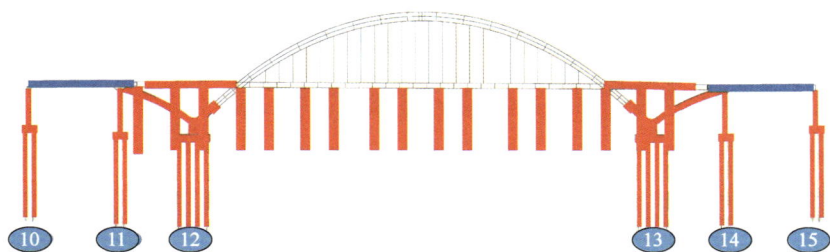

图 10-7　步骤五:辅助孔现浇梁施工

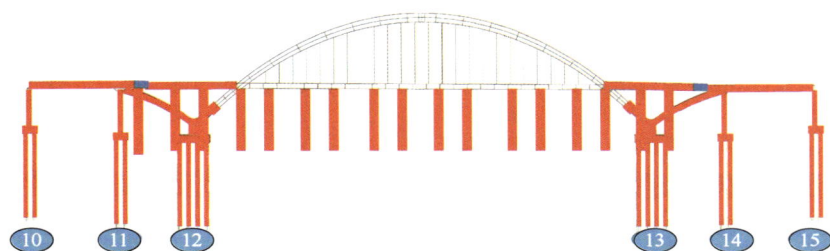

图 10-8　步骤六:钢梁合龙段施工

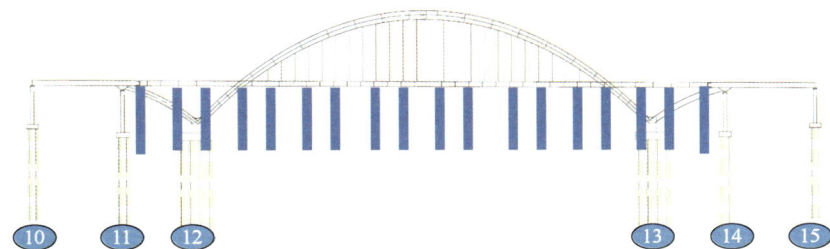

图 10-9　步骤一:主墩钢梁支架施工

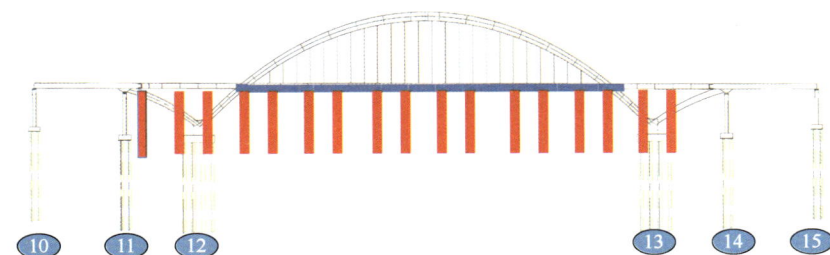

图 10-10　步骤二:钢梁安装施工

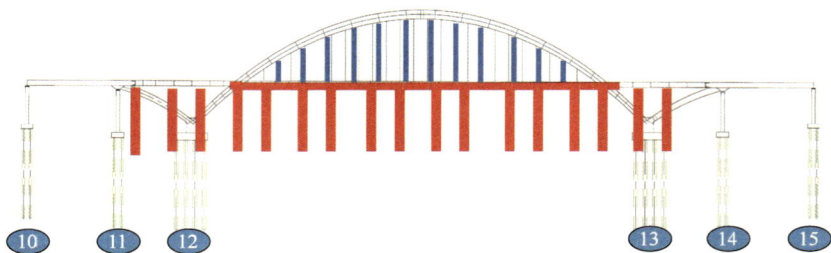

图 10-11　步骤三:拱肋支架施工

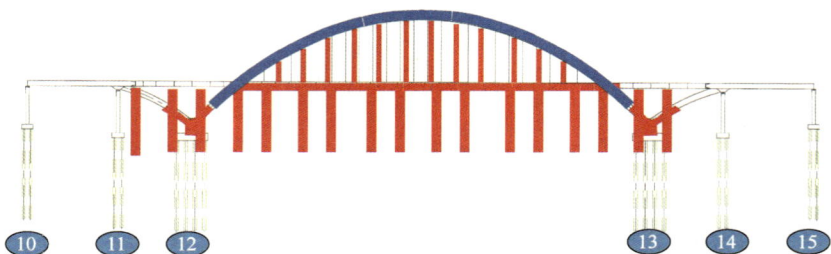

图 10-12　步骤四:拱肋安装施工

1. 基础施工方案

京雄大桥主墩基础 12 号、13 号墩位于永定河主河槽中,基础钻孔桩采用平台围堰同步施工法施工,基础围护结构采用 φ820mm×16mm 锁扣钢管桩,基础施工先开挖至高程 +29m,再搭设钻孔平台,进行主墩桩基施工,同步施工锁扣钢管桩。桩基施工完成后,再搭设围堰内开挖平台,开挖至封底混凝土底,浇筑水下封底混凝土,分层抽水安装围檩支撑,施工承台及拱座。

辅助墩 11 号、14 号墩与主墩基础施工方案相同。

过渡墩 10 号、15 号墩基础采用筑岛围堰施工。10 号墩围护结构采用拉森钢板桩,拉森钢板桩采用螺旋钻引孔,换填黏土,振动液压打桩机插打;15 号墩基坑围护结构采用咬合桩 + 内支撑体系,咬合桩直径 1000mm,桩长为 27.5m,咬合桩 A 桩(无筋桩)采用 C20 水下混凝土,咬合桩 B 桩(有筋桩)采用 C35 水下混凝土,A、B 桩间咬合不小于 250mm,承台边缘外 1.5m 呈矩形布置。

2. 主梁施工方案

京雄大桥主桥钢箱梁在永定河西岸的钢结构拼装场制造,钢箱梁采用模块小车运输至码头,610t 浮式起重机直接吊运至原位支架上。钢箱梁支架基础为钢管桩基础。辅助孔混凝土梁采用 φ820mm 钢管 + 贝雷梁膺架现浇,支架基础为钢管桩基础,采用两台 80t 浮式起重机配合 DZ120 振动锤插打钢管桩。

3. 拱肋施工方案

京雄大桥主桥边孔及中孔桥面以下混凝土拱肋采用钢管支架法现浇施工,中孔钢拱肋采用浮式起重机分段吊装 + 原位支架法施工,其中两侧部分钢拱肋拼装支架采用钢管群桩基础 +立柱形式,跨中钢拱肋拼装支架落于钢箱梁桥面上,其受力由钢箱梁纵横梁体系传递给下部钢箱梁支架、基础。钢拱肋和风撑节段由模块小车运输至码头,由两台 610t 浮式起重机将拱肋节段分段吊装至梁面设置的原位拼装胎架上,拱顶部位先拼装风撑再拼装拱肋,拱顶 G8 ~G11 段拱肋先安装,再由下向上依次安装 G1 ~ G6 段拱肋,最后 G7 段设置合龙段。主拱肋施工完成后按设计要求顺序依次安装系杆和吊杆。系杆和吊杆通过卷扬机进行牵引传束,千斤顶张拉施工。在系杆和吊杆施工过程中分阶段拆除临时支架。

第三节　主要工程数量及施工机械

本工程主要工程数量和施工机械,分别如表 10-1 和表 10-2 所示。

京雄大桥主要工程数量 表 10-1

桥梁结构	序号	项目名称	单位	工程数量	备注
主桥	1	钻孔桩(ϕ1.8m)	m	1080	22 根
	2	钻孔桩(ϕ2.0m)	m	1320	24 根
	3	钻孔桩(ϕ2.5m)	m	3968	64 根
	4	钻孔桩钢筋	t	2519	
	5	钻孔桩混凝土	m³	26369.8	
	6	承台钢筋	t	3728	
	7	承台混凝土	m³	30870	
	8	墩柱钢筋	t	339.6	
	9	墩柱混凝土	m³	1700	
	10	拱座钢筋	t	1422	
	11	拱座混凝土	m³	6720	
	12	现浇混凝土连续梁	m³	9736	
	13	钢结构拱圈	t	9804.66	
	14	普通混凝土拱圈	m³	6362	
	15	钢结构横梁	t	1119.503	
	16	系杆及吊杆	t	331.43	
	17	钢箱梁	t	9900.82	
引桥	1	钻孔桩(ϕ1.2m)	m	4246	100 根
	2	钻孔桩(ϕ1.5m)	m	2943	70 根
	3	钻孔桩(ϕ1.8m)	m	6564	132 根
	4	钻孔桩钢筋	t	2716	
	5	钻孔桩混凝土	m³	26612	
	6	承台钢筋	t	1473.2	

续上表

桥梁结构	序号	项目名称	单位	工程数量	备注
引桥	7	承台混凝土	m³	11844.5	
	8	墩柱钢筋	t	1284.2	
	9	墩柱混凝土	m³	7606.1	
	10	现浇混凝土连续梁	m³	44474	

施工机械　　　　　　　　　　　　　　　　表 10-2

项目名称	序号	设备名称	规格型号	单位	数量	备注
基础开挖	1	绞吸机	1500m³/h	套	4	
	2	浮式平台	17.5×11m	套	4	
	3	长臂挖掘机	32m	台	4	
	4	汽车起重机	25t/50t	台	2	
	5	垂直挖掘机	32m	台	4	
栈桥	6	履带式起重机	130t	台	4	
	7	振动锤	DZ120	套	4	
	8	汽车式起重机	25t/50t	台	2	
桩基	9	旋挖桩	SR460	台	8	
	10	旋挖桩	SR280	台	4	
	11	混凝土运输车	12m³	辆	8	
	12	履带式起重机	130t	台	2	
	13	振动锤	DZ120	套	2	
	14	履带式起重机	150t	台	4	
	15	振动锤(双夹)	DZ150	台	4	
围堰	16	履带式起重机	150t	台	4	
	17	钢板桩打拔机	320	台	2	
	18	履带式挖掘机	360	台	2	
	19	长臂挖掘机	PC360-7	台	2	
	20	振动锤	DZ150	套	4	
	21	汽车泵	47m	台	2	
承台、拱座、下拱肋、墩身、垫石等下部结构	22	汽车泵	56m	台	4	
	23	空气压缩机	5kW	台	8	
	24	汽车式起重机	25t/70t	台	2	
	25	混凝土运输车	12m³	辆	12	
现浇梁	26	塔式起重机	60m/70m	座	4	
	27	汽车式起重机	25t/70t	台	4	
	28	汽车泵	47m	台	4	
	29	混凝土运输车	12m³	辆	12	

项目名称	序号	设备名称	规格型号	单位	数量	备注
钢箱梁/钢拱肋	30	浮式起重机	610t	艘	2	
	31	浮式起重机	80t	艘	2	
	32	运输船	80t	艘	2	
	33	振动锤	DZ120/DZ150	台	2	
	34	汽车式起重机	25t/70t	台	2	
	35	门式起重机	20t/10t	台	10	
	36	履带式起重机	130t	台	2	
系杆、吊杆	37	卷扬机	10t	台	8	
	38	汽车式起重机	80t	台	2	

第四节　主要施工进度

本工程于 2021 年 4 月 1 日开工,2023 年 12 月 28 日完工通车,具体工期详见表 10-3。

主要工期表　　　　　　　　　　　表 10-3

序号	名称	工期(d)	开始时间	完成时间	备注
1	主桥	878	2021 年 5 月 21 日	2023 年 10 月 15 日	
1.1	钻孔桩施工	203	2021 年 5 月 21 日	2021 年 12 月 9 日	
1.2	围堰施工	201	2021 年 10 月 22 日	2022 年 5 月 10 日	
1.3	主墩承台施工	158	2022 年 1 月 6 日	2022 年 6 月 12 日	
1.4	墩柱施工	41	2022 年 3 月 21 日	2022 年 4 月 30 日	
1.5	拱座施工	153	2022 年 5 月 1 日	2022 年 9 月 30 日	
1.6	现浇梁施工	41	2023 年 3 月 1 日	2023 年 4 月 10 日	
1.7	V 形腿及下拱肋施工	153	2022 年 8 月 1 日	2022 年 12 月 31 日	
1.8	主跨钢箱梁施工	252	2022 年 2 月 23 日	2022 年 11 月 1 日	
1.9	拱肋横梁施工	36	2022 年 7 月 28 日	2022 年 9 月 1 日	
1.10	边跨钢箱梁施工	211	2022 年 8 月 10 日	2023 年 3 月 8 日	
1.11	拱肋施工	126	2023 年 2 月 12 日	2023 年 6 月 17 日	
1.12	吊杆和系杆安装	120	2023 年 6 月 18 日	2023 年 10 月 15 日	
2	西引桥施工	736	2021 年 4 月 1 日	2023 年 4 月 6 日	
2.1	钻孔桩施工	273	2021 年 4 月 1 日	2021 年 12 月 29 日	
2.2	承台施工	238	2021 年 6 月 5 日	2022 年 1 月 28 日	
2.3	墩柱施工	467	2021 年 8 月 1 日	2022 年 11 月 10 日	
2.4	现浇梁施工	371	2022 年 4 月 1 日	2023 年 4 月 6 日	
3	东引桥施工	357	2021 年 12 月 10 日	2022 年 12 月 1 日	

序号	名称	工期（d）	开始时间	完成时间	备注
3.1	钻孔桩施工	115	2021 年 12 月 10 日	2022 年 4 月 3 日	
3.2	承台施工	99	2022 年 1 月 25 日	2022 年 5 月 3 日	
3.3	墩柱施工	270	2022 年 2 月 5 日	2022 年 11 月 1 日	
3.4	现浇梁施工	165	2022 年 6 月 20 日	2022 年 12 月 1 日	
4	附属施工	128	2023 年 8 月 1 日	2023 年 12 月 6 日	
5	验收及通车	22	2023 年 12 月 7 日	2023 年 12 月 28 日	

第十一章　深水基础施工关键技术
（不通航水域胶结状卵石地质）

第一节　临时栈桥施工

京雄大桥栈桥分为东西侧两部分，每侧均设置一期栈桥、二期栈桥、三期栈桥，考虑东岸红线用地交付时间较晚，前期在桥址南侧增设斜栈桥至主墩处进行施工，栈桥总长为1551m。根据历年附近水域水文资料，栈桥顶面设计高程为+49.2m。栈桥布置如图11-1所示。

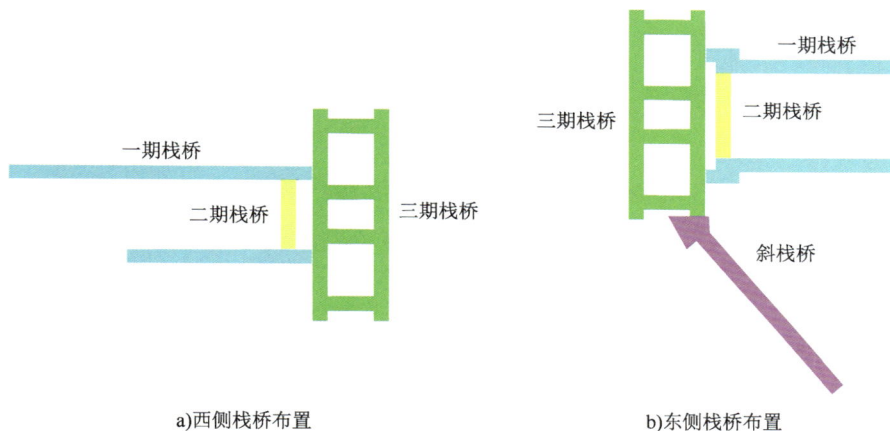

a)西侧栈桥布置　　　　　　　　　　　　　b)东侧栈桥布置

图11-1　栈桥布置图

钢栈桥桥面板由10mm厚花纹钢板+I14工字钢分配梁及I22a工字钢分配梁组成。桥面板与工字钢采用二氧化碳气体保护焊焊接，桥面板布置于贝雷梁之上，与贝雷梁之间用限位板固定，栈桥横断面布置如图11-2所示。

贝雷梁由贝雷片拼制而成。一期主栈桥宽为8m，横向设置10片，斜栈桥宽为8m，横向设置10片；二期栈桥宽为10m，横向设置14片；三期栈桥宽为10m，横向设置14片。贝雷片间距分为45cm和90cm两种，贝雷片之间采用角钢支撑花架连接成整体。

贝雷梁放置于双拼I45a工字钢分配梁上，工字钢固定在ϕ630mm×8mm钢管槽口里，工字钢与钢管桩接触部位需满焊。

钢栈桥基础钢管桩采用ϕ630mm×8mm钢管，8m宽栈桥钢管桩横桥向间距为3m，纵桥向间距为2m，布置6根；10m宽栈桥钢管桩横桥向间距为3.7m，纵桥向间距为2m，布置6根；钢管桩之间由[20a槽钢平联连接。

a)8m宽栈桥横断面   b)10m宽栈桥横断面

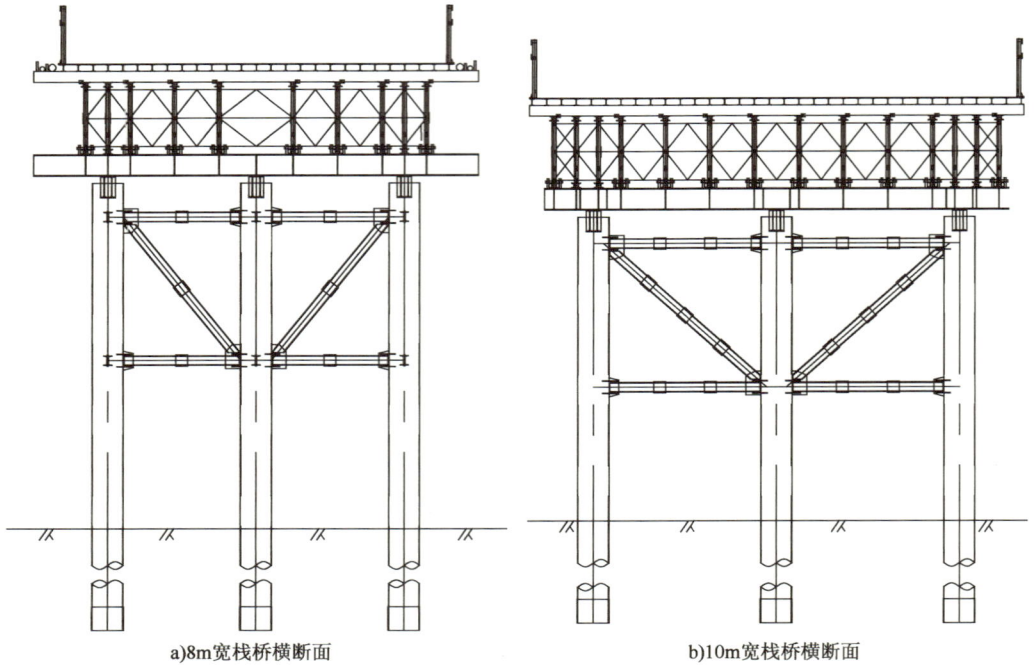

图 11-2　栈桥横断面布置图

为进行京雄大桥河槽内基础施工,需采用钓鱼法搭设钢栈桥作为机械通行和作业平台。

首先采用全站仪对栈桥钢管桩进行放样,钢管桩采用型钢导向架定位。栈桥钢管桩采用130t 履带式起重机 + 120t 振动锤进行插打。钢管桩之间的槽钢联结系和分配梁采用二氧化碳气体保护焊进行焊接。水上作业人员需佩戴安全带、穿着救生衣。栈桥施工如图 11-3所示。

图 11-3　栈桥施工

贝雷梁的单孔最大跨径为 15m,横向用支撑架连接成整体。钢管桩施工完成以后,桩顶开口铺设双拼I 45 工字钢作为主横梁,然后铺贝雷桁架主桁分配梁。贝雷桁架在后方分组拼装,运至铺设位置,起重机起吊安装成主桁整体,并与分配梁联结。桥面板在岸上模块化加工,采用130t履带式起重机分块进行吊装。贝雷分配梁安装如图11-4所示。

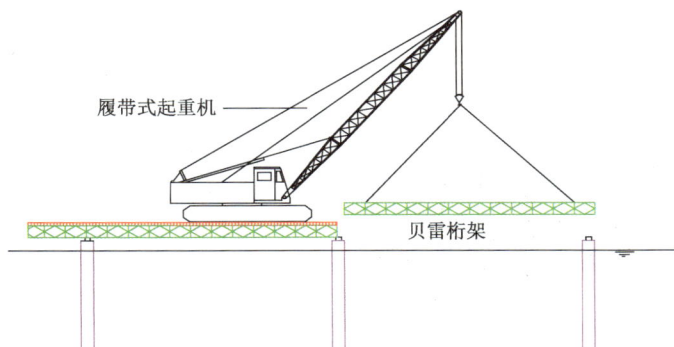

图11-4　履带式起重机吊装贝雷分配梁示意图

第二节　深水基础开挖施工

为保证锁扣钢管桩顺利插打至设计高程,需先进行水下开挖。开挖前河床面高程为+35m,第一次开挖底高程为+29m,开挖方量为14756m³。开挖基坑顶部尺寸为56.408m×60.302m,底部尺寸为38.408m×42.302m,高度为6m。开挖范围为锁扣钢管桩围堰外扩5.126m的位置,两边按1:1放坡。

第一次开挖采用1500型绞吸机将卵石清除。先利用卷扬机将绞吸机下放至河床面,利用绞头将胶结卵石层松动,再通过排放管将60cm以下卵石抽除。每层开挖深度为1m,分仓挖除,仓格尺寸为4.8m×5m。开挖范围如图11-5所示,开挖设备如图11-6所示。

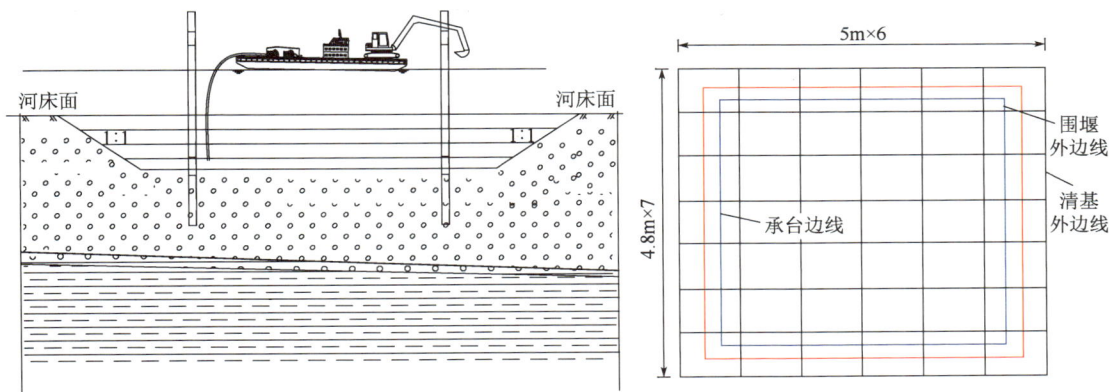

图11-5　开挖范围平面图

围堰施工完成后进行围堰内开挖,须在围堰内从河床面开挖至封底混凝土底面。考虑开挖底面距离栈桥顶面较远,且河床面为胶结状卵石层地质,围堰内开挖采用可滑移施工平台+旋挖钻。

图 11-6 基础开挖设备

可滑移施工平台设计考虑旋挖钻走行荷载要求,采用在护筒上布置双拼I45b工字钢分配梁滑道+6片贝雷梁+桥面板的形式,桥面板结构由10mm厚花纹钢板+I14工字钢分配梁及I32a工字钢分配梁组成。桥面板布置于贝雷梁之上,与贝雷梁之间用限位板固定。贝雷梁由贝雷片拼制而成,横向设置6片,贝雷片之间采用支撑花架连接成整体,贝雷梁整体落放在分配梁滑道上。分配梁滑道位置处的护筒需开槽20~30cm,将分配梁滑道固定在护筒上,并在分配梁两侧布置加劲板,以增加分配梁刚度。可滑移施工平台如图11-7所示。

图 11-7 可滑移施工平台

围堰内开挖采用先整体后局部的顺序,先利用可滑移施工平台从围堰两端向中间进行整体大面积的开挖施工,围堰内开挖如图11-8所示。再通过高压水枪对旋挖钻作业盲区、锁扣钢管桩桩间、角部和钢护筒侧壁进行局部开挖和冲洗,以保证基础开挖效果,围堰冲洗如图11-9所示。基础开挖完成后派潜水员下潜至基底对开挖效果进行探查,对不满足设计要求的部位进行补充开挖,直至满足设计要求。

图 11-8　旋挖钻围堰内开挖

图 11-9　围堰冲洗

第三节　锁扣钢管桩围堰施工

主墩承台围护结构采用锁扣钢管桩围堰，围堰结构采用 $\phi820mm \times 16mm$ 锁扣钢管桩，锁扣钢管桩共计 120 根，呈矩形布置。围堰长 32m，宽 28.1m。从上至下设置 3 道钢支撑，支撑处锁扣钢管桩内需设置 1.5m 吊模混凝土，封底面上 1.5m 至下 0.5m 范围内设置吊模混凝土，围檩第一层采用三拼 H900 型钢，其他采用双拼 H900 型钢，支撑采用 $\phi820mm \times 10mm$ 钢管，锁扣采用 C-O 形式。永定河水位为 +45.0m，围堰顶面高程为 +46.5m，底高程为 +22.85，锁扣钢管桩长度为 23.65m，封底混凝土厚度为 3m，采用 C30 水下混凝土。锁扣钢管桩围堰布置如图 11-10 所示。

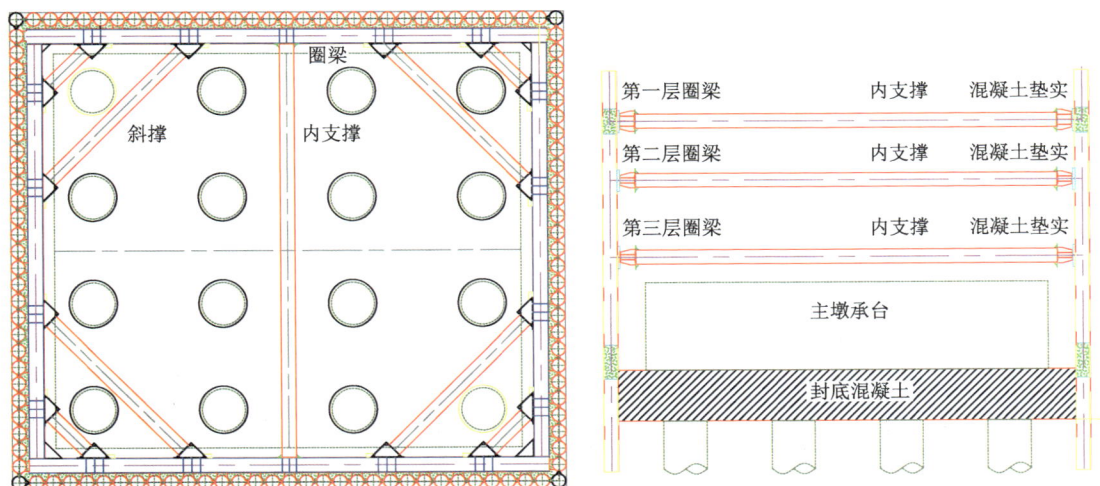

图 11-10　锁扣钢管桩围堰布置图

钢管桩与阴头钢板之间采用连续贴角焊缝，焊缝厚度 $h_f = 8mm$；阴头钢板与阴头钢管之间采用连续贴角焊缝，$h_f = 8mm$；阳头圆钢与阳头钢管之间采用连续贴角焊缝，$h_f = 6mm$。钢管桩与阳头圆钢之间采用连续贴角焊缝,$h_f = 8mm$;角焊缝外观质量标准为Ⅲ级。

一、锁扣钢管桩施工

1. 锁扣钢管桩制作、吊运、存放与运输

锁扣钢管桩需在工厂内进行加工制作,按照设计要求进行焊接。钢管桩焊接完成后,应按相关规范要求进行验收,合格后方可投入使用。锁扣钢管桩吊运、存放和运输时,要做好钢管桩的支垫,防止钢管桩发生变形,影响后期插打施工。

2. 导向架布置

在钢管桩施工过程中,为保证桩位轴线定位准确,需设置导向架进行限位,限位导向架由双拼Ⅰ32工字钢制作而成,分为上下两层,每层由内外两道互相平行的导向梁组成。

3. 锁扣钢管桩插打及引孔施工

锁扣钢管桩采用履带式起重机配合振动锤进行插打,引孔采用旋挖钻配合比锁扣钢管桩内径小200mm的旋挖钻头进行施工。具体步骤如下:

(1)插打前,先用黄油、沥青、锯末混合物对钢管桩锁扣部位管壁进行涂抹润滑、密封,再利用履带式起重机将锁扣钢管桩吊运至施工位置,将锁扣钢管桩吊立,初步定位后沿导向架依次将锁扣钢管桩插入河床。

(2)待锁扣钢管桩沉入河床稳定后,将振动锤吊至锁扣钢管桩顶端,安装好振动锤,复测锁扣钢管桩桩位和垂直度,测量满足相关规范及施工要求后开始锤击下沉。锁扣钢管桩插打如图11-11所示。

(3)锤击过程中,对锁扣钢管桩桩位、垂直度、贯入度及时进行检查,同时保证振动锤和锁扣钢管桩在同一垂直轴线上。若过程中发现异常情况,应立即停止锤击,查明原因并采取有效措施后,方可继续。

(4)待锁扣钢管桩打入胶结卵石层5~6m深度且贯入度达到振动锤最大激振力时,采用旋挖钻将钻头伸入钢管桩内部进行内引孔施工,同时辅以振动锤进行插打,内引孔达0.5~1m深度后采用振动锤进行一次复打施工,复打过程中配合冷水对钢管桩C-O口管壁进行冲水降温,避免插打时高温影响锁扣连接质量。内引孔复打直至锁扣钢管桩插打至设计高程。内引孔如图11-12所示。

图 11-11 锁扣钢管桩插打

图 11-12 锁扣钢管桩内引孔

4. 锁扣钢管桩合龙

锁扣钢管桩合龙尽量选择在角桩附近进行,避免采用异形桩进行合龙,降低合龙难度。同时在合龙前测量最终合龙的距离。若桩身存在偏斜,应逐根纠正,分散偏差,调整合龙。

二、围堰封底平台布置及水下封底施工

1. 混凝土配合比设计

封底混凝土浇筑时间较长,为确保导管灌注过程中混凝土流动性,优化配合比,采用超缓凝混凝土,将混凝土初凝时间调整为不少于25h,且坍落度控制在220～240mm,确保混凝土灌注过程中导管不堵塞。

2. 封底平台及封底导管布置

利用既有钢护筒、型钢分配梁和钢板设置封底混凝土浇筑平台,导管布设间距满足混凝土扩散半径要求。

3. 首盘混凝土灌注控制

为提高首盘混凝土灌注质量,每根导管底部采用旋挖钻超钻50cm,将导管深入孔内进行首盘混凝土灌注,现场浇筑需保证导管埋深和混凝土浇筑的连续。首盘封底混凝土浇筑断面如图11-13和图11-14所示。

图11-13　封底混凝土砍球

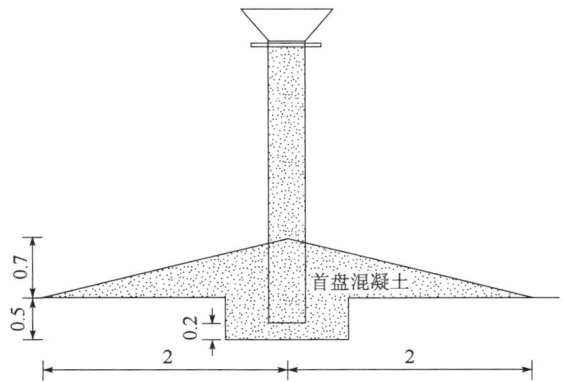

图11-14　首盘封底混凝土浇筑断面(尺寸单位:m)

4. 混凝土顶面高程及浇筑质量控制

封底混凝土由围堰一侧向另外一侧同步推进浇筑。现场每隔2～3m设置一个测点,由现场管理人员监测混凝土顶面高程。每排导管要提前拔起,需确保相邻侧下放的混凝土未将本排导管覆盖,以确保封底混凝土浇筑质量。

三、围檩、内支撑拼装及整体下放施工

(1)在围檩及内支撑下放前,派潜水员下潜对每道围檩及内支撑位置的围堰内净空进行测量。取得数据后,按照测量数据将每道围檩及内支撑向围堰内缩放10～15cm,以保证其符

合下放时的净空要求。

（2）围檩及内支撑在可拆卸牛腿形成的临时拼装平台上拼装完成后，采用千斤顶、贝雷梁、精轧螺纹钢、钢护筒、数字控制柜等组成的整体下放系统下放至设计位置，并临时固定吊挂在围堰上。

（3）围檩、内支撑整体下放拼装平台由 20 个双拼[20 槽钢可拆卸牛腿组成，牛腿通过耳板焊接在锁扣钢管桩间，围檩及内支撑可下落在牛腿平台上进行焊接连接。

（4）在钢管桩顶和钢护筒顶设置双拼I45 工字钢作为分配梁，分配梁上架设贝雷梁。贝雷梁共 2 片，由 45cm 支撑架连接形成贝雷梁组，围堰每边设置 2 组，共设置 8 组下放点。

（5）在整体下放系统的每个下放点位置上部设置 1 个千斤顶，通过设置 1 台数字控制柜进行 8 台千斤顶的同步控制。千斤顶与围檩间通过两层双拼I25 工字钢横梁和 PSBφ32mm 精轧螺纹钢进行连接。围堰、内支撑整体下放布置如图 11-15 所示。

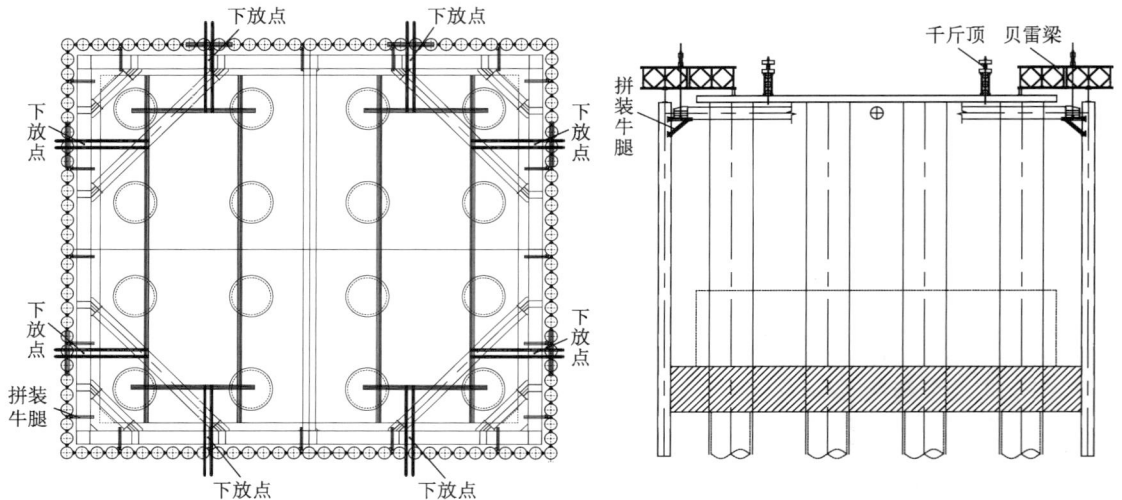

图 11-15　围堰、内支撑整体下放布置图

（6）围檩及内支撑同步整体下放步骤如下。

①数字控制柜统一指挥所有油泵同步送油至 8 台千斤顶，直至千斤顶全部伸出。在千斤顶上部精轧螺纹钢上设置锁定螺母下拧受力，同时在下放点围檩下方设置锁定螺母上拧受力，乔除临时牛腿。围堰、内支撑整体下放如图 11-16 所示，可拆卸牛腿如图 11-17 所示。

②千斤顶行程缓慢回落，围檩及内支撑缓慢下降，直至全部收回。

③在千斤顶下部双拼I25 工字钢横梁内设置锁定螺母，下拧将精轧螺纹钢进行临时锁定。

④将千斤顶顶部锁定螺母上拧，将千斤顶再次全部伸出，完成一个循环下放。

重复以上下放步骤，直至围檩及内支撑下放至设计位置，在围堰上部和围檩背部焊接临时吊挂耳板，耳板采用 300mm × 300mm × 20mm 的钢板，长边方向设置 6 处，短边方向设置 4 处，共设置 20 处，通过 φ20mm 圆钢将围檩临时吊挂在围堰上。

图 11-16　围堰、内支撑整体下放

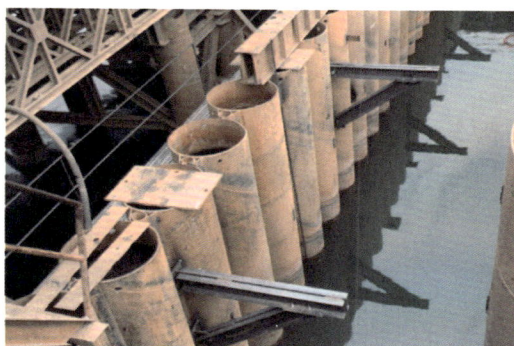

图 11-17　可拆卸牛腿

四、分层抽水，浇筑围檩背后填充混凝土

封底混凝土和吊模混凝土达到设计强度后，在围堰四周设置水泵进行围堰内抽水施工，依次抽水至围檩、内支撑向下 0.5～1m 位置，焊接围檩支撑牛腿，并浇筑围檩背后填充混凝土。待围檩背后填充混凝土达到设计强度后，重复以上步骤，抽水至围堰封底混凝土顶部。

抽水过程中应做好渗漏水的处理预案，采用外堵内排的方案进行，即在锁扣钢管桩锁扣处从顶部向下灌注水泥细砂拌合物对锁扣进行封堵，同时派潜水员携带内部填充遇水膨胀止水胶的空心泡沫棒在渗漏水处外侧进行填塞，填塞后使其由水流夹带至漏水处，遇水膨胀后自行堵塞漏水点。

第四节　承台、拱座施工

主墩承台尺寸为 23.25m×27m×5.15m，采用 C40 混凝土浇筑，方量为 3233m³。承台模板为定型钢模，人工进行钢筋绑扎，主墩承台混凝土浇筑时设置冷却水管，且一次浇筑成型。

混凝土浇筑前，预埋好后续施工所需的各种预埋件。混凝土采用汽车泵泵送入模，混凝土浇筑完毕后用磨光机将表面收平，在凝固前两次收浆抹面，避免混凝土收缩沉降引起的沿水平钢筋走向的表面干缩裂纹。

拱座为底面六边形的型钢混凝土异形结构，分两次浇筑完成。拱座内部设置 3 片重达 155t 的钢骨架，钢骨架间采用钢板焊接的横联进行连接，底部采用 PBL 剪力键的形式悬空固定于承台之内，拱座内部设置三道钢筋笼暗梁，钢筋构造极其复杂，如图 11-18 和图 11-19 所示。

拱座骨架预埋件由 3 片 12.96m×8.3m×0.04m 钢板及多块 0.03m 厚加劲钢板组成，拱座骨架在承台顶面以下采用 Φ40 螺纹钢筋组成的网片进行固定，钢筋平面间距为 50cm，竖向间距为 30cm。Φ40 螺纹钢筋须提前穿入型钢骨架内。

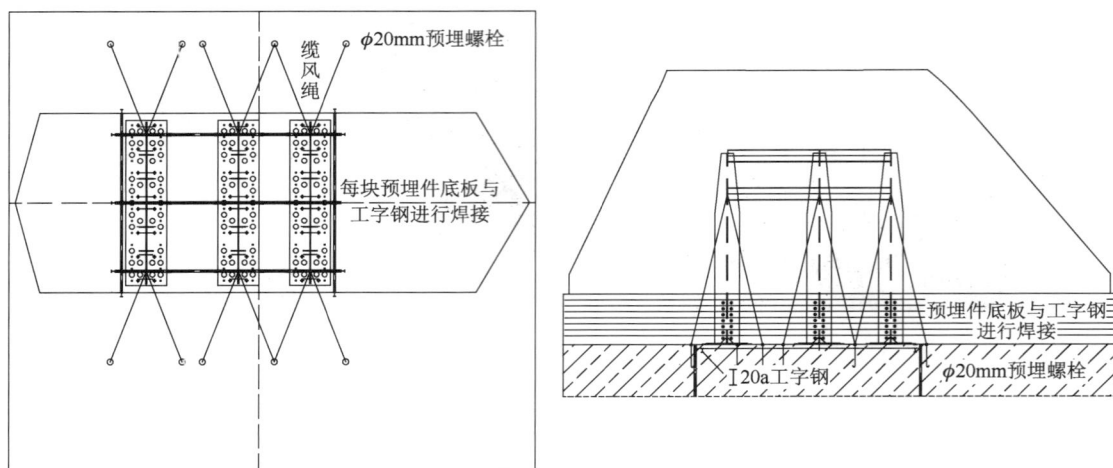

图 11-18　主墩承台预埋件布置图

图 11-19　拱座钢骨架布置图

一、拱座钢骨架施工

（1）根据设计要求,在承台施工过程中,需进行拱座钢骨架安装。拱座钢骨架采用研发的型钢定位工装进行定位。

（2）在岸边钢构件厂内组拼完成拱座钢骨架。由于围堰支撑从拱座中心穿过,拱座钢骨架无法整体吊装,需分三次吊装,每次吊装 1 片单独的钢骨架,采用浮式起重机或履带式起重机进行吊装。拱座钢骨架吊装至型钢定位工装上后,利用千斤顶对拱座钢骨架精确定位,并与型钢定位工装焊接,安装缆风绳固定,同时根据钢骨架安装情况适时连接钢骨架间的工字钢,如图 11-20、图 11-21 所示。

图 11-20　拱座定位架布置图

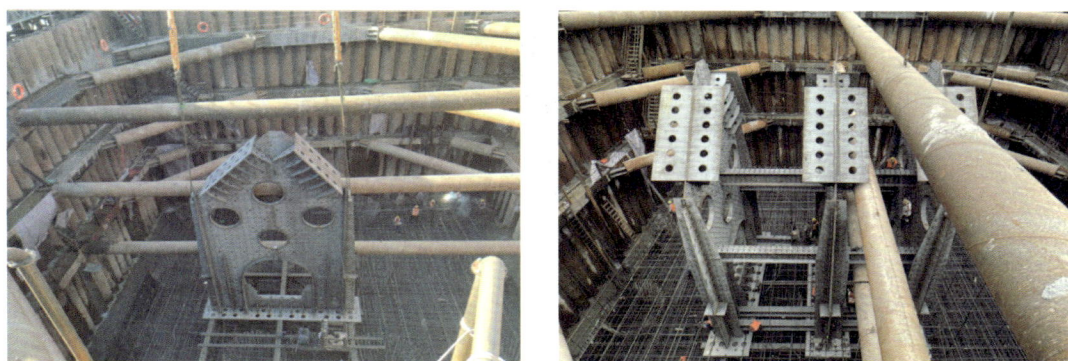

图 11-21　拱座钢骨架安装图

二、拱座钢筋优化

拱座钢筋构造复杂,且与拱座钢骨架干扰较多,项目技术人员通过 BIM 技术进行三维建模,如图 11-22 所示,提前发现干扰部位,当拱座钢筋与拱座钢骨架相互干扰时,将钢筋弯折焊于骨架腹板上,并对钢筋进行提前调整,避免后期调整造成工期延误。

图 11-22　拱座钢筋 BIM 优化图

三、拱座暗梁施工

拱座预埋件之间设置四道暗梁,暗梁内设置有骨架暗梁钢筋笼。由于拱桥基础施工采用锁扣钢管桩围堰,拱座施工作业面狭小,采用后场加工骨架暗梁钢筋笼＋原位整体吊装的方式进行暗梁安装,同时通过 BIM 模拟安装过程,如图 11-23 所示,确保暗梁顺利安装。

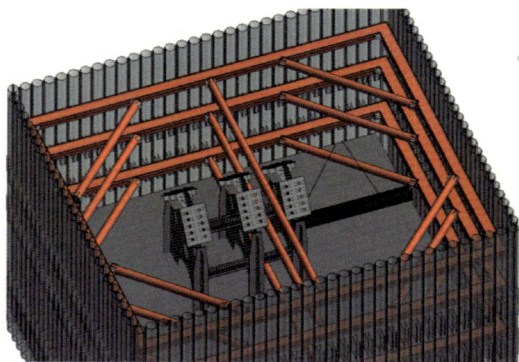

图 11-23　拱座暗梁施工模拟图

四、承台、拱座混凝土施工

承台、拱座混凝土浇筑前,钢筋、模板、支架需进行验收,合格后方可进行混凝土施工。由于承台、拱座为大体积混凝土施工,应通过设置冷却水管通水等降温措施,做好大体积混凝土水化热控制,防止混凝土温度裂缝的产生。

第十二章　不通航水域钢梁施工关键技术

第一节　钢箱梁支架设计

钢箱梁支架共分为中孔钢梁支架、东岸边孔钢梁支架和西岸边孔钢梁支架三部分。

中孔钢梁支架承受钢箱梁自重以及拱肋施工过程的荷载，采用钢管支架＋分配梁的结构形式，拱肋跨中风撑段荷载较大，设计为 $\phi1020mm×10mm$ 钢管；除风撑段以外的钢箱梁支架采用 $\phi820mm×10mm$ 钢管，在节段 Z11′、Z12′、Z11、Z12 位置设置净宽为 15.18m 的通航孔，1 号、2 号浮式起重机和北侧拱肋由通航孔通过，通航孔为钢管贝雷梁结构形式，由 $\phi820mm×10mm$ 钢管桩＋四拼 I56a 工字钢桩顶横梁＋五拼 I56a 工字钢分配梁＋十拼 321 型贝雷梁＋三拼 I45a 分配梁＋$\phi325mm×10mm$ 钢管组成。其余钢管支架横向联系采用双拼 [20 槽钢，柱顶分配梁采用四拼 I56a 工字钢。靠近通航孔支架分配梁采用五拼 I56a 工字钢。$\phi1020mm×10mm$ 钢管插入卵石层深度不小于 5.5m；$\phi820mm×10mm$ 钢管插入卵石层深度不小于 6.5m，通航孔两侧 $\phi1020mm×10mm$ 钢管插入卵石层深度不小于 7m，如图 12-1 和图 12-2 所示。

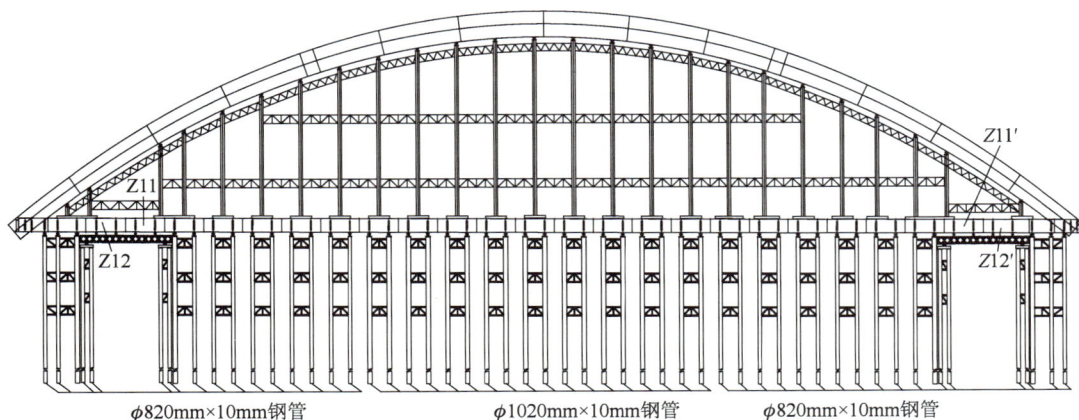

图 12-1　中孔钢梁支架立面布置图

东岸、西岸边孔钢梁支架仅承受梁节段自重，采用 $\phi630mm×8mm$ 钢管桩，部分立柱采用已施工栈桥桩和主墩基础锁扣钢管桩，横梁为三拼 I45 工字钢，横向联系采用双拼 [20 槽钢。边孔钢管插入卵石层深度不小于 4m。

B6～B8 节段钢梁支架采用预埋件钢管桩基础，钢管桩基础采用 $\phi630mm×8mm$ 钢管，纵向间距为 1.5～3.7m，横向间距为 2～4m。钢管顶部设置 20mm 厚圆形钢板，沿钢管设置 12 块 10mm 加劲板。上部设置三拼 I45 工字钢，工字钢上设置 $\phi325mm×10mm$ 钢管，钢管上下设置 16mm 封口钢管，横联采用双拼 [20 槽钢，如图 12-3 所示。

抄垫钢板(1~3cm)
桩顶横梁
桩顶钢梁
千斤顶
φ325mm×10mm钢管
φ1020mm×10mm钢管
联结系
插入卵石层深度不小于5.5m

抄垫钢板(1~3cm)
十拼321型贝雷梁
桩顶横梁
桩顶钢梁
φ325mm×10mm钢管
φ820mm×10mm钢管
联结系
插入卵石层深度不小于6.5m

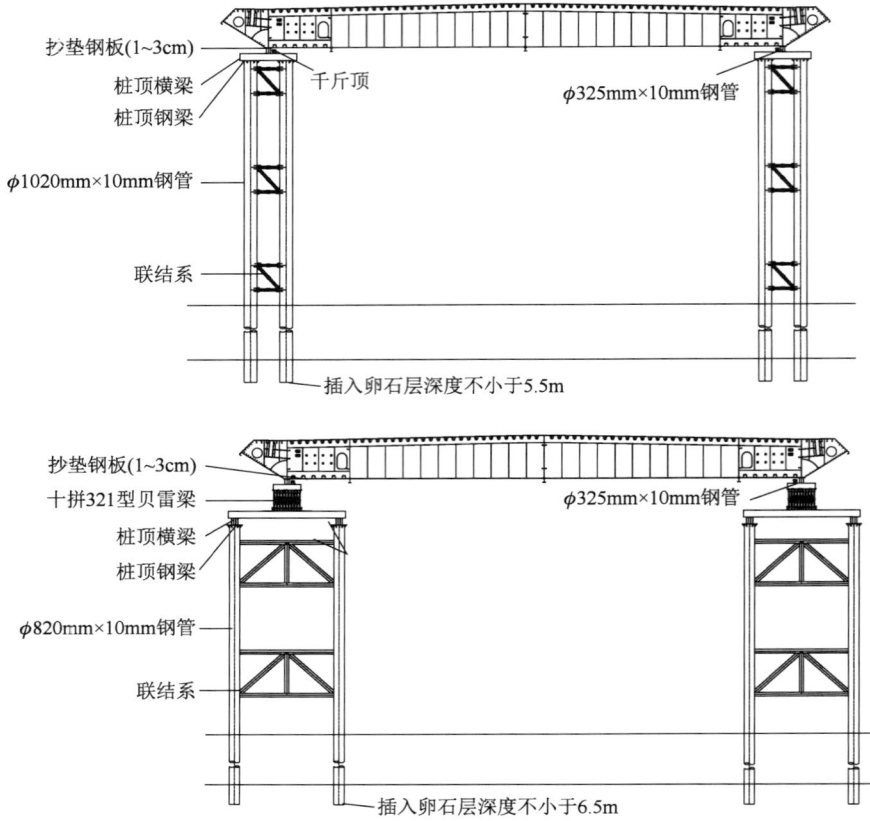

图 12-2　中孔钢箱梁支架横断面布置图

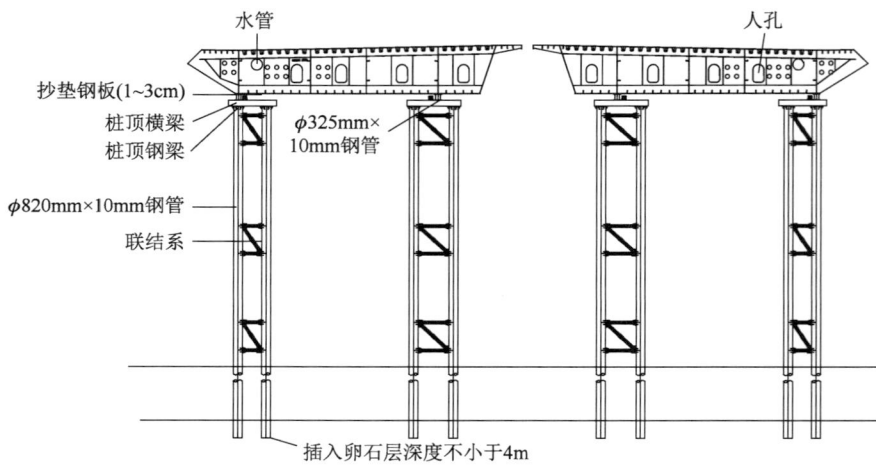

水管
人孔
抄垫钢板(1~3cm)
桩顶横梁
桩顶钢梁
φ325mm×10mm钢管
φ820mm×10mm钢管
联结系
插入卵石层深度不小于4m

图　12-3

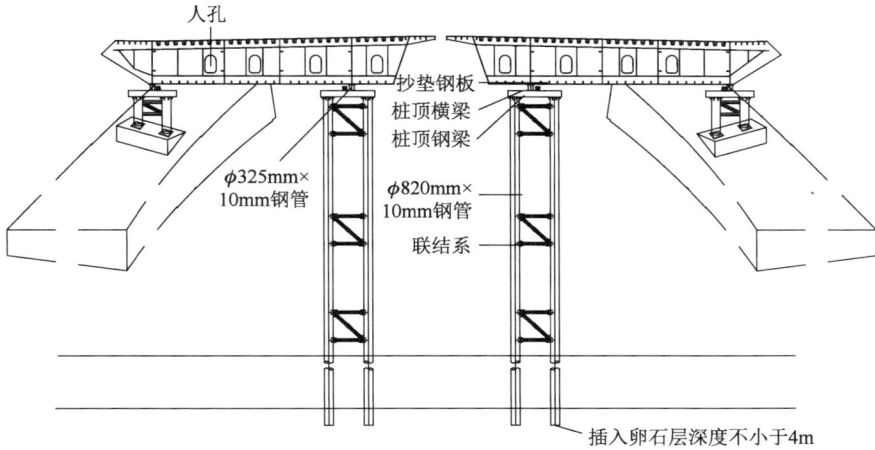

图 12-3　边孔钢梁支架横断面布置图

第二节　组拼式浮式起重机组拼

将 610t 组拼式浮式起重机(图 12-4)分解,通过运输车运至永定河河道内,采用 350t 汽车式起重机(该起重机仅为安装浮式起重机用,后期不在主体施工中使用)将浮箱吊运至水中,在水中进行 610t 浮式起重机组拼。

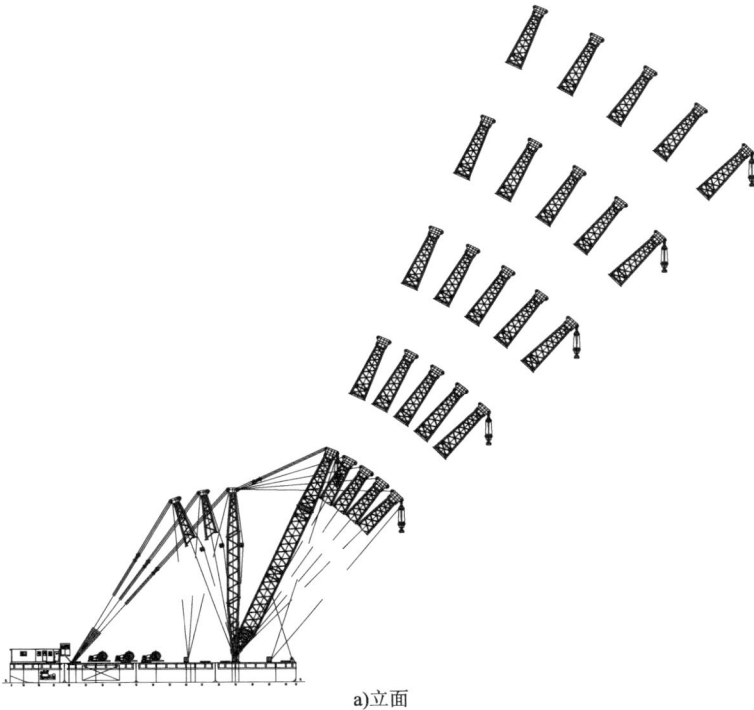

a)立面

图　12-4

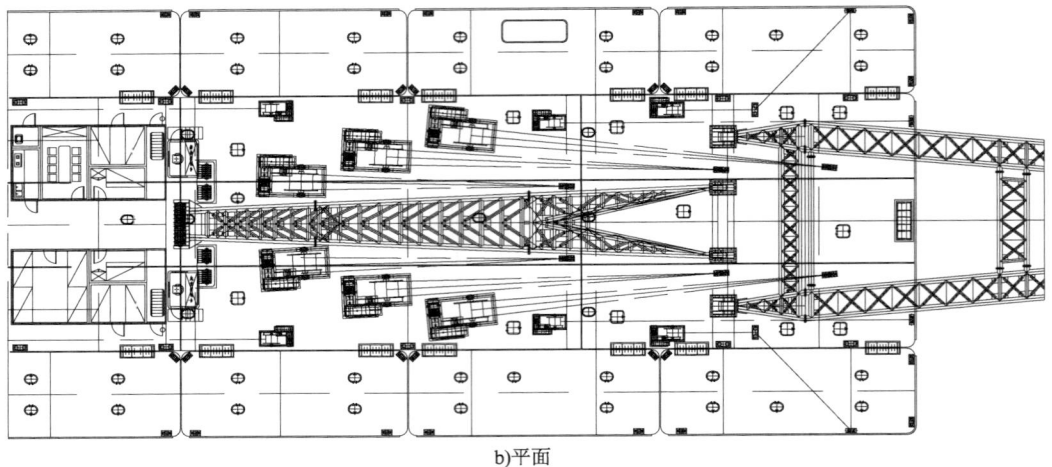

b)平面

图 12-4　610t 浮式起重机立面和平面图

组拼式浮式起重机拼装步骤如下：

拼装步骤一：先用汽车起重机将 610t 浮式起重机船首部左舷浮箱吊至拼装水域，再用汽车起重机将 610t 浮式起重机船首部中间主船体吊至拼装水域；最后将甲板上螺栓与主船体进行连接，即完成拼装，如图 12-5 所示，验收各紧固件，检查水密性。水中浮箱在岸上采用缆绳固定于预设钢管桩上，缆绳另一头固定于船缆桩上，防止漂走。

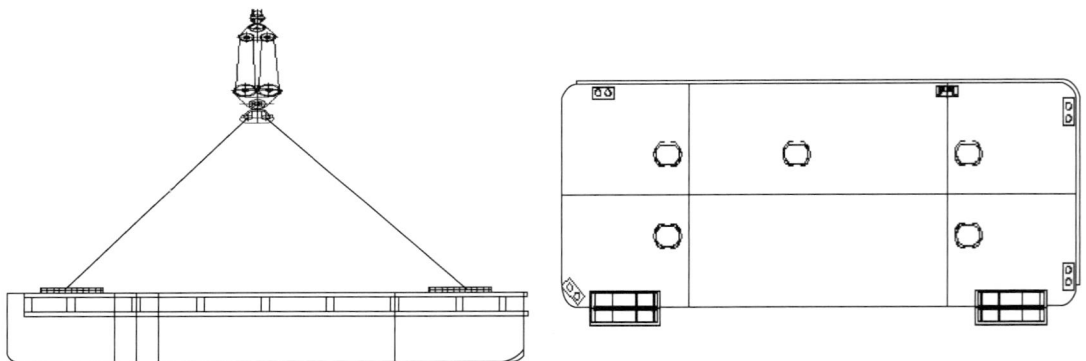

图 12-5　主船体安装图

拼装步骤二：用汽车起重机将 610t 浮式起重机船中部及尾部主船体依次吊至拼装水域，先纵向再横向进行螺栓连接、紧固，缆绳根据船体位置移动调节松紧；船首、船尾分别用缆绳固定于预设钢管桩上，缆绳另一头固定于船缆桩上，防止漂走，如图 12-6 所示。

拼装步骤三：检查浮箱水密性，全部船体拼装完成，验收合格。

拼装步骤四：用汽车起重机将 610t 浮式起重机船桅杆吊至主船体，吊装过程中，保持桅杆水平，将桅杆连接轴销安装完成；将左、右操作室分别吊至船尾固定位置；将浮式起重机船甲板各舾装件依次吊至对应位置，螺栓连接、紧固，安装接线，验收合格，如图 12-7 所示。

→ 船首

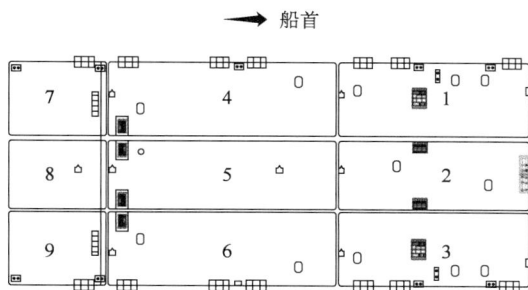

图 12-6 其余船体安装图

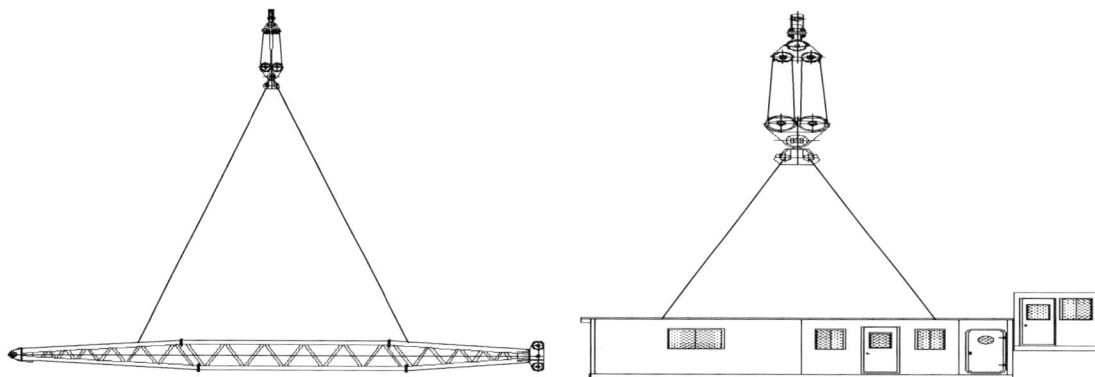

图 12-7 桅杆安装图

拼装步骤五:用汽车起重机将 610t 浮式起重机各变幅机构滑轮组吊至连接位置,连接轴销安装后紧固,进行验收。

拼装步骤六:用汽车起重机将 610t 浮式起重机船边浮箱依次吊至拼装水域;先安装船首左右两侧边浮箱 10 和浮箱 11,再安装船尾左右两侧边浮箱 12 和浮箱 13,剩余边浮箱 14 和浮箱 15 为一组对接,浮箱 16 和浮箱 17 为一组对接,如图 12-8 所示。

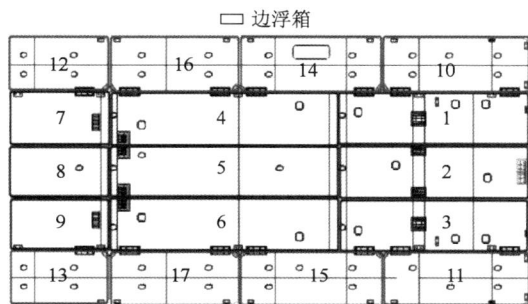

图 12-8 其余浮箱安装图

拼装步骤七:610t 浮式起重机吊臂长度为 100m,用汽车起重机将吊臂底部吊至主船体甲板吊臂底座处,连接轴销完成后,再按顺序将吊臂段吊至吊臂连接处,螺栓对接、紧固,编号 1、2 两组浮箱按吊臂连接状态垫至吊臂底部,安装完成,检查水密性、紧固性,验收合格。

拼装步骤八:用汽车起重机将 610t 浮式起重机船桅杆连接机构吊至船首甲板连接位置,连接轴销完成安装;船体内部油压将桅杆顶至油压顶最大行程,桅杆变幅卷扬机收紧,将桅杆拉至向前倾至相应角度,桅杆拉起完成,验收合格,如图 12-9 所示。

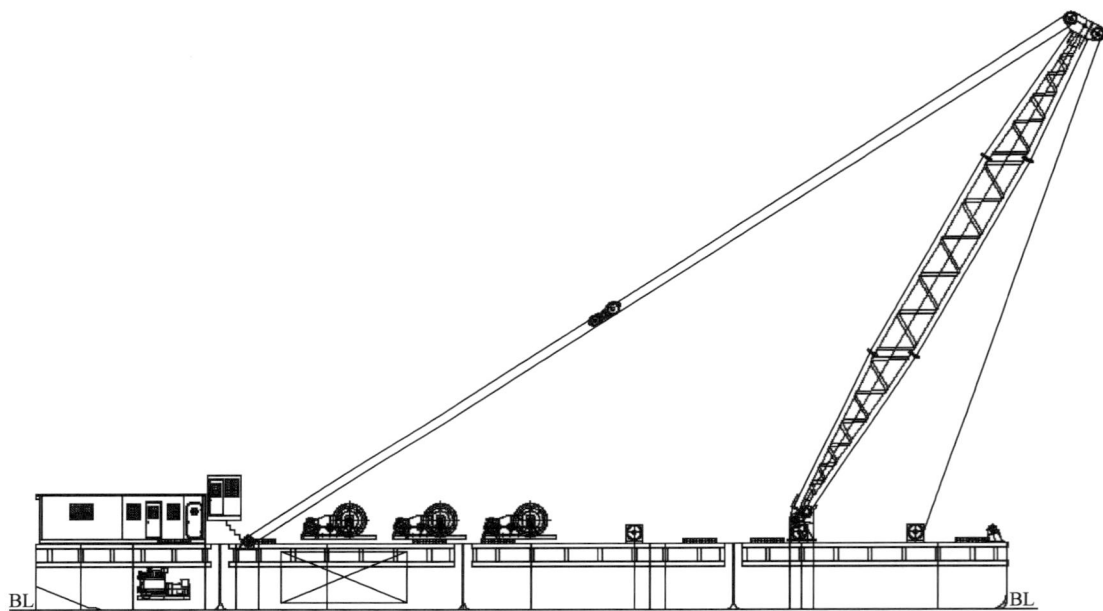

图 12-9 桅杆提升

拼装步骤九:桅杆变幅卷扬机松出,将桅杆与船首连接机构分离;用桅杆连接机构将吊臂底部吊至连接轴处,安装连接轴销;用汽车起重机将 610t 浮式起重机船吊钩组件吊至吊臂头段连接位置,起重卷扬机钢丝绳松出,连接吊钩滑轮组件,连接完成,验收合格,如图 12-10 所示。

拼装步骤十:610t 浮式起重机将桅杆拉起至与水平面呈 65°,吊臂拉起时浮箱无须注水。依次拆除吊臂底部相连接的浮箱,连接至对应主船体甲板连接处,螺栓连接紧固,连接轴销连接完成,再由卷扬机利用变幅机构将起重臂扳起至相应角度(20°)刻度线,检查各连接部位紧固性、船体连接水密性,验收合格,如图 12-11 所示。

拼装步骤十一:拼装完成,满足作业状态,验收合格,做安拆记录。

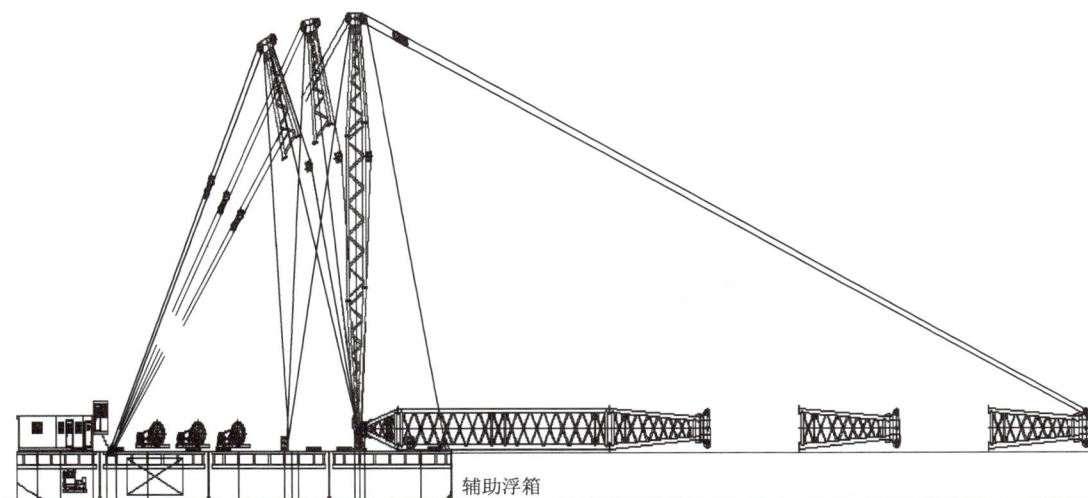

图 12-10　吊臂安装图

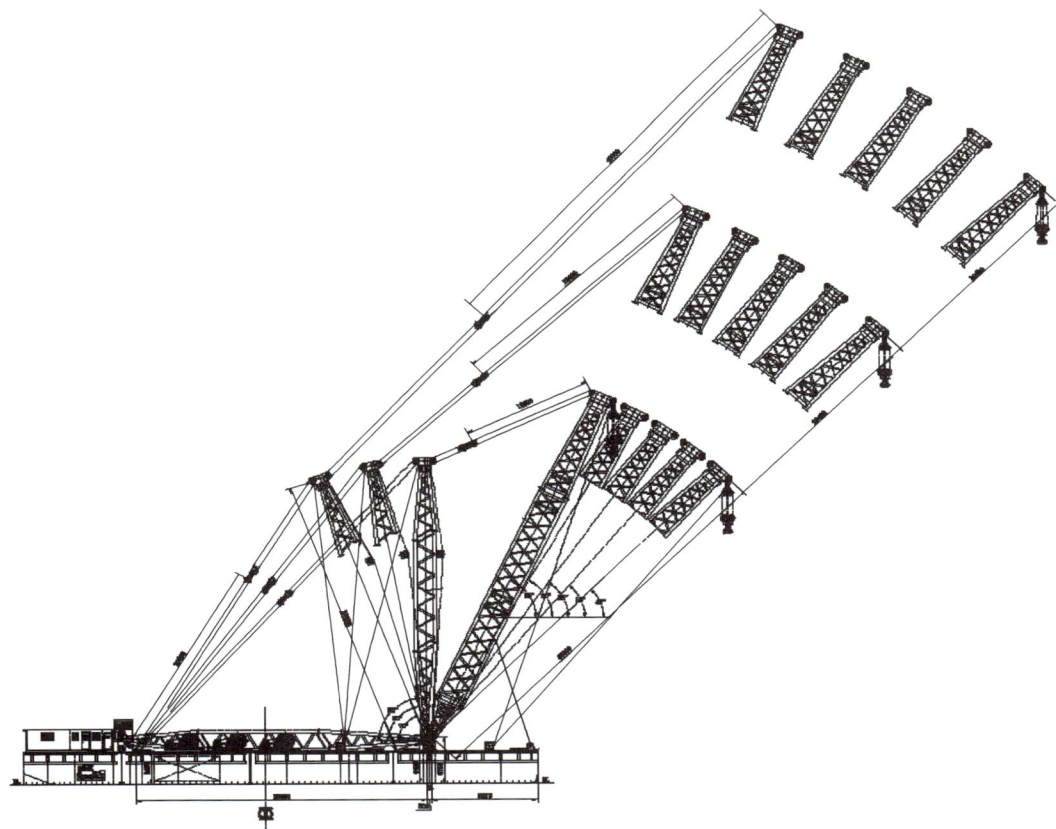

图　12-11

图 12-11　组拼完成的浮式起重机

第三节　钢梁安装精调施工

一、钢筋吊装需求

根据钢梁吊装需求,最大吊装质量为 245t,水平吊距为 38.04m,最大起吊高度为 21m。610t 浮式起重机 90m 吊杆在与水平面成 65°条件下,水平距离为 38.04m,最大起吊高度为 81m,最大吊装质量为 310t,满足吊装要求。每根吊索受力为 70t,100t 吊带满足钢梁吊装要求。

二、吊装设计

钢箱梁采用 610t 浮式起重机双吊钩安装,每节梁段共设置 4 个吊点,吊耳沿横桥向布置,采用耳板销孔形式(图 12-12),在钢箱梁中横梁位置焊接;吊具采用 100t 合成纤维吊装带(6 倍安全系数)+ 卡环,吊带与水平面夹角不小于 60°,如图 12-13 所示。

主梁钢箱梁最重节段质量为 245t,单个吊点采用单根吊带起吊,计算吊带拉力是否满足要求。

单根吊带承受竖向分力为 $2450 \div 4 = 612.5$(kN),则单根吊带承受的最大拉力为 $612.5 \div \sin60° = 707.3$(kN)。吊带采用 100t 合成纤维吊带满足施工要求。

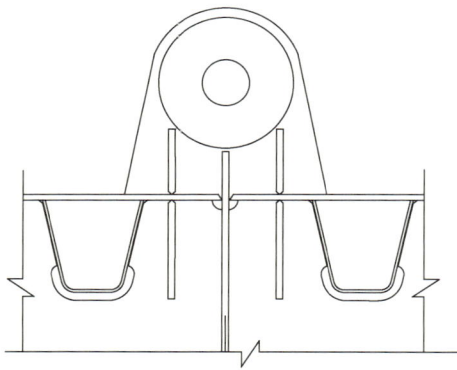

图 12-12　吊耳结构布置图

根据《一般起重用 D 形和弓形锻造卸扣》(GB/T 25854—2010)进行卡环选型,选择 6-DX100 型卡环,极限工作荷载为 100t,考虑 6 倍安全系数,满足施工要求。

吊耳材料用 Q345 钢材,焊接采用全熔透焊缝,吊装时吊带卡环直接与耳板连接。Q345 钢材的抗拉强度设计值为 295MPa,抗剪强度设计值为 170MPa。采用 midas FEA 建立整体模型分析吊耳和钢箱梁连接处受力情况,如图 12-14 所示。

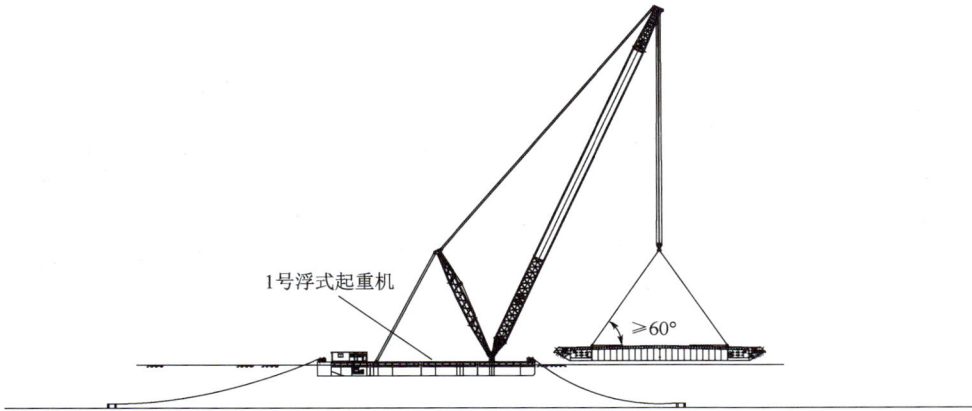

图 12-13　钢箱梁吊装立面图

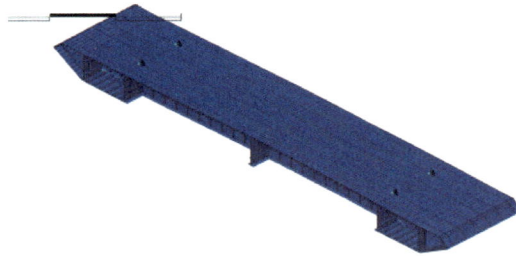

图 12-14　钢箱梁吊装实体模型

根据图 12-14 中模型计算可知：

吊耳耳板承受最大拉应力为 180.145MPa，最大剪应力为 80.9541MPa，满足要求，如图 12-15 所示。

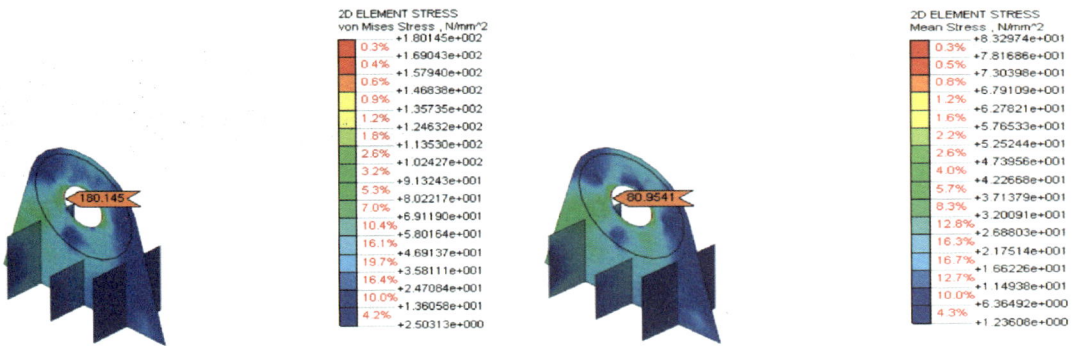

图 12-15　吊耳拉应力和剪应力图（单位：MPa）

横隔板与吊耳连接部位最大拉应力为 206.062MPa，最大剪应力为 93.207MPa，满足要求，如图 12-16 所示。

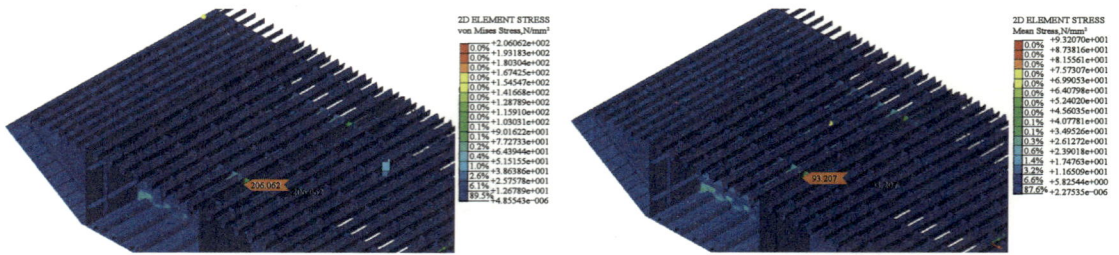

图 12-16　吊耳位置横隔板拉应力和剪应力图(单位:MPa)

三、钢箱梁吊装过程

以中孔段 Z1 节段为例说明钢箱梁施工步骤,其余梁段施工参照该节段。

施工步骤一:吊装时应进行试吊,起吊 10cm,停滞 15min,观测吊带、钢丝绳、吊耳、吊具情况。

施工步骤二:浮式起重机靠近提梁码头,抛锚固定后取梁,如图 12-17 所示。610t 浮式起重机的吊杆长为 90m,在与水平面所成角度为 60°时,最大起吊高度为 79.6m,水平距离为 45m,最大吊装质量为 280t,采用 100t 吊带和卸扣,钢梁最重 245t,满足施工要求。

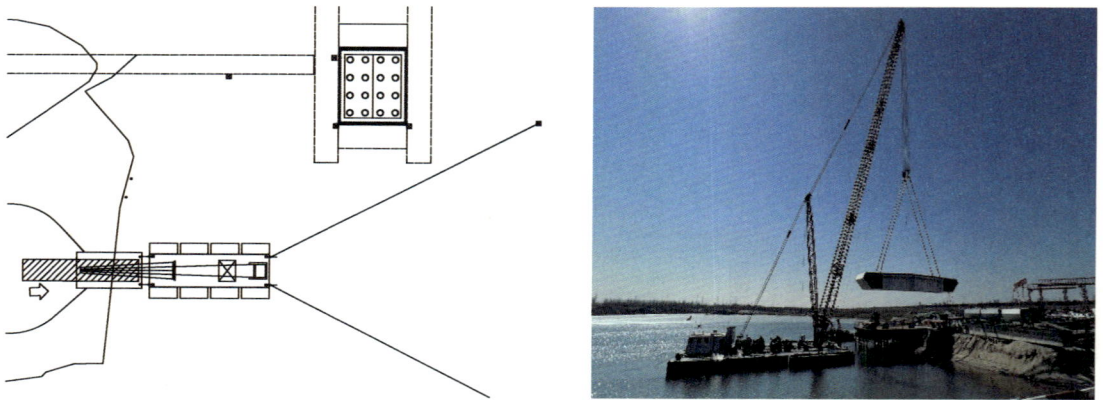

图 12-17　码头提梁

施工步骤三:浮式起重机取梁后将梁运至桥位处,如图 12-18 所示。

施工步骤四:采用浮式起重机进行钢梁安装,如图 12-19 所示。

吊装 Z1 节段时,浮式起重机采用 90m 吊杆,起吊高度为 81m,水平距离为 34m,最大吊装质量为 310t,钢梁最重 245t,满足施工要求,如图 12-20 所示。

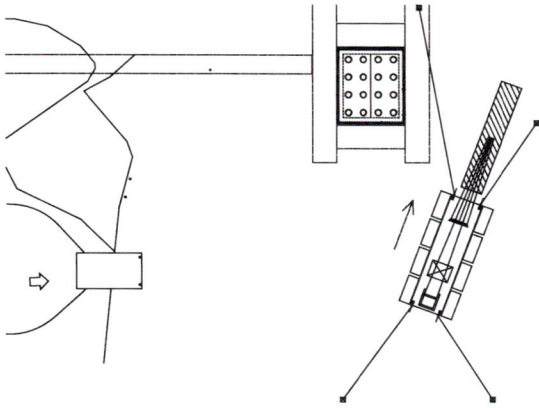

图 12-18　水中运梁

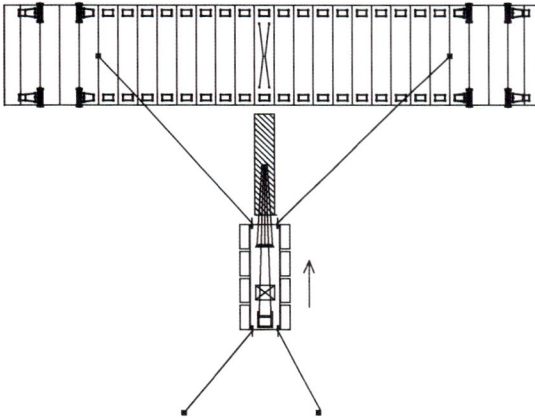

图 12-19　钢梁安装

四、落架、精调

在钢梁支架外侧设置横向限位,浮式起重机对位完成后对齐横向限位,人工牵引纵向导链配合缓慢下落,如图 12-21 和图 12-22 所示。

钢梁落架后测量梁体偏差,进行精调。在每节段钢梁四角隔板下设置千斤顶,采用三向千斤顶进行横向、纵向、竖向精调。验收完成后焊接对位码板,对位码板采用 1cm 厚钢板,尺寸为 30cm×50cm。

五、合龙段施工

合龙段设置在边孔 B7 节段。合龙段施工前三天,应观测气温变化与 B6/B8 节段的平面、高程关系。合龙段两侧梁段的轴线偏位和高程偏差应控制在 5mm 以内。考虑到钢桥易升温的特性和施工的便利,合龙段施工应在温度变化较小的时段和风速较小的情况下进行。

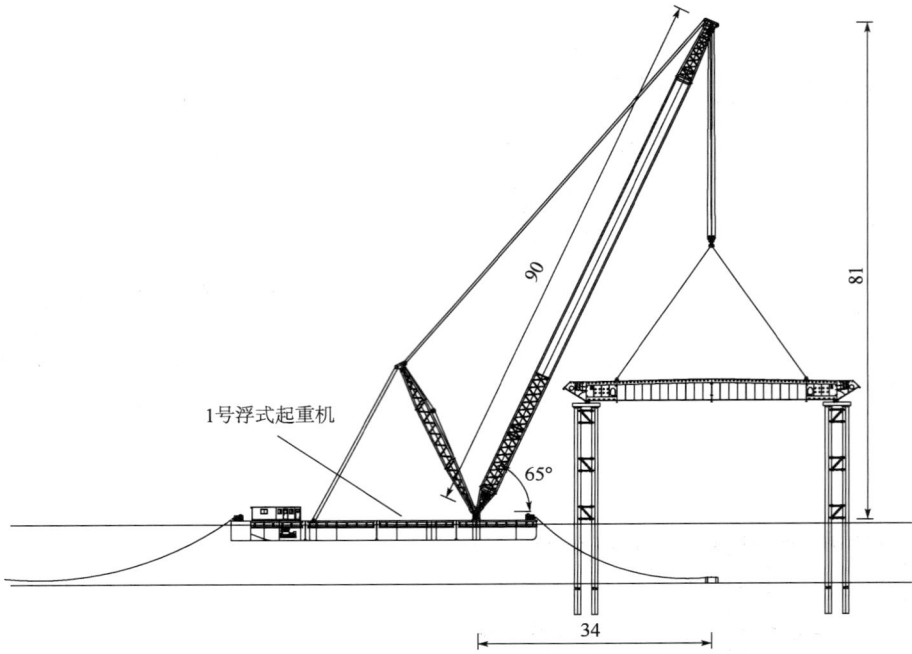

图 12-20   钢梁吊装(尺寸单位:m)

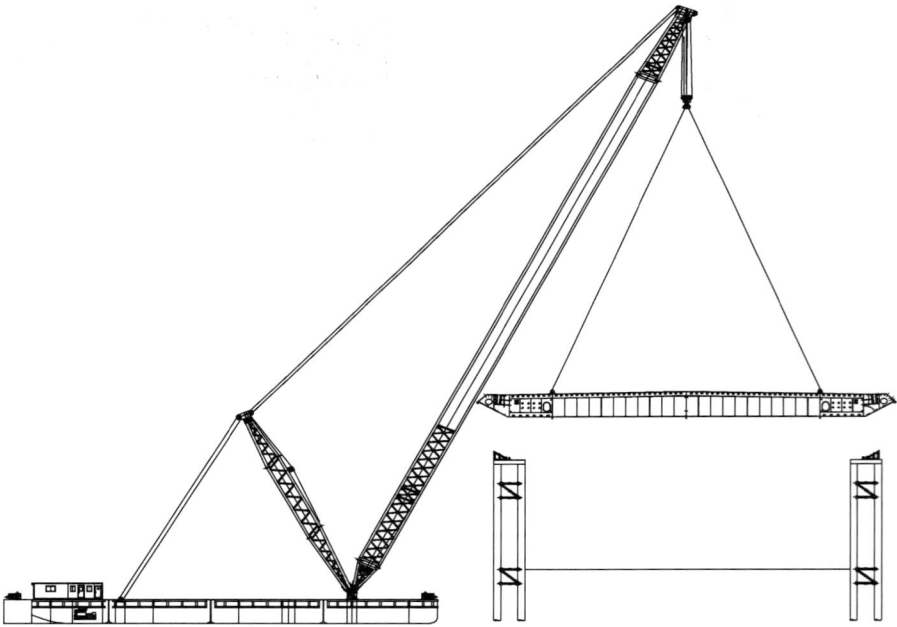

图 12-21   钢梁对位

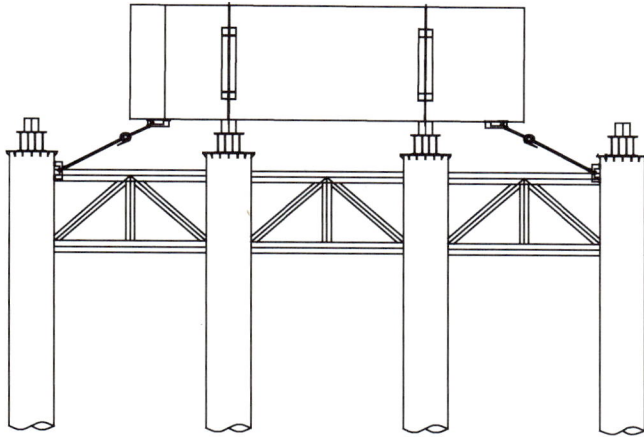

图 12-22　钢梁纵向牵引

合龙段底板、腹板、顶板加工长度,应留有适当预留切割量。监控单位连续精确测量合龙段两侧梁端的平面位置与高程,然后计算出该时段内合龙段长度,再换算成设计合龙温度时的合龙段长度,采用钢尺实际量测,确认无误后,在吊装当天根据换算后所得的合龙段长度下达配切指令进行合龙段配切。

第十三章 大跨径空间异形曲面拱肋 加工制造关键技术

第一节 概　述

京雄大桥主拱肋在300年一遇洪水位以上采用全焊钢结构,300年一遇洪水位以下通过钢-混结合段与基座连接。主拱跨径为300m,矢高75m,横向倾角约73°。主拱肋拱座横向间距为70m,拱顶横向间距为28m。主拱肋整体为异形变截面扭曲断面,基座附近断面近似矩形,尺寸约为9.8m×3.8m,桥面以上断面逐渐过渡为不规则五边形。主拱肋壁板整体空间扭曲变化,横隔板垂直主拱肋轴线设置,间距为3m左右。

大桥上下游拱肋通过拱顶的中国结造型风撑连接,风撑为钢箱交叉结构,与顶部拱肋焊接成为一个整体,如图6-1所示。大桥主体结构采用Q345qE和Q420qE钢材,其中钢拱及风撑重约7439t,刚性横梁重约2694t,劲性钢骨架重约1164t。

第二节 制造规则及焊接工艺评定

一、钢箱拱肋异形板件制造规则

大桥钢箱拱肋制造大量采用曲面冷弯和热弯加工工艺。

主要零件冷弯时,环境温度不宜低于−5℃,内侧弯曲半径不宜小于板厚的15倍,冷作弯曲后的零件边缘不得产生裂纹。热弯的加热温度、高温停留时间、冷却速度应与所加工钢材的性能相适应。

零件矫正宜采用冷矫,冷矫时的环境温度不宜低于−12℃;矫正后的钢料表面不应有明显的凹痕和其他损伤。采用热矫时,Q345qE钢加热温度应控制为不高于800℃,Q420qE钢加热温度应控制为不高于750℃;温度降至室温前,不得锤击钢材和用水急冷。

异形板件零件加工后尺寸允许偏差应符合表13-1的规定。

异形板件零件加工后尺寸允许偏差　　　　　表13-1

名称		允许偏差(mm)		备注
		长度	宽度	
异形板件	外形尺寸	±2	±2	
	对角线差	≤5		

二、钢箱拱肋组装制造规则

钢箱拱肋组装应在组装胎架上进行。胎架基础必须有足够的承载力,胎架要有足够的刚度。组装过程中,应在无日照影响的条件下监控测量主要定位尺寸,钢箱拱肋组装允许偏差应符合表13-2的规定。

表 13-2

钢箱拱肋组装允许偏差

序号	简图	项目	允许偏差(mm)	备注
1		板单元拼接对接板错边	$d \leq 0.5$	板厚小于25mm
			$d \leq 1$	板厚不小于25mm
2		对接板间隙按工艺要求	$a \leq 2$	
3		横隔板垂直度偏差δ	≤ 2	吊线锤测量
4		横隔板间距偏差	± 2	用钢尺测量
5		长度L	± 2	
6		箱体边长B	± 2	相邻接口错边不大于1.0mm
7		端口对角线差$|L_1 - L_2|$	≤ 3	用钢尺测量对角线,检查测量值相对差
8		端口对角线差$|L_3 - L_4|$	≤ 3	用钢尺测量对角线,检查测量值相对差
9		锚点坐标X,Y,Z	± 2	使用全站仪检测

异形曲面拱肋节段组装完成后按照焊接工艺评定的参数要求进行焊接及焊接检验工作。

三、矫正及验收

钢箱拱肋冷矫时的环境温度不宜低于5℃,矫正时应缓慢加力,总变形量不应大于变形部位原始长度的2%。采用热矫时,Q345qE钢加热温度应控制在不高于800℃,Q420qE钢加热温度应控制在不高于750℃。不宜在同一部位多次加热,严禁过烧,且不得锤击钢材和用水急冷。加热时应控制和测量温度。钢箱拱肋节段矫正后的尺寸允许偏差应符合表13-3的规定。

钢箱拱肋节段矫正后尺寸允许偏差   表 13-3

序号	简图	项目	允许偏差 (mm)	备注
1		长度	±2.0	
2		箱口对角线差	≤4.0	
3		边长 B 工地连接部位	±2.0	
4		其余部位	±4.0	

异形曲面拱肋加工制造节段组装和预拼装在同一套胎架上进行,节段矫正完成后,解除梁端与胎架之间的连接,在无日照影响的条件下开展节段预拼装工作,并应有详细的检查记录。钢箱拱肋预拼装允许偏差应符合表 13-4 的规定。

钢箱拱肋预拼装允许偏差   表 13-4

项目	允许偏差 (mm)	备注
梁高	±2	
总梁长	±15	
中心线偏移	±1	
旁弯	$L/5000$	L 为试装总梁长
接口处错边量	≤2	梁段匹配接口处安装匹配件后
拱度	+10 −3	与拱肋制造拱度差值
节段扭曲	每米不超过 1mm,且整个梁长范围内不超过 5mm	

四、焊接工艺评定试验

1. 焊接工艺评定试验项目

根据钢箱拱肋设计图,将焊接接头的焊缝形式分为对接焊缝、全熔透角焊缝、坡口部分熔透角焊缝、T 形接头角焊缝和圆柱头焊钉焊接五种。根据焊缝类型、拟采用的焊接方法、焊接位置、焊接材料和试板覆盖范围等,确定焊接工艺评定试验项目共有 54 组(包括对接焊缝 21 组、全熔透角焊缝 14 组、坡口部分熔透角焊缝 7 组、T 形接头角焊缝 10 组和圆柱头焊钉焊接 2 组)。

2. 试件的无损检验要求

焊缝进行外观检查,不得有裂纹、未熔合、夹渣、焊瘤等缺陷,外观质量符合《铁路钢桥制造规范》(Q/CR 9211—2015)及设计图中的有关规定。

焊缝施焊24h且经外观检查合格后,进行无损检验。无损检验应满足以下质量要求。对接焊缝和全熔透角焊缝:超声波探伤,GB/T 11345 B级检测,Q/CR 9211 Ⅰ级合格;坡口部分熔透角焊缝和T形接头角焊缝:超声波探伤,GB/T 11345 A级检测,Q/CR 9211 Ⅱ级合格。

3. 接头力学性能试验项目

接头力学性能试验项目及试样数量如表13-5所示。

接头力学性能试验项目及试样数量　　　　　　　　表 13-5

试件形式	试验项目	试样数量(个)
对接接头试件	接头拉伸(拉板)试验	1
	焊缝金属拉伸试验	1
	接头侧弯试验①	1
	低温冲击试验②	6
	接头硬度试验	1
全熔透角接试件	焊缝金属拉伸试验	1
	低温冲击试验②	6
	接头硬度试验	1
坡口部分熔透角接试件 T形接头角接试件	焊缝金属拉伸试验	1
	接头硬度试验	1
圆柱头焊钉试件	敲击弯曲试验	3
	拉伸试验	3

注:①对接接头侧弯试验:弯曲角度 $\alpha=180°$。当试板厚度为10mm及以下时,可以用正、反弯各一个代替侧弯。
②对接接头及熔透角接低温冲击试验缺口开在焊缝中心及熔合线外1.0mm处各3个。

4. 接头力学性能评定标准

(1)焊缝强度:焊缝的屈服强度和抗拉强度不低于母材标准值。

(2)焊缝金属伸长率:不低于母材标准值。

(3)接头韧性:焊缝金属和热影响区的冲击功符合表13-6的规定。

焊缝金属和热影响区的冲击功要求　　　　　　　　表 13-6

钢材牌号	Q345qE	Q420qE
试验温度(℃)	−40	−40
对接焊缝和全熔透角焊缝冲击功(J)	≥34	≥47

注:板厚不大于20mm的薄钢板接头冲击功不小于27J。

(4)接头弯曲:对接接头弯曲180°,试样受拉面上的裂纹总长不大于试样宽度的15%,且单个裂纹长度不大于3mm。

(5)接头硬度:不大于380HV10。

（6）异种材质焊接接头力学性能按标准较低的评定。

（7）每一组试板进行一次宏观断面酸蚀试验,试验方法应符合《钢的低倍组织及缺陷酸蚀检验法》(GB/T 226—2015)的规定。另外,通过断面检查,还应满足以下要求:①对接焊缝和全熔透角焊缝必须全熔透;②坡口部分熔透角焊缝的焊缝有效深度达到设计要求;③T形接头角焊缝焊角尺寸达到设计要求,单道焊缝的成型系数应为1.3~2.0。

5.试验过程管控

焊接工艺评定试验前,项目负责人和焊接主管工程师对焊工、操作工、无损检测人员和焊接技术人员进行技术交底,试板焊接按照《焊接工艺评定指导书》进行,焊接技术人员全程进行指导,并记录环境温度、环境湿度、焊接电流、焊接电压、焊速、预热及道间温度等有关参数。

第三节　异形曲面板单元加工制造

一、钢板预处理

钢材进厂复验合格后,方可投入生产。钢板在钢厂轧制完毕运至现场后,须在加工厂内进行预处理(赶平、抛丸、喷漆、烘干),板材预处理生产线如图13-1所示。在钢板预处理前后须对其材质、规格及炉批号进行移植、记录,保证钢板的可追溯性。

图13-1　板材预处理生产线

钢板预处理前用赶板机赶平,使钢板轧制内应力分布均匀及部分消除,矫正钢板的塑性变形,提高钢板平面度,达到0.5mm/m。

二、零件下料

钢拱肋各板单元经CATIA软件建模校核检查无误,通过二维绘图软件对其进行放样并预留加工工艺尺寸后,根据零件的具体形状和大小确定下料方法。对较长矩形板件采用多嘴头门式切割机精切下料,对隔板等形状复杂的板件采用CAM系统的数控切割机精切下料,一并切割出过焊孔;钢板对接坡口采用火焰精密切割、刨边机或铣边机加工;下料前后先对其材质、规格、炉批号及板单元编号进行移植、记录,保证钢板的可追溯性。

采用数控切割机下料时,要根据零件形状复杂程度、尺寸大小、精度要求等规定切入点、退出点、切割方向和切割顺序,并应加入补偿量,以消除切割热变形的影响。零件的下料流程如图 13-2 所示。

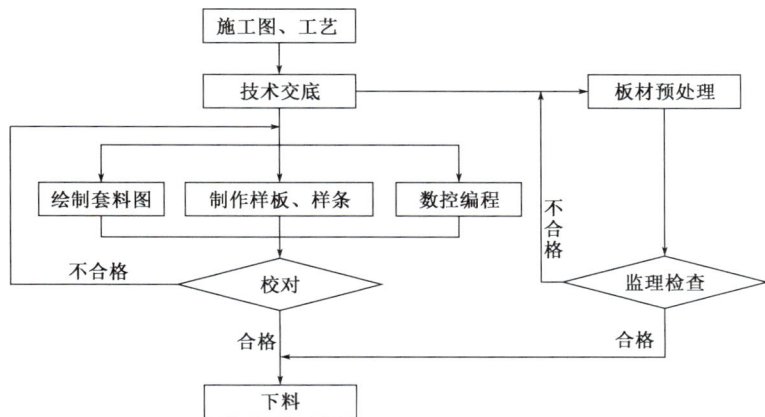

图 13-2　下料流程图

三、壁板加工

京雄大桥主要零件根据外形的不同,分为弯曲壁板、扭曲壁板及普通平面零件。其中弯曲壁板主要位于拱肋横梁上的两侧腹板上,扭曲壁板主要位于钢拱肋的四面或五面外壁板及内侧隔仓板上,普通平面零件主要是一般横隔板、一般纵隔板及锚箱零部件等。扭曲壁板单元的制作是本桥梁生产的最大难点,也是核心问题。

全桥立体模型均由 BIM 软件 CATIA 生成。对于单个节段的曲面壁板,采用 CATIA 软件进行模型分块和曲面展开,通过界定曲面展开基准点及展开方向就可以得到展开的平铺面。同时可以设置生成面的空间位置,一般定位在绝对轴系原点,方便批量调用。如果曲面上有加劲肋或者工艺上所需要的各种基线,如横基线、纵基线或中心线等,同样可以利用软件功能模块把这类标记跟随曲面转移过来。基线标记示意如图 13-3 所示。

1. 曲面成型

扭曲壁板的板单元采用条状模具压制成型。具体为:模具固定在压力机下活动工作台,凹模固定在工作台面,钢板纵向放置在凹模上,逐个点、线压弯钢板,成型过程示意图如图 13-4所示;根据钢板曲率半径大小,选择钢板每次前进的距离以及压点的密度;边压制边用样板检查。压制完成后,吊车吊运至专用胎架上进行对比贴合。成型不合格的再返回修整重压,直至检查合格。对于弯曲壁板的板单元,采用赶圆机赶圆的方式成型。具体流程如下。

(1)图纸准备。

第一步:采用三维软件分析压型杆件的钢板曲率及特点,根据杆件形状尺寸设置压型分割区域,如图 13-5 中点划线所示,每个区域按照 50 ~ 100mm 间距等分绘制压型控制线,如图 13-5中虚线所示。

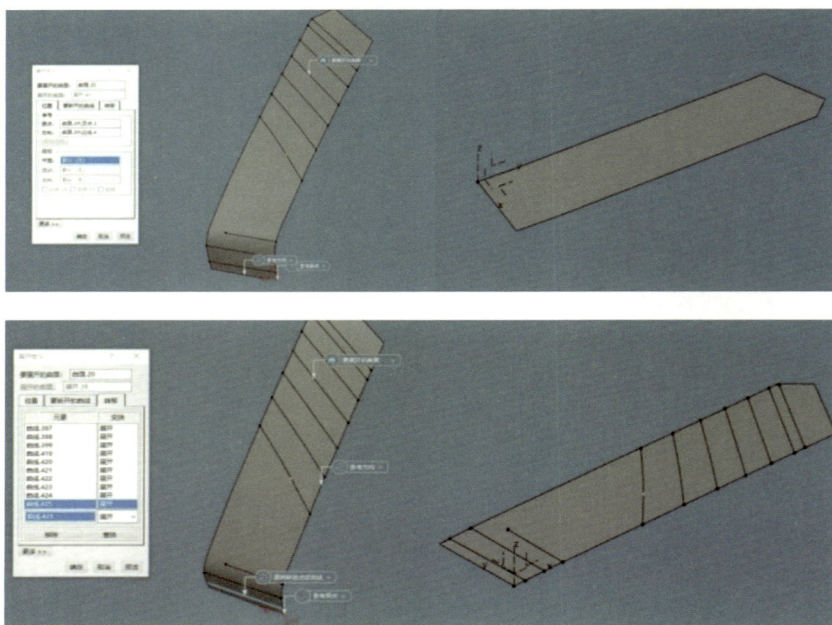

图 13-3　CATIA 基线标记示意图

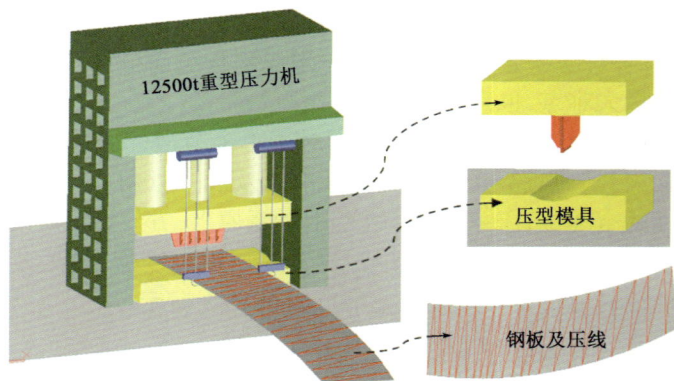

图 13-4　扭曲壁板成型过程示意图

第二步：根据压型杆件形状尺寸特点，选取由图 13-5 中 A、B、C 三点确定的平面作为铅垂面，经过 A、B 两点且垂直于铅垂面的平面作为投影基准面。在投影基准面上建立二维坐标系，将杆件两曲线边(分别称为上口和下口)向基准面投影，投影曲线如图 13-6 所示。

第三步：测量上下口曲线边上的压型控制点在投影基准面上的投影点坐标值。

(2)试验准备。

钢板校型需火焰修整，通过试验对比 600～800℃ 火焰修整钢板前后对钢板性能的影响。经火焰修整前后钢板化学成分及力学性能对比试验确定火焰修整温度。

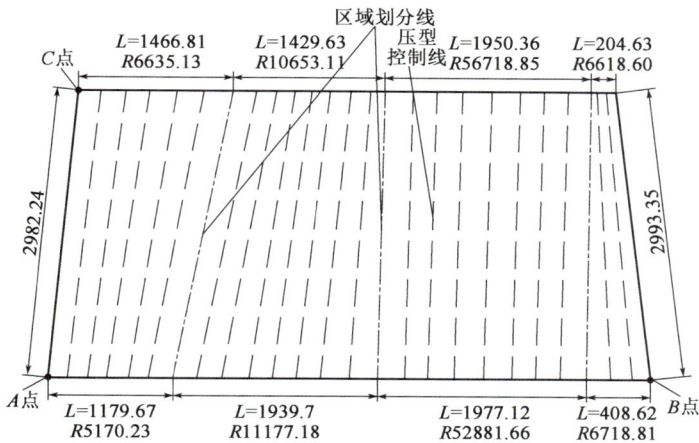

图 13-5　压型施工示意图(尺寸单位:mm)

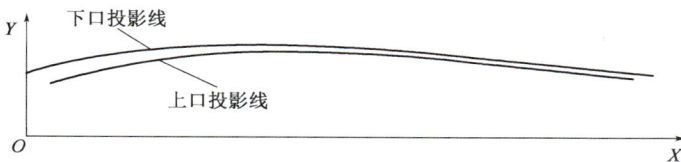

图 13-6　上下口投影曲线图

(3)具体工艺流程。

杆件坯料准备→成型样板制作→压制成型→平台检测和修整→上胎架修整→成型报检。

(4)工艺要求。

异形曲面壁板成型误差控制标准如表 13-7 所示。

成型误差控制标准　　　　　　　　　　　　　　　　　表 13-7

检测项目	理论值/误差	检修平台修整	胎架上修整		适用板厚
			目标值	修整目标	
端口内弧侧曲线端点距离误差(mm)	0	≤±10	≤±5	与胎架贴合紧密	32mm 36mm 50mm
成型曲线控制点坐标最大误差(mm)	0	≤±5	≤±5	与相邻板单元匀顺对接无错边	
火焰修整温度范围(℃)	600~750	600~750	600~750		

注:严禁过烧,温度降至室温前,不得锤击钢材和用水急冷。

2. 成型检测

(1)曲率检测。

曲面壁板曲率检测分为压型过程中检测、成型检测及板单元焊后检测。

　　压型过程中检测,采用检测样板。检测样板根据壁板外形制作,根据壁板曲率大小,选择样板检测频率。一般样板检测间距在 300～1000mm 为宜。现场样板检测如图 13-7 所示。

图 13-7　现场样板检测

（2）尺寸检测。

　　将校型后的工件按照正确的位置及方向立放在地样坐标上,根据地样坐标点检查下口内弧线尺寸,采用吊垂线的方式检测上口内弧线尺寸,检测频率为每张板每隔 100mm 检测一次。板厚 50mm 以下杆件允许坐标误差不大于 5mm。误差超差则重新进行火焰修整。尺寸检测模型如图 13-8 所示。

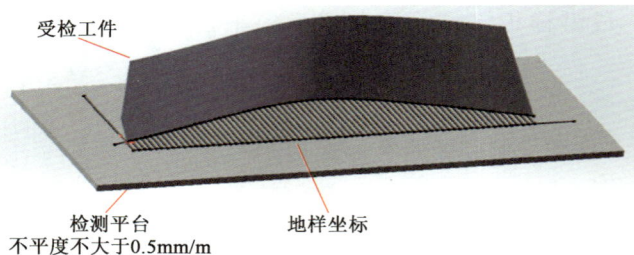

受检工件

检测平台
不平度不大于0.5mm/m

地样坐标

图 13-8　成型件尺寸检测模型示意图

　　板单元焊后检测,应配合使用专用胎架。曲面壁板应贴合胎架牙板,贴合精度不得超过 3mm,否则视为不合格,应返工重压或适当矫正。

　　成型检测的另一种方案是,将节段横隔板、壁板加劲肋形成的轮廓作为龙骨,曲面板单元压型完成后与其贴合。贴合精度不符合要求时,返工重压,直至贴合精度符合要求。

四、加劲肋加工

　　按照下料矫正→划线→压弯的工艺流程进行加劲肋加工。下料后根据施工图划压弯线后进行压弯,注意肋板压弯角度及压弯方向。

五、壁板单元生产工艺流程

在板单元外形检查的专用胎架上进行板肋组装,即壁板成型后保持原位不动,直接在该胎架上组装板肋,如图 13-9 所示。焊接及修整后,使用该胎架检测板单元外形,合格后方可拆除。

弯扭板单元组焊后,利用无线激光跟踪仪(图 13-10)在钢板上采集曲面特征点的数据,并将数据录入系统。利用软件拟形,并与设计的数字三维模型进行对比(图 13-11),然后对钢板弯扭情况进行修正。同时辅以可调式弧形检测专用样板(图 13-12)对非控制位置进行检测,以保证钢板扭曲匀顺。

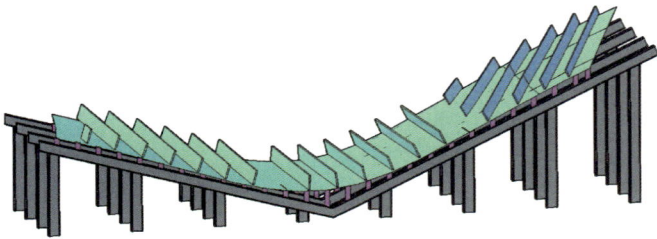

图 13-9　板单元板肋组装

图 13-10　无线激光跟踪仪

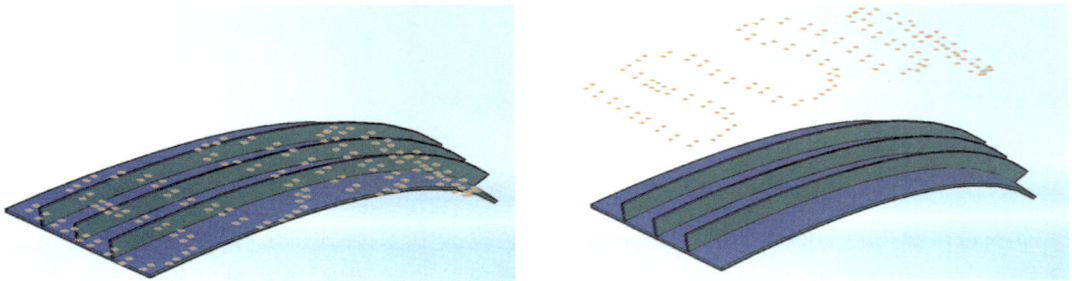

图 13-11　测绘数据与数字三维模型对比

图 13-12　可调式弧形检测专用样板

第四节　异形曲面拱肋节段组拼控制技术

一、拱肋组拼轮次划分

根据拱肋安装顺序及现场吊装设备配置,对拱肋组拼轮次进行划分,单节段最大质量为242t,节段长度为3~11.5m,单肢拱肋共设置3个合龙段,合龙段主板长度增加100mm作为嵌补段;其余节段长度增加25mm作为组拼场内二次配切量。全桥拱肋共划分为3个轮次,如图13-13所示。

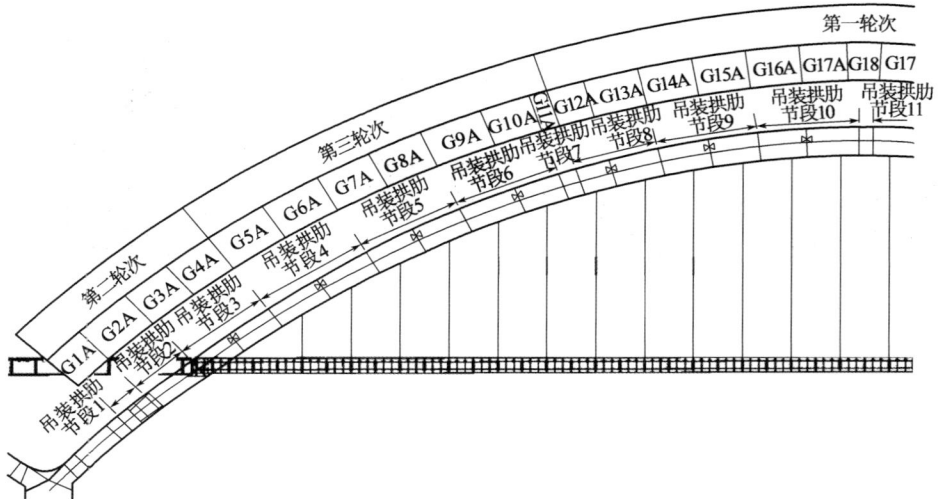

图13-13　拱肋组拼轮次划分示意图(半幅)

本项目拱肋为异形曲面结构,相同长度的拼装轮次中,侧卧式拼装和立式拼装在拼装工艺上差别不大,均需要针对不同曲面结构设置匹配支撑的胎架结构,组拼难度相近,但为减少侧卧式拼装吊装时的节段翻身工序,选择立式拼装工艺更具优势。

二、标准层+匹配层胎架结构设计与施工

针对异形曲面拱肋结构特点,组拼胎架设计为标准层+匹配层双层胎架结构,采用两台模块车抬运方式下胎。标准层胎架采用模块化设计,立柱间距采用标准化设计,最大限度减少杆件型号,可以提供模块车通行及人员操作空间,同时满足以首拼单元为平面的梁段组拼需求,一层标准层胎架可实现循环周转使用;匹配层胎架通过不同高度的立柱和调节牙板匹配异形曲面拱肋线形,同时通过短线法拼装减小单个拱肋拼装轮次的长度,降低胎架高度,最大限度减少胎架材料投入。标准层+匹配层胎架如图13-14所示。

标准层胎架立柱采用I28a工字钢立柱,横向间距为4.2m,纵向间距为3.5m,横梁采用I32a工字钢,纵梁采用I28a工字钢,立柱与横梁之间通过焊接连接,纵梁与横梁之间通过连接

板栓接,以便通过横梁安拆满足模块车通行需要,部分横梁之间采用连接板栓接连接,满足模块车在不同方向的通行需要。匹配层胎架主要满足匹配拱肋节段异形曲面结构的支撑需要,立柱及横梁均采用[16 槽钢,在立柱顶部焊接用于调节高度的支撑牙板,进一步精调支撑点高程。通过计算分析,确保胎架强度及变形满足施工需要,计算分析过程如图 13-15 ~ 图 13-17 所示。

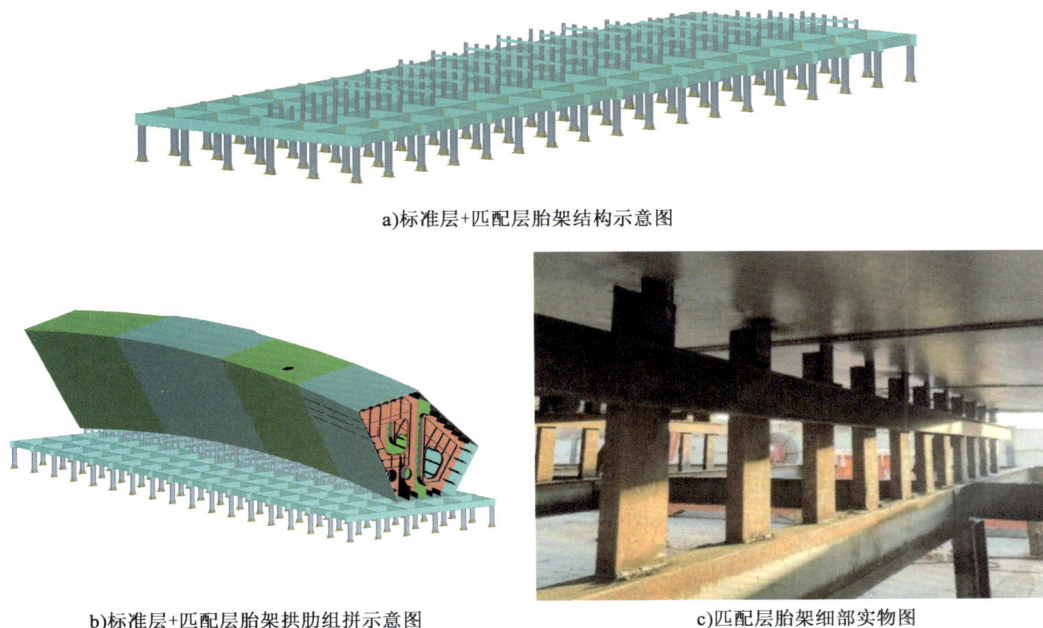

a)标准层+匹配层胎架结构示意图

b)标准层+匹配层胎架拱肋组拼示意图

c)匹配层胎架细部实物图

图 13-14　标准层 + 匹配层胎架示意图及实物图

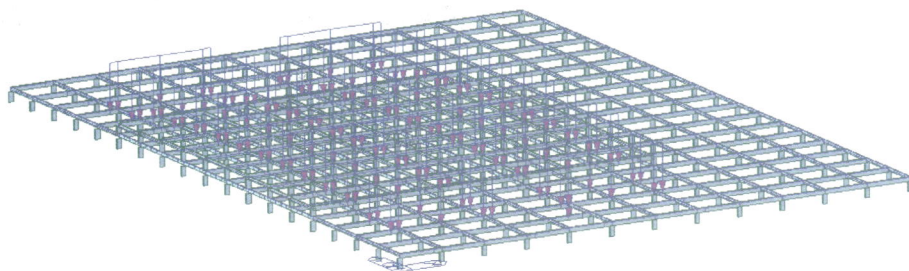

图 13-15　钢箱拱肋胎架结构荷载分布图

基于三维参数化模型的组拼控制数据提取方法,参照胎架及首拼单元板确定的平面建立局部坐标系,提取胎架立柱位置支撑点高程等信息,匹配层胎架根据每轮次异形曲面结构进行匹配制作。在完成一轮次拱肋节段组拼后,通过模块车抬运拱肋节段下胎,然后清理匹配层胎架,根据下一轮次钢箱拱肋节段线形来重新调整匹配层胎架各控制点高程,按照上轮拼装工艺流程开始下轮拼装。

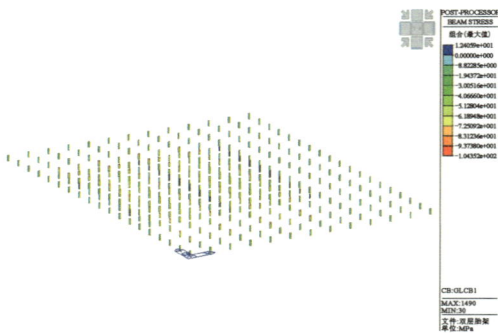

图 13-16　钢箱拱肋胎架立柱组合应力图　　　　图 13-17　钢箱拱肋胎架纵横梁组合应力图

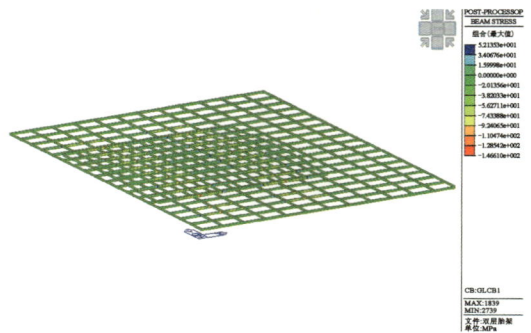

三、拱肋节段组拼施工

拱肋节段组拼按照底板→分仓板和隔板→斜腹板→斜顶板的顺序进行。

1. 拱肋底板组拼

钢箱拱肋底板吊装上胎组拼安装前,制作当前钢箱拱肋拼装轮次关键控制点在地面的投影点,如图 13-18 所示。按照钢箱拱肋节段拼装轮次划分,依次将钢箱拱肋底板单元吊装至匹配层胎架对应位置,吊装完成后再次检查底板单元编号及其在胎架上的摆放位置,验收合格后依据首拼底板单元地样线及底板控制点高程对底板线形进行调整,调整完成后采用点焊工艺固定首拼单元,如图 13-19 ~ 图 13-21 所示。

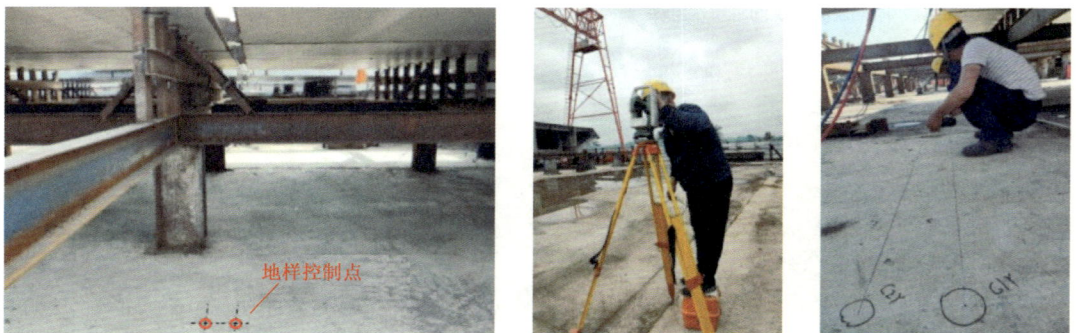

图 13-18　控制点地面投影及地样线放样施工图

2. 分仓板及隔板组拼

(1)分仓板组拼。

根据钢箱拱肋设计结构特点,分仓板根据实际加工制造需要合理划分为上、下板,在工厂内加工。现场组拼安装时按照先下后上的工艺顺序进行,利用底板上厂内预设基线样冲点及现场尺量复核,在底板上表面弹出分仓板安装位置线,对线组装分仓板,通过吊线锤方法检测分仓板垂直度,在分仓板两侧焊接花篮螺栓支撑杆,以实时调整分仓板垂直度,分仓板安装位置测量合格后焊接固定其两侧花篮螺栓支撑杆,如图 13-22、图 13-23 所示。

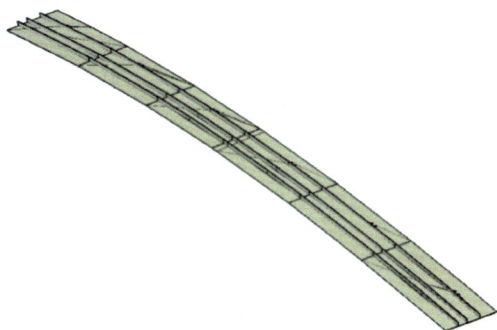

图 13-19　拱肋底板组拼示意图

图 13-20　拱肋底板组拼实物图

图 13-21　拱肋底板线形调整

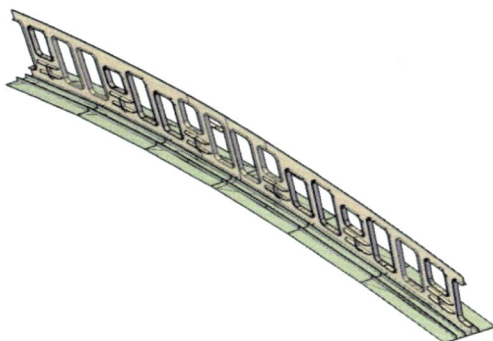

图 13-22　分仓板组拼示意图

图 13-23　分仓板组拼实物图

（2）隔板组拼。

隔板上胎架安装前复核分仓板安装定位尺寸及垂直度，通过厂内预设基线样冲点及尺量复核的方法，在底板、分仓板上分别画出隔板安装位置线，依次吊装隔板并对线组拼，在隔板两侧焊接花篮螺栓支撑杆，以调整隔板垂直度，使用千斤顶调整隔板位置，利用地样线及高程测量控制方式控制隔板空间位置，利用全站仪对隔板关键控制点进行复核，隔板安装位置测量合格后焊接固定其两侧花篮螺栓支撑杆，如图 13-24、图 13-25 所示。

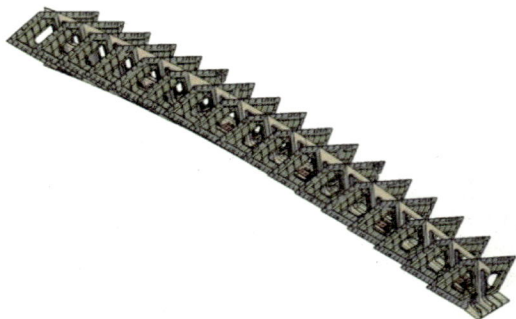

图 13-24　隔板组拼示意图　　　　　　　　　图 13-25　隔板组拼实物图

　　基于拱肋异形曲面结构特点,部分隔板控制角点、斜顶板控制点无法投影到地样平面(图 13-26),通过地样线和高程测量控制板单元安装位置的施工工艺只能满足调整部分测点位置的需要,因此需要结合对线组装调整拱肋隔板,确定隔板位置。为保证隔板位置准确,利用全站仪对隔板及斜顶板关键控制点进行复核和补充测量。

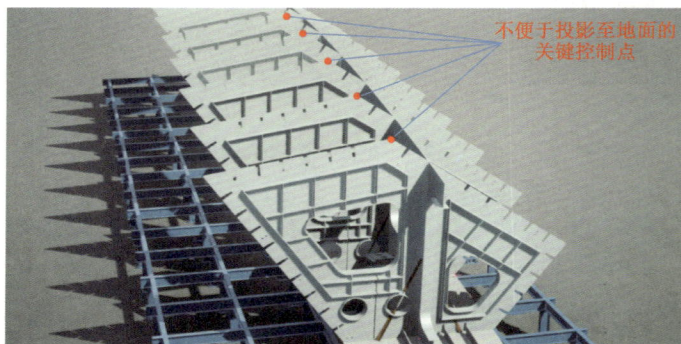

不便于投影至地面的
关键控制点

图 13-26　无法通过地样线 + 高程测量控制的隔板控制点位置图

3. 斜腹板组拼

　　异形曲面拱肋斜腹板以隔板作内胎、胎架作外胎为原则进行组拼,依次吊装斜腹板至对应位置,通过地样线及高程测量控制斜腹板安装位置,斜腹板调整就位后通过全站仪测量组拼节段端口截面角点三维坐标并进行复核,检查无误后对已组拼安装的斜腹板进行临时点焊定位,如图 13-27、图 13-28 所示。

4. 斜顶板组拼

　　异形曲面拱肋斜顶板以隔板作内胎、胎架作外胎为原则进行组拼,通过门式起重机吊装至对应位置,与已安装的斜腹板、隔板进行匹配安装,通过全站仪测量组拼节段端口截面角点三维坐标并进行复核,检查无误后对已组拼完成的斜顶板进行临时点焊定位,如图 13-29、图 13-30 所示。

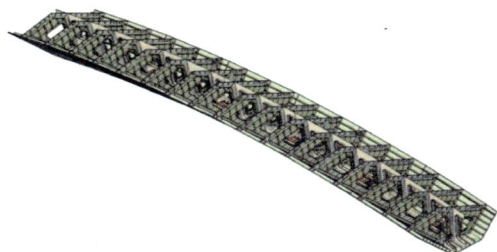

图 13-27　斜腹板组拼示意图

图 13-28　斜腹板组拼实物图

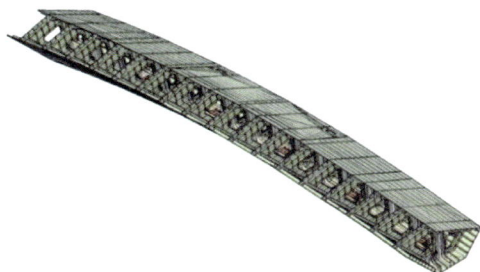

图 13-29　斜顶板一组拼示意图

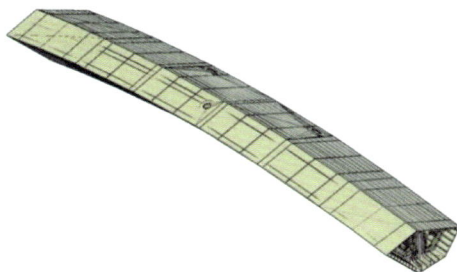

图 13-30　斜顶板二组拼示意图

5. 焊接

拱肋组拼完成后,通过尺量方式复测拱肋节段端口几何尺寸,采用全站仪复测各控制点坐标,如图 13-31 所示。拱肋节段采用先内后外、先下后上、由中心向两边的工艺步骤分步施焊,以减小拱肋节段外形几何尺寸变化,避免焊接应力集中。单个异形曲面拱肋小节段焊接完成后,在组拼胎架上将两个小节段焊接成一个大的吊装节段,以减少吊装节段数量。在大节段端口处底板、斜腹板、斜顶板之间预留 30cm 角焊缝缓焊区。

图 13-31　全站仪复测控制点坐标现场图

6. 三维扫描测量

采用三维数字化技术,对完成组拼后的节段进行激光扫描,收集实体节段详细的点云数据,由激光扫描数据建立虚拟节段模型,通过将其与 BIM 模型对比,得到详细的尺寸及控制点误差(图 13-32),进而判断拱肋节段组拼制作是否合格。三维扫描测量流程如图 13-33所示。

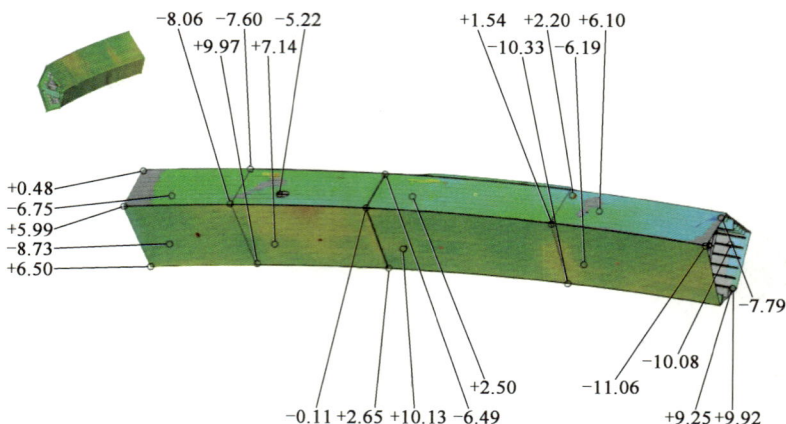

图 13-32　比对误差云图(单位:mm)

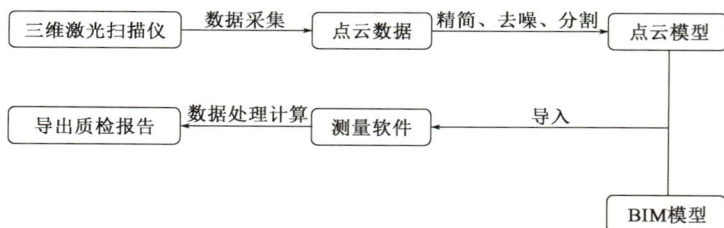

图 13-33　三维扫描测量流程图

7. 矫正及配切

根据三维扫描实测点云模型与理论三维 BIM 模型比对形成的误差云图,对不平顺的曲面进行火焰矫正和机械矫正,如图 13-34 所示。利用工艺缓焊区对拱肋节段端口壁板进行微调,直至端口几何尺寸满足要求,复核合格后对拱肋配切端进行焊接坡口切割,微调节段长度。拱肋下胎前采用全站仪对拱肋节段端口各安装监控点进行放样打点。

四、异形曲面拱肋节段下胎

拱肋拼装完成后,各节段依次下胎,针对钢箱拱肋自身结构特征,利用型钢制作专用抗倾覆斜支撑支架,将支架置于运梁车上,待解除胎架约束后,两台运梁车携带支架进入拱肋节段下方进行协同作业。利用运梁车升降功能及方木支垫,使支架与拱肋底板顶紧,待支撑牢靠后运输拱肋节段下胎,运至拱肋存放区,如图 13-35 所示。

a)火焰矫正　　　　　　　　　　　　　　　b)机械矫正

图 13-34　拱肋节段矫正实物图

图 13-35　成品节段下胎实物图

第五节　拱肋涂装工艺及控制措施

一、表面净化处理

涂装前先去除钢结构的飞边、毛刺,打磨倒钝棱边,然后对构件表面进行净化处理,表面净化处理的主要内容和要求如图 13-36 所示。

表面净化处理的检验标准和方法如表 13-8 所示。

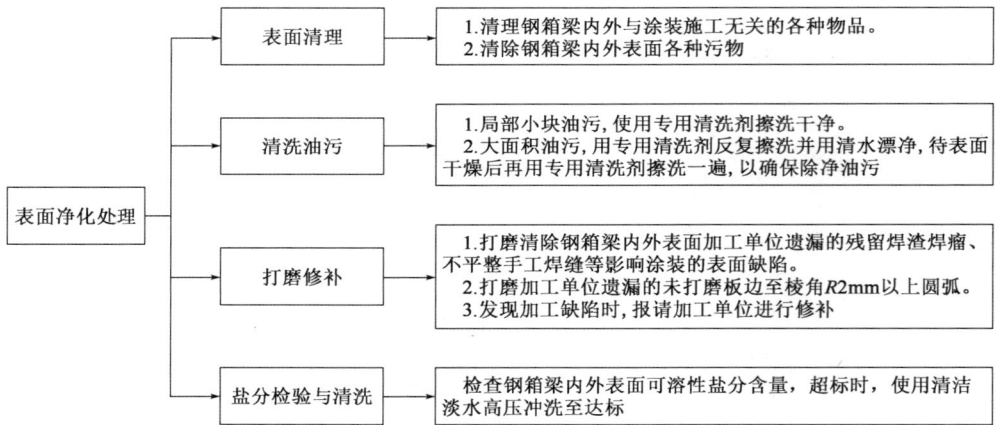

图 13-36　表面净化处理内容及要求

表面净化处理的检验标准和方法　　　　　　　　　　　表 13-8

类别	检验要求	清理方法	检测仪器	检验标准、方法
油污	无可见油迹	专用清洗剂清洗（或擦洗）	—	洒水法检验
粉笔记号、油漆及粉尘等附着物	无可见杂物	人工清除	放大镜	目测
可溶性盐分	Cl^- 含量 < $7\mu g/cm^2$	高压淡水清洗	盐分测试仪	GB/T 18570.6/ISO 8502-6（可溶性杂质的取样 Bresle 法）或 GB/T 18570.9/ISO 8502-9（水溶性盐的现场电导率测定法）

　　喷砂除锈前须对涂装的表面进行检查,并对不利于涂装的部位作出标记,采用手动或电动工具对不利于涂装的部位进行打磨清理,焊缝及缺陷部位分类及打磨、补焊的标准和评定方法如表 13-9 所示。打磨清理后用清扫和吸尘器吸附等清理方法将所有尘、渣从钢结构表面清除。

焊缝及缺陷部位分类及打磨、补焊的标准和评定方法　　　　表 13-9

序号	部位	焊缝及缺陷部位的打磨、补焊标准	评定方法
1	自由边	打磨锐边或其他边角,使其圆滑过渡,最小曲率半径为2mm。圆角可不处理	目测
2	飞溅	用工具去除可见的飞溅物,钝角飞溅物可不打磨	目测
3	焊缝咬边	深度超过0.8mm或者宽度小于深度的咬边须采取补焊或打磨修复	目测
4	表面损伤	深度超过0.8mm的表面损伤、坑点或裂纹须采取补焊或打磨修复	目测
5	手工焊缝	表面不平度超过3mm的手工焊缝或焊缝中有夹杂物的,须用磨光机打磨至表面不平度小于3mm	目测
6	自动焊缝	一般不需特别处理	目测

续上表

序号	部位	焊缝及缺陷部位的打磨、补焊标准	评定方法
7	正边焊缝	带有铁槽、坑的正边焊缝应按咬边要求进行处理	目测
8	焊接弧	按飞溅和表面损伤的要求进行处理	目测
9	割边表面	打磨至凹凸度小于1mm	目测
10	厚钢板边缘切割硬化层	当打砂粗糙度达不到设计要求时,用砂轮抹掉0.3mm	目测

二、喷砂及打磨

1. 施工材料要求

（1）喷砂用磨料要求。

喷砂除锈工序要根据不同的工况条件兼顾质量、成本等因素选择不同的磨料。无论使用何种磨料,磨料的表面均应保持清洁、干燥、无油污、无可溶性盐类等。如果受潮,则应停止使用,更换新砂或达到干燥要求后再使用。

金属磨料技术要求符合现行《涂覆涂料前钢材表面处理　喷射清理用金属磨料的技术要求》（GB/T 18838）的规定,以满足喷砂处理表面清洁度的需要,其粒度和形状均满足喷射处理后对表面粗糙度的要求。使用过程中必须经常对磨料进行检查,并采取过筛、除灰、补充新料等手段,以保证所使用磨料的状态、数量及性能符合要求。

喷砂前准备钢砂或钢砂与钢丸的混合物作为喷砂磨料,磨料的直径尺寸应满足清洁度和粗糙度的要求。喷砂施工中适时补充新磨料,保证喷砂质量符合工艺要求。测量施工环境的温度、湿度以及钢板表面温度,合格后方可进行喷砂施工。喷砂开始前应开启空压机,检测出气口压缩空气清洁度。

应严格按喷砂作业工艺参数进行喷砂。喷砂前需进行环境检测,并根据实际情况安排除湿、加温。磨料使用过程中应定期进行检查,并补充新砂,保证磨料正常使用。

（2）喷砂、喷漆压缩空气要求。

喷砂除锈和有气喷涂过程中,压缩空气会与喷砂磨料和漆料密切接触,因此压缩空气必须达到干燥(不含水)、清洁(不含油)、无杂质的要求,以防磨料与漆料影响涂层质量。

（3）喷砂作业工艺参数如表13-10所示。

喷砂作业工艺参数　　　　　　　　　　　　　　　　　表13-10

工艺参数	范围
压缩空气(无油、无水)压力	0.6 ~ 0.8MPa
喷距	200 ~ 300mm
喷角	65° ~ 70°（杜绝90°喷砂）

2. 除锈质量要求

工厂内板单元采用喷砂除锈工艺,钢板表面清洁度须达到 Sa2.5 级,粗糙度须达到 40 ~

$70\mu m$。现场焊接位置采用手工打磨除锈工艺,该工艺除锈质量等级须达到 St3 级。

三、涂装

1. 作业环境条件要求

防腐涂装作业环境条件要求如表 13-11 所示。

防腐涂装作业环境条件要求　　　　　　表 13-11

项目	条件要求	检验要求
环境温度	$5\sim38℃$	每 2h 一次
相对湿度	$\leqslant85\%$	每 2h 一次
钢板表面温度	高于露点温度 3℃以上,且钢板温度不能超过 50℃	油漆涂装前测一次
特殊要求	油漆说明书中特别要求的其他作业环境条件	
禁止条件	大风及雨、雪、雾等环境下禁止进行室外涂装作业	

2. 涂装施工工艺技术要求

(1)工艺试验。

防腐涂装施工工艺试验的目的是确定正确的工艺参数以指导实际施工工作,从而保证施工质量和工程工期。在工厂内正式涂装前先进行工艺试验,确定工艺参数后才能进行批量涂装施工。在涂装工艺试验进行之前,必须做好涂装施工人员的组织及进场、施工设备及质量检验(检测)仪器的进场、涂装材料的采购及材料进场后的抽检取样送检、各类施工管理制度的建立与完善、各类施工工法及工序的确定与安排等相关工作。

选取与制造钢梁同样的钢板做试板,不同的油漆涂装体系试板各准备两块,试板外形尺寸应大于 $500mm\times200mm\times10mm$(长度×宽度×厚度)。另外准备六组高强螺栓连接摩擦面钢板做试板。

(2)试板制作。

①按照本工艺规程的规定要求和工艺参数,进行钢结构涂装体系施工。对外表面涂层体系的试板依次进行表面净化、喷砂除锈、环氧富锌底漆涂装、环氧云铁中间漆涂装、第一道氟碳面漆涂装、第二道氟碳面漆涂装等工序的涂装施工(不同涂装体系的试板参照构件外表面的试验方法按各自涂装体系完成)。

以上试板全部做成阶梯状,阶梯尺寸为 100mm,如图 13-37 所示。

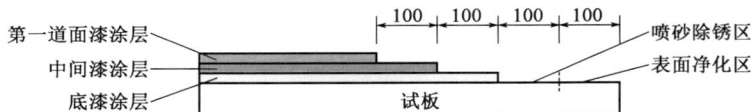

图 13-37　涂装工艺试验试板制作形式示意图(尺寸单位:mm)

②准备的六组高强螺栓连接摩擦面试板,其中三组按照本工艺规程的规定要求和工艺参数,进行高强螺栓连接摩擦面涂装体系施工,然后委托具有资质的检测单位测定其摩擦系数,

检测摩擦系数是否符合要求。剩余三组运至现场,按照对应工艺规程的规定要求和工艺参数,进行高强螺栓连接摩擦面涂装体系施工,然后委托具有资质的检测单位测定其摩擦系数,检测摩擦系数是否符合要求。

工艺试验试板制作过程中,按照本工艺规程的规定要求进行各工序施工质量的检验(检测)。监理工程师全过程跟踪监督工艺试验及质量检测过程。

(3)试板涂层质量检测。

工艺试验试板主要检测项目、检测标准、检测方法如表 13-12 所示。

工艺试验试板主要检测项目、检测标准、检测方法 表 13-12

工序	检测项目	检测标准	检测方法
喷砂除锈	清洁度	《涂覆涂料前钢材表面处理 表面清洁度的目视评定 第1部分:未涂覆过的钢材表面和全面清除原有涂层后的钢材表面的锈蚀等级和处理等级》(GB/T 8923.1—2011)	目视法,100% 达到设计要求
	粗糙度	《涂覆涂料前钢材表面处理 喷射清理后的钢材表面粗糙度特性 第2部分:磨料喷射清理后钢材表面粗糙度等级的测定方法 比较样块法》(GB/T 13288.2—2011)	使用粗糙度仪,每段检查 6 点,取平均值,或按设计规定检查
油漆涂装	厚度	《金属和其他无机覆盖层 厚度测量方法评述》(GB/T 6463—2005)	磁性测厚仪测量
	外观	《色漆和清漆 划格试验》(GB/T 9286—2021)	目视法
	附着力	《色漆和清漆 拉开法附着力试验》(GB/T 5210—2006)	划格或拉开试验

(4)其他要求。

①如有焊口,在焊口处预留 100mm 宽不喷涂油漆涂层,以免影响焊接。以后每层油漆涂装前,边缘再留出 50mm 不涂装油漆,形成阶梯状过渡层,如图 13-38 所示。用木板或胶带纸遮挡保护。

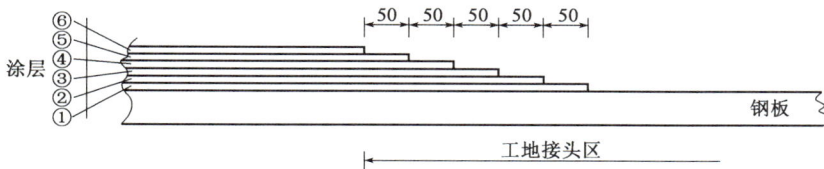

图 13-38 现场涂层覆盖示意图(尺寸单位:mm)

②油漆涂装阶段,禁止任何人员携带火种进入钢结构内部,钢结构内部照明应使用防爆充电灯,登高架、梯子等辅助登高设施应由竹木材料制成。

③标记移植与保护:对工件上的各种需保留的标记予以妥善保护,若标记不便于保护,则应在油漆涂装前先记录下来,待油漆涂装后再在钢结构表面上用其他方法予以标记。

④所有工序施工过程中要佩戴无油污的干净手套,不得裸手接触工件表面。

3. 钢结构工厂内防腐涂装施工

钢结构在工厂内防腐涂装的主要工作内容:所有钢构件外表面、拱脚不与混凝土接触的外表面完成第一道面漆的施工;拱肋内表面、拱脚不与混凝土接触的内表面、高强螺栓栓接面完成全部的工厂内涂装施工。

钢结构板单元在存梁场地完成表面净化处理程序,由运梁车运入喷砂房,运梁车进入喷砂房前由叉车提前将托架竖向摆放到位。完成喷砂除锈后,转运到涂装车间,清灰后,完成后续的外表面各部位相应的各种油漆的涂装施工,完成后运出车间。

大桥钢结构在工厂内完成各块体单元件涂装后运到桥址进行组拼,在工厂内施工的杆件体积较小,高度基本保持在 3m 以下,涉及的登高作业较少。完成表面净化处理的钢结构运进喷砂房后,放置在预先设置好的支墩上。对于较低的部位,人员直接站在地面上进行喷砂以及油漆施工。对于较高的部位,需要借助登高平台或脚手架进行施工。

(1)喷砂除锈。

对已经完成表面净化处理并运进喷砂房的钢结构,采用干法压力式喷砂机对放置在预先设置好的支墩上的钢结构构件外表面进行喷砂除锈,除去表面全部锈蚀产物和焊渣等溅射物。钢结构外表面、内表面和钢桥面清洁度达到 Sa2.5 级,粗糙度 Rz40~70μm。

(2)油漆涂装。

喷砂施工报检合格后,将钢结构转运至喷漆车间进行油漆涂装施工。用压缩空气吹净钢结构表面的灰尘,对工件的粗糙表面、手工不平整焊缝表面、板边、弯角、流水孔以及喷涂死角等处进行手工预涂。

每涂装完一层后,必须检查干膜厚度,经监理工程师检验合格后方可进行下一层涂敷。

钢结构各工序检验项目、检验标准、检验方法如表 13-13 所示。

钢结构各工序检验项目、检验标准、检验方法   表 13-13

工序	检验项目	设计值	检验的方法和频次	检验标准
除锈	清洁度	钢结构外表面、内表面、钢桥面、摩擦面:Sa2.5 级;高强螺栓外露螺栓头:St3 级	方法:国标图谱目视对比;频次:100%检验	《涂覆涂料前钢材表面处理 表面清洁度的目视评定 第 1 部分:未涂覆过的钢材表面和全面清除原有涂层后的钢材表面的锈蚀等级和处理等级》(GB/T 8923.1—2011)
	粗糙度	钢结构表面、高强螺栓连接部位:Rz40~70μm	方法:粗糙度样块目视对比或粗糙度仪测量;频次:100%检验	《涂覆涂料前钢材表面处理 喷射清理后的钢材表面粗糙度特性 第 2 部分:磨料喷射清理后钢材表面粗糙度等级的测定方法 比较样块法》(GB/T 13288.2—2011)

工序	检验项目	设计值	检验的方法和频次	检验标准
油漆涂装	外观	均匀平整,无漏涂、针孔、气泡、裂纹等缺陷,颜色与色卡一致	方法:目视法检验; 频次:100% 检验	《公路桥梁钢结构防腐涂装技术条件》(JT/T 722—2023)
	漆膜厚度	达到规定漆膜厚度且不得超过设计厚度的 3 倍	方法:磁性测厚仪测量; 频次:10m² 取 3 个基准面,每个基准面采用五点法测量,五点的平均值即为该基准面厚度的测值,或按设计要求测量	《公路桥梁钢结构防腐涂装技术条件》(JT/T 722—2023) 《磁性基体上非磁性覆盖层　覆盖层厚度测量　磁性法》(GB/T 4956—2003)
	附着力	拉拔法:≥5MPa	方法:拉拔法; 频次:每个施工段检测 3 个点	《色漆和清漆　拉开法附着力试验》(GB/T 5210—2006)

注:钢结构外(内)表面所测值必须满足双 90%(85%)规则,如达不到上述要求,必须进行补喷,直到满足厚度要求。

4. 桥址现场防腐涂装施工

桥址现场防腐涂装工作内容主要分为钢结构表面焊缝除锈与补涂施工、钢结构螺栓终拧后外露面的防腐涂装施工、涂层破损处修补防腐涂装施工以及全桥第二道面漆涂装施工。

(1)钢结构表面焊缝除锈与补涂施工工艺。

钢结构板单元在桥址现场拼装成拱肋节段、桥位节段安装时的对接焊缝需要对焊缝部位进行除锈与补涂施工,直到做完第一道面漆为止。

对所有焊缝部位进行涂装,从表面处理开始施工至全部工序结束。钢结构组拼梁场内,将钢梁节段运输至临时涂装房,对焊缝部位使用角磨机进行打磨除锈,打磨结束后依次按照所处部位进行后续油漆补涂。桥位钢结构焊缝的涂装施工主要依靠焊接施工搭设的平台进行,按照各表面涂装工艺进行涂装。作业时,将移动式封闭涂装工棚安装到位,使钢结构焊缝部位处于封闭环境中,使用角磨机对外表面焊缝进行打磨除锈,清理灰尘后,根据具体区域部位选择滚涂方法或喷涂方法,进行相应的后续各种油漆的多道涂装施工。桥址现场作业时注意不得对环境造成污染。

(2)钢结构螺栓终拧后外露面的防腐涂装施工工艺。

①除油污。

先用干净抹布蘸取适量稀释剂擦除外露面表面黏附的油污,至无肉眼可见油污;然后用干净毛刷蘸取稀释剂反复刷洗外露面表面三次以上,至表面油污彻底清除。

②机械打磨除锈。

机械打磨除锈在除油污的稀释剂彻底挥发,表面干燥后进行。

使用角磨机配置钢丝轮对高强螺栓副连接外露面进行机械打磨除锈,直至除锈质量达到 St3 级为止。由于螺栓帽、螺母为六角棱体,要求打磨时顺从六个面的角度,以保证除锈质量。

③油漆涂装。

按顺序完成各涂层涂装,检验标准和检验方法如表 13-13 所示。高强螺栓栓接面涂装完成后,需对栓接面的较宽缝隙用密封胶进行密封处理。

(3)涂层破损处修补防腐涂装施工工艺。

对于运输及起吊过程中的摩擦、碰撞等机械因素造成的涂层损坏,应根据损坏的面积、损坏的程度,按其所在的涂装体系的要求进行修复,经修复的涂层的各项性能应与周围其他涂层相近。

在任何进行手工、机械除锈的地方,其除锈质量应达到 St3 级,环焊缝涂装及修补前应打磨成阶梯状,阶梯尺寸长度为 50mm,破损部位应打磨出过渡的坡度,如图 13-39 所示。

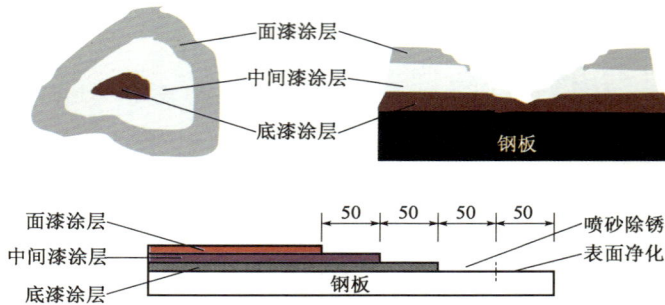

图 13-39 破损部位打磨过渡坡度示意图(尺寸单位:mm)

(4)全桥第二道面漆涂装施工工艺。

由于运输、安装等多道工序的影响和在桥址现场长时间暴露在大气中,钢结构第一道面漆表面污染比较严重,因此第二道面漆涂装前的重点工作是做好表面净化处理,即去除钢结构件外表面污物并进行拉毛活化处理,以保证面漆结合力良好和外观美观。表面净化处理的步骤和方法如下。

①用铲刀、毛刷等工具清除钢结构件外表面的污物残渣等。

②用专用清洗剂擦洗掉钢结构件外表面较明显的油污。

③用高压淡水冲洗表面,去除钢结构件外表面盐分、灰尘等,得到清洁、干净、干燥的表面并保持。

④用专用清洗剂擦拭钢结构件外表面一遍,去除表面残留的不易观察到的油污。

⑤钢结构件外表面专用清洗剂挥发后,用砂纸打毛油漆表面,再用抹布擦净表面灰尘。拉毛活化处理的主要目的在于破坏原面漆涂层的表面张力,增加原面漆涂层与新涂层的层间附着力。待钢结构表面干燥后,用80目砂纸或粗糙的百洁布手工或配合砂纸架对钢结构涂层表面进行拉毛活化处理,如图 13-40 所示,再用抹布擦净表面灰尘后即可进行第二道面漆的涂装,这样可确保两道面漆涂层之间的结合力符合设计要求。砂纸拉毛时应首先对折磨磋掉粗大砂粒,对第一道面漆涂层表面进行拉毛活化处理时要均匀用力,不要过分拉毛,避免涂层深度被破损。

图 13-40　钢结构外表面拉毛活化处理

　　砂纸拉毛后的油漆表面应尽快涂装第二道面漆,放置时间不能超过 4h,以防二次污染。

　　对焊缝、边角等小部位不平处,用毛刷先预涂面漆,然后高压无气喷涂与滚涂相结合,涂装第二道面漆。

第十四章　大跨径空间异形曲面拱肋施工关键技术

第一节　下拱肋施工

下拱肋为单箱双室钢筋混凝土结构,宽度为 $6.6 \sim 9.9m$,高度为 $3.6 \sim 4.4m$,主拱侧拱肋从拱脚起始,截止到距拱轴线交点顺桥向 $12.5m$ 处,沿拱轴线长度 $5.5m$ 设计为钢-混结合段。

主拱侧拱肋顶底板厚度为 $60cm$,中腹板厚度为 $80cm$,边腹板内侧至型钢骨架腹板中心距离为 $40cm$,外侧形状随拱肋整体变化,箱室内倒角尺寸为 $30cm \times 30cm$。主拱侧拱肋设置三片骨架,骨架最长为 $22.53m$。

一、下拱肋施工顺序

(1)拱座第一次浇筑完后安装两侧钢骨架,如图 14-1 所示。

(2)安装钢-混结合段 PBL 剪力键,施工第一节段中、边下拱肋,设置第一道对拉杆,如图 14-2所示。

(3)施工钢-混结合段和第二节段边下拱肋,设置第二道对拉杆,如图 14-3 所示。

(4)施工第三节段边下拱肋,如图 14-4 所示。

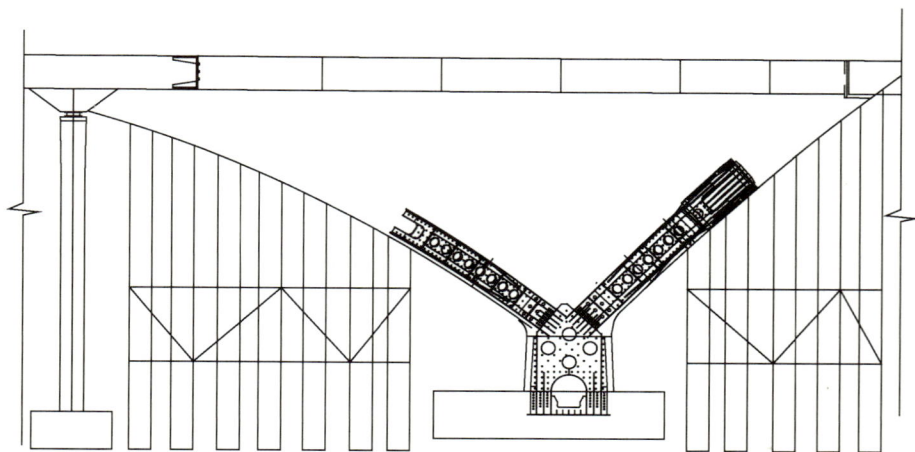

图 14-1　下拱肋施工步骤(一)

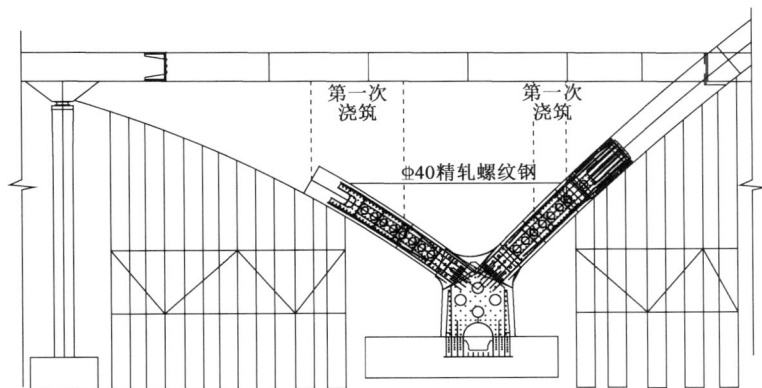

图 14-2　下拱肋施工步骤(二)

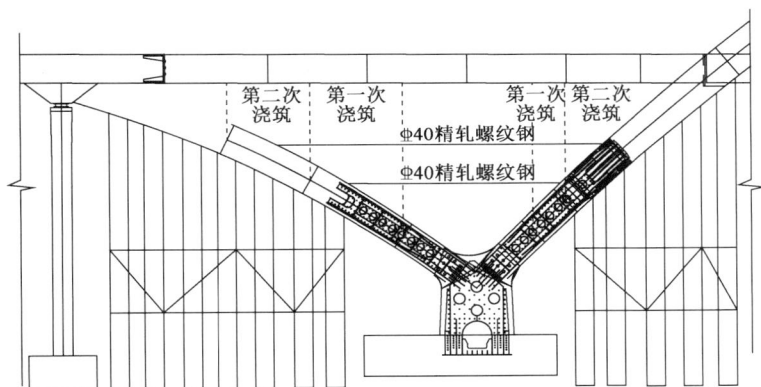

图 14-3　下拱肋施工步骤(三)

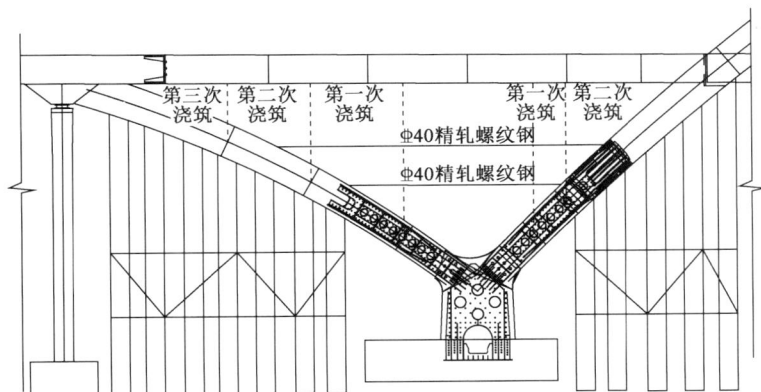

图 14-4　下拱肋施工步骤(四)

二、下拱肋支架设计与施工

1. 下拱肋支架设计

下拱肋支架设计考虑承受拱肋节段自重、上部钢梁支架自重和钢梁节段自重。承台及锁扣钢管桩范围内支架立柱采用 φ820mm×10mm 钢管,其他位置支架立柱采用 φ1020mm×10mm 钢管打入河床。主拱侧支架顶部分配梁采用三拼 I45a 工字钢,边拱侧支架顶部分配梁采用四拼 I45a 工字钢,考虑到拱肋为异形扭曲结构,顶部分配梁上部纵向分配梁设置双拼 [20 槽钢桁架组。桁架组底部为平面,顶部高度根据 BIM 模型中给出的拱肋结构曲面曲率和坡度进行设计,以确保满足拱肋线形要求。支架联结系采用 [20 槽钢联结系或 φ325mm×6mm 钢管联结系。下拱肋支架设计图如图 14-5、图 14-6 所示。

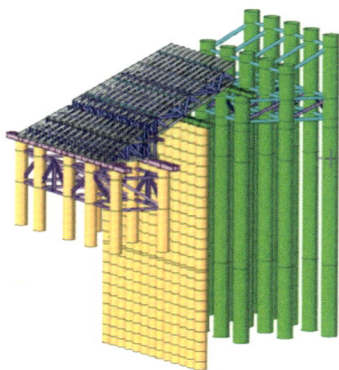

图 14-5　中下拱肋支架设计图

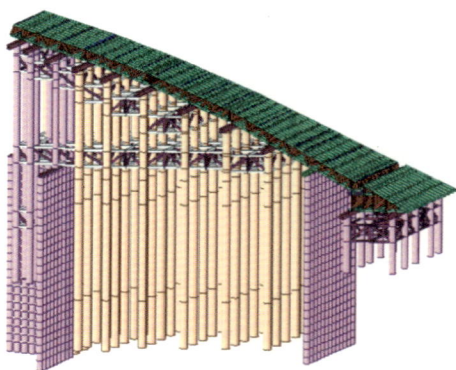

图 14-6　边下拱肋支架设计图

2. 下拱肋支架施工

下拱肋支架材料在承台、锁扣钢管桩和边下拱肋范围内采用履带式起重机进行吊装,中下拱肋水中支架材料采用浮式起重机进行吊装。支架钢管在水中采用浮式起重机或履带式起重机配合振动锤进行插打,打入深度由高程和贯入度双控。施工完成后,对支架进行预压,确保支架承载力满足设计要求。

三、钢骨架及 PBL 剪力键施工

1. 钢骨架安装

拱座内钢骨架在工厂预制。吊装前先采用 BIM 软件对钢骨架每段首尾控制点三维坐标进行提取复核(图 14-7),并对吊装工况进行模拟,确保吊装安全和精度准确无误。采用履带式起重机配合浮式起重机分节段、分片吊装就位,焊接成整体,如图 14-8 所示。

2. PBL 剪力键安装

PBL 剪力键在工厂加工成板单元,在岸边拼装场进行组拼,组拼过程中提前安装 PBL 剪力键内环向钢筋,安装完成后由模块车将 PBL 剪力键运输至码头,由浮式起重机配合吊装运输至桥位处,并通过三维可调节吊具对其姿态进行精调,达到设计姿态后由上至下斜向移动

PBL 剪力键,将安装固定好的钢骨架套入 PBL 剪力键内部设计位置。待钢-混结合段 PBL 剪力键内部钢筋全部绑扎完成后,采用浮式起重机将其从承压板处由上向下滑入钢-混结合段 PBL 剪力键钢内模,完成钢-混结合段 PBL 剪力键安装,如图 14-9 所示。

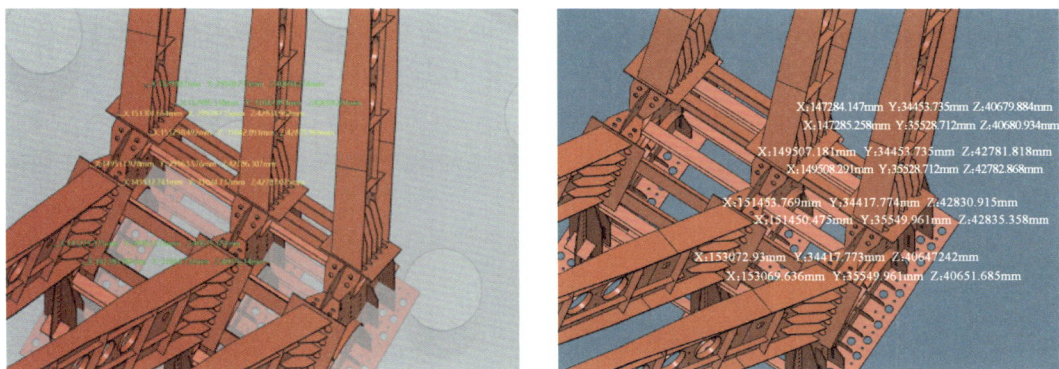

图 14-7　钢骨架坐标示意图

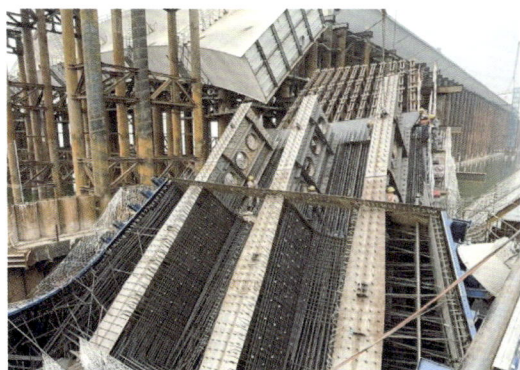

图 14-8　钢骨架安装

图 14-9　PBL 剪力键安装

四、下拱肋结构施工

下拱肋钢筋为大直径钢筋,采用直螺纹套筒进行连接,考虑到钢骨架和钢筋密集,采用自密实混凝土进行浇筑,同时通过研发的钢绞线定位装置,实现了承压板处中下拱肋钢绞线的准确定位。

五、下拱肋对拉施工

下拱肋为单箱双室钢筋混凝土结构,对抗变形性能要求较高,允许变形仅 2mm,施工过程中需采取对拉措施,防止下拱肋在合龙之前因变形而开裂。在下拱肋上设置 2 层拉杆,每层设置 9 根钢绞线对拉,在腹板位置设置张拉基座,每层设置 3 个基座,每个基座设置 3 根钢绞线,每根钢绞线初始张拉力为 3t,设计被动张拉力为 10t,极限张拉力为 20t。按照工序要求,及时进行下拱肋对拉施工,如图 14-10 所示。

六、钢-混结合段施工

在钢-混结合段钢筋和内模安装完成后,为保证钢-混结合段混凝土密实,采用自密实微膨胀混凝土进行浇筑,同时分别在钢-混结合段腹板位置和顶板位置设置振捣孔,在钢-混结合段最高位置设置溢浆孔(图14-11),端头位置设置一排灌浆孔,混凝土浇筑过程中通过观察顶部溢浆孔,来确定灌注是否密实,混凝土浇筑完成后再通过灌浆孔进行压浆,以确保钢-混结合段内混凝土密实。

图 14-10　下拱肋对拉

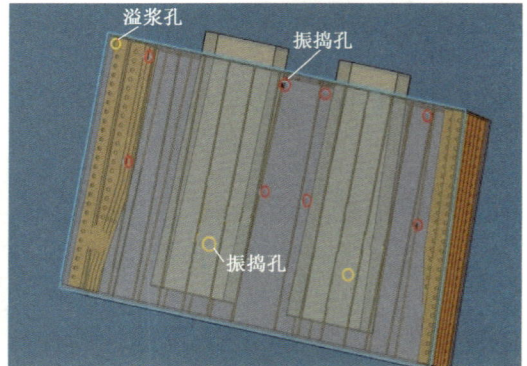

图 14-11　钢-混结合段浇筑开孔布置图

第二节　拱肋安装精调施工

一、拱肋吊装设计

1. 吊带设计

拱肋吊装采用浮式起重机双钩+四点吊装的方法。其中吊带设计尤为关键,通过在建模软件中获取拱肋节段模型的重心,模拟拱肋节段桥位吊装姿态,在保证吊带吊装角度的前提下,综合考虑拱肋节段模型重心所在的铅垂面的位置、吊耳的位置和吊钩高度三个影响因素,确定单个节段吊带的长度,如图14-12、图14-13所示。由于拱肋为空间异形曲面形式,每个节段吊带长度均不相同,投入吊带成本较高,通过对浮式起重机吊钩高度的优化和三维可调节吊具的应用,在建模软件中模拟,将拱肋吊带由108类优化为64类,减少了吊带的投入量,提高了拱肋节段的吊装效率。

2. 吊具吊耳设计

吊具由4个液压缸组合而成,用于调平载荷。该系统4个液压缸允许使用负荷达到500t,行程为1.5m,尺寸为3.11m×0.42m×0.955m(长度×宽度×高度),如图14-14所示。它可以持续监测负荷和行程。吊具满足节段翻身过程中索具长度的变化要求,并调整最终的安装姿态。出厂的节段以平躺的方式运输至浮式起重机吊装作业半径内,节段从卧式到立式状态过程中会形成不同的翻身角度,节段顶部与侧面的吊点高差也会随之变化,故需要通过调节油缸去补偿高差的变化,从而使平衡梁始终处于水平状态,这也是为了防止某一面的吊点不受力。

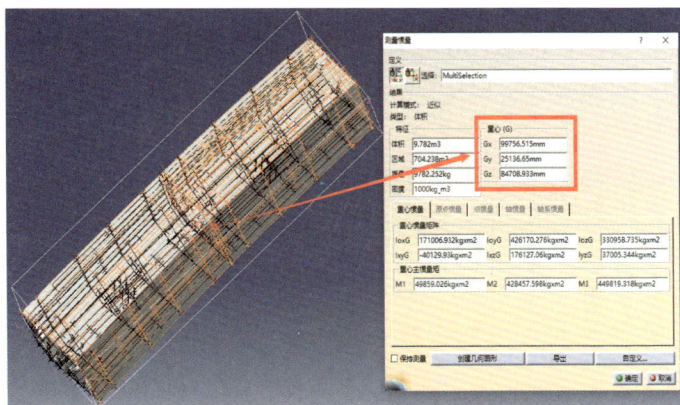

图 14-12　拱肋节段重心获取图

图 14-13　拱肋节段吊带设计图

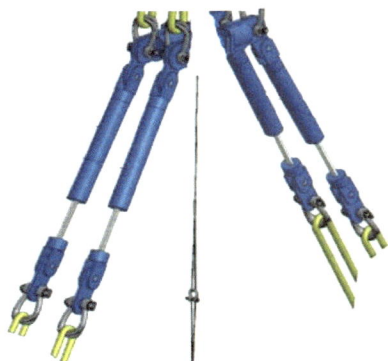

图 14-14　吊具

610t 浮式起重机采用双吊钩吊装拱肋,两吊钩间距为 2.5m,拱肋设置 4 个吊点,吊耳沿横桥向布置,采用耳板销孔形式,在拱肋中横梁位置焊接;吊具采用 100t 合成纤维吊装带 + 卡环,吊带与水平面夹角不小于 60°。卡环型号为 GB/T25854-6-DX100。

为避免吊耳耳板受到侧向弯矩,沿钢梁横桥向布置耳板,耳板主板与拱肋横隔板采用全熔透对接焊缝,吊耳侧向加劲肋与耳板主板采用熔透角焊缝,焊脚尺寸为 12mm,如图 14-15 所示。

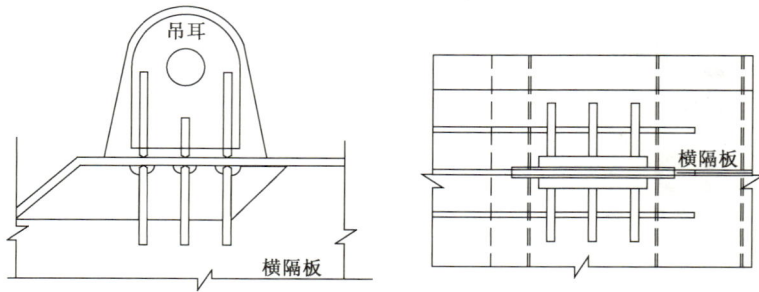

图 14-15　吊耳设计图

3. 吊装设计优化

采用建模软件分别对拱肋、风撑、拱肋横梁节段进行吊装模拟,通过吊具的 1.5m 伸缩范围对吊带进行优化以减少吊带数量,如图 14-16 所示。

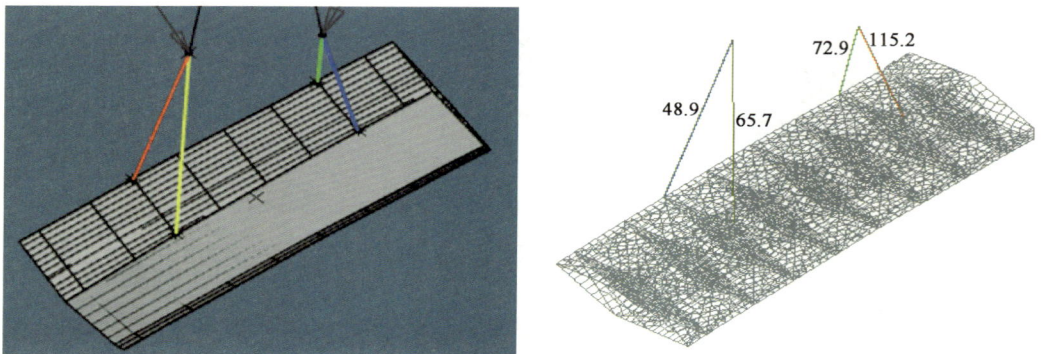

图 14-16　四根吊绳 G4 节段吊耳布置及吊绳拉力图(单位:t)

节段吊装计算结果见表 14-1。

节段吊装计算结果汇总表　　　　　　　　　　　表 14-1

结构	节段	重量(t)	吊绳最大拉力(t)
拱肋	G2	217.63	123.1
	G3	207.84	95.7
	G4/G18(4 根吊绳)	220.59	115.2
	G4/G18(3 根吊绳)	220.59	175.3

结构	节段	重量(t)	吊绳最大拉力(t)
拱肋	G5/G17	183.9	68.2
	G6/G16	195.04	72.6
	G7/G15	30.23	13.3
	G8/G14	134.31	74.4
	G9/G13	180.64	74.7
	G10/G12	167.66	61.6
	G11	26.92	9.8
	G19	215.27	98.5
	G20	209.08	79.5
风撑	FC1/FC2	99.39	41.5
	FC3Y/Z	62.78	26.4
	FC4Y/Z、FC5Y/Z	24.43	12.4
	FC6Y/Z、FC7Y/Z	34.84	12.6

吊耳材料为 Q345 钢材,焊接采用全熔透焊缝,吊装时吊带卡环直接与耳板连接。根据吊耳结构的受力情况,利用 ABAQUS 有限元软件,分别对不同位置不同吊装角度的吊耳结构在危险工况下进行有限元模拟计算,如图 14-17 所示。

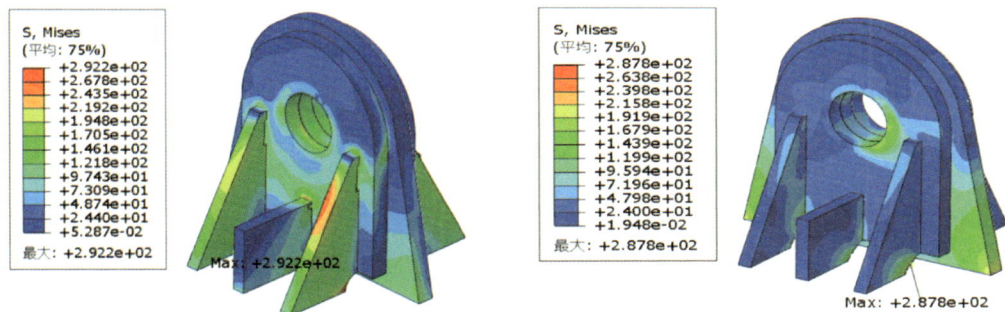

图 14-17　吊耳结构应力云图

计算结果显示,吊耳结构在最危险工况下,最大 Mises 应力为 292.2MPa,小于 Q345 钢抗拉压强度允许值 295MPa,最大剪应力为 156.7MPa,小于 Q345 钢抗剪强度允许值 170MPa,结构强度性能满足设计要求。

二、虚拟预拼装

采用与钢结构加工相同的三维设计软件,通过已安装的拱肋实测数据构建三维可视化模型,采集待拼装拱肋节段实测三维坐标,在计算机中模拟形成轮廓模型,与已安装的拱肋模型拟合比对,并采用拱肋安装控制点坐标复核的方法,对 BIM 模型中提取的坐标进行计算复核,检查拼装精度,得到待拼装节段所需修改信息,提前在地面进行节段调整,实现拱肋安装高效、线形准确的目标。

三、拱肋吊装施工

拱肋节段吊装时应进行试吊,观测吊带、吊耳吊具情况。浮式起重机靠近提拱码头,抛锚固定后取拱,再将拱肋运输至桥位处,抛锚进行安装。

以 G4 拱肋节段为例说明拱肋施工步骤,其余节段施工参照该节段。

施工步骤一:吊装时应进行试吊,吊起 10cm,停滞 15min 观测吊带、钢丝绳、吊耳吊具情况。

施工步骤二:浮式起重机靠近提拱码头,抛锚固定后取拱。吊装 G4 节段时,610t 浮式起重机采用 90m 吊杆,在与水平面所成角度为 65°时,水平距离为 38.04m,吊装高度为 81m,最大吊装质量为 310t,拱肋最重为 220.6t,负载率为 71%,满足施工要求,如图 14-18 所示。

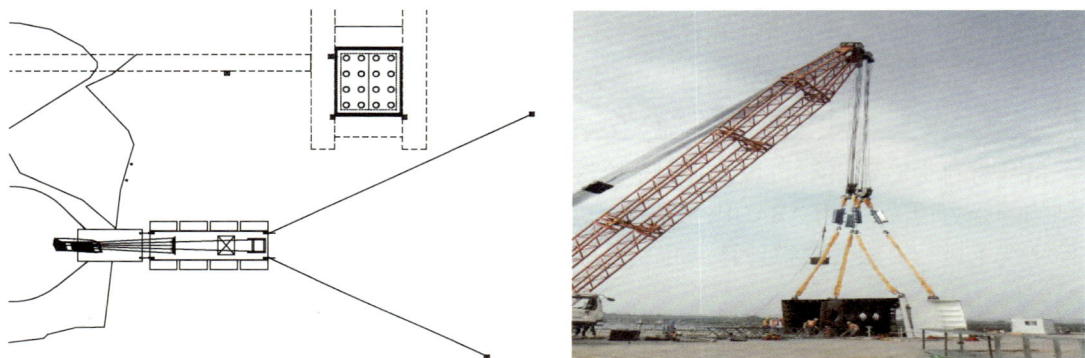

图 14-18　码头提拱

施工步骤三:浮式起重机吊起拱肋后进行转向,如图 14-19 所示。

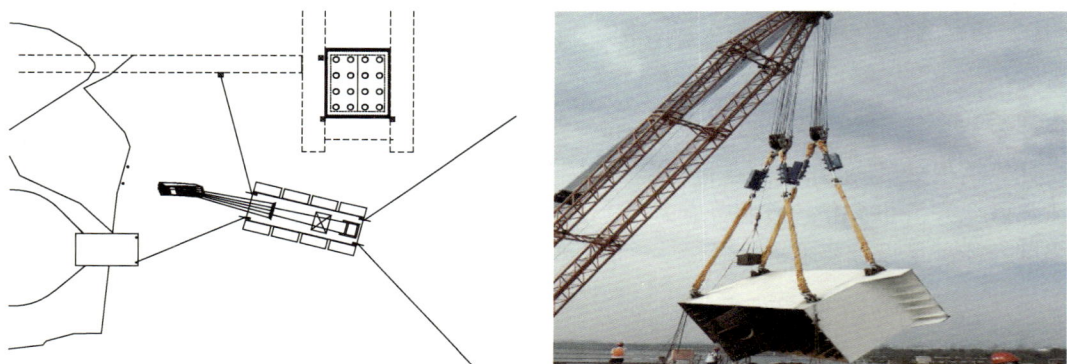

图 14-19　浮式起重机转向

施工步骤四:浮式起重机将拱肋向桥位处运输,如图 14-20 所示。

施工步骤五:浮式起重机到达桥位处,进行拱肋安装,如图 14-21 所示。

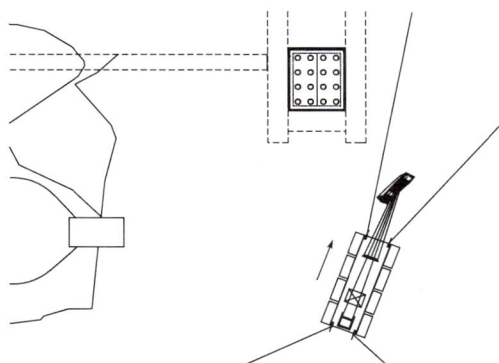

图 14-20　拱肋水中运输

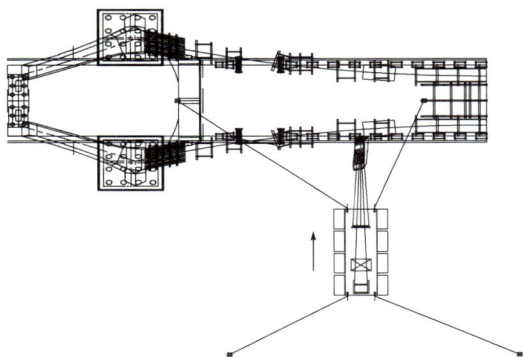

图 14-21　桥位落拱

　　拱肋安装(图 14-22、图 14-23)共分为三个步骤:首先通过拱肋吊装三维可调节吊具,将拱肋节段调整至初步姿态;再通过研发的空间异形拱肋侧向限位装置进行拱肋姿态控制,将拱肋下落至研发的空间异形拱肋支撑调节装置上;最后通过三维可调节吊具、三维千斤顶配合拱肋支撑调节装置,将拱肋调整至设计姿态。

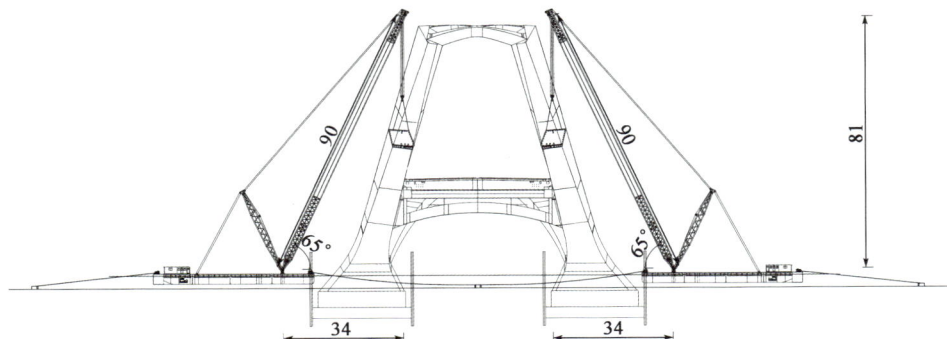

图 14-22　拱肋安装(尺寸单位:m)

空间异形拱肋侧向限位装置,由工字钢焊接而成,提前焊接在拱肋分配梁设计位置,预留足够的调整空间,既进行了限位,又可进行拱肋精调。

空间异形拱肋支撑调节装置,由螺旋管和支撑钢板组成,分为上、下两部分。上半部分根据拱肋底部曲面形状,提前焊接在拱肋底部,并确保顶部密贴,底部铅垂面水平;下半部分提前安装在拱肋分配梁设计位置,根据设计姿态,通过三维千斤顶顶升调节,调整上、下两部分之间的支撑钢板,以起到支撑调节的作用,如图14-24所示。

图14-23　现场拱肋安装

图14-24　拱肋精调断面布置图

四、拱肋吊装监控系统

拱肋吊装监控系统基于BIM开发的京雄高速公路智慧管理平台和安装的自动采集传感器,实时监测拱肋支架应力、位移及拱肋安装偏差,并通过实时在线监控浮式起重机力矩限制器参数,掌握浮式起重机吊装高度、质量、角度等关键参数,指导现场吊装,为空间异形拱肋精调安全施工保驾护航,如图14-25所示。

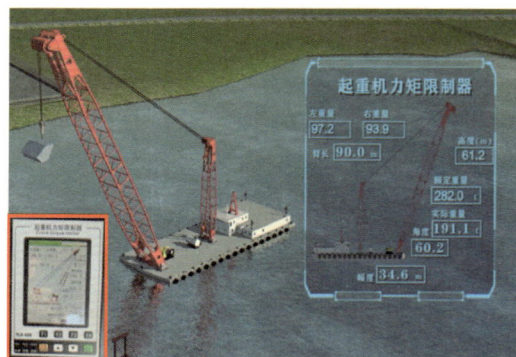

图14-25　拱肋吊装监控系统

第三节　拱肋合龙施工

合龙段 G7 和 G7′设置在拱肋 G6 与 G8 节段、G6′与 G8′节段之间,合龙段长 3m(预留 0.1m 配切长度),待 G6、G6′和 G8、G8′安装完成,经三维激光扫描并通过合龙段控制方法对坐标进行复核,坐标测量复核后计算出该时段内合龙段长度,然后换算成设计合龙温度时的合龙段长度,采用钢尺实际量测,确认无误后,在吊装当天根据换算后所得的合龙段长度下达配切指令,进行合龙段配切。采用浮式起重机配合三维可调节吊具进行主拱肋合龙段合龙施工,如图 14-26 所示。

图 14-26　拱肋合龙

第四节　成桥体系转换施工

一、总体施工顺序

设计单位提供的支架拆除顺序如下:

(1)在拱肋 G3 安装完成、边孔钢梁 B7 合龙完成、辅助孔现浇梁张拉完成、拱肋的三角刚架形成后,拆除辅助孔支架、拱肋上边孔钢梁支架、围堰内下拱肋支架。

(2)在拱肋 G7 合龙、焊接全部完成后,拆除拱肋横梁支架。

(3)剩余边孔钢梁支架在拱肋横梁支架拆除后拆除。

(4)一期系杆张拉前需完成围堰外侧 L 形抛石回填施工,在系杆张拉至一期索力后,拆除上拱肋及风撑支架。

(5)二期系杆张拉前需完成围堰外侧拐角处抛石回填和围堰与承台之间的注浆施工,上拱肋及风撑支架拆除后进行剩余的系杆吊杆张拉。系杆吊杆张拉完成后,拆除剩余下拱肋支架和中孔钢梁支架。下拱肋支架拆除后完成剩余部分的抛石回填施工。

总体施工顺序如图 14-27 所示。

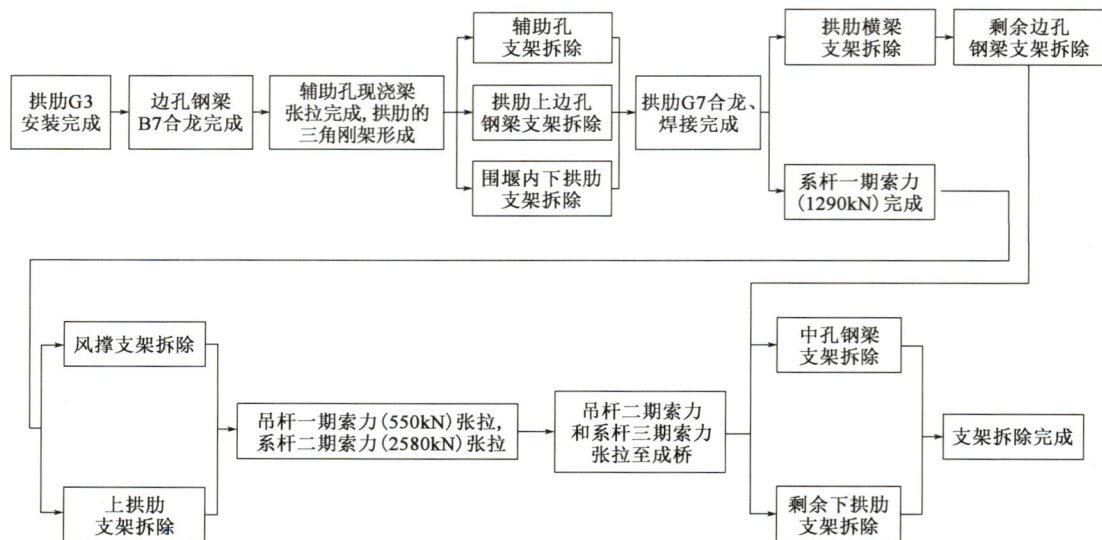

图 14-27　总体施工顺序

拆除步序:辅助孔支架①、边孔钢梁支架(拱肋上)②和围堰内下拱肋支架③(G3 拱肋安装完成、边孔钢梁 B7 合龙完成、辅助孔现浇梁张拉完成)→拱肋横梁支架④(G7 拱肋安装完成)→剩余边孔钢梁支架②、上拱肋及风撑支架⑤(系杆一期张拉完成)→剩余下拱肋支架⑥、中孔钢梁支架⑦(成桥),如图 14-28、图 14-29 所示。

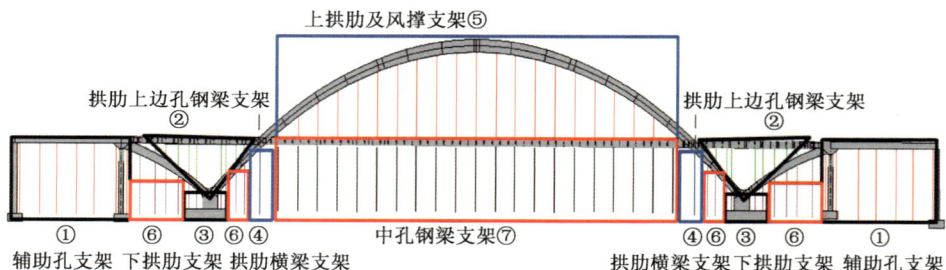

图 14-28　支架拆除顺序总体立面图

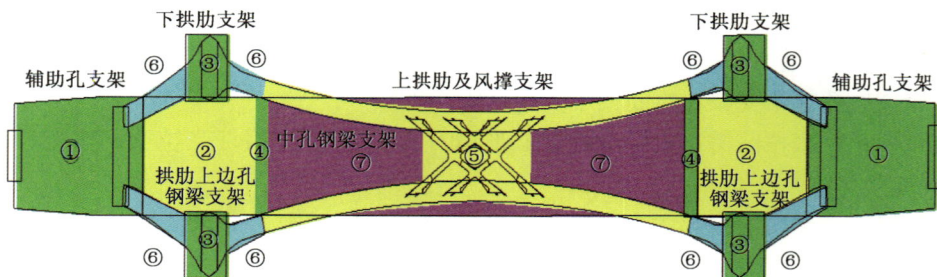

图 14-29　支架拆除顺序总体平面图

二、拱肋体系转换

本桥拱肋、风撑均采用原位支架＋浮式起重机分节吊装的施工方法,为实现体系转换过程中结构安全稳定,确保风撑、拱肋支架承受的荷载逐步、平稳地传递给主体结构,经设计单位和监控单位计算分析,落架顺序需满足以下要求:

(1)整体落架顺序为先风撑后拱肋。

(2)风撑落架顺序为从中间往两边。

(3)拱肋支撑编号如图14-30所示,同一编号包括大小里程、上下游共4处支点,落架顺序为:

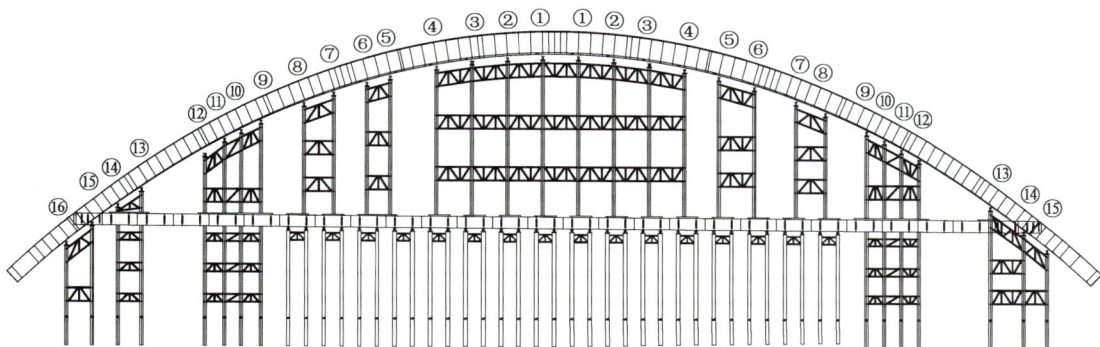

图14-30　支撑编号图

①卸落拆除⑦、⑧号支撑,并解除除①～⑥号支撑外的其余上拱肋与支架间的约束,确保其可以自由上拱,如图14-31所示。

②分六级整体卸落①～⑥号支撑,如图14-32所示,具体卸落分级情况见表14-2。

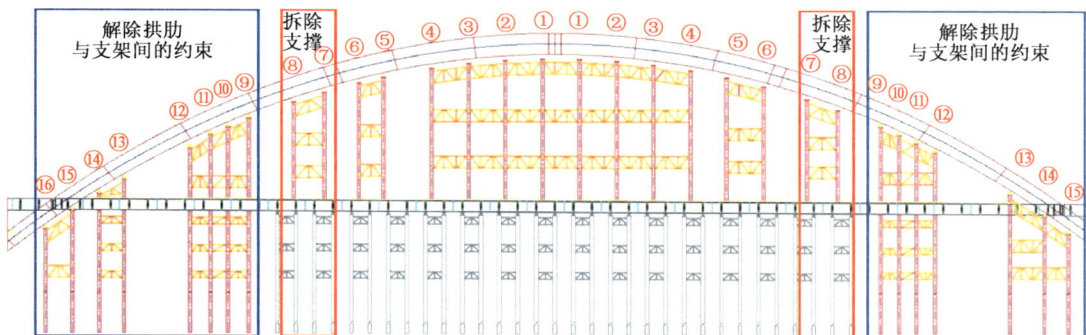

图14-31　拆除步骤一

拱肋落架过程中需根据支架卸落分级表(表14-2)的数据,严格控制每级卸落量。

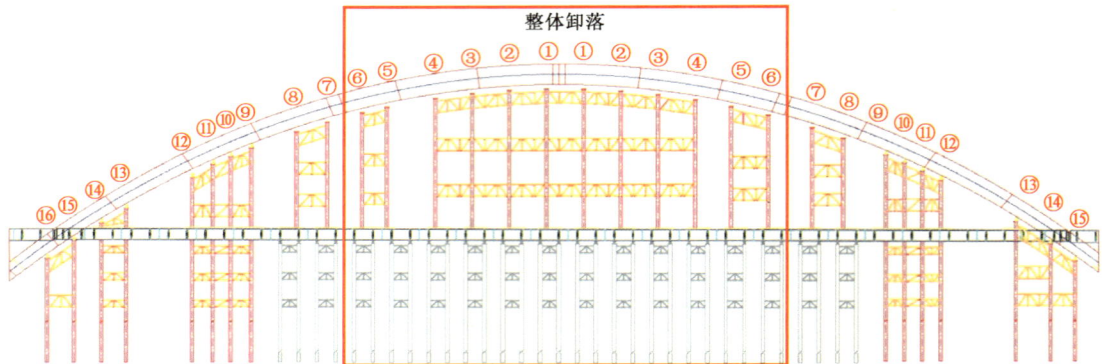

图 14-32　拆除步骤二

支架卸落分级表　　　　　　　　　　　　　　　　表 14-2

级数	支撑编号	卸落量（mm）	级数	支撑编号	卸落量（mm）
1	①	10	3	②	10
	②	10		③	10
	③	10		④	10
	④	10		⑥	10
	⑤	10	4	①	10
	⑥	10		②	10
2	①	10		③	10
	②	10		⑤	10
	③	10	5	①	10
	④	10		②	10
	⑤	10		③	10
	⑥	10		④	10
3	①	10	6	①	10

根据各级卸落前各支撑支点反力表（表 14-3）数据，进行千斤顶顶升和千斤顶的布置。拱肋落架时，①~⑤号支撑位置，每排支架设置 1 台 300t 千斤顶，⑥号支撑位置，每排支架设置 2 台 200t 千斤顶，共设置 20 台 300t 千斤顶、8 台 200t 千斤顶。为应对千斤顶在使用过程中出现损坏的情况，额外配置 6 台 200t 千斤顶备用。千斤顶采用 7 台控制器控制，每台控制器控制 4 台千斤顶。

各级卸落前各支撑支点反力表 表 14-3

阶段	位置	支撑编号	支点反力(t)	阶段	位置	支撑编号	支点反力(t)
1 级卸落前	小里程	⑥	170.4	3 级卸落后 4 级卸落前	小里程	⑥	0
		⑤	136.2			⑤	106.1
		④	130.2			④	0
		③	120.1			③	0
		②	138			②	48.2
		①	158.2			①	123.1
	大里程	①	159		大里程	①	132.1
		②	140.8			②	79.4
		③	126			③	0
		④	137.6			④	0
		⑤	136.6			⑤	67
		⑥	151.7			⑥	0
1 级卸落后 2 级卸落前	小里程	⑥	0.5	4 级卸落后 5 级卸落前	小里程	⑥	0
		⑤	81.2			⑤	0
		④	105.1			④	98.6
		③	95.2			③	0
		②	101.2			②	0
		①	111.5			①	98.2
	大里程	①	112.3		大里程	①	99.2
		②	103.8			②	0
		③	101.1			③	0
		④	113.6			④	90.2
		⑤	58.5			⑤	0
		⑥	0			⑥	0
2 级卸落后 3 级卸落前	小里程	⑥	0	5 级卸落后 6 级卸落前	小里程	⑥	0
		⑤	0			⑤	27.8
		④	50.3			④	0
		③	84.7			③	0
		②	98.8			②	0
		①	106.6			①	66.9
	大里程	①	107.5		大里程	①	89
		②	100.2			②	0
		③	83.6			③	0
		④	40.5			④	0
		⑤	0			⑤	0
		⑥	0			⑥	0

支架卸落顺序：

（1）拱肋落架第 1 级卸落前，将千斤顶加压至设计反力，顶升过程中注意观察，一旦千斤顶上部拱肋变形，立即停止顶升施工，根据实际顶升力，与设计、监控单位共同分析原因，问题解决后方可进行下一步施工。顶升完毕，环切 1cm 钢支墩，同步回油下落千斤顶，将拱肋受力再次转换至钢支墩上。落架拆除严格按照监控指令执行。

（2）拱肋落架第 2~6 级卸落前进行千斤顶顶升，以设计反力为参考，以顶升至上、下钢管轻微分离为目标。钢管分离后环切 2~3cm 钢支墩，塞垫 1~2cm 钢板，保证落架 1cm，同步回油下落千斤顶，将拱肋受力再次转换至钢支墩上。落架拆除严格按照监控指令执行。

三、系杆施工

系杆的牵引系统采用 10t 牵引卷扬机配合 5t 回拉卷扬机和导向滑轮辅助的方式安装。具体如下：在 10 号墩至 11 号墩之间布置 10t 牵引卷扬机，在 14 号墩和 15 号墩之间布置固定放索盘和 5t 回拉卷扬机。在放索盘处布置一台 50t 汽车起重机辅助。提前在箱梁内部系杆线路上布置好支撑架，如图 14-33 所示。

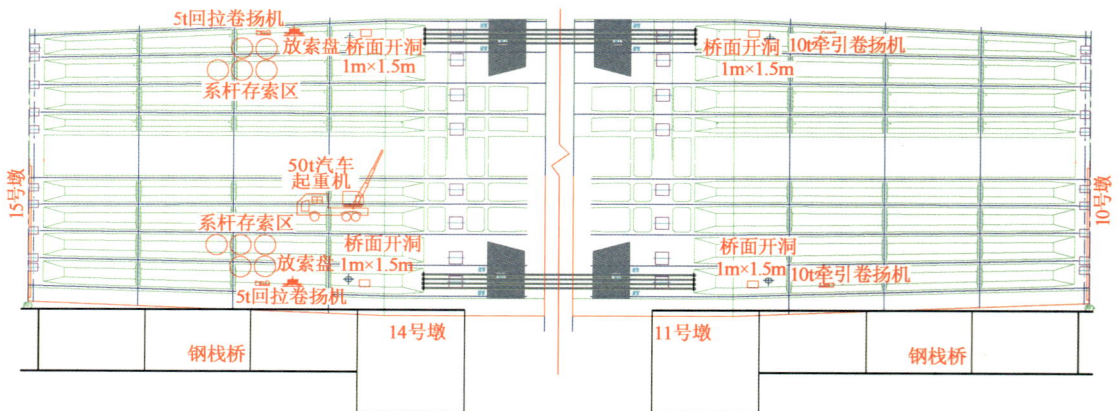

图 14-33　牵引系统平面布置图

辅助孔段混凝土强度达到设计要求后，将成盘系杆通过栈桥运输到桥边，使用桥面 50t 汽车起重机直接将系杆从栈桥拖车上吊至桥面。正式安装时使用汽车起重机将系杆放入放索盘上。检查穿索孔道，清理孔道内杂物，保证索导管通畅。在提前布置的预埋件上设置滚轮、导向装置，导向挂设要合理，挂点要牢靠，保证系杆进孔顺直。

托辊预埋件为 150mm×150mm×10mm 钢板，每块钢板下设 2 根钢筋。卷扬机预埋件为 200mm×200mm×20mm 钢板，每块钢板下设置 4 根钢筋。桥面人孔开洞尺寸均为 1m×1.5m。

施工人员提前将 10t 牵引卷扬机上的钢丝绳放出，沿系杆线路上由 14 号墩和 15 号墩之间的人孔进入，从 10 号墩和 11 号墩的人孔牵出，并与系杆端头连接。慢慢启动 10t 牵引卷扬机，牵引系杆索头沿纵桥向移动，如图 14-34 及图 14-35 所示。牵引过程中要注意可能发生的各种情况，并提前准备相应措施。

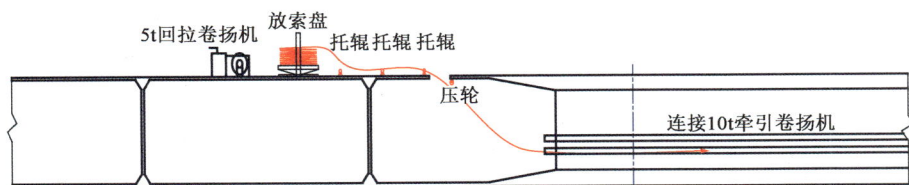

图 14-34　启动 10t 牵引卷扬机牵引

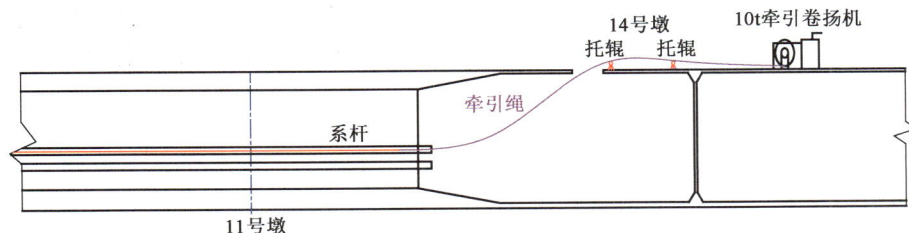

图 14-35　系杆即将牵引到位

索体在钢箱梁内行走时,要保证索体在支撑架上滑动,作业人员紧跟索头,防止索头进管口时卡住。要保证信号通畅,及时联系,如卡住则要及时停机,利用工具进行校正,保持穿索顺畅。索体在行进移动时及时用剪刀划开外包带,同时注意刹车时保持穿索平稳。

依次安装完成 12 根系杆。系杆牵引完毕,完成锚头螺母紧固,等待指令进行系杆张拉施工。张拉顺序如图 14-36 所示,共计 12 根系杆,分三组张拉,每次每组同时张拉 4 根。

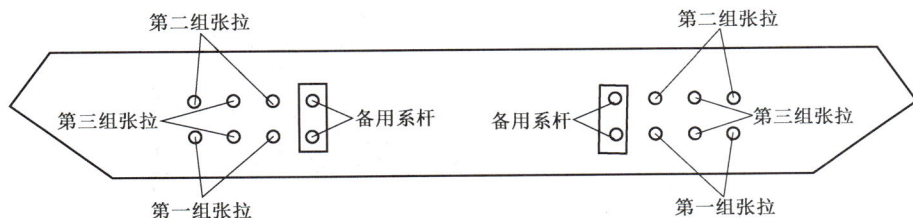

图 14-36　系杆张拉顺序示意图

两侧系杆需对称同步张拉,张拉力分三期实施:
(1)拱肋、边跨、中跨钢梁合龙后对称张拉系杆至一期索力 1290kN。
(2)一期吊杆索力张拉到位后对称同步张拉系杆至二期索力 2580kN。
(3)二期吊杆索力张拉到位后对称同步张拉系杆至设计索力 4300kN。
系杆张拉如图 14-37 所示。

四、吊杆施工

吊杆的安装主要采用以汽车起重机提升拉索的方式,辅以手拉葫芦等设备。因工期较紧,需投入大量人力和多台汽车起重机进行安装施工。吊索安装如图 14-38 所示。

图 14-37　系杆张拉

图 14-38　吊索安装

计划两个施工面同时进行吊索安装,拱肋高处以 1 台 80t 汽车起重机提升为主,辅助 1台 50t 汽车起重机配顶框,拱肋较低处以 1 台 50t 汽车起重机为主,辅助 1 台 25t 汽车起重机配顶框。吊杆的下端直接使用汽车起重机将下锚头提起放入桥面索管内,如图 14-39所示。

图 14-39　吊索提升

用汽车起重机运送吊杆至待挂位置拱肋下方,拱肋内施工人员从预埋管放下牵引绳,通过在汽车起重机前端安装顶框作为施工平台,施工人员在平台上操作,连接好吊杆上端锚杯。

起吊吊杆至拱肋下吊杆预埋管位置,顶框内的施工人员调整好吊杆上端锚头,以便顺利穿过预埋管到达拱内锚箱;继续提升吊杆,将上端锚头提升至设计位置并旋紧上端螺母,将吊杆上端锚头临时锚固,如图 14-40 所示。

当吊杆上端安装完成后,用汽车起重机起吊吊杆下端至相应位置;配合卷扬机或手拉葫芦,调整下端锚头方向,以便顺利进入下预埋管;待下端锚头顺利就位于箱梁内后,拧上下端螺母,完成吊杆下端安装。

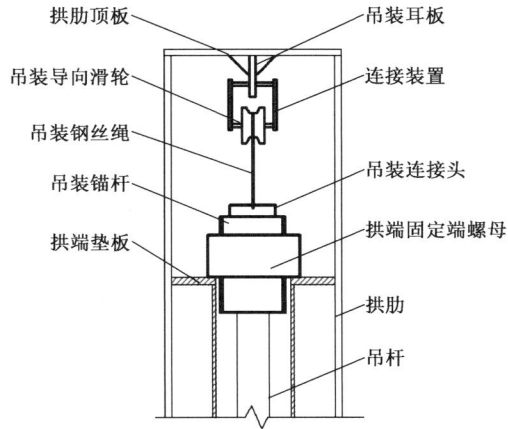

图 14-40　吊杆吊装示意图

安装撑脚、张拉杆、千斤顶、张拉螺母及各油电管线,启动油泵缓慢加压,开始张拉,待达到设计索力时停机;拧紧螺母,转入下一工作面;当螺母顶面调节至锚杯尽头,还没达到设计索力时,可考虑在螺母下面垫半圆钢板(同锚垫板材质);配合施工进度,重复以上步骤依次安装下一根吊杆。

第十五章　施工监控和成桥荷载试验

第一节　概　　述

一、施工监控的必要性

监控过程是与施工过程一一对应的。在各施工阶段，通过各项测试取得反映结构状态的各种参数，和理论设计值相比，如果发生了偏离，则应采取相应措施及时纠偏，防止误差累积，所以监控过程是以理论设计值为基准的维持动态平衡的过程。

设计图纸的要求是施工的目标，在为实现设计目标而必须经历的施工过程中，通过施工监控，可对施工状态进行实时识别（监测）、调整（纠偏）、预测，使施工的各个阶段处于有效的控制之中，确保设计目标安全、顺利实现。

桥梁施工监控的目的是实现成桥时桥梁结构受力合理、线形平顺，同时确保施工过程中各工况结构均处于符合相关规范和设计要求的受力状态下，即保证施工过程安全可靠，万无一失，还能对施工过程进行必要的优化论证分析，方便施工，高效、快捷地完成施工任务。

京雄大桥的工程规模大、建设条件特殊、桥梁结构特殊、技术难度高，项目施工监控的目的主要体现在以下几个方面：

（1）通过对桥梁施工过程中的结构受力、变形及稳定性进行监测控制，使施工中的结构处于最优状态，并与设计图纸中结构理想状态相吻合，不断修正误差，减小误差的累积，最终实现结构成桥理想状态。

（2）监控单位配合建设、设计、监理、施工等各参建方，解决桥梁施工过程中质量控制的关键技术问题。

（3）通过合理的施工监控，总结大跨径桥梁施工监控的经验，掌握不同环境下结构的力学行为，为今后优化设计方案提供依据。

（4）在保证结构安全的前提下，统筹安排，根据现场情况合理调整施工步骤，优化施工方法，在不影响结构内力和线形的同时，实现多工序交叉作业，缩短工期，为桥梁的建设节约成本。

二、荷载试验的必要性

为了解桥梁当前工作状态，确保桥梁运营安全，依据有关规范及规程要求对桥梁结构进行结构检算、静动载试验及桥梁技术状况等级评定，通过对桥梁的全面检测达到以下目的：

（1）检验桥梁设计、施工质量，确保工程的可靠性，对桥梁结构作出总体安全评价，为工程验收提供技术依据。

（2）直接了解桥跨结构在试验荷载下的实际工作状态,经过测试与分析及相互比对判断桥跨结构实际承载能力,评价其在设计使用荷载下的工作性能。

（3）验证桥跨结构设计理论、计算方法和设计中各种假定的正确性与合理性,为设计积累科学资料。

（4）通过动载试验了解桥跨结构的固有振动特性以及在试验荷载作用下的动力性能,为论证其抗风、抗震性能提供依据,确定其使用条件和注意事项。

（5）大量临时结构在施工过程中与永久结构相互影响,安全风险高。

第二节 施 工 监 控

一、施工监控的目标

施工监控的目标是确保结构在施工过程中的应力、变形与稳定性处于安全可控状态,竣工后桥梁的内力和线形最大限度地符合设计目标状态。对于提篮式系杆拱桥,以控制主拱线形为主,兼顾主拱和主梁变形不超限,且吊杆索力最大限度接近合理设计索力,成桥后以较小的范围和幅度进行索力、线形调整,使结构受力达到最优状态,控制及监测精度达到施工控制技术要求的规定;同时,精度控制和误差调整的措施不对施工工期产生实质性的影响。

1. 结构几何尺寸控制

结构几何尺寸不仅影响结构整体刚度,而且会引起较大的恒载偏差,最终导致成桥状态偏离设计目标状态。尤其是主拱圈的安装,几何尺寸若出现较大偏差,将会对监控精度造成较大影响。拱梁结合段几何尺寸出现偏差,会大大增加主梁、横梁和拱肋安装的难度和时间,影响整体工期。为此,应对拱肋、横梁的结构几何尺寸进行严格控制。

2. 线形控制

线形是大跨径桥梁施工控制的最直接控制指标。通过对桥梁实施线形控制,使其在施工过程中的实际位置（平面位置、立面位置）与预期状态之间的误差在相关规范允许范围之内,保证桥梁顺利精确合龙、成桥线形最大限度符合设计要求。

3. 内力控制

通过对主拱主要截面的应力（内力）监控,实时了解结构的实际应力状态,使之在允许范围之内变化,避免发生工程施工安全事故。对吊杆、系杆索力进行重点控制,保证成桥后索力满足设计及规范要求。

二、本项目施工监控特点及总体工作思路

1. 本项目施工监控特点

拱桥是一种有推力的结构,在竖向荷载作用下,支承处不仅产生竖向反力,而且产生水平推力。由于这个水平推力的存在,拱的弯矩比相同跨径的梁的弯矩小很多,从而使整个拱以承受压力为主。拱桥的主要承重构件为曲线形构件,与梁桥受力有着本质的区别。

拱桥的施工方法多样,施工工序多、周期长,一般涉及多次体系转换,且措施费用高,尤其对于大跨径拱桥来说,在其建造过程中,往往需要大量临时结构的辅助,才能完成桥梁施工。

因此,大跨径拱桥的建造及施工监控工作具有以下特点:

(1)结构形式多样,施工方法多样,相应的监控工作内容变化大。

(2)施工阶段受力复杂,过程安全控制要求较高。

(3)施工阶段影响因素较多,结构监测内容多。

(4)存在结构体系转换问题,线形与内力相互影响。

2. 本项目施工监控总体工作思路

本项目施工监控的总体工作思路:施工监控单位根据设计图纸和施工过程进行前期计算分析,按照全空间模型考虑施工过程的优化迭代,得到成桥目标状态,并由此得到各施工控制目标值。在现场施工阶段,将提供预拱度,按照监控指令施工,并由监控单位和施工单位进行结构状态监测和施工测量,监控单位根据误差进行数据分析和参数识别,并进行结构计算模型调整,指导后续阶段施工,直至全桥合龙、成桥。

大跨径桥梁的设计与施工是相互影响的,施工控制工作介于设计与施工之间,更多地应该看成设计工作的延续。只有将设计和施工综合考虑,才能在实际施工时达到设计时制订的成桥目标状态。本项目施工监控总体工作流程如图 15-1 所示。误差出现后,首先要识别误差产生的原因,通过参数调整对计算的施工状态进行自适应调整,根据调整后的计算状态再去进行现场的误差纠正。

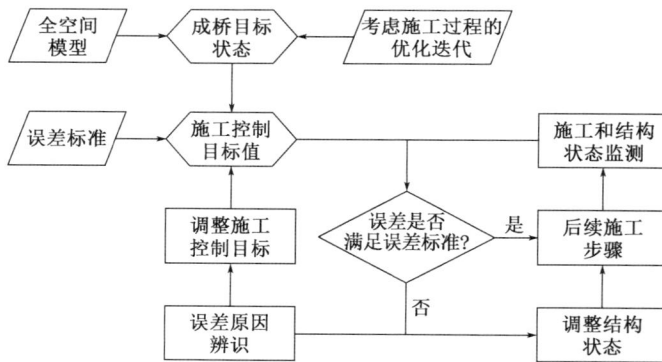

图 15-1　施工监控总体工作流程图

三、施工监控主要内容及方法

1. 施工监控主要内容

本项目施工监控的主要内容应包括:

(1)监控计算:主要包括设计复核计算、事前仿真计算和实时仿真计算。

(2)施工监测:主要包括应力(内力)监测、线形监测、温度监测和必要的环境影响因素监测。

（3）数据分析与反馈控制：主要包括识别施工过程中的结构内力、几何状态，分析施工状态偏离情况，进行过程调整或变更。

2. 施工监控方法

随着桥梁结构形式、施工特点及监控内容的不同，施工监控方法也不相同。总的来讲，施工监控方法可分为开环控制法、闭环控制法、自适应控制法、最大宽容度法等。

开环控制法适用于跨径不大、结构简单的桥梁。运用这种方法能够按照结构的设计荷载精确计算出成桥阶段的结构理想状态，并根据各个施工阶段的施工荷载准确估计出结构的预拱度，施工过程中只要严格按照这个预拱度进行施工，施工完成后的结构状态基本上能够达到结构理想状态的几何线形和内力状况。

对于跨径大、结构复杂的桥梁体系，尽管可以在设计计算中得出成桥状态和各个施工阶段的理想状态，但是由于施工中结构状态误差和测量系统误差的存在，随着施工过程的进行，误差就会累积，以致施工完毕，实际的几何线形和内力状况远远偏离了结构理想状态。虽然结构理想状态无法达到，但可以按某种性能最优原则，使得已经存在误差的结构状态达到所谓的结构最优状态。这就是闭环控制法。

自适应控制法是在分析模型中不断地修正计算参数与实际参数之间的偏差，经历若干个施工阶段的重复循环计算后，使计算输出与实际施工状态相符，从而实现对目标系统的控制。

最大宽容度法是在设计时给予主梁高程和内力最大的宽容度，即误差的容许值。

本项目采用自适应控制法和最大宽容度法相结合的方法。

四、施工监控计算

1. 施工监控计算工作内容

桥梁采用分阶段逐步完成的施工方法，结构的最终形成，需经历一个长期而复杂的施工与结构体系转换过程，对施工过程中每个阶段的变形计算和受力分析，是桥梁结构施工监控中最基本的内容。

同时，为了确保施工过程中结构的安全，保证实际成桥状态最大限度地接近设计目标状态，必须采用合理的理论分析和计算方法来确定桥梁结构施工过程中每个阶段在受力和变形方面的理想状态，以便为施工提供中间目标状态，控制施工过程中每个阶段的结构行为和状态，使得在施工过程中结构受力合理，且最终的成桥线形和受力状态满足设计要求。

监控计算是施工控制的核心依据，利用三维空间结构分析程序计算分析施工全过程、成桥状态的变形和内力等，考虑结构空间的非线性效应对变形和内力的影响，划分施工阶段。监控计算的成果需要与设计计算结果比较分析，差别应在容许范围内。

桥梁的施工监控计算分析方法不仅应能够对整个施工过程进行正确描述，反映整个施工过程结构的真实受力状态，而且能确定结构各个阶段的理想状态，为施工提供中间目标状态。

因此，桥梁施工监控中应加强对结构参数的识别，建立准确的结构计算分析模型。考虑外界的环境因素（温度、湿度等）、施工附加荷载等对实测应力、变形的影响，考虑材料的收缩、徐变产生的附加应力和变形。选择温度误差小、性能稳定、抗干扰能力强,适合长期观测的应力和变形测量系统。通过上述措施使所测得的应力和变形能正确反映结构的实际状态,从而为后续施工提供可靠的依据。

根据工程进展,监控计算工作主要包括以下内容:

(1)结构复核验算(对设计单位提交的静力的整体计算分析进行复核验算)。

(2)理论施工状态确定(应包括所有施工单位和设计单位达成一致的所有施工阶段及重要节点的形成过程)。

(3)施工中全过程仿真分析[针对拱圈和钢梁的每个节段架设后,合龙前后,吊杆、系杆张拉前后,二期恒载等每个施工阶段监测结构变形及内力情况,调整计算模型参数,仿真分析并预测下一节段架设(或施工阶段)后结构三维姿态及内力]。

(4)结构参数(包括温度、风力、施工临时荷载等)敏感性分析计算。

(5)系杆、吊杆无应力制造长度及相关张拉力计算。

(6)钢梁及拱肋无应力线形及高程计算。

2. 监控计算结构材料参数

根据设计图纸和相应设计规范,京雄大桥主桥计算采用的结构材料参数见表15-1。

京雄大桥主桥结构材料参数   表15-1

部位	材料	弹性模量 E(MPa)	泊松比 ν	线膨胀系数 α	容重 ρ(kN/m³)
拱圈及主墩基座	C55	3.55×10^4	0.2	1.0×10^{-5}	26.0
现浇箱梁及 V 形墩柱、系梁	C50	3.45×10^4	0.2	1.0×10^{-5}	26.0
主墩承台	C40	3.25×10^4	0.2	1.0×10^{-5}	26.0
过渡墩、辅助墩承台	C35	3.15×10^4	0.2	1.0×10^{-5}	26.0
桩基	C30	3.00×10^4	0.2	1.0×10^{-5}	26.0
钢梁、风撑	Q345qE	2.06×10^5	0.3	1.2×10^{-5}	78.5
钢拱肋	Q420qE Q345qE	2.06×10^5	0.3	1.2×10^{-5}	94.0
吊杆、系杆	钢绞线	1.95×10^5	0.3	1.2×10^{-5}	84.0
预应力钢束	钢绞线	1.95×10^5	0.3	1.2×10^{-5}	78.5

3. 监控计算荷载取值

(1)一期恒载。

结构自重为一期恒载,混凝土重度取26.0kN/m³,边、中孔钢梁及风撑重度取78.5kN/m³,钢拱肋容重考虑钢结构横隔板等重量,取94.0kN/m³。风嘴重量、焊缝重量等采用节点荷载、均布荷载模拟。

(2)二期恒载。

边、中孔钢梁二期恒载主要是1cm树脂薄层及7cm沥青混凝土重量,沥青混凝土重度取25.0kN/m³。辅助孔混凝土梁二期恒载主要是8cm钢筋混凝土铺装及11cm沥青混凝土铺装,重度取25.0kN/m³。

（3）活载。

根据设计说明：车道荷载为公路-Ⅰ级；考虑按 8 车道加载，根据规范 $q_k = 10.5\text{kN/m}$，$P_k = 360\text{kN}$，横向折减系数为 0.5，纵向折减系数为 0.97，偏载系数取 1.15，冲击系数取 1.05。车道效应的系数：$8 \times 0.5 \times 0.97 \times 1.15 \times 1.05 = 4.685$。

4. 计算模型

采用桥梁结构有限元分析软件 MIDAS/Civil，建立京雄大桥主桥有限元计算模型并进行计算分析。

边、中孔钢主梁，辅助孔混凝土梁，边、主拱肋均采用梁单元；吊杆、系杆均采用桁架单元；吊杆梁端锚点、拱肋端锚点与中孔钢梁、钢拱肋之间连接采用刚性连接模拟；考虑桩基础与土之间的桩-土相互作用，桩底固结，采用节点弹性支承模拟水平向土弹簧；支座按实际布置形式采用弹性连接模拟。京雄大桥主桥有限元计算模型如图 15-2 所示。

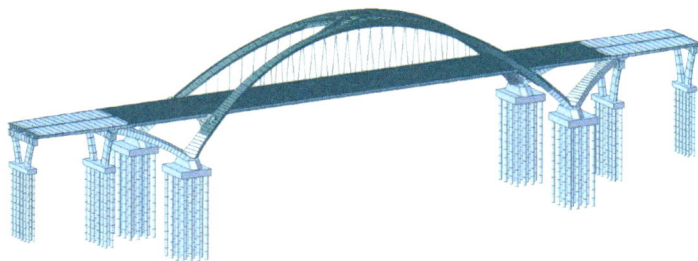

图 15-2　京雄大桥主桥有限元计算模型

五、施工监测主要内容及结果

1. 施工监测主要内容

施工监测就是通过在施工现场设立的实时测量体系，对施工过程中结构的内力、位移（线形）、索力、温度等进行现场实时跟踪测量，为施工监控工作提供实测数据，以保证施工过程中结构的安全及为监控计算提供实测结构参数和校核。也就是说，通过对这些测量数据进行计算、分析和比较，以判断结构是否符合设计的要求，结构的状态和监控的目标是否一致，结构是否处于安全状态，并根据需要对结构的状态及监控目标作出必要的调整。主要施工监测内容如下：

（1）几何线形监测：包括拱肋线形监测、主梁线形监测、拱脚沉降监测。

（2）结构应力监测：包括拱肋应力监测、主梁应力监测。

（3）索力监测：包括所有吊杆、系杆索力监测。

2. 主要监测结果

施工过程中京雄大桥结构线形及受力情况主要监测结果如下：

（1）二恒铺装完成后，桥面线形总体平顺，实测桥面高程与理论值的最大偏差为 32mm，小于《公路工程质量检验评定标准　第一册　土建工程》（JTG F80/1—2017）中的桥面高程误差限值(±50mm),桥面线形控制精度整体较好,满足设计要求及相关规范规定。

(2)二恒铺装完成后,辅助孔混凝土梁成桥实测最大应力值为 -8.89MPa,与计算值最大偏差为 1.44MPa;边、中孔钢主梁成桥实测最大应力值为 -29.57MPa,与计算值最大偏差为 7.39MPa;拱肋混凝土结构成桥实测最大应力值为 -10.77MPa,与计算值最大偏差为 1.48MPa;拱肋钢结构成桥实测最大应力值为 -90.39MPa,与计算值最大偏差为 -8.55MPa。结构应力偏差处于监控的预期控制范围内,各构件应力满足相关规范限值要求,结构受力安全。

(3)二恒铺装完成后,对全桥索力进行了微调,调整后的所有吊杆索力偏差均在10%以内,吊杆索力最大偏差为 7.6%,吊杆总索力实测值与理论值的偏差为 0.7%,吊杆索力满足相关验收规范要求;对全桥系杆进行了通测,实测成桥系杆索力与理论值相比较,所有系杆索力偏差均在 5% 以内,系杆索力最大偏差为 4.8%,系杆索力满足相关规范要求。

第三节　成桥荷载试验

一、运营过程受力分析

(1)汽车荷载中孔钢梁竖向位移。

中孔钢梁竖向位移如图 15-3 所示。

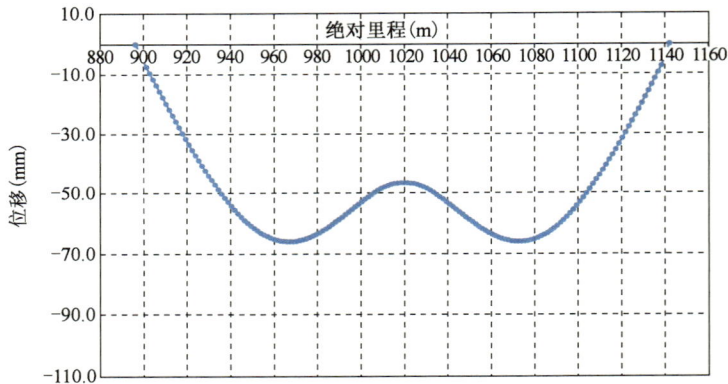

图 15-3　汽车荷载作用下中孔钢梁竖向位移图

汽车荷载作用下,中孔钢梁$3L/10$处(71.25m)竖向位移最小值为 -65.9mm;中孔钢梁$L/2$处(123m)竖向位移最小值为 -46.7mm。其中,L 为主跨跨径。

(2)汽车荷载主拱拱肋竖向位移。

主拱拱肋竖向位移如图 15-4 所示。

汽车荷载作用下,主拱拱肋$3L/10$处(90.0m)竖向位移最小值为 -49.9mm;主拱拱肋$L/2$处(150m)竖向位移最小值为 -25.2mm。

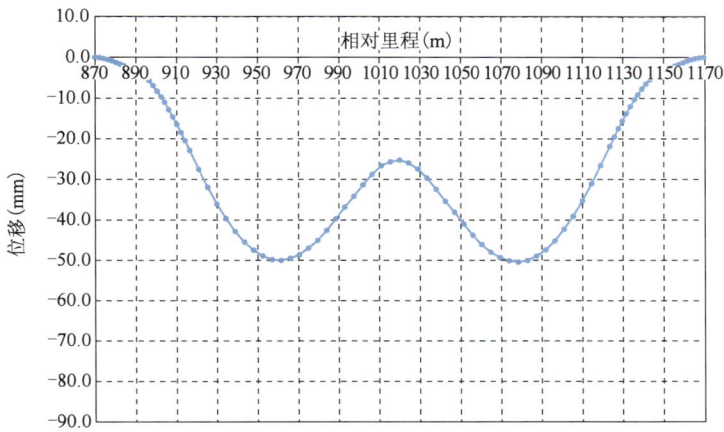

图 15-4　汽车荷载作用下主拱拱肋竖向位移图

（3）活载作用下的结构应力响应。

活载作用下的结构应力如图 15-5、表 15-2 所示。

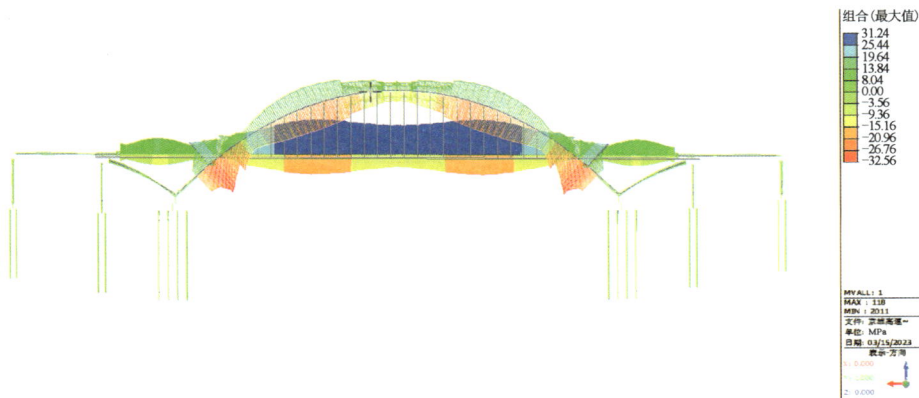

图 15-5　活载作用下结构应力云图

活载作用下结构应力响应情况表

表 15-2

部位	最大拉应力（MPa）	最大压应力（MPa）
中孔钢梁	31.24	−17.76
边孔钢梁	13.96	−11.32
辅助孔混凝土梁	1.27	−1.43
钢拱肋	26.46	−32.56
混凝土拱肋	1.35	−1.98

二、荷载试验方案

1. 静载试验

（1）加载工况、观测断面与测试内容。

本次荷载试验共分 11 个工况进行，具体加载工况、观测断面与测试内容如图 15-6、表 15-3 所示。

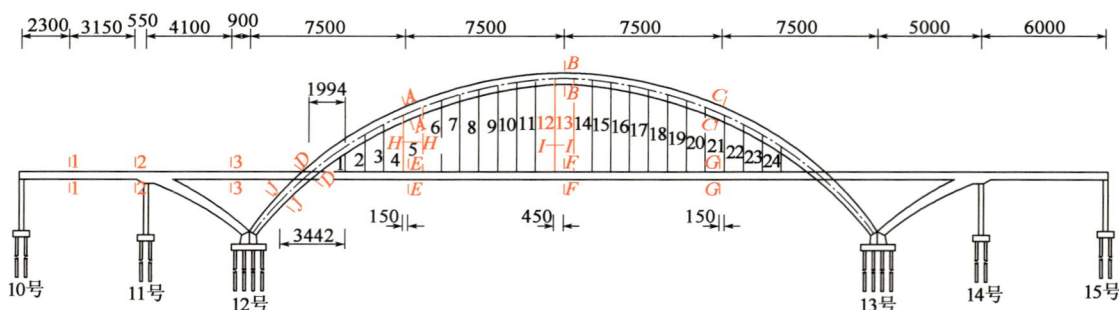

图 15-6　观测断面布置图（尺寸单位：cm）

加载工况、观测断面与测试内容　　　　　　　　表 15-3

工况	工况名称	观测截面与测试内容
1	拱顶最大正弯矩及挠度工况	B—B、F—F 截面应变、挠度
2	拱肋 1/4 截面最大正弯矩	A—A、E—E 截面应变、挠度
3	拱肋 3/4 截面最大负弯矩	C—C 截面挠度、应变，G—G 挠度
4	拱脚最大负弯矩	D—D 截面应变
5	跨中附近吊杆最大拉力工况	I—I 截面索力增量
6	拱脚最大轴力	J—J 截面应变
7	拱肋 L/4 截面正负挠度绝对值之和最大工况	A—A、C—C 截面挠度
8	四分点附近吊杆最大拉力工况	4、5 号吊杆（H—H）截面索力增量
9	边跨钢箱梁最大正弯矩	3—3 截面应变、挠度
10	辅助跨混凝土箱梁最大正弯矩	1—1 截面应变、挠度
11	辅助跨混凝土箱梁最大负弯矩	2—2 截面应变

（2）加载车辆。

试验共使用 24 辆前二后八轮共 3 轴载重汽车进行加载，加载车一般外形示意图如图 15-7 所示，轴重数据如表 15-4 所示。

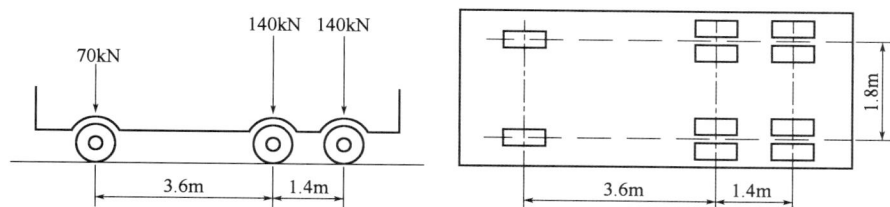

图 15-7 加载汽车轴重、轴距及平面图

加载车轴重数据(单位:t)

表 15-4

序号	前轴	后轴	总重
1	8.22	31.76	39.98
2	9.01	30.25	39.26
3	10.03	30.79	40.82
4	8.11	31.95	40.06
5	9.65	29.47	39.12
6	10.70	30.18	40.88
7	6.64	33.76	40.40
8	8.74	32.14	40.88
9	9.21	31.02	40.23
10	7.87	32.31	40.18
11	8.09	30.99	39.08
12	6.61	33.02	39.63
13	8.27	31.52	39.79
14	9.31	31.49	40.80
15	6.93	33.45	40.38
16	8.71	31.08	39.79
17	9.55	30.97	40.52
18	8.68	31.09	39.77
19	8.01	31.45	39.46
20	7.68	31.78	39.46
21	6.90	32.56	39.46
22	6.70	32.42	39.12
23	9.02	31.59	40.61
24	8.82	31.62	40.44

（3）静载试验效率。

根据桥梁结构内力计算及试验要求，各测试截面有关工况的静载试验效率如表 15-5
所示。

静载试验效率 表 15-5

工况	工况名称	控制位置	偏载/中载	试验效应	加载效应	试验效率	控制参数
1	拱顶最大正弯矩及挠度工况	拱顶截面	偏载	11240	9956	0.89	弯矩
				−28	−25	0.89	挠度
			中载	10549	10258	0.97	弯矩
				−26	−25	0.96	挠度
2	拱肋 1/4 截面最大正弯矩	拱肋 1/4 截面	偏载	15599	13972	0.90	弯矩
			中载	14643	13674	0.93	
3	拱肋 3/4 截面最大负弯矩	拱肋 3/4 截面	偏载	−14876	−15080	1.01	弯矩
			中载	−14166	−13499	0.95	
4	拱脚最大负弯矩	D—D 截面	偏载	−35003	−34793	0.99	弯矩
			中载	−33099	−33164	1.00	
5	跨中附近吊杆最大拉力工况	12 号吊杆	偏载	427	420	0.98	索力
			中载	381	336	0.88	
		13 号吊杆	偏载	427	381	0.89	
			中载	381	337	0.88	
6	拱脚最大轴力	J—J 截面	偏载	−8405	−7506	0.89	轴力
			中载	−7842	−6652	0.85	
7	拱肋 L/4 截面正负挠度绝对值之和最大工况	拱肋 1/4 和 3/4 截面	偏载	71	64	0.89	挠度
			中载	69	69	1.00	
8	四分点附近吊杆最大拉力工况	4 号吊杆	偏载	426	419	0.98	索力
			中载	389	336	0.86	
		5 号吊杆	偏载	428	380	0.89	
			中载	388	337	0.87	
9	边跨钢箱梁最大正弯矩	3—3 截面	偏载	17806	18606	1.04	弯矩
			中载	17810	18631	1.05	
10	辅助跨混凝土箱梁最大正弯矩	1—1 截面	偏载	18509	16719	0.90	弯矩
			中载	18536	18692	1.01	
11	辅助跨混凝土箱梁最大负弯矩	2—2 截面	偏载	−19666	−19418	0.99	弯矩
			中载	−19655	−19347	0.98	

注：弯矩单位为 kN·m；挠度单位为 mm，挠度向上为正，向下为负；轴力和吊索索力单位为 kN，拉为正，压为负。

2. 动载试验

（1）试验内容。

①脉动试验。

脉动试验主要测量主桥的自振频率、振型和阻尼比。脉动试验是通过在桥上布置高灵敏度的传感器,长时间记录桥梁结构在环境激励下(如风、水流、地脉动等)的振动,然后对记录下来的桥梁振动时程信号进行处理,并进行时域和频域分析,求取桥梁结构自振特性的一种方法。

脉动试验假设环境激励为平稳的各态历经,在中低频段,环境振动的激励谱比较均匀,在环境激励的频率与桥梁的自振频率一致或接近时,桥梁容易吸收环境激励的能量,使振幅增大;而在环境激励的频率与桥梁自振频率相差较大时,由于相位差较大,有相当一部分能量相互抵消,振幅较小。

对环境激励下桥梁的响应信号进行多次功率谱的平均分析,可得到桥梁的各阶自振频率,再利用各个测点的振幅和相位关系,可求得桥梁各阶模态相应的振型,利用幅频图上各峰值处的半功率带宽或时域上的自相关来确定桥梁各阶模态阻尼比。

②强迫振动试验。

强迫振动试验是利用试验车辆对桥梁施以动力荷载,测量桥梁动力响应,即桥梁的频率、振幅、动挠度及冲击系数等,并对测得的桥梁动力响应值进行分析,获得桥梁的动力响应特性。强迫振动试验传感器测点与脉动试验测点布置一致。

a. 跑车试验。

跑车试验初拟采用 1 辆试验载重汽车以 20km/h、30km/h、40km/h、50km/h、60km/h 及设计速度在桥面上行驶,测量桥梁结构在行车状态下的振幅、动应变、动挠度及冲击系数。

b. 跳车试验。

行进跳车:采用 1 辆试验载重汽车以 20km/h 速度行驶至试验跨跨中处,越过高 5cm 的刹车板后停车,测量梁体各测点振幅和梁体在竖桥向冲击荷载下的强迫振动频率。

原地跳车:采用 1 辆试验载重汽车停在试验跨跨中处,后轮越过高 5cm 的刹车板后停车,测量梁体各测点振幅和梁体在竖桥向冲击荷载下的强迫振动频率。

(2)测点布置。

通过桥梁模态测试采集模块测定桥梁在动荷载作用下的振型、频率、阻尼比等动力参数。拾振器沿桥纵向布置在每阶主梁振型的波峰与波谷位置。测点位置确定后用耦合剂将拾振器调平并与桥面耦合。测点布置如图 15-8 所示。

图 15-8　动载试验测点布置图

三、荷载试验结果

1. 静载试验结果

本次静载试验分为拱肋、吊杆、主跨主梁、边跨钢梁与辅助跨混凝土梁 5 个试验目标,共计 11 个加载工况,见表 15-3。试验结果如表 15-6 所示。

静载试验结果汇总表   表 15-6

试验目标		试验内容	校验系数	相对残余(%)	实测值与计算值分布关系
拱肋	钢拱肋	主要应变测点	0.75 ~ 0.96 满足规范要求	−14.29 ~ 18.00 满足规范要求	实测应变分布与计算规律一致、形状趋同
		主要挠度测点	0.72 ~ 0.99 满足规范要求	−7.84 ~ 19.47 满足规范要求	实测挠度分布与计算规律一致、形状趋同
	混凝土拱肋	主要应变测点	0.62 ~ 0.78 满足规范要求	0 ~ 17.65 满足规范要求	实测应变分布与计算规律一致
吊杆		索力增量测点	0.79 ~ 0.99 满足规范要求	−19.35 ~ 11.50 满足规范要求	实测规律与计算一致
主跨主梁		主要应变测点	0.74 ~ 0.88 满足规范要求	−16.33 ~ 11.54 满足规范要求	实测应变分布与计算规律一致
		主要挠度测点	0.75 ~ 0.97 满足规范要求	−15.38 ~ 17.06 满足规范要求	实测挠度分布与计算规律一致、形状趋同
		测试腹板应变	测试腹板应变与测点位置线性相关度较高,测试腹板符合平截面假定		
边跨钢梁		主要应变测点	0.75 ~ 0.93 满足规范要求	−16.00 ~ −1.61 满足规范要求	实测应变分布与计算规律一致、形状趋同
		主要挠度测点	0.75 ~ 0.85 满足规范要求	−5.68 ~ 17.07 满足规范要求	实测挠度分布与计算规律一致、形状趋同
		测试腹板应变	测试腹板应变与测点位置线性相关度较高,测试腹板符合平截面假定		
辅助跨混凝土梁		主要应变测点	0.56 ~ 0.88 满足规范要求	−15.00 ~ 17.86 满足规范要求	实测应变分布与计算规律一致、形状趋同
		主要挠度测点	0.75 ~ 0.88 满足规范要求	−0.23 ~ 16.33 满足规范要求	实测挠度分布与计算规律一致、形状趋同
		测试腹板应变	测试腹板应变与测点位置线性相关度较高,测试腹板符合平截面假定		

注:表中规范指《公路桥梁承载能力检测评定规程》(JTG/T J21—2011)、《公路桥梁荷载试验规程》(JTG/T J21-01—2015)。

静载试验过程中,结构未发现异常情况。根据对静载数据的整体分析,认为结构在设计荷载作用下处于良好的弹性工作状态。

2. 动载试验结果

利用 MIDAS/Civil 有限元分析程序对桥梁进行动力特性分析,求解其前几阶自振频率、振型等。对自然激励响应测得的数据进行模态分析,得到竖向振动实测频率和阻尼比。通过对比计算结果与实测结果,对结构整体刚度进行综合分析。结果如表 15-7 所示。

模态参数实测值及计算值

表 15-7

阶次	振型描述	计算频率(Hz)	实测频率(Hz)	阻尼比(%)
1	主梁 1 阶反对称竖弯	0.64	0.66	1.51
2	主梁 2 阶正对称竖弯	0.95	1.00	0.81
3	主梁 3 阶正对称竖弯	1.40	1.56	1.47

通过静、动载试验,表明大桥结构处于弹性工作状态,整体性能较好,承载能力能够满足设计荷载公路-Ⅰ级的要求。

PART FOUR
第四篇
数字技术应用

第十六章 整 体 策 划

第一节 大桥数字技术应用的必要性

一、设计手段上的必要性

京雄大桥的特殊地理位置对景观设计提出了明确的要求,同时,由于防洪标准较高,阻水断面需控制在河道断面的5%以内。这要求设计一个大跨径且轻盈的桥梁方案以满足需求。综合考虑景观和防洪等多方面因素,建筑师提出了一个简洁而优美的空间异形扭曲面钢箱拱方案。

空间异形扭曲结构及其复杂的钢结构连接节点构造,对设计提出了非常大的挑战,同时复杂结构节点的协同分析工作量巨大。常规的二维设计手段已经无法完成主拱肋的设计任务,需要借助三维设计平台。

二、三维设计上的必要性

鉴于景观设计的需求,大桥的拱肋设计采用了扭曲的变截面多边形结构。传统的设计方法已不足以应对拱肋及其交会节点的局部设计挑战,因此必须借助 BIM 技术的三维设计手段来实现这一设计。具体的设计难点包括:

(1)主拱拱肋的截面形状是一个不规则的五边形渐变,副拱拱肋则呈现为一个扭曲的四边形渐变。在 BIM 模型的构建过程中,必须精确地设定这些拱肋的轴线位置、外部轮廓及详尽的内部结构。

(2)主梁的外部装饰板设计采用了弧形渐变的美学理念,拱肋间风撑的外形则表现为复杂的三维空间曲面。因此,必须借助先进的三维建模技术来精确拟合其外形,并进行内部结构的精细设计。

(3)拱肋、主梁内拉索、锚箱等锚固系统的角度及与拱肋壁板横隔板的相对位置各具特色,必须在 BIM 模型中精确确定锚固系统的位置和构造细节。

(4)拱脚基座处主、副拱肋和下部基础的连接部位,内部钢板、混凝土、钢筋和剪力钉的空间关系非常复杂,需要建立精细化 BIM 模型解决此部位的衔接设计问题。

(5)边跨、辅助跨和引桥的墩柱虽然为常规混凝土结构,但引桥第一联预应力混凝土上部结构同时变高变宽,均需要使用 BIM 模型辅助设计。

三、计算分析协同上的必要性

本项目由于构造的复杂性,除了进行整体结构的计算分析之外,还必须执行大量的局部精细有限元计算分析。为了完成这些任务,通常会使用诸如 ANSYS、ABAQUS、midas FEA 等业界广泛认可的通用有限元分析软件。在使用这些软件进行有限元分析的过程中,建立计算模型、进行网格划分等前期准备工作往往需要投入大量的时间和精力。因此,如果能够直接利用由 CATIA 软件构建的 BIM 模型来进行有限元分析,将显著减少计算前处理所需的时间,从而提高整个分析过程的效率。

经过初步分析,大桥需要进行局部精细有限元计算分析的部位主要有:

（1）主拱拱顶应力最大区段。

（2）拱脚基座。

（3）拱肋与主梁固结节点。

（4）拉索锚箱。

四、设计交付上的必要性

在进行拱肋及相交节点位置的局部构造设计时,必须利用 BIM 三维模型来辅助绘制详尽的二维控制图纸。通过将二维控制图纸与三维参数化模型融合,能够确保设计成果的精确交付,从而保障设计的准确性和施工的便捷性。

鉴于设计与实施任务的紧迫性,分配给设计阶段的时间相对有限。在这种情况下,本研究充分利用了数字技术中的参数化设计、协同设计以及协同分析能力,旨在提高设计效率的同时,有效提升设计优化的质量。通过这种方式,设计师能够确保设计成果的品质,满足项目实施的高标准要求。

五、加工制造上的必要性

在设计阶段,设计单位将交付总控二维图纸和 BIM 设计模型作为大桥设计的最终成果。加工制造单位需在设计模型中加入由施工监控单位确定的预拱度,进而细化加工工艺图纸,有效降低后期空间扭曲结构预拱度工艺调整流程的复杂性。

通过运用参数化设计模型,加工制造单位能够直接调整加工制造相关的预拱度,更新设计模型,以获取加工制造模型。基于此模型,进一步形成加工制造节段模型,并最终输出节段加工工艺图纸,以便在加工制造过程使用。这种方法显著缩短了模型重构的时间,同时提升了加工深化模型的效率和精确度。

六、施工架设上的必要性

该桥梁工程规模庞大,涉及的工艺与工法极为复杂,架设精度控制难度极大,工期紧张,施工难度巨大。通过协同加工制造节段模型,并结合施工临时建筑模型,能够便捷、精确、高效地分析节段模型的吊装点,模拟节段模型的架设过程,验证施工组织的关键步骤,从而显著降低施工过程中的风险。通过模拟优化,施工难度得到了有效降低。

线形控制是大桥施工过程中的控制重点和难点之一,通过数字技术可以很好地协同加工制造线形控制、吊装架设控制点坐标辅助获取、吊装架设路径规划等工序,提高拱肋及复杂节点的安装精度,确保大桥建设质量。

七、建设组织管理上的必要性

《雄安新区工程建设项目招标投标管理办法(试行)》中明确规定:"在招标投标活动中,全面推行建筑信息模型(BIM)、城市信息模型(CIM)技术,实现工程建设项目全生命周期管理。"京雄高速作为连接首都北京和雄安新区的交通枢纽,在数字技术应用方面的探索和实践意义重大。同时,京雄项目采用 PPP 总包模式,自身对项目组织管理要求就高,社会关注度也高,综合成本压力很大。

通过发挥模型的协同作用,能够有效规避大桥建设过程中可能出现的信息传递异常等问题,从而提高项目管理的协作效率和质量。

此外,借助模型的虚拟建造特性,能够预先识别出施工过程中的一些潜在问题,减少施工风险,并最终降低施工成本。

八、运维管理上的必要性

对于大桥的空间扭曲面造型以及其复杂的节点连接构造,如果没有数字技术的支持,特别是三维参数化模型的辅助,后期的运维管理工作将会面临巨大的挑战,在日常的维护工作、对突发事件的预警以及应急处理方面,都会遇到重重困难。然而,通过结合数字技术与健康监测数据,能够迅速获得结构受力和安全状况的直观信息,并且能够对复杂节点的内部构造进行实时直观的反馈。

鉴于当前的情况和所面临的各种挑战,引入三维数字技术能够有效解决项目实施过程中的诸多难题,不仅能显著提高项目协同管理的效率,确保项目的建造质量,还能为大桥的运维管理提供极具价值的信息支持。通过 BIM 技术的应用,能够更加精确地掌握大桥的健康状况,及时发现潜在的问题,并采取相应的措施进行修复和加固,从而延长大桥的使用寿命,确保其安全稳定地运行。

第二节 大桥数字技术应用的目标

在比较国内外结构相似的拱桥后,京雄大桥的建筑景观方案采用了五边形渐变的空间异形扭曲断面作为主拱肋,主梁外侧配备了曲线渐变的装饰板。方案中包含大量空间扭曲曲面和复杂的节点构造,这些元素用传统的二维设计手段难以精确地设计与表达。针对大桥建造过程中的空间异形扭曲曲面块体的焊接工艺研究、变形控制,以及现场吊装姿态控制和架设精度管理等主要难点,为确保设计和加工制造的可行性和精确性,本项目采纳了数字正向设计的理念和方法,以辅助完成设计工作。

此外,本项目还联合所有参建、养护运营单位共同基于单一数字模型进行高速公路工程项目的设计、加工、架设、运维全生命周期应用研究,为数字技术在公路、市政道路工程项目中的应用积累经验。

针对大桥项目与京雄项目的特定属性及需求,本研究旨在确保项目设计的顺利和高质量完成。研究的核心目标是提升项目设计品质,同时充分发挥 BIM 技术在设计过程中的显著优势。在与各专业设计团队紧密协作的基础上,力求实现以下目标:

一、建立项目级 BIM 实施标准

基于项目级 BIM 技术应用,编制项目级 BIM 实施应用标准、BIM 应用指导手册,建立模板资源库,为后续项目 BIM 应用提供指导与借鉴。

二、布局项目信息管理平台

基于 3DEXPERIENCE 平台,在项目管理、人员分配、进度安排、三维校审、风险管理、变更管理等方面做出探索,积累应用经验,形成指导手册,为后续项目 BIM 应用提供参考。

三、大桥项目主桥的 BIM 正向设计

基于 3DEXPERIENCE 平台,对大桥进行参数化、精细化协同设计,通过方案比选、优化分析,解决设计中的难题,如异形拱肋结构以及复杂的节点设计,实现项目级桥梁 BIM 正向设计应用,提升项目的设计质量。项目其余部分采用相应的 BIM 软件平台进行设计,达到高效建模的目的,并最终将所有设计成果整合至 3DEXPERIENCE 平台。

四、实现模型的协同应用

本项目的模型协同应用主要包括以下内容:

1. 协同分析

利用三维参数化模型进行三维复杂节点构造的协同分析,从而提高节点分析的效率和分析结果的可信度。

2. 碰撞检查

执行专业间及专业内的模型构件碰撞检查,发现设计中的冲突碰撞问题,保障设计的质量。

3. 三维校审

将传统二维校审升级为三维校审,有效增强成果的直观性。

4. 二维图纸

通过三维模型表达拱肋及复杂节点构造,生成二维图纸。

5. 构件编码

为便于后期 BIM 模型的应用,在设计过程中对大桥结构进行分解,并对构件进行分类编码。

五、实现数字模型交付

项目 BIM 模型将依据交付标准要求,提交满足企业交付标准要求的数字化 BIM 设计模型成果。交付的数字模型将包含所有必要的信息,如材料属性、构件尺寸、系统配置等,以便于在项目实施阶段能够顺利地进行施工和管理。基于数字化交付要求,项目团队能够更好地控制成本,优化资源分配,并提高整个项目的效率和质量。

六、模型深化应用

本项目的模型深化应用主要包括以下内容：

1. 施工管理

基于 BIM 设计模型添加工程的进度、质量、安全等管理信息，为后续的施工管理、施工模拟等提供条件。

2. 辅助精度管控

为曲板及节段构件的加工制造提供精度控制基准，为施工架设精度管控以及施工监控提供三维数字模型基准。

3. 信息传递

探索 BIM 模型从设计阶段向施工阶段、运维阶段传递信息的方法，为后续实现全生命周期 BIM 技术应用打通关键环节。

4. 健康运维监测

基于 BIM 模型的大桥数字化运维管养以及数字化健康监控，有效提升监控水平与应急响应能力。

七、培养 BIM 技术人员

以大桥 BIM 正向设计为依托，辅以常规桥梁 BIM 设计，本项目为企业培养 BIM 技术实施人员，助力企业 BIM 战略的落地。通过系统性的培训和实践操作，技术人员能够熟练掌握 BIM 软件工具，理解 BIM 技术在桥梁设计中的应用，从而提高设计效率和质量。同时，本项目注重 BIM 技术与传统设计方法的结合，确保技术人员在掌握新技术的同时，也能够灵活运用传统设计方法，为企业打造一支既懂技术又懂业务的复合型 BIM 技术团队。

第三节　大桥数字技术应用策划

京雄大桥项目采用 PPP 总包模式，建设单位在项目建设初期就充分意识到大桥的设计建造难度，并在充分论证后协同设计单位对大桥数字技术应用进行了系统规划，对人员组织架构进行了明确。

针对大桥变截面空间扭曲钢箱拱肋和中国结式风撑的特点以及相应的设计实施难点，大桥项目实施团队会同建设总包方，提出了大桥数字技术解决方案，并针对各阶段的难点问题进行了系统规划，编制了大桥数字技术应用总体策划书。该策划书涵盖了软件平台的选取、项目级应用标准、组织架构、网络协同机制、项目各阶段应用点、数字模型的设计交付、数字化协同应用与管理等方面的内容，不仅有效地解决了大桥扭曲拱肋及风撑结构无法采用二维设计的难题，也为项目后期深化协同应用解决施工难题奠定了良好的基础。

一、组织架构

本项目组织架构见图 16-1。

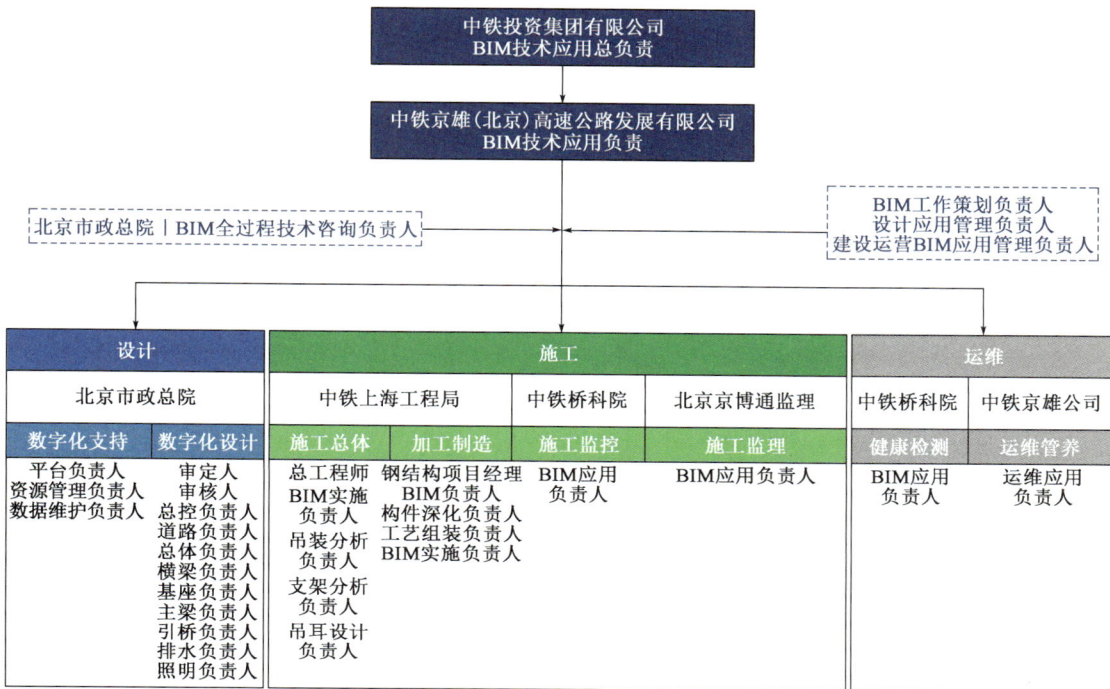

图 16-1　项目数字技术应用组织架构

二、技术路线图

在全面审视项目总体条件、标段划分、专业领域及参与建设各方的基础上,构建了一个综合性的协作架构。该架构为项目所有参与方及专业领域提供了实时协同工作的优质环境,并确保了参数信息的有序传递,为项目全生命周期内基于数字模型的协同应用奠定了坚实的基础。具体技术路线详见图 16-2。

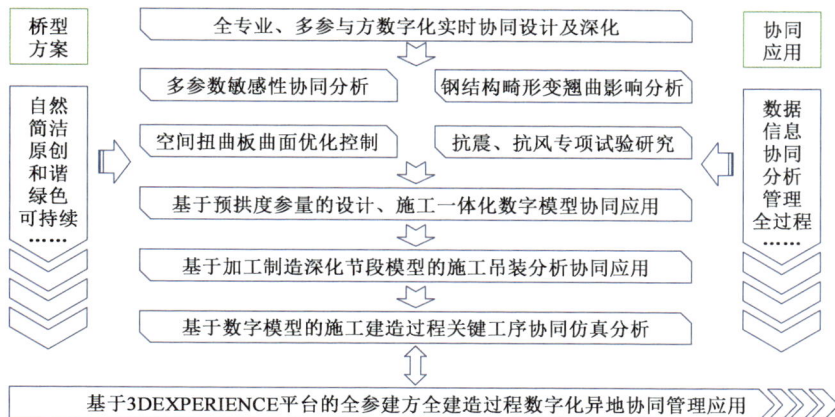

图 16-2　项目协同应用技术路线框架图

三、BIM 技术应用点

根据项目特点及应用目标,对项目各阶段数字技术应用点策划如表 16-1 所示。

项目各阶段数字技术应用点策划 表 16-1

实施阶段	应用点	应用目标
全过程	项目平台	基于数字中心服务器的项目管理
	异地协同	基于数字中心服务器的异地协同
	平台集成	基于数字中心服务器的平台集成
设计	正向设计	参数化协同正向设计
	协同分析	参数化局部协同分析
	三维校审	平台化三维校审
	设计交付	图纸与模型的联合交付
施工	加工深化	利用设计模型快速进行加工模型深化
	临建创建	利用统一平台集成施工临建
	虚拟建造	利用集成模型进行施工仿真
运维	健康监测	基于竣工模型进行数字化健康监测
	运维管养	基于竣工模型进行数字化运维管养

第四节 大桥数字技术协同平台

一、3DE 协同平台概述

3DEXPERIENCE(简称"3DE")平台,亦即 3D 体验平台,是依托浏览器开发的 3D 建模解决方案。3DE 平台构建于云端环境之上,它将设计、制造乃至交付的产品开发流程紧密相连。

3DE 平台构建了一个协作生态系统,它赋予企业和个人创新的手段以实现创新,并提供虚拟体验的产品和服务。通过将人员、创意、数据和解决方案融合到一个持续可用的协作和交互生态系统中,3DE 平台有助于提升执行力、生产效率并加速创新步伐。

3DE 平台是一个既能够支持业务运营,又能够实现业务变革的平台,它可在私有云或公共云上部署,允许内部和外部利益相关者共同打造一个独特的全球协作环境,实现与所有参与者的无缝协作,同时确保知识产权得到妥善保护。

3DE 平台是一个基于单一数据源的 3D 建模、仿真、协同数据管理和信息智能应用平台。所有应用都集成在罗盘界面入口,根据 12 个行业和用户角色配置,提供 11 个产品线的应用

App,为用户提供统一的应用工具和管理系统,包括 4 个主要的应用模块。具体模块功能详见图 16-3。

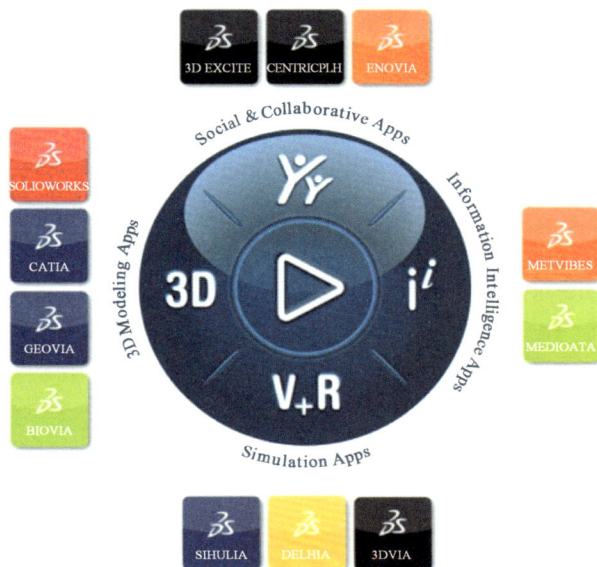

图 16-3　3DE 平台模块功能图

图中,Social&Collaborative Apps:社交与协作应用。3D Modeling Apps:三维建模应用。Simulation Apps:计算模拟应用。Information Intelligence Apps:信息智能应用。3DEXCITE:用于创建高质量 3D 产品动画和交互式展示,助力产品营销与设计沟通。CENTRICPLM:管理产品从概念到报废全生命周期的数据和流程,提高研发效率、控制成本。ENOVIA:提供团队协作环境,支持跨部门、跨地域的产品开发协同,确保数据一致与流程顺畅。SOLIDWORKS:广泛应用于机械设计领域,具备直观易用的界面和丰富建模工具,方便设计师创建、修改三维模型。CATIA:广泛应用于航空航天、汽车等高端制造业,可进行复杂曲面设计、装配设计等,支持大型项目的多学科协同设计。GEOVIA:服务于矿业行业,涵盖地质建模、矿山规划、生产调度等功能,帮助矿业企业优化资源开采与管理。BIOVIA:面向生命科学领域,整合研发过程中的数据与流程,支持药物研发、生物工艺开发等,加速科研创新。SIMULIA:基于多物理场仿真技术,能够支持线性/非线性结构力学、动态分析、热传导、流固耦合及多物理场仿真分析,辅助设计优化,减少物理试验成本。DELMIA:专注于数字化制造,通过虚拟仿真生产过程,规划生产线布局、优化生产流程,提高制造效率和质量。3DVIA:提供三维模型的可视化与在线协作功能,方便团队成员共享和审阅设计模型,促进沟通与决策。NETVIBES:聚合各类信息源,用户可定制个性化信息界面,方便获取和管理新闻、社交媒体等多渠道信息。MEDIDATA:主要用于医疗行业的数据管理,涵盖临床试验数据采集、管理与分析等功能,确保数据合规与质量合格。

3DE 平台基于 CATIA 三维协同设计,面向多组织、多用户角色和权限的组织、资源和产品设计,完成需求—概念—方案—详细设计的全过程产品研发和制造准备。

基于 CATIA 三维模型设计得到的数字化模型,本项目通过多个仿真工具的应用,实现仿真全生命周期管理。用户在 3DE 平台上不仅能够完成 CAE(计算机辅助工程)计算分析,如线性分析、非线性分析、动力学分析、多物理场耦合等,还能够实现多学科优化(内嵌 ISIGHT 软件)。产品设计信息共享传递给基于 PPR 总线的制造准备、工艺规划和工艺装配仿真、物流仿真。PPR 总线是产品、工艺过程和资源的总线集成,是实现数字化制造的核心技术应用基础。底层的 ENOVIA 应用内核,将满足用户协同设计的需求,并实现全生命周期管理。所有数据均自动存储在 Oracle 数据库中,被 ENOVIA 管理。

二、3DE 平台特点

（1）单一数据源。

CATIA 与 DELMIA、SIMULIA 等在 ENOVIA 的统一管理下相互交互，各个工具软件不再只保留各自的数据库，各个功能模块对同一个数字化模型进行访问，实现基于单一数据源的多维度应用。所有模块又具有全相关性，各个模块基于统一的数据平台，三维模型的修改能快速体现在二维图面、三维数据、有限元模型等方面。另外，3DE 平台提供的船舶行业解决方案全面支持代表未来设计技术发展方向的基于模型的定义（model-based definition，MBD）技术。

（2）精细化数据管理。

3DE 平台由传统的基于文件的管理模式转变到基于数据库的管理模式，基于底层数据实现不同业务领域应用的真正整合，是真正意义上的设计工具与管理平台的充分融合。此外，从数据库层面对三维工艺设计工具进行了整合，实现设计、制造及管理平台的一体化。

（3）协同设计。

由于在数据库层面实现各种对象之间的相互协调，因此协同本身的能力层次相较于基于文件对象内容状态的协调机制，具备及时性、在线性和上下文相关性，满足了多专业协调时的高效性需求。

（4）大数量级装配应用。

由于不再是基于文件的存储管理方式，而是基于对象的数据库管理方式，加之流媒体和视角切换管理，超大模型设计环境的管理变得简单起来，在 3DE 的操作控制平台上，处理上千万个模型部件变得容易起来。

（5）RFLP 管理。

3DE 平台引入了基于 RFLP（需求、功能、逻辑、物理）的系统工程模型，能够有效进行复杂系统的需求定义与跟踪、功能模型的定义与仿真、逻辑模型的定义与仿真和物理模型的定义及其与前三者的关联，为复杂型产品的研制，提供基于模型的显式开发过程管理和系统研制闭环。具体解决方案模型详见图 16-4。

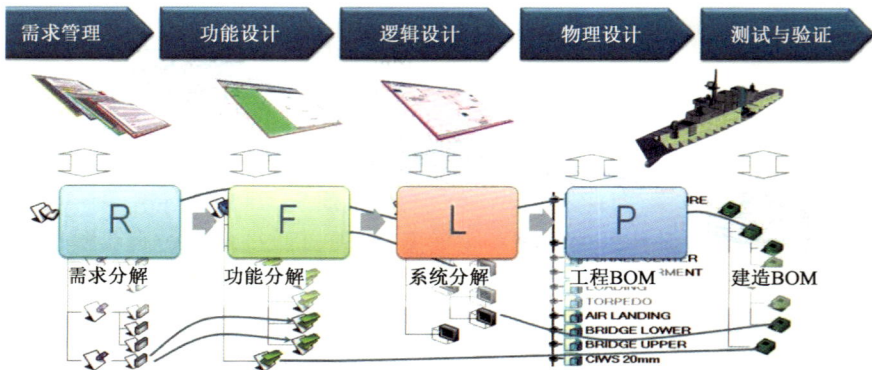

图 16-4　RFLP 解决方案模型
注：BOM 表示物料清单。

3DE平台作为达索系统全新体验式数字协同应用平台,包含有三维参数化设计(CATIA)、协同分析(SIMULIA)、施工仿真(DEMIA)、项目管理(ENOVIA)等功能模块。该平台功能的一体化为项目全生命周期内各参建方基于单一数据源模型在统一平台上进行协作提供了便利,避免了不同平台间的信息交换引起的格式不兼容、信息转换丢失等一系列问题。

根据平台特点,大桥项目组进行了项目模型组织架构搭建,为后续协同设计与协同应用提供框架模型基础。基于3DE平台,各参建方通过安全访问模式,采用VPN(virtual private network,虚拟专用网络)访问中央数据服务器,实现基于单一数据源模型的异地协同,实现了数字模型的高效协同应用。具体详见图16-5。

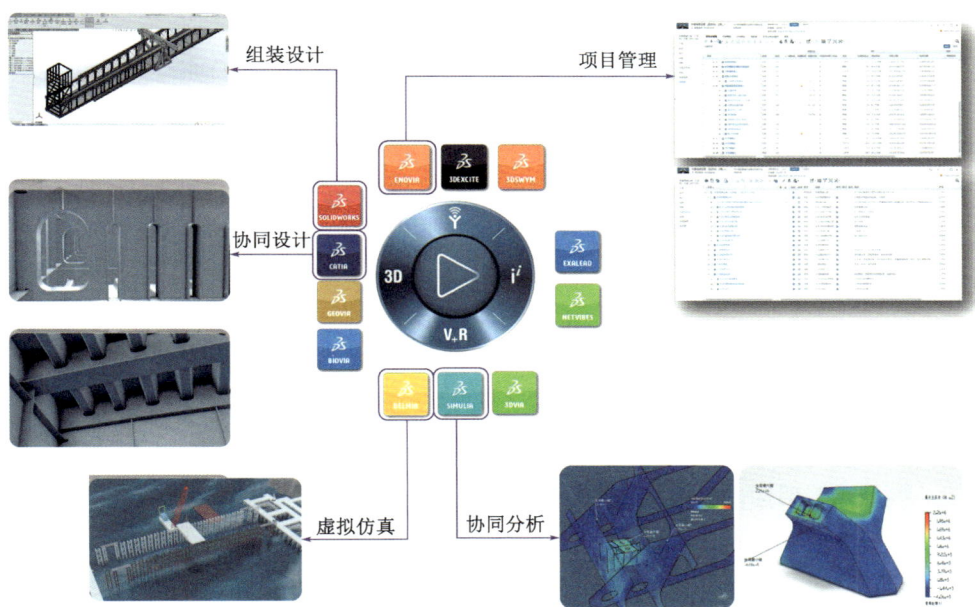

图16-5　基于3DE平台的多功能协同应用

三、协同组织机制

(1)异地协同机制。

京雄大桥数字技术应用软、硬件主要考虑多参与方异地[秦皇岛(山海关)、重庆、北京、上海、武汉等地]协同需求。基于中央服务器统筹、异地工作站协同,实现了多参与方异地VPN同步协同。在此基础上,还实现了多平台集成协同应用。

(2)设计、建造一体化协同应用流程。

基于统一的共享协作平台环境,编制大桥项目设计、建造数字模型一体化应用流程,如图16-6所示。

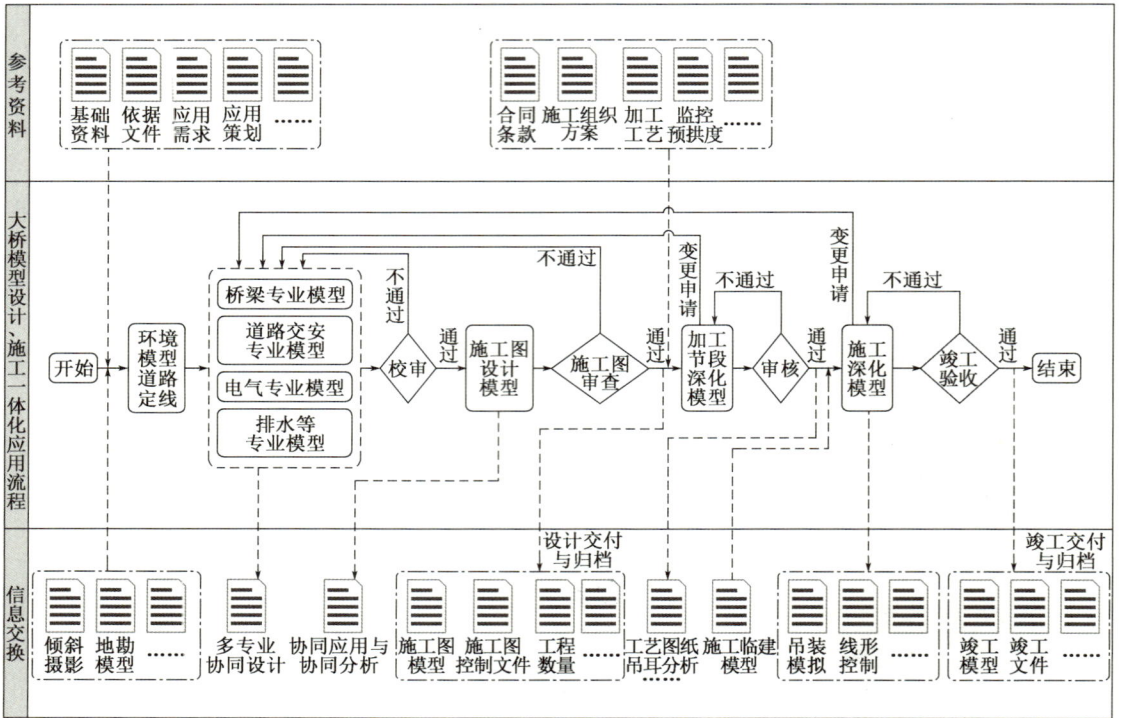

图 16-6 大桥设计、建造数字模型一体化应用流程图

（3）统一模型组织架构。

本项目的数字技术应用策划团队不仅在技术应用标准、协同组织管理、网络协同机制等方面做了充分的准备工作，而且对模型协同应用的组织架构也进行了周密的统筹规划。利用 3DE 平台，通过统一模型组织架构（图 16-7），实现全专业、多标段、多参与方的异地实时协同应用。

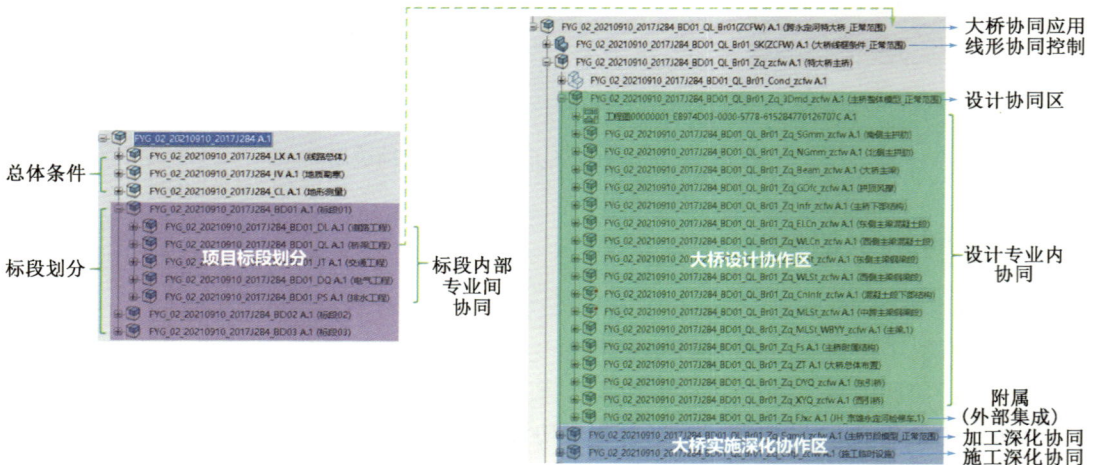

图 16-7 模型协同应用架构

第五节　大桥数字技术项目标准

在项目的初期阶段,项目组成员深入研究并遵循了国际上关于 BIM 技术的先进理论和实践标准,同时紧密结合我国的 BIM 技术标准,精心编制了一份详尽的《京雄大桥 BIM 实施策划书》。这份策划书不仅涵盖了数字技术在建筑项目中的应用,还对项目级别的标准编制提出了具体而明确的需求,以确保整个项目能够高效、有序地实施。具体详见图 16-8。

ISO 19650-1:2018 使用BIM进行信息管理—第1部分: 概念和原则
ISO 19650-2:2018 使用BIM进行信息管理—第2部分: 资产交付阶段
ISO 19650-3:2020 使用BIM进行信息管理—第3部分: 资产运维阶段
ISO 19650-5:2020 使用BIM进行信息管理—第5部分: 信息管理的安全防范方法

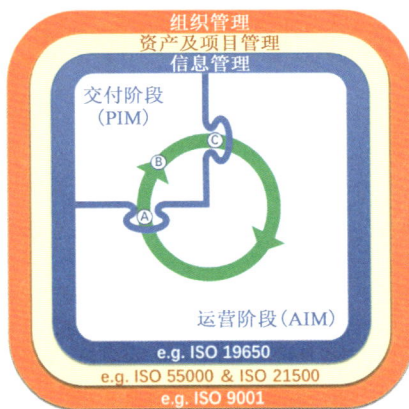

图 16-8　项目级 BIM 实施标准

制定的项目标准如下:

(1)京雄大桥分类与编码表。

为便于大桥数字模型的进一步深入应用,依据国家标准的分类与编码体系对该表进行了扩展,涵盖了道路、桥梁、电气、交通安全、排水等专业相关的元素与信息。

(2)《京雄大桥 BIM 建模标准》。

针对项目特点和平台功能特性,本标准对软件功能设置、模型目录拆解、构件命名、模型细节、模型编码及着色、模板资源管理等方面进行了详细规定。

(3)《京雄大桥 BIM 项目分解结构》。

为优化后期数字技术应用的统筹管理,对项目模型分解结构进行了系统性梳理,综合考虑了标段、专业、参与单位、结构体系等因素,为统一模型架构的建立提供了支持,便于后期模型的协同工作、扩展以及信息的有效传递,从而提高模型的协同效率。

(4)《京雄大桥 BIM 交付标准》。

根据大桥数字技术应用需求,结合《建筑信息模型设计交付标准》(GB/T 51301—2018)的要求,制定了《京雄大桥 BIM 交付标准》。

第十七章　设计阶段应用

第一节　大桥数字化协同设计

整个大桥的设计成果源自一个统一的模型,各结构设计人员在相应的结构树下进行设计工作。以拱肋和风撑设计为例,拱肋设计人员和风撑设计人员分别基于结构树上的拱肋物理产品和风撑物理产品进行设计,设计过程中,各设计人员无须进行数据导入和导出,即可实时查看、修改和共享设计成果。大桥的 BIM 模型如图 6-1 所示。

协同设计根据设计任务的不同,划分为三个阶段:整体部件设计阶段、细部部件设计阶段和附属部件设计阶段。拱肋、风撑协同设计流程示例如图 17-1 所示。

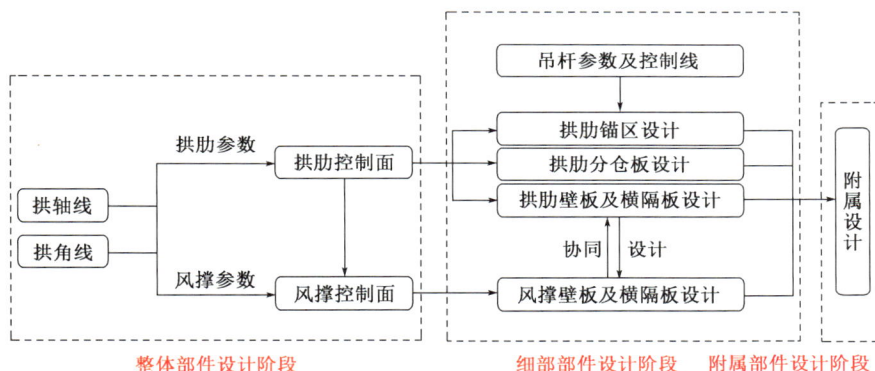

图 17-1　拱肋、风撑协同设计流程示例

(1)整体部件设计阶段。

在整体部件设计阶段,设计单位的主要任务是进行桥梁的整体方案设计。各专业设计人员依据大桥的骨架线相关参数,如桥梁主线、拱轴线、墩柱定位轴系等,进行协同设计工作;分别构建相应的点、线、面等控制要素,并实现相互间的引用,以便后续设计工作顺利进行。

在整体部件设计阶段,设计人员应妥善执行以下几项任务:

①依据项目的标准化结构树开展相关工作,如将点状、线性、曲面式控制要素放置在结构树中相应的骨架零件内,确保专项专用。

②在骨架结构树中,根据设计需求建立控制性参数(如矢高、矢跨比、拱轴系数、跨径、预拱度、横隔板控制面间距、主梁高、吊杆间距等),以推动大桥骨架的参数化设计。

③骨架设计应具备前瞻性,全面考虑全局要素,构建整体性骨架,并将骨架中的要素进行发布,便于后续引用。

④遵循由外向内的使用机制,充分利用骨架要素来驱动设计方案的制定,同时基于差异化的设计逻辑及参数,方便进行设计方案的优化。

（2）细部部件设计阶段。

在细部部件设计阶段,设计人员必须妥善执行以下几项任务:

①全面审视项目需求,制定详尽的设计深度规划。

②根据不同的设计深度,创建相应深度的模板。

③确保模板、参数化设计模型、图纸、参数化计算模型、三维校审记录等数据资产得到合理安排,避免无序存放。

④构建三维校核机制,确保审定人、审核人、校核人、设计人深度参与模型校核,以实现细部构件的精细化设计。

（3）附属部件设计阶段。

在附属部件设计阶段,设计人员应妥善执行以下几项任务:

①为了构建附属设施设计方案,设计单位需依据过往的设计经验并结合大桥的当前状况,详细列出附属设施清单。

②依据附属设施清单,设计单位将挑选合适的附属设施生产厂家或遵循特定的加工标准。

③搭建附属设施设计交流的平台,鼓励附属设施的未来运维单位积极参与设计过程,以确保附属设施的实用性和适用性。

一、拱肋、风撑设计应用

1. 拱肋

主桥钢拱肋主要与大桥的大横梁和拱脚基座相连,主要由南侧主拱肋、北侧主拱肋以及主拱风撑等几个主要部分构成。主拱拱顶的设计预拱度设定为 0.16m,采用多次样条曲线进行设置,拱肋轴线控制线形及预拱度线形分别如图 6-2、图 6-3 所示。

拱肋采用空间异形扭曲面变截面钢箱结构,主拱肋在拱脚位置与基座衔接,在桥面位置与大横梁衔接,拱肋顶部通过风撑连接。拱肋顶部采用五边形截面,在底部为近似四边形的五边形断面,其截面变化点位于主梁桥梁顶部附近,具体详见图 17-2。通过优化设计,简化了拱肋与大横梁及其基座的连接关系,降低了结构的复杂性;利用空间曲线优化调整,将拱肋调整为四边形与五边形过渡衔接,降低了设计及制造的控制难度。

在拱肋截面优化调整过程中,设计单位根据壁板衔接关系,利用三维软件可视化的优势,对部分特殊位置的壁板焊接形式进行了特殊的过渡性设计,方便了加工,降低了加工制造过程中的控制难度。具体详见图 17-3。

由于拱肋从拱脚至拱顶为不断变化的空间异形扭曲面,同时考虑桥梁纵坡的影响,大小里

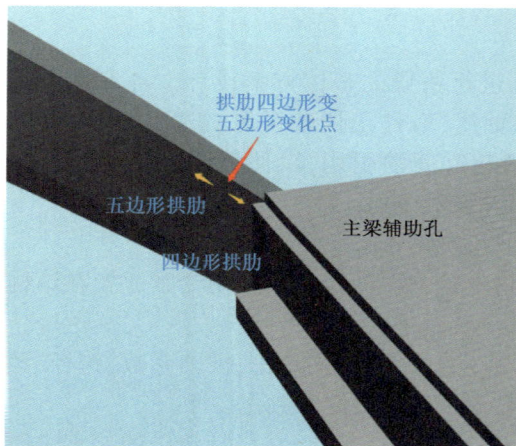

图 17-2 大桥拱肋截面变化点位置示意图

程两侧横梁与拱肋相交位置的高程不一样,因此拱肋结构仅关于桥梁定线南北对称,单侧拱肋除外观上东西对称,内部横隔板等结构措施均不一样,具体详见图17-4。在设计与加工过程中,结构细节呈多样化,通过规范化的分类、编码以及命名,解决了不同构件之间的特定区分与管理等问题,实现了设计上及加工制造上的精细化管理。

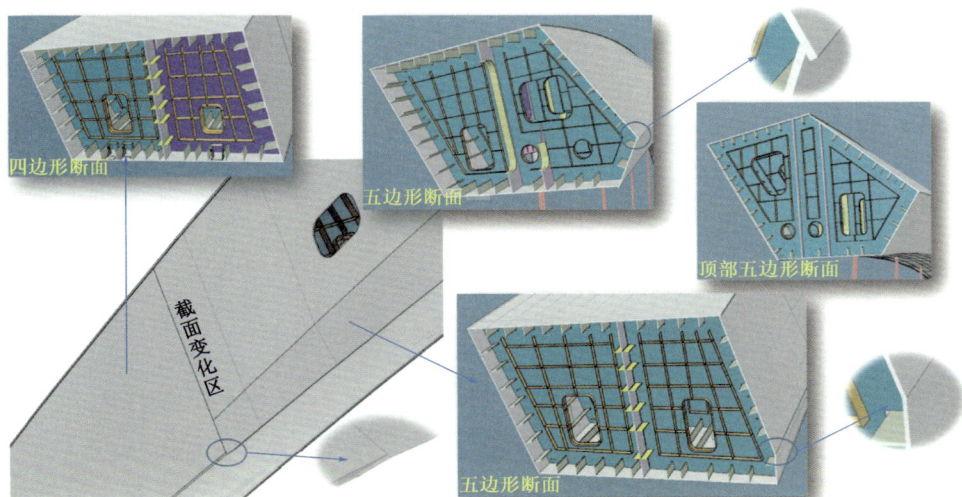

图 17-3　四边形变五边形的精细化拱肋截面优化衔接

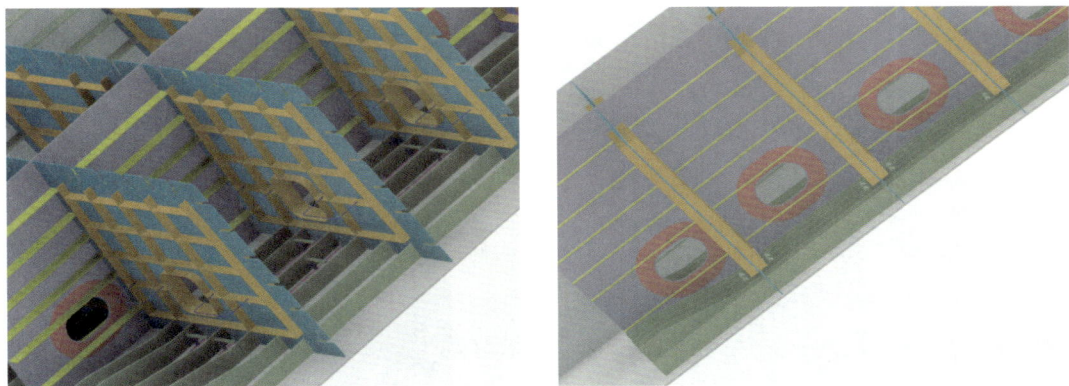

图 17-4　拱肋横隔板及其分仓板开孔与加劲

在构建了相应的控制面之后,设计人员创建了参数化锚区模板(图17-5),成功完成了包括拱肋锚区、拱肋分仓板、拱肋壁板及横隔板,以及风撑壁板及横隔板的设计工作。在这一阶段,设计团队通过运用三维校审、碰撞检查和数值计算等技术手段,实现了高效的合作设计。

通过精细化模型,设计单位可以更加便捷地执行冲突检查,增强结构的可实施性,并降低施工过程中变更的频率。图17-6吊杆张拉空间检查与优化调整,从而避免了后期在吊杆张拉过程中出现潜在冲突。

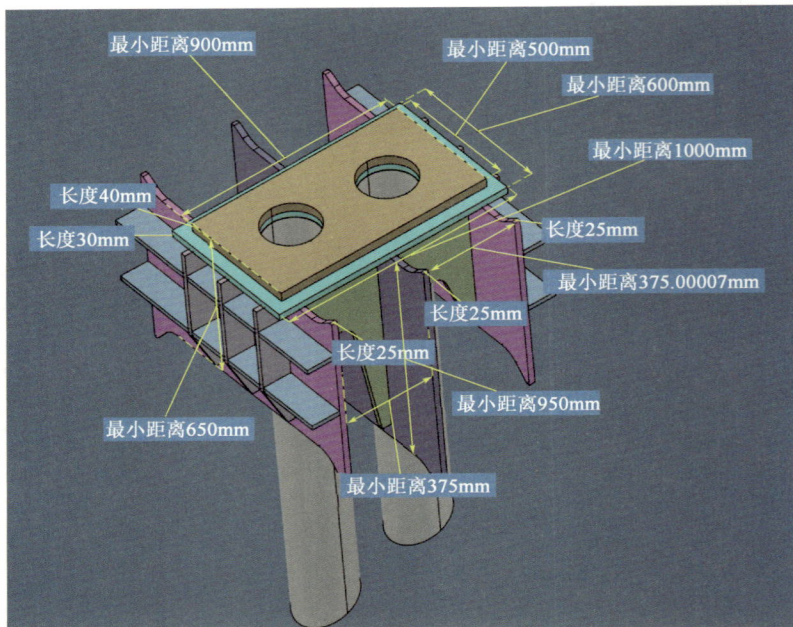

图 17-5　参数化的拱肋吊杆锚区模板

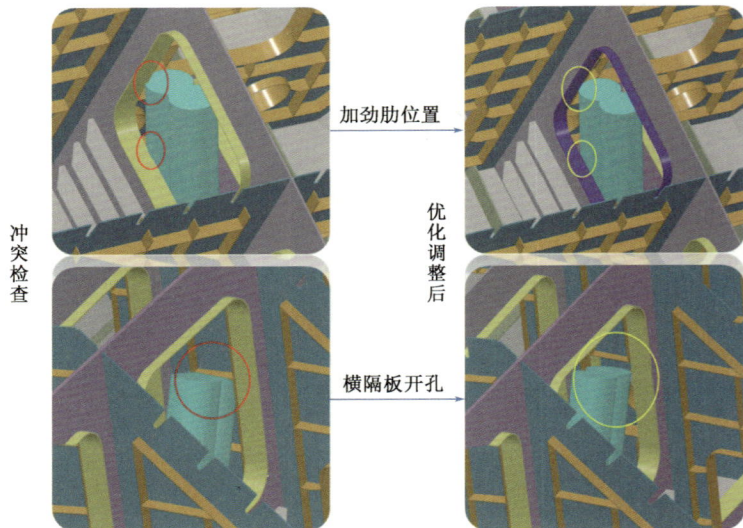

图 17-6　吊杆张拉空间检查与优化调整

2. 风撑

大桥的标志性设计之一是其中国结风格的拱顶风撑。拱顶风撑在横、纵方向上均呈现曲面形态，如何将景观美学与实际结构设计相融合，成为设计单位在设计优化过程中所面临的关键挑战。风撑平面图具体详见图6-7。

通过运用3DE平台的参数化方法，并对十余种方案进行深入地优化与对比分析（图17-7），兼顾结构的制造加工复杂性与景观的协调性等关键因素,设计单位持续进行细致的调整与优化工作,最终提出了一套综合性的解决方案,旨在实现结构与景观的和谐统一。该方案既满足了景观设计的简洁与美学要求,又充分考虑了后期加工制造的可控性,确保两者之间达到一个均衡的状态。

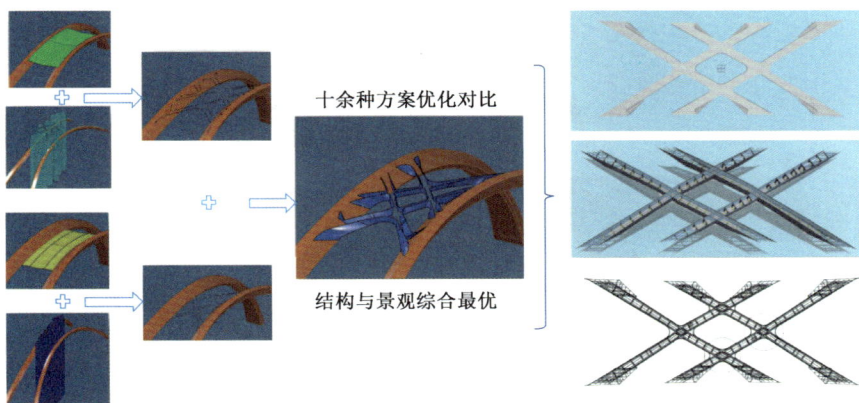

图 17-7　拱肋风撑的优化比选

拱顶风撑的设计是大桥的一个技术难题。其扭曲的截面及与拱肋的不规则斜交,导致了相交节点构造的复杂性。运用 3DE 平台参数化和精细化设计方法(图 17-8),有效解决了设计细节上的构造难题,确保了设计的品质,并且降低了加工制造的难度。

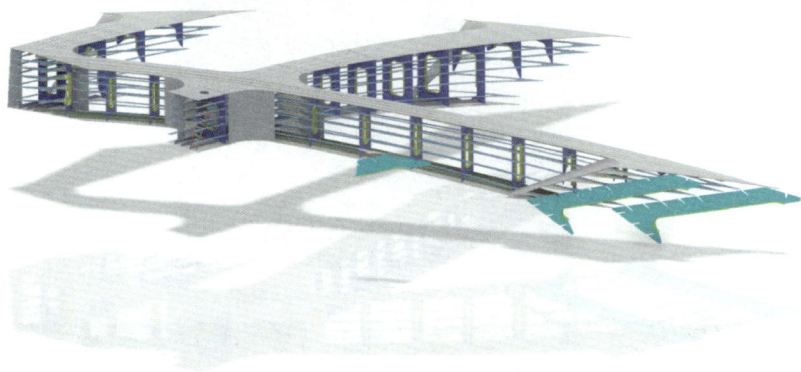

图 17-8　拱肋风撑的细节设计

拱顶风撑为变截面结构,风撑端部与拱肋衔接,其中风撑顶部翼缘板与拱肋壁板为同曲面衔接;底部翼缘板与拱肋底部壁板对应,采用 T 形对接焊衔接,具体布置详见图 6-8 和图 17-9。

在设计过程中,各专业领域技术团队之间通过沟通和相互借鉴设计成果,实现了在统一设计成果基础上的实时协同设计与优化。例如,基于拱肋横隔板与风撑在拱肋加强板之间的衔接关系,能够有效处理局部细节问题。具体详见图 17-10 ～ 图 17-12。

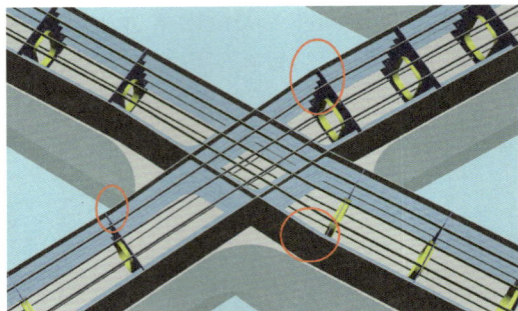

图 17-9　大桥拱肋风撑节点示意图

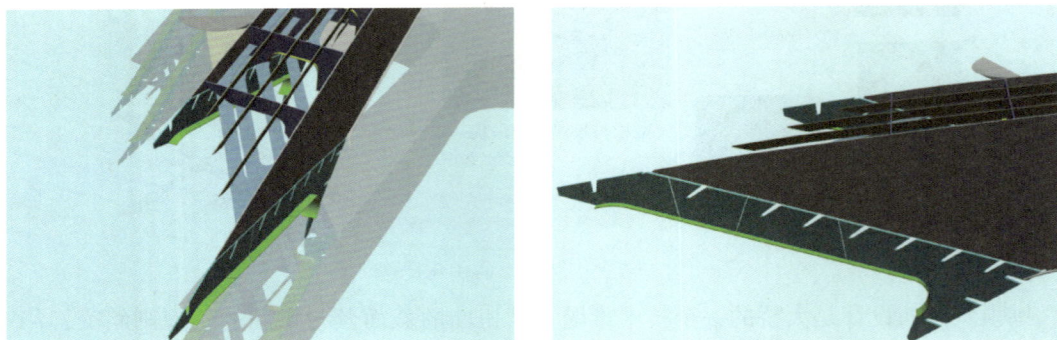

图 17-10　大桥拱肋风撑腹板对应拱肋内部加强板示意图

图 17-11　大桥拱肋风撑装饰板示意图

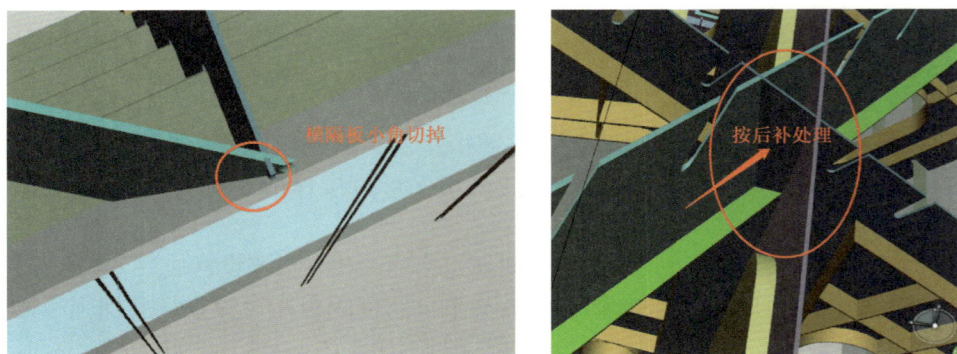

图 17-12　精细化的拱肋模型的细节处理

二、主梁及大横梁设计应用

1. 中跨钢主梁

中跨钢主梁的设计涵盖了整体设计、横隔板设计、风嘴设计、锚箱设计以及相关附属结构设计等多个方面。鉴于钢主梁包含多种类型的钢构件,中跨钢主梁的构件可根据其结构和共同特性进行分类,主要分为纵向构件、横向构件、风嘴内部构件以及其他构件四大类。纵向构件主要包括顺桥向结构尺寸随路线变化的构件,如钢梁的顶板、壁板、纵向加劲肋等。横向构件则是与路线方向垂直的相关构件,主要包括横隔板及其上的构件。由于风嘴内部构件包含锚箱,其变化与钢梁横向构件不一致,因此单独划分。其他构件则由各种附属构件构成。对中跨钢主梁进行分类后形成的结构树如图 17-13 所示。

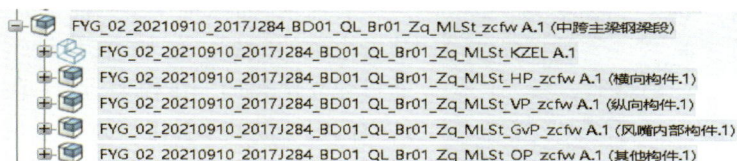

图 17-13 中跨钢主梁构件结构划分

依据结构形式的划分,通过构建简单的特征模板,创建出纵向的外形结构模板和横向的横隔板结构模板(图 17-14)。在给定路线的骨架条件下,分别实例化这些模板,从而实现钢主梁模型的构建(图 17-15)。

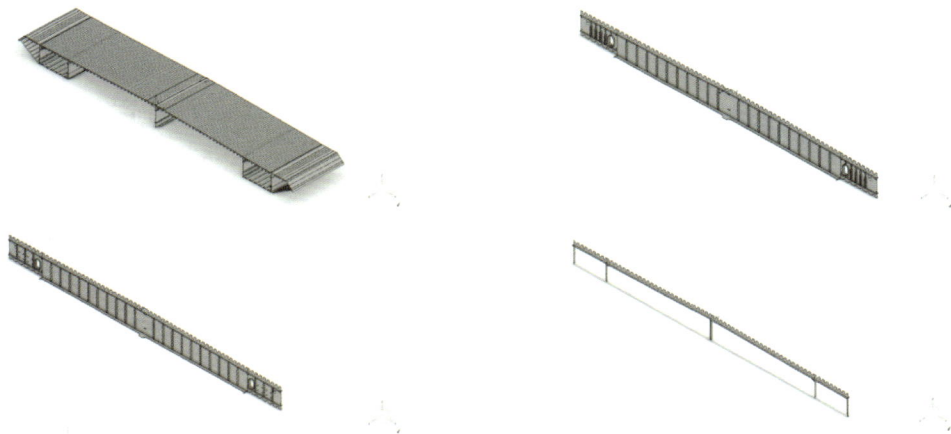

图 17-14 钢主梁外形结构模板和三种横隔板结构模版

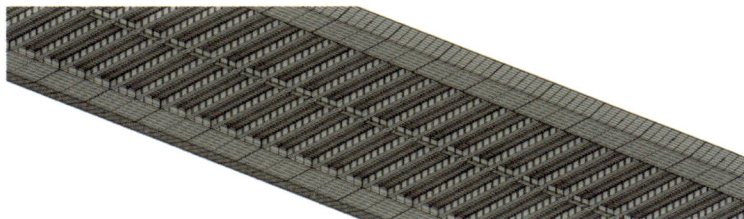

图 17-15 模板实例化创建的钢主梁模型

这种结构划分和流程创建具有两大优势。第一,它使得外形特征各异的结构彼此独立,从而简化了创建工程模板时的骨架条件,使得模板内部的逻辑关系更加清晰,便于成功构建模板。第二,当设计方案需要调整位置或布局方式时,可以迅速修改骨架条件,并通过更新模型来实现模型与设计的同步。

在方案论证阶段,钢主梁的设计形式尚未确定,需要对不同的设计结果进行宏观比较。在设计过程中,针对中跨钢主梁横隔板的数量和布局形式,提出了多种方案。通过调整横隔板的位置和显示/隐藏关系,可以快速生成不同的方案模型,直观具体地展示设计成果,方便决策者比较和选择不同方案。最终选择的横隔板高低交替的布局方式,如图17-16所示。

图17-16　中跨钢主梁内部横隔板的排布形式

创建三维模型有助于核查并优化设计细节。对于复杂结构的设计,二维模型往往无法一次性满足所有需求,而三维模型则能更有效地揭示那些未被考虑到的问题。例如,在设计钢主梁的锚箱时,通过建立锚箱的三维模型,设计单位发现某些部位的空间过于狭小,不利于施工人员进行焊接安装。通过调整组成锚箱的板材尺寸,成功地扩展了施工人员的作业空间,并优化了锚箱的设计。具体详见图17-17。

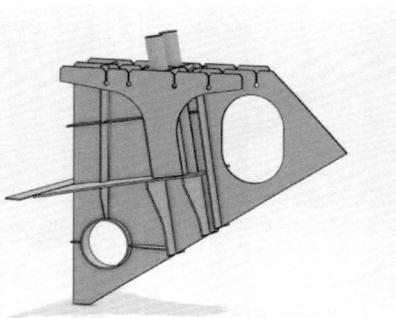

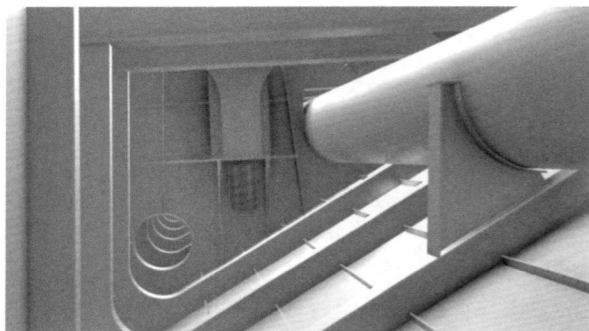

图17-17　钢主梁内部吊杆锚箱

对于异形扭曲结构,采用传统设计方法明确设计细节往往需要高昂的成本。相比之下,利用三维模型进行设计能够有效降低设计难度,并提供切实可行的设计方案。以中跨钢主梁与拱肋的交会处的设计为例,由于拱肋结构的不规则性,需要根据其形状对主梁的风嘴部分进行精确切割。二维设计方法难以准确确定切口的具体尺寸。在这种情况下,设计单位可以在三维模型中提取拱肋的外表面,并依据设计条件对提取的表面进行偏移和拼接等操作,进而获得所需的切割曲面,并据此对主梁的风嘴进行精确切割,最终完成主梁与拱肋交会部位的设计工作。具体详见图17-18。

通过三维模型可以精确地确定附属设施的结构形式和安装尺寸。鉴于中跨钢主梁的主梁风嘴外形有所调整,在构建风嘴内部排水管模型时发现,若排水管线沿初始设计的直线路径布置,则会与风嘴的切割口发生碰撞。为此,在风嘴切口处对排水管线进行了向梁内部的弯折处理,从而优化了排水管线的设计。同时,还及时调整了风嘴端部横隔板的开口位置,以防止管线与隔板发生碰撞。具体详见图 17-19。

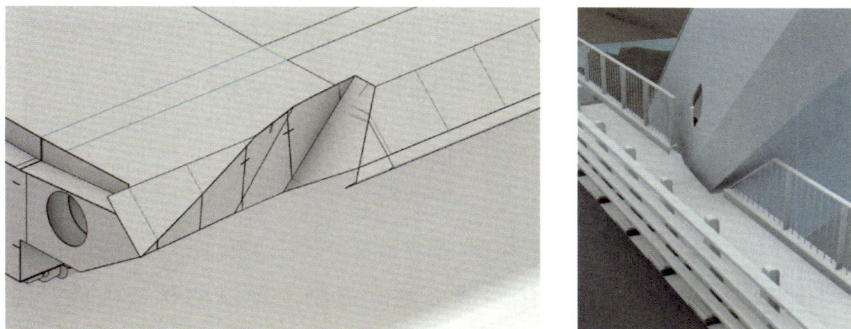

图 17-18 钢主梁与拱肋交会处示意图

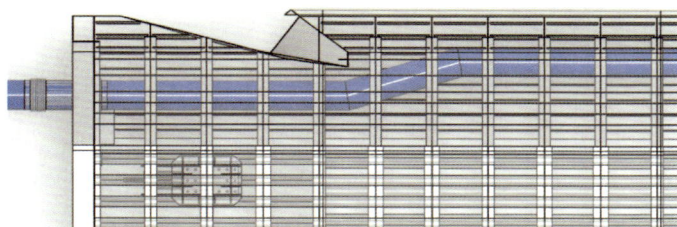

图 17-19 钢主梁内部排水管最终的布置结果图

2. 边跨钢主梁

鉴于边跨钢主梁端部与混凝土梁衔接,边跨钢主梁被细分为标准段与钢-混结合段。标准段的构建流程与中跨钢主梁保持一致,涉及创建钢梁外形及横隔板等构件的模板,随后将这些模板实例化至骨架,并通过组合方式实现边跨钢主梁标准段的构建。由于钢-混结合段结构复杂,不易拆分为重复且独立的构件,故采取直接建立钢-混结合段节点的方法,并在此节点下构建骨架结构。依据骨架条件,在该节点下直接创建外壁、横隔板、U 肋、加劲肋等构件模型,以完成钢-混结合段模型(图 17-20)的设计。

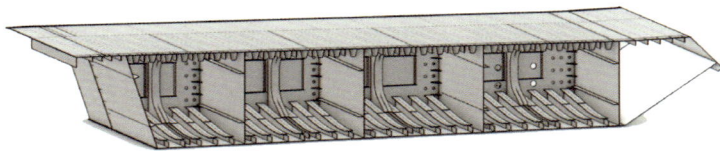

图 17-20 边跨钢主梁的钢-混结合段模型

3. 边跨混凝土梁

混凝土梁与钢梁不同,它并非由多个钢构件拼接而成,而是一个单一的结构体。在设计阶段,结构设计方案会提供关键截面的二维尺寸数据。接着,通过构建关键截面的线框模板(图 17-21),确立外形与内部箱室的几何形状,并运用布尔运算来生成混凝土梁的三维模型。

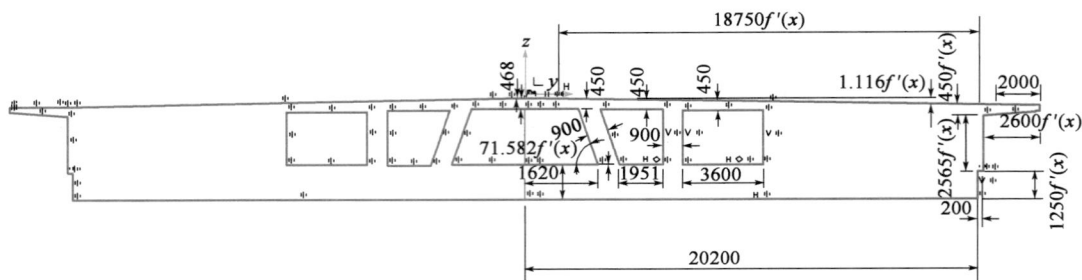

图 17-21　关键截面的线框模板草图(尺寸单位:mm)

通过实例化截面线框模板,在特定路线上建立混凝土梁段的骨架条件。随后,依据这些骨架条件,利用建模命令构建外形结构和内部空腔,从而完成混凝土梁模型的创建。具体详见图 17-22。

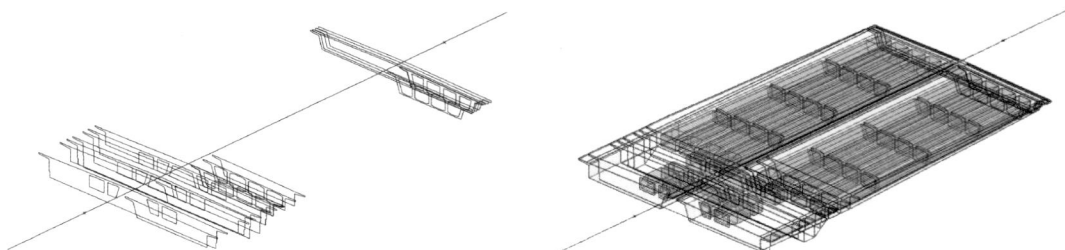

图 17-22　混凝土梁骨架与三维模型

创建内部预应力钢束时,混凝土梁内部预应力钢束构成了空间中的三维线性结构,因此必须在模型空间内构建三维定位曲线。依据设计单位提供的三向预应力钢束坐标,建立钢束曲线的纵向投影线及在关键截面上的横向投影线。然后,将纵向投影线与横向投影线相连,生成钢束所在的纵向曲面和横向曲面。这两个曲面相交得到相交线,便完成了预应力钢束定位线(图 17-23)的创建。

创建完成所有的预应力钢束定位线后,以定位线为条件实例化钢束模板,完成预应力钢束的创建。图 17-24 为加入预应力钢束的混凝土梁模型。

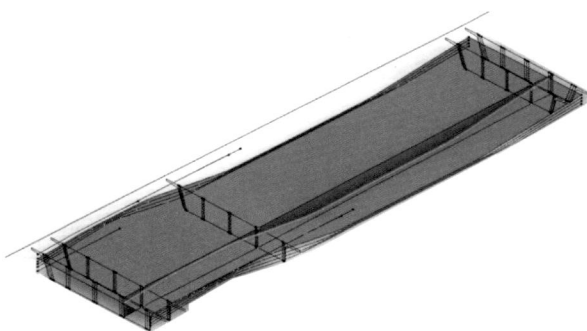

图 17-23　预应力钢束定位线

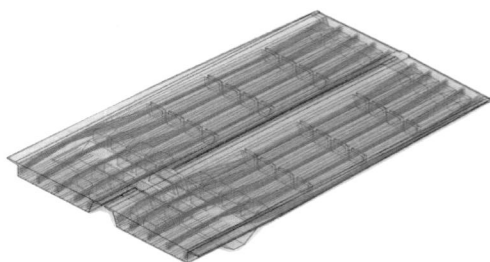

图 17-24　加入预应力钢束的混凝土梁模型

4.大横梁

拱肋大横梁在大桥设计中扮演着至关重要的角色。它不仅连接了拱肋、边跨钢主梁、中跨钢主梁等主要结构,而且是构成整个桥梁拱脚"三角刚架"的核心构件。大横梁的设计不仅涉及复杂的连接节点,其自身结构也极为复杂。因此,如何妥善处理连接构件与大横梁自身结构之间的相互作用,是设计过程中的一大挑战。具体设计详见图 17-25。

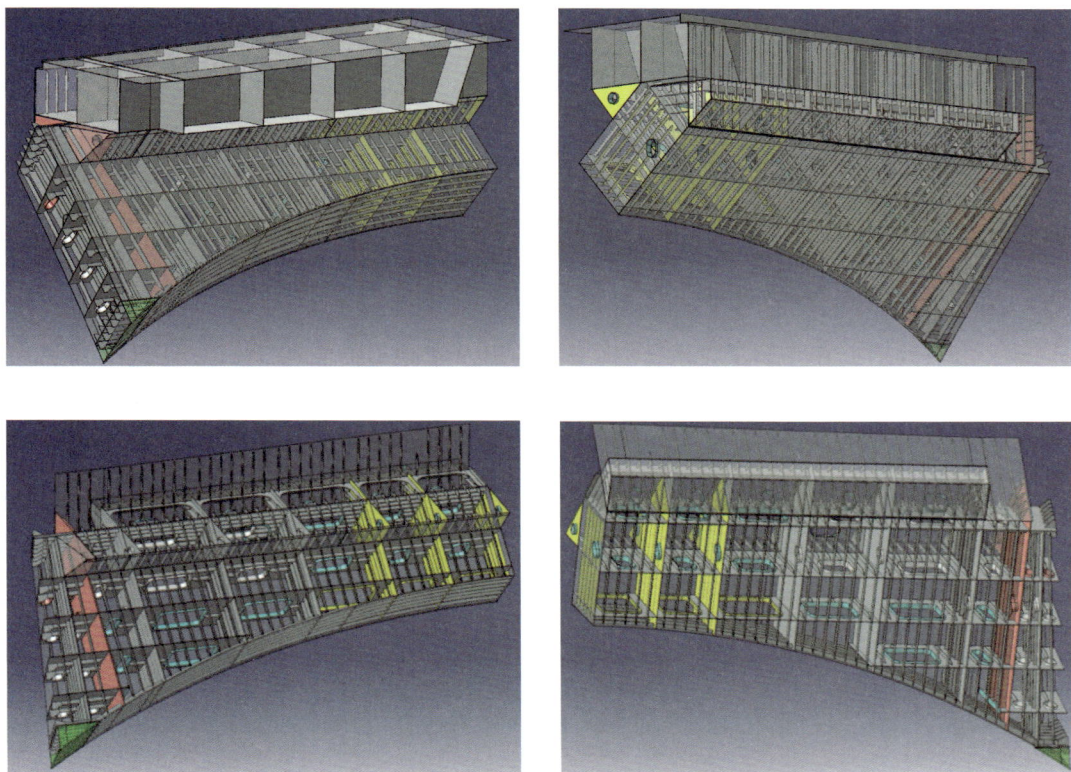

图 17-25　大横梁结构设计

设计单位通过 BIM 精细化设计,运用参数化协同技术,将大横梁纵隔板及顶板与拱肋横隔板进行精确对应设置;同时,将大横梁横隔板与边跨钢主梁腹板进行精确对应设置。这一方法不仅从空间位置上确保了局部构件衔接设计的精确性,而且能够直观展示结构空间衔接关系的合理性。此外,该方法还为大横梁节点的协同优化分析提供了坚实的基础几何模型。具体详见图 17-26。

三、基座及桥墩设计应用

主桥下部结构分为基座、基础、主拱下拱肋、边拱下拱肋。主桥下部结构设计主要分为混凝土设计、劲性骨架设计和钢筋设计。其中,混凝土设计包括基座设计、主拱肋混凝土段设计、边拱设计;劲性骨架设计包括基座劲性骨架设计、主拱肋混凝土段劲性骨架设计、钢-混结合段劲性骨架设计和边拱劲性骨架设计;钢筋设计主要包括主筋设计、箍筋设计和构造钢筋设计。

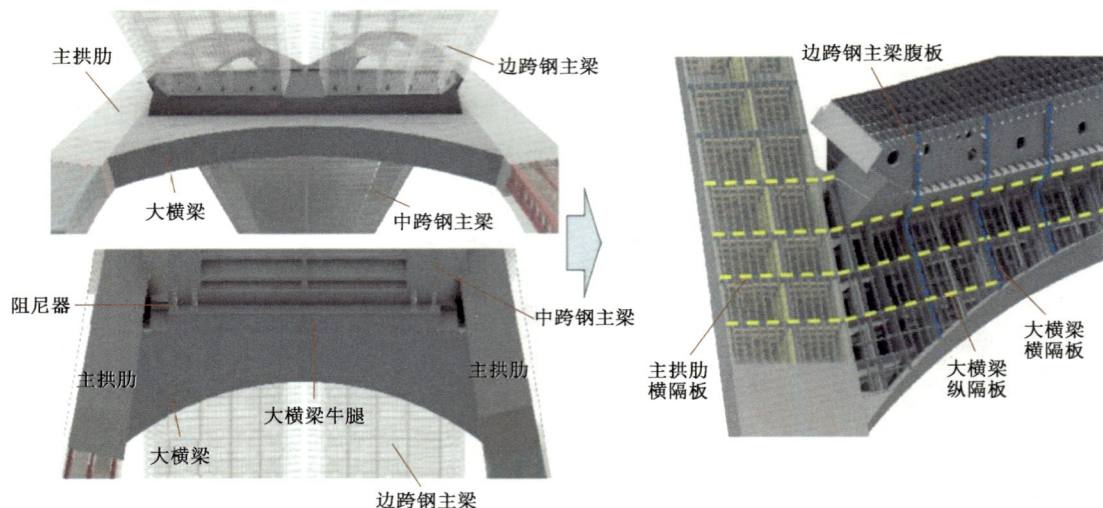

图 17-26 大横梁衔接示意图

大桥横跨永定河,由于防洪要求严格,墩柱的阻水率必须控制在 5% 以下,这限制了基座设计的尺寸,并使得基座节点的衔接构造设计变得颇具挑战性。此外,基座顶部空间的曲面衔接关系增加了钢筋和钢骨架布置的复杂性。通过运用 BIM 参数化设计技术,不仅成功解决了多种结构构件间复杂的空间衔接问题,还确保了曲面构件的精确安装,显著减少了施工过程中因大量结构布置冲突而引发的设计修改。具体详见图 17-27。

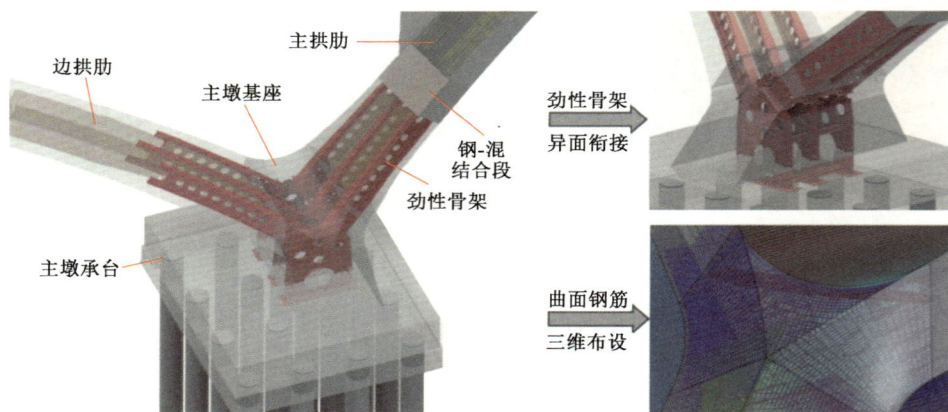

图 17-27 大桥基座衔接构造

1. 混凝土设计

受钢拱肋空间扭曲结构的影响,边拱与主拱相交点基座部分的混凝土设计主要为外形设计。基于建筑设计模型,将建筑设计下部结构模型导入 CATIA,作为结构设计的参考。具体详见图 17-28。

主拱、边拱分别在拱脚处增加截面,并在拱脚处圆角过渡到基座,这导致混凝土的外形为空间扭曲结构。常规二维图纸无法清晰表达设计意图,而通过借助 CATIA 强大的空间曲面处理能力,使用桥接方式,可将拱肋四周曲面与基座平面逐渐拟合形成圆弧过渡;同时将主拱与边拱相交处顶面通过圆角过渡,从而使基座顶部形成三角区域。该三角区域是空间扭曲结构,无法通过数学表达式说明。具体详见图 17-29 和图 17-30。

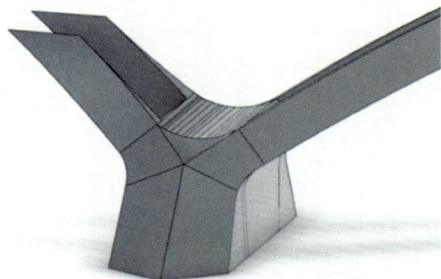

a)建筑设计模型　　　　　　　　　　b)结构设计模型

图 17-28　基座模型设计图

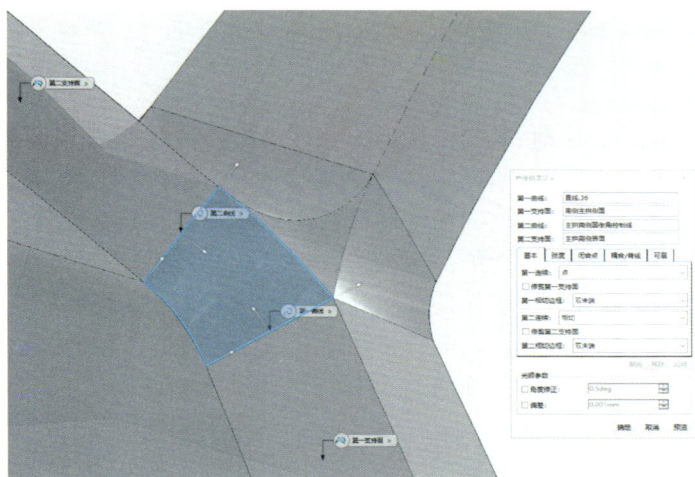

图 17-29　拱肋与基座桥接曲面

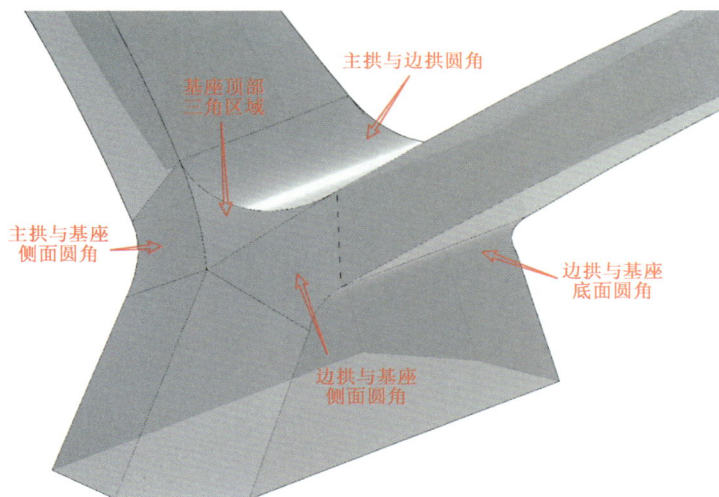

图 17-30　下部结构混凝土外形圆角

根据桥梁阻水面积的要求,在设计混凝土外形时,除了考虑景观要求,还要考虑下部结构对水流的影响。通过参数化各个圆角的半径(图17-31),计算桥梁阻水面积,优化结构形式。

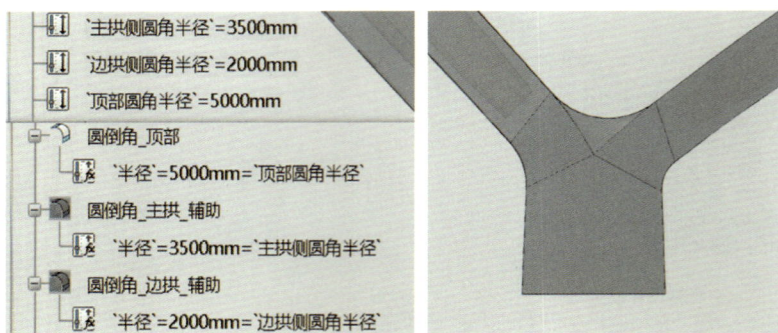

图 17-31　下部结构圆角参数化设计

2. 劲性骨架设计

将劲性骨架嵌入混凝土中时,其与混凝土的相对位置、拱肋劲性骨架与基座劲性骨架的连接方式,以及钢-混结合段内劲性骨架与钢拱肋的对接,成了设计中的主要挑战。

以主拱与边拱轴线交点为基准,向两侧进行基座劲性骨架的偏移定位。将拱肋劲性骨架与基座劲性骨架的连接点设计为折角,需要设置连接板以实现平滑过渡。同时,为了便于加工,设计时劲性骨架在竖直方向上应保持在同一个平面。主拱劲性骨架在钢-混结合段内由中间骨架扩展并与钢拱肋分仓板对接,两侧骨架则断开,这样既确保了结构传力的安全性,又降低了钢-混结合段内的复杂性,以便于施工。具体设计详见图17-32。

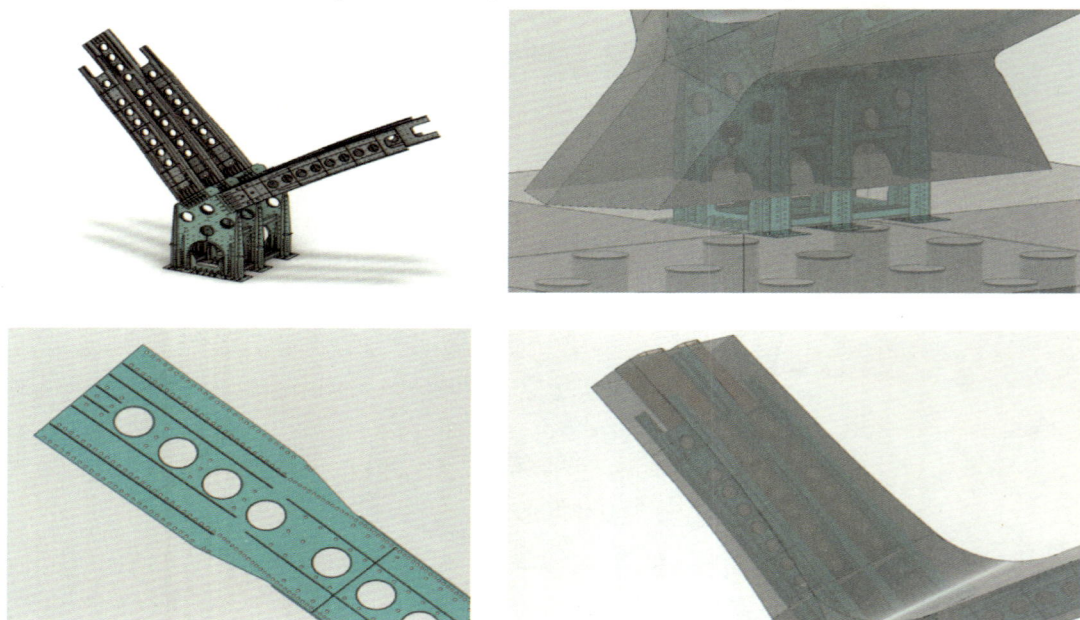

图 17-32　基座劲性骨架

3. 钢筋设计

混凝土下拱肋构成的空间结构,其内部钢筋布局无法通过传统二维方法精确展现。利用三维模型,以拱肋各面为基准,内移保护层以形成钢筋布局面,进而构建出曲线型钢筋模型。以拱肋上表面主筋为例,鉴于拱肋顶面为变宽曲面,钢筋曲线布局需同时考虑是否满足配筋率要求。因此,在设计阶段,采用等参数曲线来创建钢筋定位线,即在确保钢筋数量恒定的情况下,调整钢筋间距。对于钢筋间距超出配筋率控制范围的断面,将插入一排钢筋以保障结构安全,如图 17-33 所示。

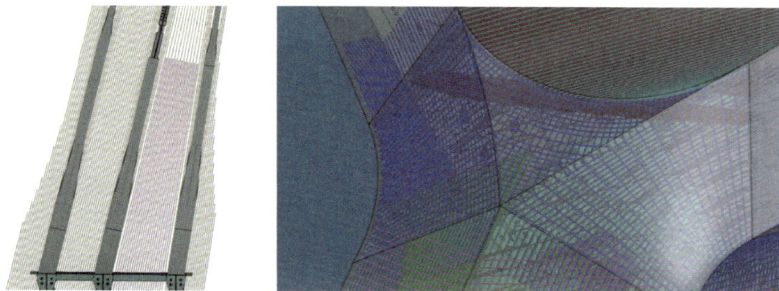

图 17-33　基座普通钢筋

由于空间异形混凝土拱肋的特殊性,内部钢筋的布局变得复杂,每根钢筋的中心线都呈现为空间曲线。因此,拱肋箍筋的布局也必须遵循主筋的空间线形,这使得箍筋的布局无法仅通过二维图纸准确展现。为了确保在加工混凝土劲性骨架时能精确预留箍筋穿过孔的位置,使用 CATIA 创建了箍筋的三维模型,并精确定位了箍筋与劲性骨架的交点。这一方法确保了劲性骨架钢板上的精确开孔(图 17-34),有效提高了板材加工制造的效率。

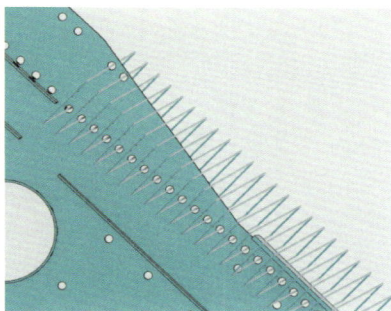

图 17-34　劲性骨架钢板上箍筋穿过孔布置图

四、附属部件设计应用

1. 拱肋及风撑的附属构件

拱肋和风撑的附属构件主要包括检修爬梯、检修门等。在设计过程中,设计单位创建了相应的附属设施模板,并采用了骨架+模板的设计方法来完成附属构件的设计工作。基于同一设计成果,附属构件的设计得以顺利进行。设计完成后,可以在三维设计成果中实时浏览和检查,确保检修空间和安装空间均能满足设计要求。例如,对于拱肋检修爬梯等,通过参数化模型构建附属构件,可以轻松地根据主体结构的尺寸进行局部优化调整,从而避免与主体结构发生冲突。检修爬梯和检修门的精细化模型具体详见图 17-35 和图 17-36。

2. 主梁附属构件

主梁附属构件主要包括防撞护栏、装饰板、排水设施等。

防撞护栏主要分为混凝土材质与钢材材质两种类型。依据相关设计规范,构建了相应的防撞护栏模板。由于防撞护栏的桥梁纵向尺寸远大于桥梁横向尺寸,因此采用曲线作为输入参数。防撞护栏模型的定位依据上部结构模型,通过提取上部结构模型的边缘线条并将其组合成曲线,依据总图提供的位置数据对曲线进行偏移等处理,以创建定位线。最终,在定位线上实例化防撞护栏模板,完成防撞护栏模型的构建,具体详见图17-37。

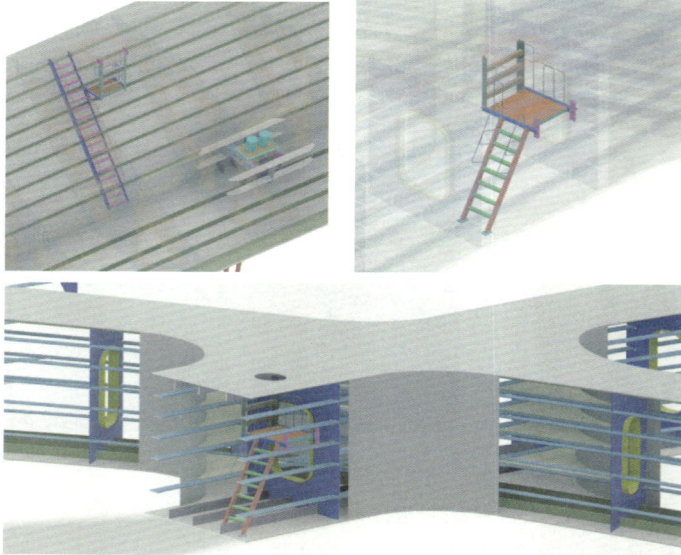

图 17-35　拱肋及风撑检修爬梯精细化模型

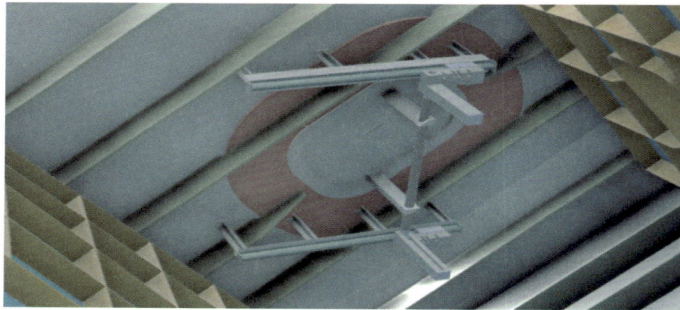

图 17-36　集成后的精细化拱肋检修门模型

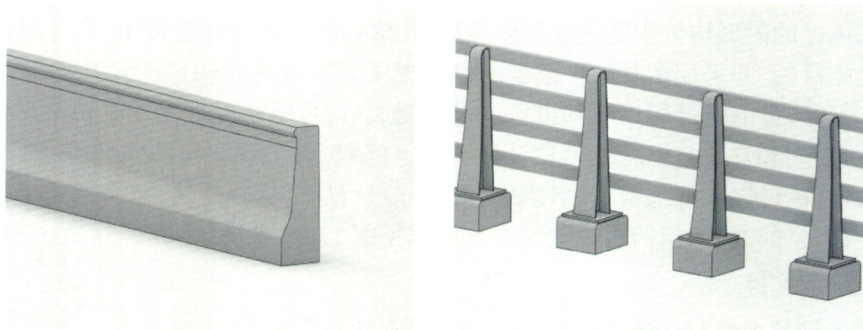

a)混凝土防撞护栏　　　　　　　　b)钢防撞护栏

图 17-37　混凝土防撞护栏和钢防撞护栏模型

装饰板模型由面板和框架梁两部分组成。该模型是基于引桥上部结构设计的,为了简化模型构建过程,采取了提取引桥上部结构的边缘线条和外表面的方法,以此来构建装饰板模型的基础框架。随后,依据这一框架条件,分别制作面板模板和框架梁模板(图17-38)。

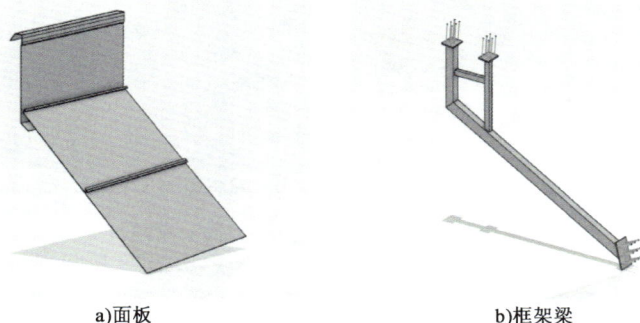

a)面板   b)框架梁

图 17-38 装饰板面板和框架梁

鉴于全桥装饰板数量众多,为降低工作强度并提高建模效率,利用 3DE 平台提供的 EKL(enterprise knowledge language,企业知识语言)编写操作指令(图17-39),迅速完成了装饰板模型的构建(图17-40)。

图 17-39 根据程序快速实例化创建窗口   图 17-40 实例化后的装饰板模型

利用 3DE 平台的工程图工具,可以基于三维模型提取装饰板的横截面二维图(图17-41),并导出为 CAD 二维平面图,以验证模型是否满足相关设计规范。

排水设施包含排水管及水管托架,根据设计提供的排水管定位信息建立排水管的中心定位曲线,然后创建排水管的参数化模板和水管托架模板,实例化生成排水管与水管托架模型(图17-42)。

部分附属结构采用其他软件创建,如中跨主钢梁检修车及拱肋检修门等采用 SolidWorks创建,最后集成到 3DE 平台中,最终集成效果如图 17-43 所示。集成后的模型可以有效检查设计参数的正确性,以及与其他结构的协调性等。

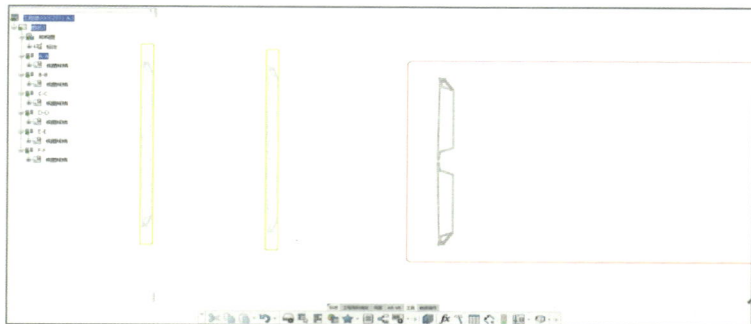

图 17-41　工程图中的引桥装饰板横截

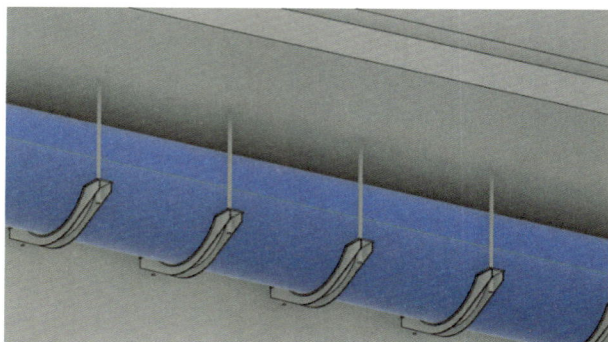

图 17-42　引桥的排水管与水管托架模型

图 17-43　梁底集成后的精细化检修车模型

五、地质地形设计应用

1. 地质模型

依据钻探数据,设计单位为各墩位点结合地层结构创建了深度点,利用邻近区域钻探数据进行曲面建模,构建了地质分层曲面。随后,根据地质报告描述的地层分布,运用布尔运算技术生成了地质模型(图 17-44)。

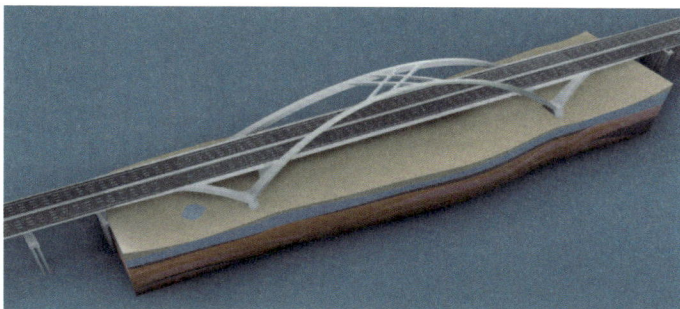

图 17-44　大桥区地质模型

基于钻孔数据、地勘报告资料以及创建的三维地质模型,可以将地质信息绑定到三维地质模型上,通过相关工具可以调取地质模型信息。具体详见图 17-45。

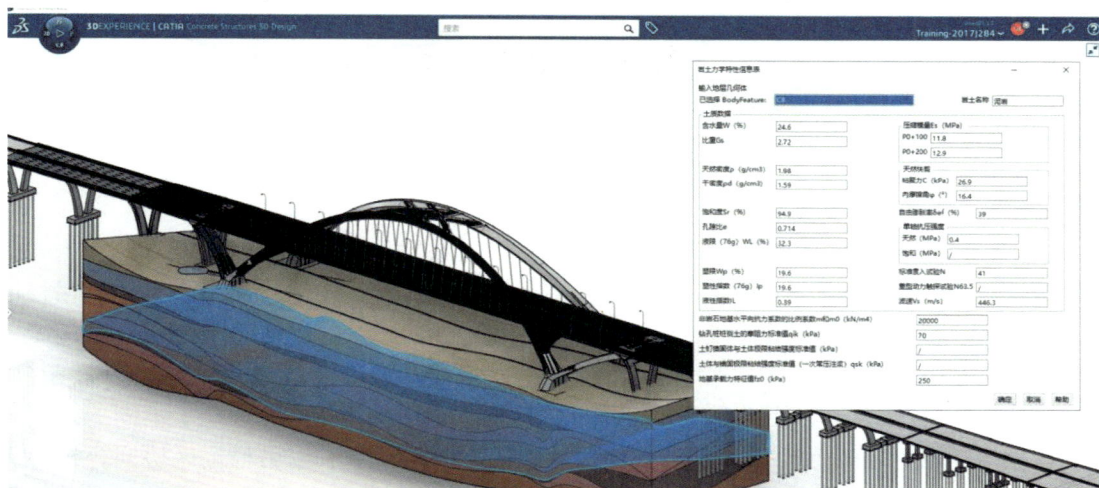

图 17-45　三维地质模型信息读取

2. 地形模型

倾斜摄影地形数据文件格式为 OSGB,无法直接导入 CATIA 中生成地形模型,需经过格式转换。CATIA 可接受的地形文件格式有 FBX、DEA、WRL、OBJ 等,但导入后会有细微差别。

FBX:兼容性较好,导入后生成物理产品,带材质,但是 FBX 格式在转换时无法修改转换单位(默认 cm),导入 CATIA 后也无法对产品进行缩放,因此不建议其他单位(mm、m)使用 FME 转换 FBX,可选择其他转换软件。但要注意的是,FBX 导入带材质地形,要求软件版本为 2021x 以上,补丁为 Hotfix10 以上。

DEA:结果同 FBX。

WRL:可以在首选项中设置导入单位,可导入带材质地形文件,但导入后形成一个无法编辑的 3Dshape 文件,需要在数据库中搜索并插入已存在的产品中。

OBJ:不带材质,可使用 C4D 将 OBJ 与贴图 JPG 处理生成 WRL 导入 CATIA。

3DS:无法导入 CATIA。

FLT:无法导入 CATIA。

VRML:无法导入 CATIA。

大桥采用转换 WRL 格式导入地形文件,导入后将地形绝对坐标改为大桥的相对坐标,即可将模型放置在地形中,如图 17-46 所示。

图 17-46　倾斜摄影地形模型

第二节　设计阶段的协同分析

设计单位利用达索平台的协同分析功能,对大桥的复杂节点进行了深入优化,包括吊杆锚区、拱肋与主梁固结的大横梁区,以及拱脚基座等关键部位;此外,还对异形拱肋结构的畸变翘曲效应进行了全面分析。在评估畸变翘曲的影响时,通过达索平台,系统地对横隔板间距、横隔板开孔率及刚度、分仓板刚度等关键因素进行了参数化协同分析,并考虑了不同的荷载工况。这种协同分析方法的效率较传统方法提高了 50% 以上。本节以吊杆锚区协同分析为例进行介绍,具体如下。

一、吊杆锚区协同分析概述

鉴于拱肋截面呈现出空间扭曲的形态,吊杆锚区与拱肋锚腹板之间的关系极为复杂,与常规拱桥锚区存在显著差异。设计单位在进行桥梁的整体或局部计算时,采用传统的仿真分析方法不仅使建模工作量巨大,而且计算难以实现。

为了深入探究拱肋锚区的受力特性,本项目运用了 3DE 平台下的通用计算分析工具,对参数化设计模型进行了详尽的计算分析。分析内容包括吊杆锚区的受力分析、钢拱肋的畸变翘曲分析等。图 17-47 所示为吊杆锚区有限元模型,相较于传统计算分析方法,3DE 平台提供的计算分析应用程序基于参数化设计模型,简化了材料定义、网格划分、荷载施加、计算分析等步骤,避免了重复建模和数据转换的烦琐过程。它确保了设计模型与计算分析模型数据的一致性,当参数化设计模型发生变化时,有限元模型能够同步更新已建立的有限元网格和边界条件。这使得进行参数敏感性分析变得简便,显著提高了局部模型的计算分析效率。

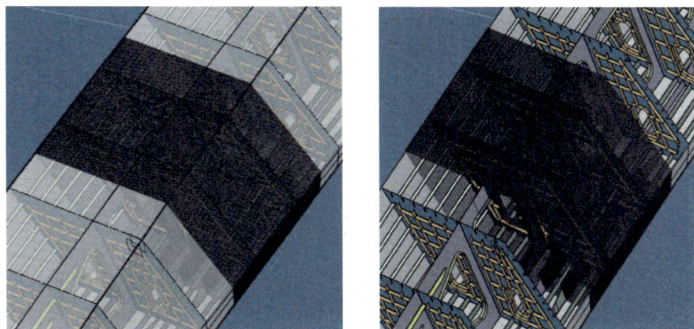

图 17-47　吊杆锚区有限元模型

二、吊杆布置

拱肋共计 48 组双吊杆,单侧 24 组双吊杆,具体布置情况如图 17-48 所示。吊杆采用钢绞线。

三、吊杆索力分布

成桥状况(恒载)、标准组合、地震组合下的吊杆索力如表 17-1 所示,表中仅显示顺桥向半桥吊杆索力,且数值为双吊杆索力值。

吊杆索力汇总表　　　　　　　　　　　　　　　　表 17-1

吊杆编号	恒载		标准组合			地震组合		
	双吊杆（kN）	单吊杆（kN）	双吊杆（kN）	单吊杆（kN）	标准/恒载	双吊杆（kN）	单吊杆（kN）	地震/恒载
D1	2301	1150.5	3478	1739	1.51	4599	2299.5	2.00
D2	2203	1101.5	2978	1489	1.35	3840	1920	1.74
D3	1857	928.5	2659	1329.5	1.43	3316	1658	1.79
D4	1856	928	2527	1263.5	1.36	2943	1471.5	1.59
D5	1825	912.5	2448	1224	1.34	2758	1379	1.51
D6	1848	924	2422	1211	1.31	2705	1352.5	1.46
D7	1740	870	2358	1179	1.36	2630	1315	1.51
D8	1690	845	2285	1142.5	1.35	2534	1267	1.50
D9	1636	818	2219	1109.5	1.36	2489	1244.5	1.52
D10	1569	784.5	2141	1070.5	1.36	2347	1173.5	1.50
D11	1655	827.5	2200	1100	1.33	2350	1175	1.42

从表 17-1 可以看出,吊杆索力基本上呈现两端大、中间小的分布状态,所以选择 D1、D6、D11 三个吊杆锚区进行分析,其无论从受力大小,还是结构形式上,均能比较好地反映出大桥所有吊杆的受力状态。其中恒载对应换吊杆工况,标准组合对应正常使用状态,地震组合对应地震工况。

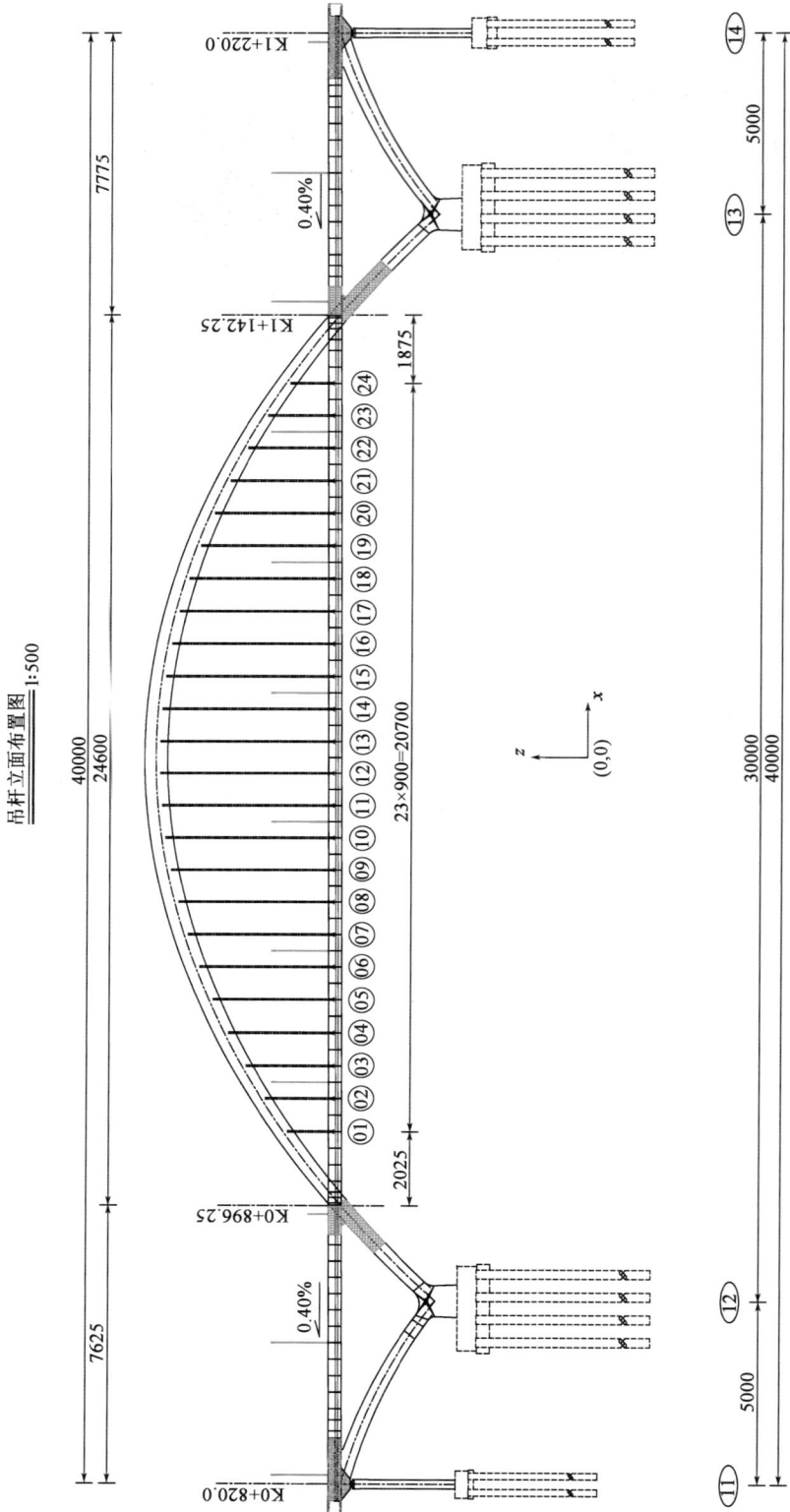

吊杆立面布置图
1:500

说明:
1. 本图尺寸单位均为cm。
2. 图中坐标系与总控坐标系及三维模型坐标系一致。
3. 本桥采用纵向双吊杆结构,行车方向每组吊杆中心间距9m,每拱肋设24组(对)吊杆。
4. 本桥吊杆立面垂直地面布置,横桥向斜向位置,全桥共设吊杆48组(96根)。

图17-48 吊杆布置图

换吊杆工况下取恒载下双吊杆对应的索力按单吊杆施加。

本次协同分析主要取拱肋顶部、拱肋中部及拱肋端部三个位置的吊杆锚区进行,其中端部吊杆拉力最大,顶部吊杆拉力最小。取正常使用状态、换吊杆工况以及地震工况分别进行分析。

由于拱肋为异形扭曲结构,吊杆锚区构造相对复杂多样,为更好地把握锚区结构构造需求,应对影响吊杆锚区的主要几何参数进行相关性影响分析,为后续锚区构造的优化调整提供参考。本次协同分析主要考虑的相关影响因素有断面尺寸、吊杆偏角(主要针对第一根吊杆拉索)、加劲肋布置等。

本桥异形拱肋锚区空间形态相对复杂,主要表现在吊杆拉索锚区横向偏角、锚点高度、横向位置等差异较大。主要结合端部第一根和中间一根吊杆拉索,分别分析单个因素对吊杆锚区的影响,总结锚区受力特性,达到优化锚区构造的目的。

在协同分析过程中可以看出,吊杆的横向偏角对局部主要承力构件影响显著,同时作为主要承力构件的钢锚箱腹板加劲肋刚度对锚区应力影响也较为明显。加劲肋的部分影响分析结果如图 17-49 和图 17-50 所示。

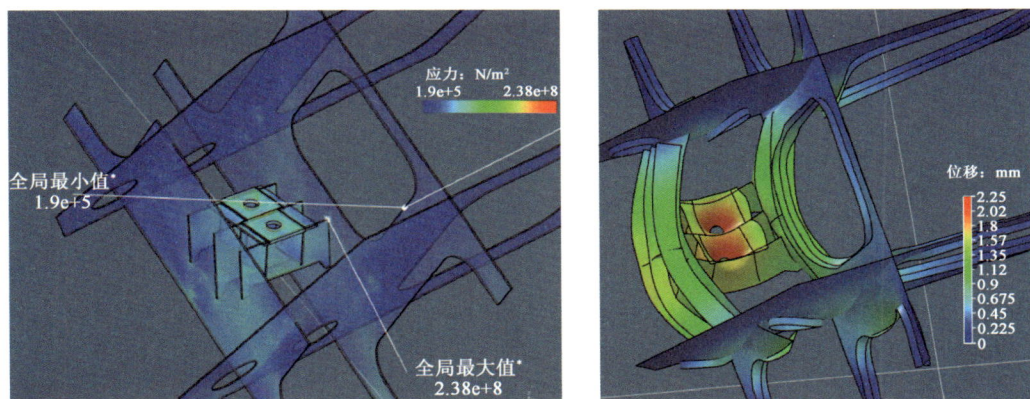

图 17-49　加劲肋设置下的锚区局部受力分析(应力与变形)

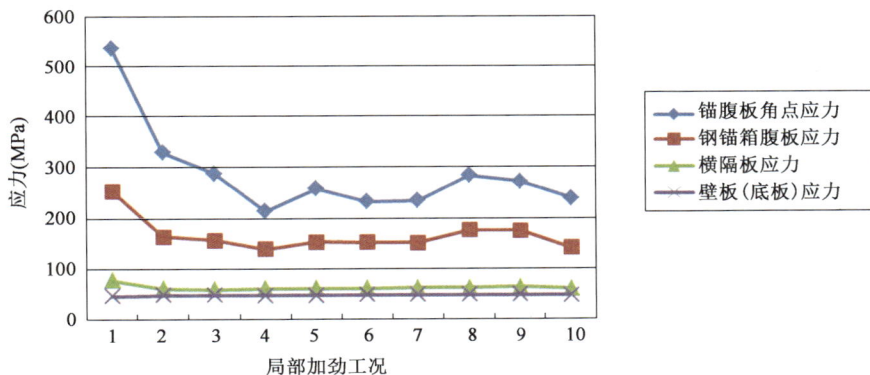

图 17-50　钢锚箱腹板厚度及加劲肋刚度影响趋势图

四、吊杆锚区协同分析的主要结论

（1）端部第一根吊杆承受的索力最大，其受力状况最为不利。在横向偏角的影响下，锚区的局部应力和变形达到最大值。

（2）吊杆锚区的局部较大受力主要集中在锚区附近，而对应的主要结构板及主要衔接部位的受力影响相对较小。

（3）由于钢锚箱腹板（分仓板）对横向偏角的受力较为敏感，因此除了端部第一根吊杆外，其他吊杆位置的分仓板板面局部应尽量与相邻吊杆的方向保持平行。

（4）当钢锚箱腹板（分仓板）存在横向偏角时，水平加劲肋在缓解局部受力方面的作用显著，而竖向加劲肋的则相对较小。

（5）钢锚箱腹板的高度及底部倒角的高度对局部受力有影响。建议外侧钢锚箱腹板的高度不小于650mm，中部钢锚箱腹板的高度不小于900mm，钢锚箱腹板底部倒角的高度不小于150mm。

（6）经过优化后的锚区结构，在换吊杆及地震工况下，除第一根吊杆锚区的局部应力略超过200MPa（分别为211MPa和231MPa）外，其他部位的应力均小于200MPa。主要结构板在排除边界条件影响后，应力值均较小，满足受力要求。

（7）除第一根吊杆锚区局部变形约为2mm外，其他吊杆锚区的局部变形均在1mm左右，满足变形要求。

（8）钢锚箱腹板承受的最大剪应力约为93MPa，符合相关规范要求。

第三节　设计阶段的正向出图

正向设计在某种程度上促进了设计成果的演变。传统设计成果多为二维图纸，而正向设计的成果则扩展到了三维数字设计模型以及二维总控图纸。二维总控图纸与传统图纸的主要区别在于其表达的详尽程度。由于缺乏三维数字设计模型的支持，传统设计需要通过详尽的图纸来阐述设计意图。相比之下，正向设计依托三维数字设计模型这一技术基础，因此在二维总控图纸中只需提供关键的总体控制性设计数据和主要构件名称，便能帮助使用者迅速把握设计意图。本节以拱肋、风撑图纸和基座图纸为例进行介绍。

一、拱肋及风撑图纸

大桥拱肋及风撑二维总控图纸由钢拱肋设计说明、工程数量表、总体布置示意图、节段划分总体位置示意图、拱轴线布置图、拱肋节段划分图、拱肋节段线形控制图、拱肋横隔板中心面轴线线形图、拱肋横隔板中心面线形控制图、节段构造图、节段材料数量表组成，具体内容如图17-51所示。

二、基座图纸

基座图纸由基座立面图、基座平面图、基座侧面图和控制点位标注图组成，通过模型生成二维图纸能更好地展示出基座节点的样式。具体详见图17-52。

零件代码编号注解表

序号	编码	注释
1	GGL	钢拱肋
2	GHJHD	钢-混凝结合段
3	E	东侧
4	W	西侧
5	HX	横向
6	SX	竖向
7	QM	桥面
8	GD	拱顶
9	FC	风撑
10	ZHL	中横梁
11	BB	壁板
12	Bb	端部壁板
13	FCB	分仓板
14	HGB	横隔板
15	gb	拱梁结合部横隔板
16	JIL	加劲肋
17	QL	围肋
18	BQB	补强板
19	DBJJL	端部加劲肋
20	MQ	锚区
21	RK	人孔
22	JXK	检修孔
23	i	第i个

说明：
1.图中拱肋角线为拱肋壁板外表面交线，虚线为钢拱肋壁板外表面与横隔板中心面交线。
2.点J1~J14为GGL_E1节段控制点，其坐标参见《钢拱肋E1节段线形控制图》。
3.点1~49为HGB_E1~HGB_E11横隔板中心面控制点，其坐标参见《钢拱肋横隔板中心面线形控制图》。

GGL_E1节段轴测示意图

节段位置示意
拱轴线

南　西　北　东

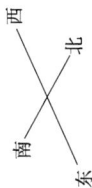

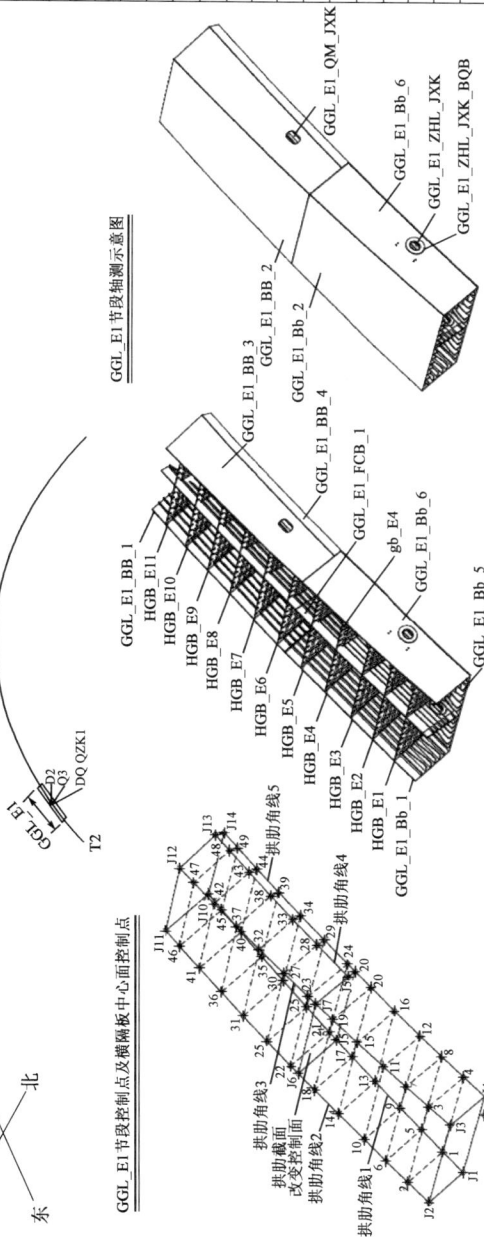

GGL_E1节段控制点及横隔板中心面控制点

东侧钢拱肋1号块编码名称对应表

编码	构件
GGL_E1_BB_1	东侧钢拱肋1号块壁板1
GGL_E1_BB_2	东侧钢拱肋1号块壁板2
GGL_E1_BB_3	东侧钢拱肋1号块壁板3
GGL_E1_BB_4	东侧钢拱肋1号块壁板4
GGL_E1_BB_5	东侧钢拱肋1号块壁板5
GGL_E1_BB_1_JIL	东侧钢拱肋1号块壁板1加劲肋
GGL_E1_BB_2_JIL	东侧钢拱肋1号块壁板2加劲肋
GGL_E1_BB_3_JIL	东侧钢拱肋1号块壁板3加劲肋
GGL_E1_BB_4_JIL	东侧钢拱肋1号块壁板4加劲肋
GGL_E1_BB_5_JIL	东侧钢拱肋1号块壁板5加劲肋
GGL_Bb_1	东侧钢拱肋1号块端部壁板1
GGL_Bb_2	东侧钢拱肋1号块端部壁板2

东侧钢拱肋1号块编码名称对应表

编码	构件
GGL_E1_Bb_5	东侧钢拱肋1号块端部壁板5
GGL_E1_Bb_6	东侧钢拱肋1号块端部壁板6
GGL_E1_Bb_1_JIL	东侧钢拱肋1号块端部壁板1加劲肋
GGL_E1_Bb_2_JIL	东侧钢拱肋1号块端部壁板2加劲肋
GGL_E1_Bb_5_JIL	东侧钢拱肋1号块端部壁板5加劲肋
GGL_E1_Bb_6_JIL	东侧钢拱肋1号块端部壁板6加劲肋
GGL_E1_FCB_1	东侧钢拱肋1号块分仓板1
GGL_E1_FCB_1_BQB	东侧钢拱肋1号块分仓板1补强板
GGL_E1_FCB_1_JIL	东侧钢拱肋1号块分仓板1加劲肋
GGL_E1_ZHL_1_QL	东侧钢拱肋1号块中横梁围肋
GGL_E1_ZHL_JXK_BQB	东侧钢拱肋1号块中横梁检修孔补强板

东侧钢拱肋1号块编码名称对应表

编码	构件
HGB_E1	东侧1号横隔板
HGB_E2	东侧2号横隔板
HGB_E3	东侧3号横隔板
HGB_E4	东侧4号横隔板
gb_E4	东侧1号拱梁结合部横隔板
HGB_E5	东侧5号横隔板
HGB_E6	东侧6号横隔板
HGB_E7	东侧7号横隔板
HGB_E8	东侧8号横隔板
HGB_E9	东侧9号横隔板
HGB_E10	东侧10号横隔板
HGB_E11	东侧11号横隔板

东侧钢拱肋1号块编码名称对应表

编码	构件
HGB_E1_HX_JIL	东侧1号横隔板横向加劲肋
HGB_E1_SX_JIL	东侧1号横隔板竖向加劲肋
HGB_E2_HX_JIL	东侧2号横隔板横向加劲肋
HGB_E2_SX_JIL	东侧2号横隔板竖向加劲肋
HGB_E3_HX_JIL	东侧3号横隔板横向加劲肋
HGB_E3_SX_JIL	东侧3号横隔板竖向加劲肋
HGB_E4_HX_JIL	东侧4号横隔板横向加劲肋
HGB_E4_SX_JIL	东侧4号横隔板竖向加劲肋
gb_E4_HX_JIL	东侧拱梁结合部横隔板横向加劲肋
gb_E4_SX_JIL	东侧拱梁结合部横隔板竖向加劲肋
HGB_E5_HX_JIL	东侧5号横隔板横向加劲肋
HGB_E5_SX_JIL	东侧5号横隔板竖向加劲肋

图17-51　拱肋模型正向出图图纸

拱肋基座立面图

主拱拱肋

边拱拱肋

拱座与主拱
分界线

拱座与边拱分界线

主跨
跨中方向

基座
中心线

承台
中心线

封底混凝土

钻孔灌注桩
D=250

拱肋基座侧面图

道路定线

拱轴线
交点

承台

钻孔灌注桩
D=250

承台中心线

拱肋基座平面图

北

钻孔灌注桩

拱轴线
交点

主跨
跨中方向

承台
中心线

横桥向外侧

说明：本图中尺寸除特殊说明以外，均以cm为单位。

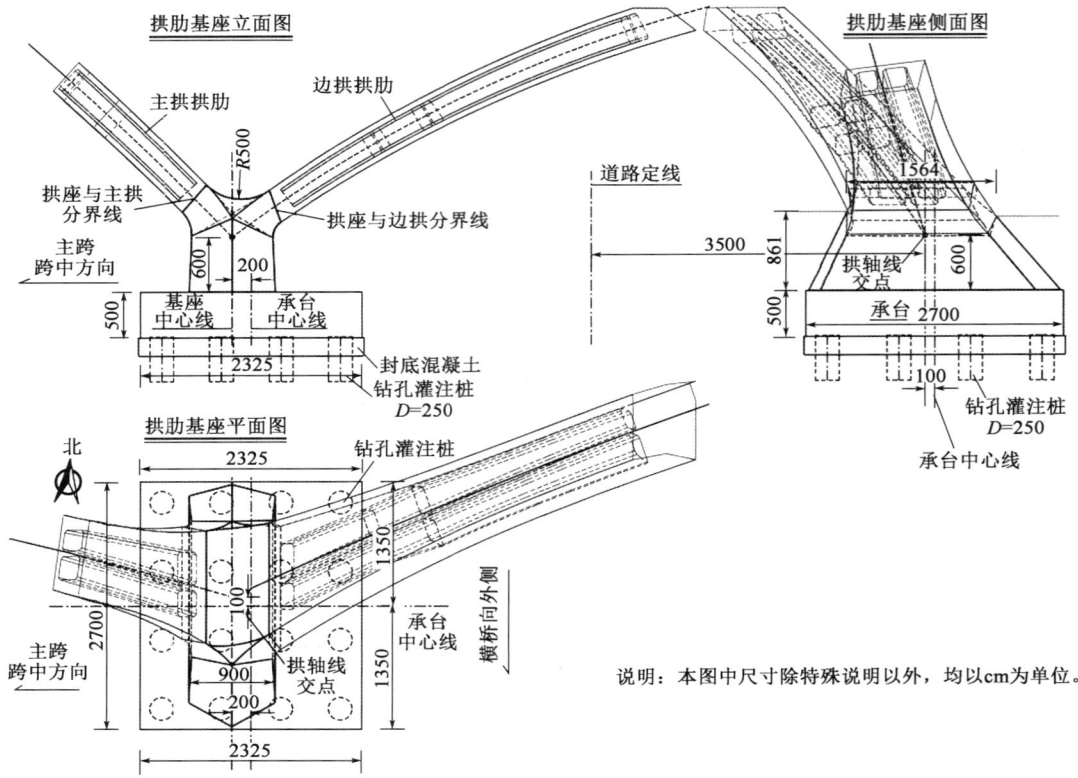

拱脚处侧面钢筋布置图

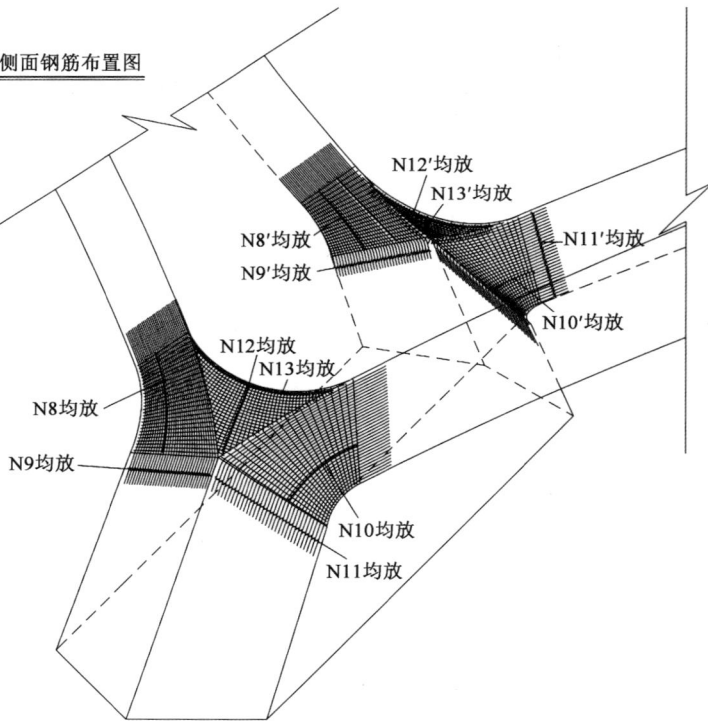

N12'均放
N13'均放
N8'均放
N9'均放
N11'均放
N10'均放

N12均放
N13均放
N8均放
N9均放
N10均放
N11均放

图　17-52

基座拱脚处控制点位标注图

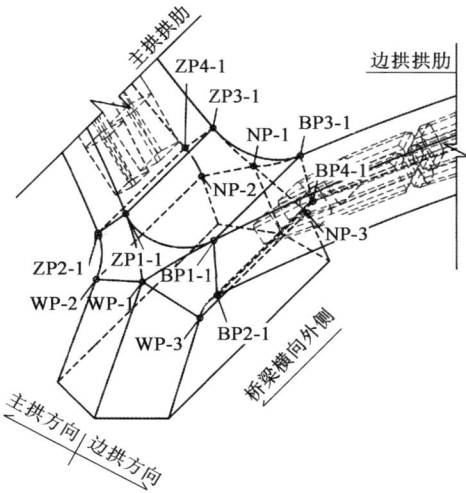

12号墩基座控制点坐标表

点编号	X	Y	Z	备注
ZP1-1	-147.290	40.095	45.677	主拱外侧上缘线起点
ZP2-1	-144.775	39.595	42.732	主拱外侧下缘线起点
ZP3-1	-147.300	27.823	45.681	主拱内侧上缘线起点
ZP4-1	-144.762	27.402	42.710	主拱内侧下缘线起点
BP1-1	-153.868	39.107	45.088	边拱外侧上缘线起点
BP2-1	-155.090	40.760	41.637	边拱外侧下缘线起点
BP3-1	-153.862	26.970	45.084	边拱内侧上缘线起点
BP4-1	-155.097	27.339	41.642	边拱内侧下缘线起点
WP-1	-150.000	42.449	42.043	拱脚外侧控制点
WP-2	-145.757	41.581	40.158	拱脚外侧控制点
WP-3	-154.253	41.765	39.932	拱脚外侧控制点
NP-1	-150.000	26.809	42.610	拱脚内侧控制点
NP-2	-145.755	26.784	40.118	拱脚内侧控制点
NP-3	-154.253	26.699	39.930	拱脚内侧控制点

说明：
1. 本图表格内数据单位为m。
2. 本图尺寸及坐标为12号墩南侧拱座数据，北侧与南侧拱座互为对称结构，对称面为XZ平面。

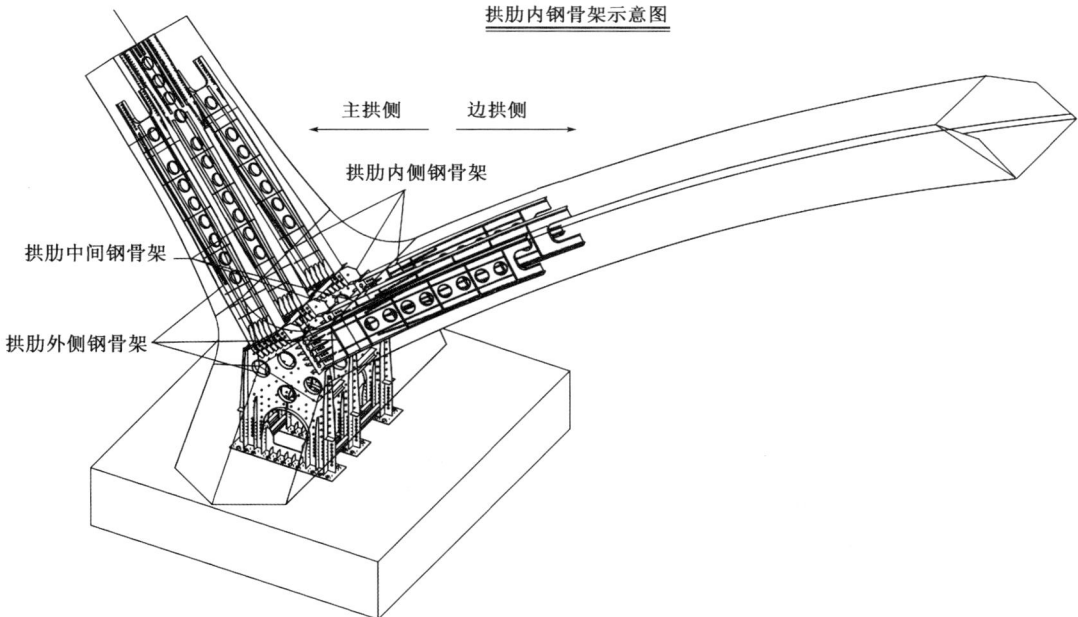

图 17-52　基座模型正向出图图纸

225

第十八章　施工阶段应用

第一节　钢结构加工制造应用

一、图纸深化设计

正向设计是以三维 BIM 模型为出发点和数据源,完成从方案设计到施工图设计的全过程任务,在全过程设计及项目管理过程中起到了可视化沟通、三维协同、设计优化、绿色性能模拟与质量管控等重要作用。图纸深化设计源头为统一的正向设计参数化模型,这保证了图纸和模型的一致性,减少了施工图的错漏碰缺,因此设计质量得到了显著提升。

本项目正向设计参数化模型在施工单位深入参与下完成,有效提高了建模质量。在设计单位形成正向设计参数化模型前期,将施工阶段的加工制造预拱度、钢梁节段划分、焊接坡口处理等施工环节的重要原则和参数,以可编辑的参数化形式体现在设计模型中。通过 CATIA 软件对钢箱拱肋模型进行了深化设计,方便实现设计阶段模型向施工阶段模型的转换,使之符合施工阶段的特点及现场情况,完整表示工程实体及施工作业对象和结果,并包含工程实体的基本信息。

本桥模型设计采用骨架＋模板的方式,通过骨架线定义模型的基本形态,以构件和模板的定义关系来生成模型细节。它以骨架为基础,定义单元之间的关键尺寸。通过调整模型骨架参数,获得施工阶段预拱度模型;通过设置拱肋节段工程模板,实现图纸自动转化、加工制造及组拼控制数据自动提取。BIM 正向设计模型如图 18-1 所示,具体深化步骤如下。

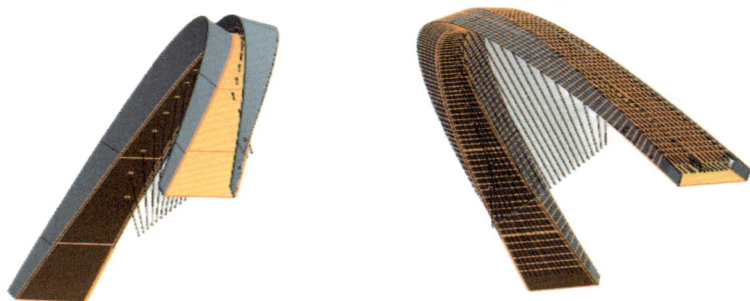

图 18-1　BIM 正向设计模型

(1)在施工深化设计阶段,仍然保持与设计单位在同一个软件平台,共用同一个数据库的情况下开展施工阶段的图纸深化设计。加工制造深化设计模型以原始设计模型为主体,以

"2.0"版本的形式存在,可调用原始设计模型的信息,并对相关参数进行调整。首先引用原始设计模型桥梁骨架线,主要包括中心线、拱轴线、边角线等。骨架线是桥梁结构和线形的控制线,以函数方程及拟合曲线的形式进行表达,可以调整装配结构中各零件的重要尺寸,分配、定义组件的空间位置。在设计骨架线的基础上,根据第三方监控单位给定的加工制造预拱度,将三维模型中的中心线、拱轴线、边角线关键控制参数调整成包含加工制造预拱度的制造线形参数。全桥模型在骨架线的约束下进行自动调整,形成参数化预拱度模型。设计模型骨架的输入条件如图 18-2 所示。原始设计模型与参数化预拱度模型对比如图 18-3 所示。

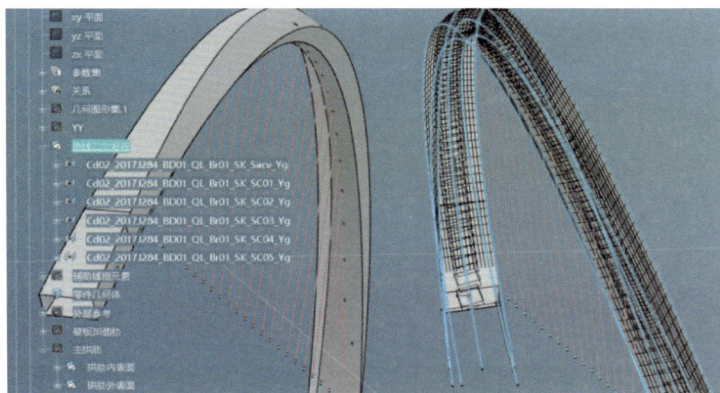

图 18-2　设计模型骨架的输入条件

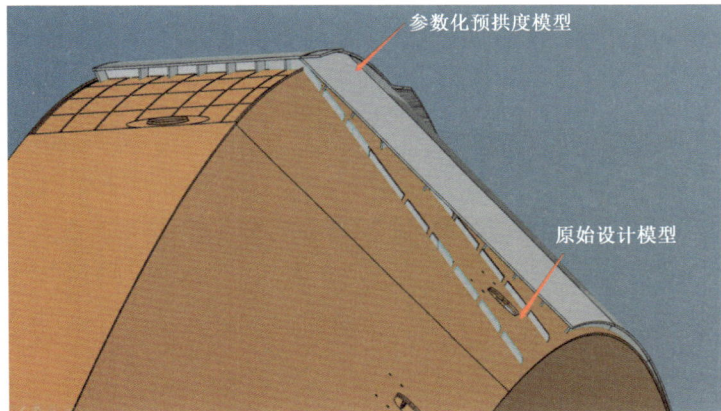

图 18-3　原始设计模型与参数化预拱度模型对比示意图

（2）参数化预拱度模型生成后,根据运输能力、设备吊装能力、场地布置等条件确定拱肋节段划分,并在预拱度模型上设置节段划分位置。本项目全桥共划分为 74 个加工制造节段,42 个安装节段,3 个拼装轮次。利用软件直接获得各节段质量。借助 EKL 脚本语言,读取设计模型信息,建立不同类型的钢箱拱肋加工制造节段工程"模板",实例化到相应的骨架位置,完成全桥钢箱拱肋加工制造节段模型的重生成。在与设计单位及监控单位共同研讨确认无误后,形成加工制造节段模型。节段模型及组拼轮次位置划分如图 18-4 ~ 图 18-6 所示。

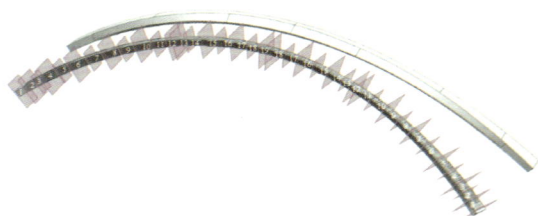

图 18-4　加工制造节段模型位置划分示意图

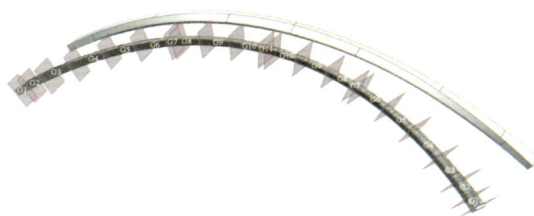

图 18-5　安装节段模型位置划分示意图

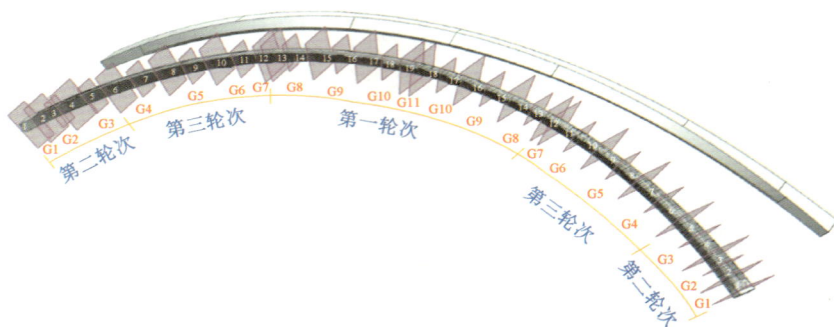

图 18-6　组拼轮次位置划分示意图

（3）在加工制造节段模型的基础上，利用 CATIA 软件将曲面展开，通过软件脚本功能界定曲面展开基准点及展开方向得到展开平铺面，同时将曲面上加劲肋、横基线、纵基线及中心线等标记跟随曲面转移过来，为后续曲面板加工及组拼提供基准。通过脚本操作，以参数化节段模型为基础，建立一系列包含异形曲面板展开原则、加工余量、胎架建立、出图比例等信息的图纸模板，通过自动导图插件，实现相关工程图纸批量化导出，完成三维模型向加工制造二维图纸的转化。CATIA 主要脚本目录如图 18-7 所示。

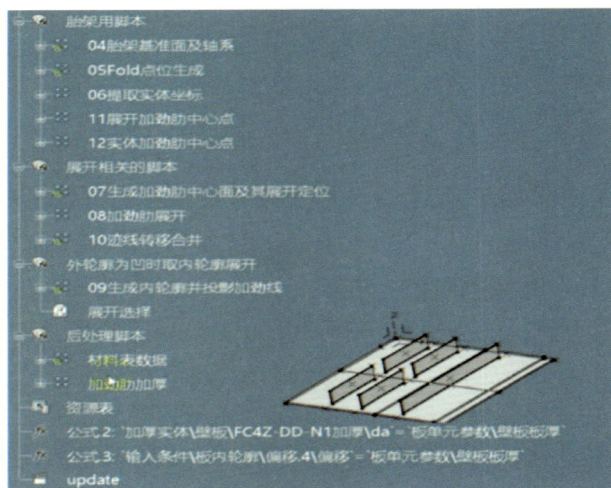

图 18-7　图纸深化设计主要脚本目录

通过 CATIA 软件导出的施工图纸可在 CAD 二维软件中进一步进行细节深化,满足套料、下料、板单元加工及组拼、拱肋节段组拼等施工需求。

基于正向设计参数化三维模型的图纸深化设计,相比于传统的 CAD 图纸二次建模,避免了模型与设计图纸、施工图纸与设计意图之间的偏差。通过一系列的参数化控制和实例化模板控制,大大提高了图纸深化设计效率。

此外,因施工阶段与设计阶段采用同一软件平台及数据平台,即使在加工制造深化设计过程中,设计单位的原始设计模型发生了变化,也可以利用平台参数化、协同化的优势,快速调整加工制造深化设计阶段的模型信息。

二、加工制造及组拼控制坐标提取

以方便板单元加工制造为原则,利用参数化节段模型建立各异形曲面板单元局部坐标系,提取加劲肋、横基线、纵基线、中心线、角点等关键控制位置的三维坐标,指导异形曲面板单元加工制造。

针对拱肋节段组拼施工,利用参数化节段模型,结合现场组拼胎架结构设计及布置,运用装配的方式,将整个节段组拼轮次模型放置于胎架上,建立各组拼轮次的局部坐标系,胎架施工及异形曲面拱肋节段组拼施工共同以此局部坐标系为基准进行控制。提取各拱肋节段在胎架上的支撑点、拱肋首拼单元板角点、横隔板角点、端口截面角点和节段安装时的测量控制点等关键组拼控制点三维坐标,指导异形曲面拱肋节段组拼。为降低整个拼装轮次的高度,将首拼单元板三个最低角点确定的水平面与胎架所处位置地面平行。

主要控制点的数据直接以坐标点的形式显示在三维模型的对应位置上,可以以多种三维模型格式进行数据成果的传递和应用。模型提取控制点三维坐标如图 18-8 所示。

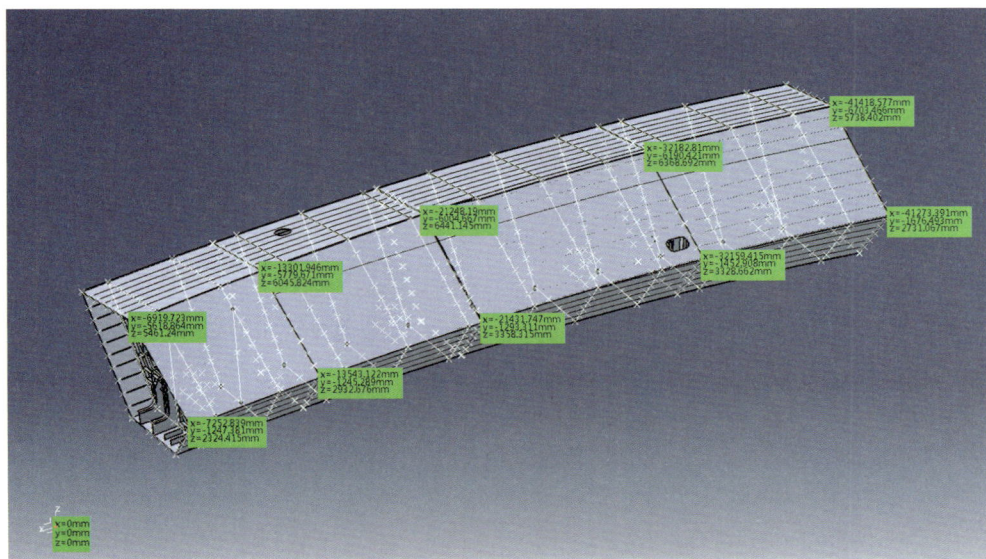

图 18-8　模型提取控制点三维坐标图

第二节　现场施工应用

一、临建应用

在统一模型架构下,创建与集成主要的临时工程模型(即临建模型),包括钢结构拼装场、栈桥、钢梁支架、基础围堰以及浮式起重机等现场施工设施(图18-9)。结合施工临建模型进行施工仿真,可以直观地反映出施工现场可能发生的风险,辅助对施工组织方案进行合理性评价及优化,修正施工组织过程中可能产生风险的步骤,保障施工安全及质量。

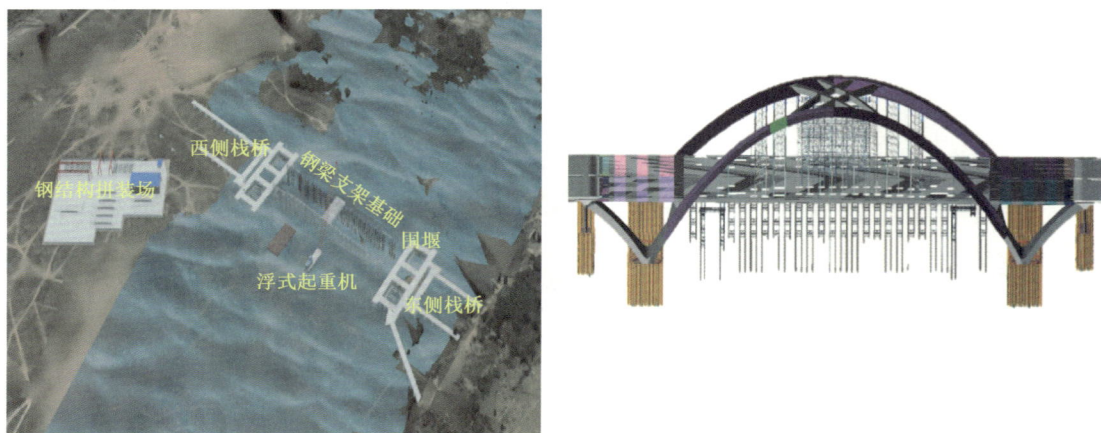

图 18-9　施工临建模型

BIM 设计人员通过 3DE 平台和 SolidWorks 等软件,将创建的各种施工临建模型,插入或导入大桥设计模型中(图18-10),即可查看临建设施与大桥构件的位置关系。通过对比分析做出更加合理的施工组织规划,同时也方便施工与设计互相交底、协同设计。

图 18-10　桥梁临建设施布置图

二、临时结构设计

基于 CATIA 模型的临时结构设计,即通过对临时结构体系建模(图 18-11),将模型导入 MIDAS 受力分析软件,模拟施工过程中结构在各工况下的受力状态及稳定性(图 18-12),并出具受力验算报告,确保了大桥结构施工安全,为工程保质保量完成提供了基础保障。

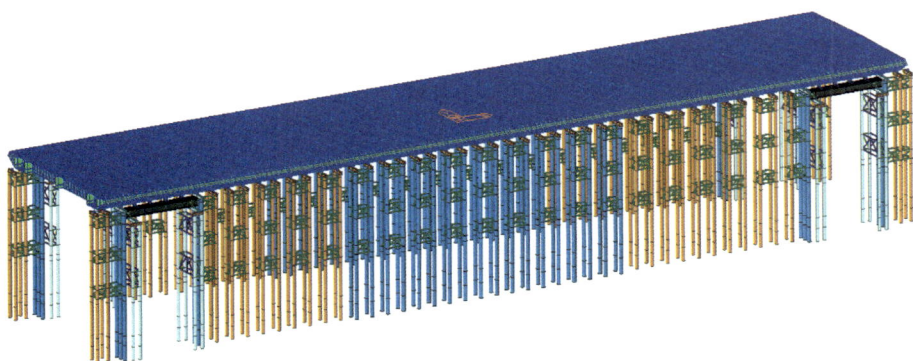

图 18-11　钢箱梁结构及支架桩模型

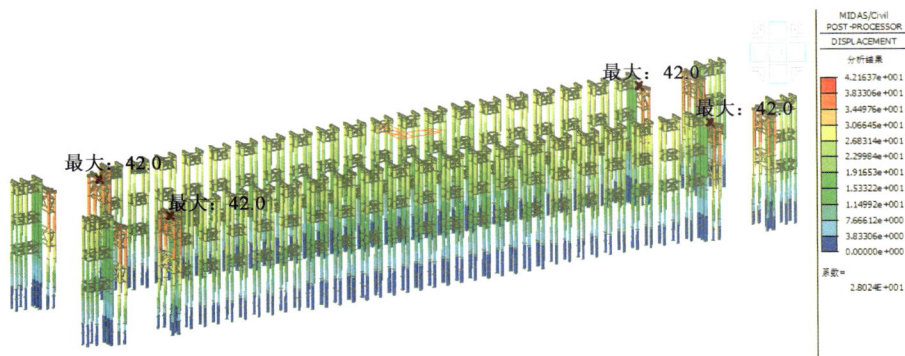

图 18-12　钢箱梁支架桩位移分析图(单位:mm)

三、拱肋吊装设计

空间异形拱肋节段吊装:通过在 CATIA 软件中确定拱肋节段模型的重心(图 18-13)及拱肋节段模型的吊装姿态,使拱肋节段在吊装过程中呈预设的倾斜状态,提高了多角度倾斜拱肋节段的吊装效率。根据 CATIA 中确定的吊带长度及吊装角度(图 18-14),利用 MIDAS 有限元软件进行结构受力分析,确保吊装过程安全可控。

CATIA 和 MIDAS 模拟计算吊装姿态,对吊装应力、吊耳应力及位移进行结构检算,校核拱肋结构和吊耳的强度(图 18-15、图 18-16)。

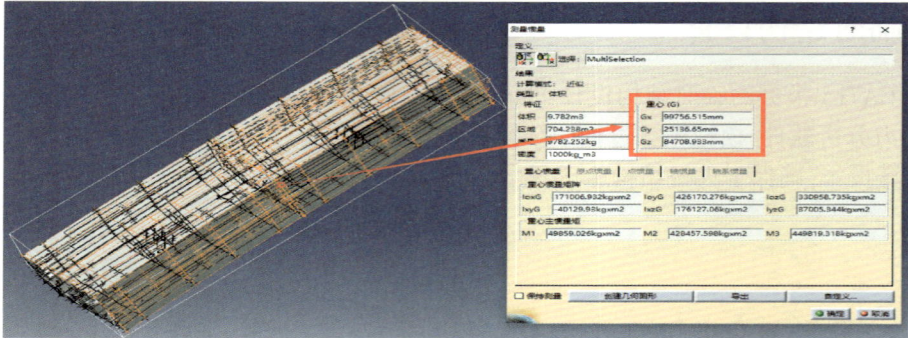

图 18-13　节段模型重心坐标提取

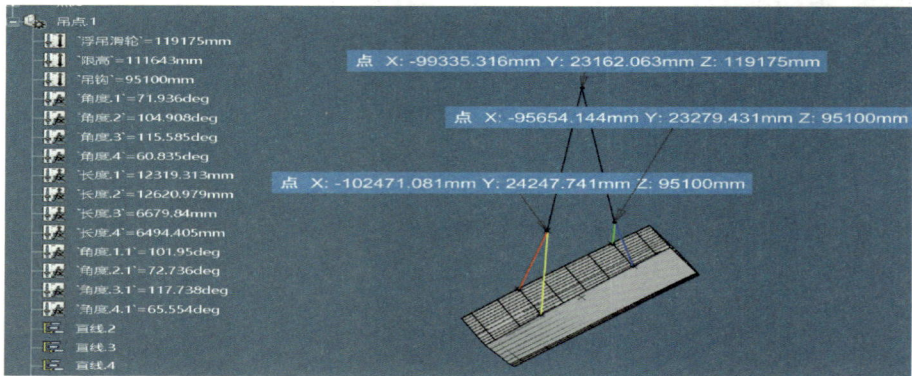

图 18-14　吊带设计图

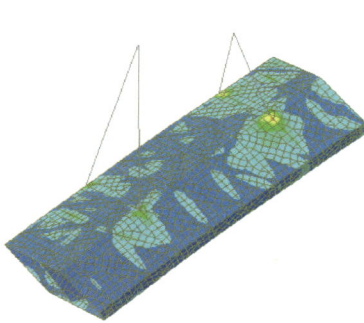

图 18-15　拱肋吊装受力分析图

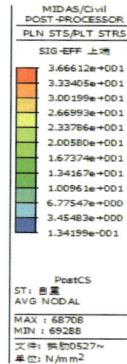

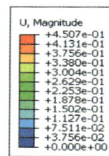

图 18-16　吊耳受力分析图（单位：MPa）

四、项目管理

1. 技术管理

通过工程技术管理平台，对全桥施组方案（图 18-17）、技术交底（图 18-18）及现场关键工序验收进行管理，确保技术管理高效可控。

序号	名称	编制人	复核人	等级	方案类型	危大工程	已抽查	计划完成日期	完成日期
项目名称：京雄高速公路（北京段）PPP项目（24项）（在下一页上继续）									
1	JXGS-01工区实施性施工组织设计	黄家军	唐琪	A	施组方案	☐	☐	2021/6/30	2022/1/4
2	临建工程专项施工方案	黄家军	唐琪	B	专项方案	☐	☐	2021/4/30	2021/5/1
3	临时用电施工组织设计	黄家军	唐琪	B	施组方案	☐	☐	2021/4/30	2021/4/25
4	栈桥及钢平台施工方案	黄家军	唐琪	A	专项方案	☑	☐	2021/6/30	2022/1/4
5	永定河大桥引桥深基坑专项施工方案	黄家军	唐琪	B	专项方案	☐	☐	2021/9/30	2021/9/29
6	永定河大桥引桥上部结构施工方案	黄家军	唐琪	B	专项方案	☑	☑	2021/10/31	2021/12/19
7	永定河大桥边孔及辅助孔围堰专项...	黄家军	唐琪	A	专项方案	☑	☐	2021/10/31	2022/5/10
8	永定河大桥边孔及辅助孔上部结构...	黄家军	唐琪	B	专项方案	☑	☐	2022/8/31	2022/8/19
9	永定河大桥主墩下部结构专项施工...	黄家军	唐琪	A	专项方案	☑	☐	2021/9/30	2022/1/4
10	永定河大桥主桥钢梁专项施工方案	黄家军	唐琪	A	专项方案	☑	☐	2021/11/30	2022/1/4
11	永定河主桥上拱肋、下拱肋、风撑...	黄家军	唐琪	A	专项方案	☑	☐	2022/7/31	2022/9/14
13	永定河大桥附属工程施工方案	黄家军	唐琪	C	专项方案	☐	☐	2022/11/30	2022/11/15
14	五环立交深基坑专项施工方案	黄家军	唐琪	C	专项方案	☐	☐	2022/3/31	2022/2/14
15	五环立交现浇梁施工方案	黄家军	唐琪	B	专项方案	☐	☐	2022/6/30	2022/6/13

1　2

将超期未完成　超期未完成　按期完成　超期完成

图 18-17　施组方案管理

名称	类型	部位	交底人	交底时间	操作
梯笼施工技术交底	施工技术	现浇连续梁,现浇箱梁-0-2#-L,...	丁然	2021-11-10	编辑　删除
梯笼施工安全技术交底	安全交底	盖梁,现浇连续梁,-,盖梁,现浇...	丁然	2021-11-10	编辑　删除
11到14钻孔桩施工技术交底	施工技术	主桥-桩基-L11-01,主桥-桩基-L...	马际晨	2021-10-24	编辑　删除
11到14钻孔桩施工安全技术交底	安全交底	主桥-桩基-L11-01,主桥-桩基-L...	马际晨	2021-10-24	编辑　删除
钢梁支架施工技术交底	施工技术	中跨主梁钢梁段-1,中跨主梁钢...	丁然	2021-10-20	编辑　删除
钢梁支架施工安全交底	安全交底	边孔钢梁,中孔钢梁,中跨主梁...	丁然	2021-10-20	编辑　删除
西引桥V形墩模板及支架施工技术交底	施工技术	西引桥-V形墩柱-16#,西引桥-V...	罗泽强	2021-09-15	编辑　删除
V性墩钢筋工程施工技术交底	施工技术	西引桥-V形墩柱-16#,西引桥-V...	罗泽强	2021-09-07	编辑　删除
16到18基坑支护交底	施工技术	西引桥-承台-16,西引桥-承台-1...	丁然	2021-09-07	编辑　删除
16到18基坑支护安全交底	安全交底	西引桥-承台-16,西引桥-承台-1...	罗泽强	2021-09-07	编辑　删除

新增　1　2　3　4

图 18-18　技术交底管理

2. 安质管理

通过京雄高速公路智慧管理平台，开展风险管理（图 18-19）、应急管理、隐患排查、关键工序控制、作业人员安全教育。

3. 进度管理

基于京雄高速公路智慧管理平台，通过进度管理（图 18-20）把控整体施工进度与计划进度偏差，以便进行纠偏；通过派工单的形式，将每周施工任务分解到天、责任到人，以周保月、以月保季。

4. 成本管理

通过 CATIA 模型将 BIM 技术与物联网技术结合，实现空间异形钢结构板单元下料与物料跟踪，实现钢箱梁构件在深化设计阶段、工厂板单元制作阶段和现场组拼阶段的信息交互和有效流通，缩短了项目工期并降低了成本。

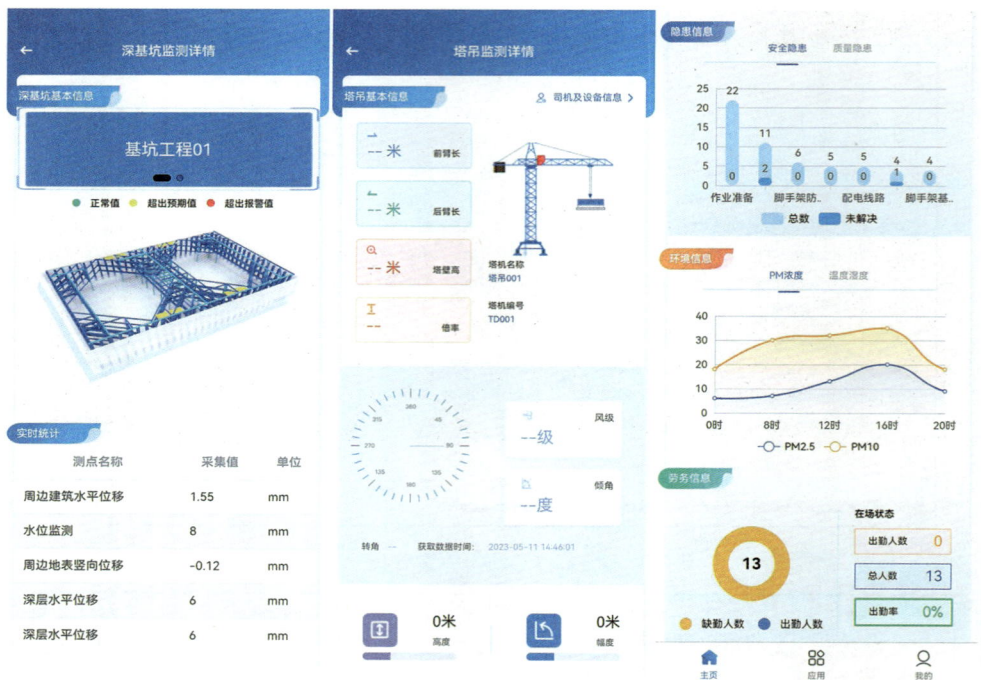

图 18-19　风险管控

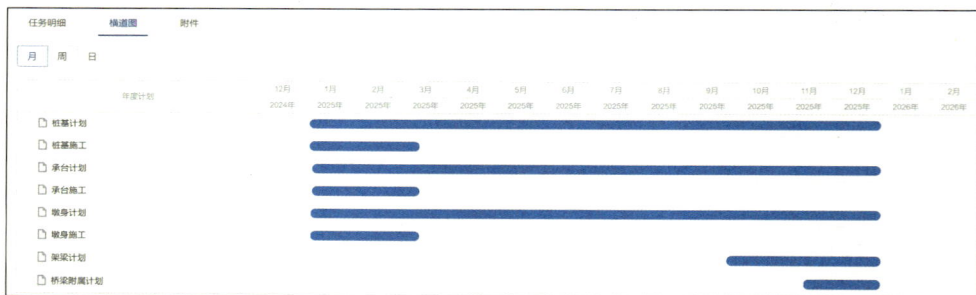

图 18-20　进度管理

第三节　施工监控应用

一、监测管理

本项目涉及深基坑、高支模等超过一定规模的危险性较大的分部、分项工程,通过在监测点位安装自动采集传感器,将测量数据实时传送至京雄高速公路智慧管理平台。平台比对测量值与预警值,如测量值超过预警值,立即推送数据至相应负责人,第一时间进行处理。如图 18-21 所示。

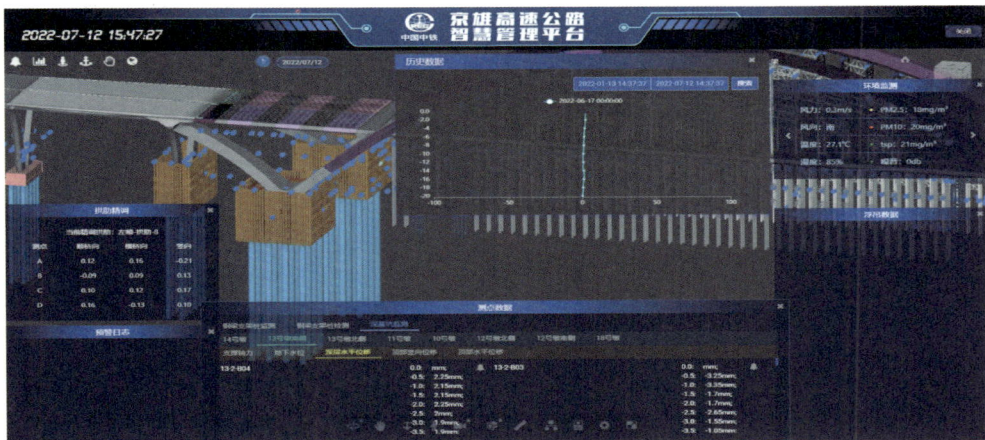

图 18-21　监测管理

二、拱肋安装及精调

本项目拱肋安装采用原位支架 +610t 浮式起重机吊装方法,基于京雄高速公路智慧管理平台及自动采集传感器,实时监测拱肋支架应力、位移及拱肋安装偏差,如图 18-22 所示,为空间异形拱肋精调安全施工保驾护航。

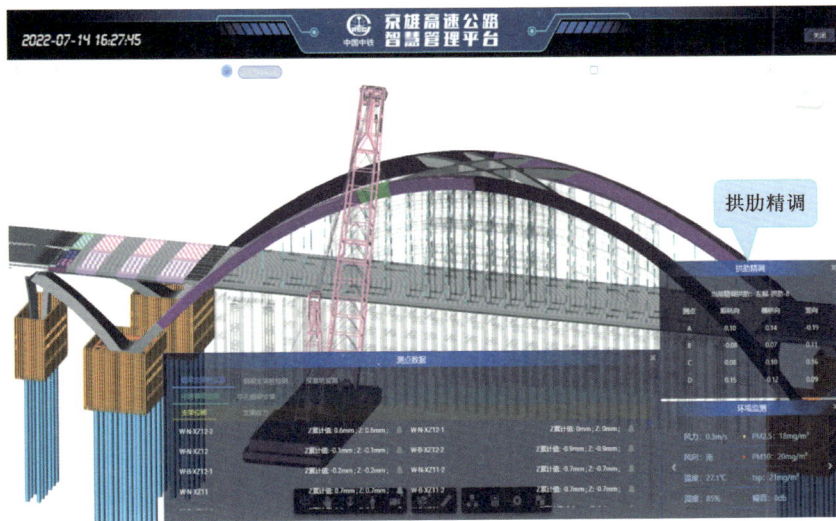

图 18-22　拱肋节段安装及精调

三、浮式起重机动态监测

钢梁、风撑、拱肋节段采用 610t 浮式起重机安装,吊装结构质量大,对安装精度及安全性要求高。通过实时在线监控起重机力矩限制器参数,掌握浮式起重机吊装高度、质量、角度等关键参数(图 18-23),指导现场吊装。

图 18-23　浮式起重机吊装监控

第十九章 运维阶段应用

第一节 健康监测应用

一、项目背景

设立河北雄安新区,是一项重大历史性战略选择,是千年大计。京雄高速是连通首都北京与雄安新区最重要的快速交通走廊,作为京雄高速的控制性工程,京雄大桥项目的建设对于发挥雄安新区职能,进一步促进京津冀交通一体化有着极为重要的意义。作为北京至雄安新区的公路骨干通道,京雄高速综合运用了北斗高精定位、窄带物联网、大数据、人工智能、自动驾驶等新一代信息技术,建成运营后可提供车路协同等智能服务。

本项目要求新建京雄大桥结构健康监测系统,并保证系统后续能够稳定接入京雄高速公路智慧管理平台,为后期接入省级长大桥梁结构健康监测平台和交通运输部长大桥梁结构数据平台做技术准备。

二、系统设计原则

根据京雄大桥的结构特点和既有条件,设计大桥健康监测系统内容,保证系统能达到设计预期的功能目标。系统设计遵循可靠性、先进性、安全性、经济性、可维护性和可扩展性以及尽量减少对主体结构的影响的原则。

1. 可靠性

由于系统部分传感器及相关设备、线缆等长期暴露于户外,工作环境恶劣,因此系统的长期可靠性是最为重要的设计原则之一。本系统采用技术成熟的系统配套产品,同时采用高标准的工艺,保证系统各环节的稳定性;设置适度冗余的传感器及相关设备,避免个别设备失效导致系统功能丧失。

2. 先进性

系统的设计除体现可靠性外,还要体现先进性。选取代表国际发展趋势的、先进的技术手段和设备,保证系统技术先进、性能优良,总体上达到国际先进水平。

3. 安全性

系统提供密码保护和多级权限控制,并通过对操作人权限的不同划分设置来对系统使用人员进行管理。同时,作为一个大数据产生和存储载体,系统对数据本身亦建立了相应的安全保障措施,包括网络安全防护以及各种可能的意外情况下数据容灾的相关软、硬件配置。

4. 经济性

系统设计坚持经济原则,结合大桥自身特点,合理设计传感器布点并控制系统规模,力求采用具有代表性、少而精的监测信息,包含尽可能多的结构及结构状态信息,并在设计中体现较高的性价比。

5. 可维护性和可扩展性

系统软、硬件设计和实施充分考虑了未来发展,方便以后对系统的设备进行更新、维护,同时系统预留了一定数量的软、硬件通道冗余,软件可进行模块划分、接口统一,便于将来进行功能扩展。

6. 尽量减少对主体结构的影响

系统前端设备(包括传感器、采集设备、通信管线及相应的安装支架和保护系统)的安装,需要保证其与大桥主体结构的可靠连接,在系统设计与实施过程中充分考虑采用最为合理的安装方式,做到既保证设备安装能够满足长期可靠使用的性能要求,同时又保证尽量减少对大桥主体结构本身的破坏,尽量避免引入不利于主体结构受力性能和耐久性的因素。

三、系统设计技术路线

根据项目总体目标并结合系统设计原则,京雄大桥健康监测系统依托自动化监测技术,其设计思路包括以下几个方面:

1. 基于物联网的智能监测技术应用

通过选用基于物联网需求的采集模块和传输模块,采用分布式采集的架构,基于物联网的传输协议,满足京雄大桥健康监测系统的实时性、同步性和易于维护性的需求。

通过搭建综合的采集平台、数据分析平台和系统展示平台,利用京雄大桥健康监测系统可实现用户网络获取,远程和实时感知大桥健康状态。

2. 智能监测与智慧管养相结合

智能监测以重要部位、关键截面为对象,可以监测到桥梁结构的荷载、环境输入和静动态响应,当监测数据超过设置的阈值时,可以及时发出警报,提醒管养人员采取措施。通过综合利用先进的结构分析、损伤识别、信号处理及可靠度理论等对监测数据进行分析处理,可以推断大桥主要构件是否存在潜在病害,评估预测结构的性能退化趋势,为桥梁养护提供可靠的分析结果,指导桥梁养护工作。

智能监测也存在无法对全桥各个部位进行有效监测的问题,而通过智慧管养能够及时发现一些自动化监测没有监测到或无法监测到的结构缺陷、材料退化、结构裂缝等局部损伤信息,因此两者相辅相成、互为补充,共同为桥梁养护管理系统服务。

京雄大桥健康监测系统采用一体化集成技术,将智能监测与智慧管养结合,搭建养护管理信息化平台,统一管理监测和管养数据,综合评估桥梁结构状况、损伤情况、承载能力等。

3. 智能视频与人工智能技术应用

京雄大桥重点打造以视频监测为基础,结合人工智能技术的智能视频应用场景,满足用户可视化、实时化的需求,以及用户可见即可得的深度要求,并将智能视频纳入系统平台建设中,实现系统平台总体功能目标。

采用最新的深度学习、图像识别等计算机视觉技术对传统视频进行智能化升级,这样能够对桥面车辆空间信息及通行状态进行自动实时提取和识别,实现对桥面交通状态的主动感知,实现对桥梁支座、桥梁响应的自动识别,将传统的被动查阅功能升级为主动识别和预警的智能视频监控系统,提高健康监测系统的智能化水平。

4. 智能预警与应急管理相结合

实现京雄大桥的智能预警是本系统的重点,建立以智能预警为驱动,并结合应急管理的桥梁维护和管理体系,提高桥梁维护和管理的主动性和智慧化水平,为桥梁维护和管理决策提供支持。

京雄大桥智能预警包括桥梁数据实时分析、单测点预警、多传感器融合报警分析、多传感器预警设置、预警告知、预警后评估等内容。通过桥梁数据实时分析获取桥梁关键特征信息,通过多传感器融合报警分析确保报警的准确性和实时性,进而实现京雄大桥智能预警功能。

京雄大桥智能预警结合视频智能分析,将报警分为超限报警、船撞报警、地震报警及视频报警。系统报警后,实时出具专项报告,专项报告根据报警不同分为超限报警专项报告、船撞报警专项报告、地震报警专项报告和视频报警专项报告。

5. 科学决策与评估

桥梁管营单位以京雄大桥健康监测及综合管养系统为平台,对桥梁进行集成数字化养护管理,使该平台逐步成为地区性的桥梁养护管理数据中心、云计算中心。桥梁健康监测系统要从监测、分析和管养桥梁的角度出发进行设计,建立桥梁设计、施工、运营、养护维修和管理的全过程历史档案数据库,以便于数字化养护管理和大桥运营期的结构工作状态和健康状况分析评估,识别出可能的结构损伤部位及其程度,进而给出大桥的安全可靠性评估,为维修管养提供决策依据。数字化养护管理不仅具有重要的科学意义,而且具有重要的现实意义,同时也将对桥梁工程数字化、智能化发展起到积极推动作用。

四、系统构建

京雄大桥结构健康监测系统集结构运营安全监测、结构安全报警、数据自动化处理与存储、实时数据的人性化交互显示及巡检养护管理等功能于一体,前期统一规划,统筹开发,预留自定义接口,后续分步接入,分阶段进行系统实施,搭建统一管理养护平台。科学化、标准化、电子化、信息化地实现桥梁全生命周期养护管理,监管运营期桥梁结构与行车双重安全,最大限度地维持桥梁良好的工作状态。

根据系统的业务功能、相关技术规程以及大桥预警、评估和管养决策方面的要求,将整个系统划分为下列六大子系统:①传感器感知子系统、②信号传输子系统、③采集边缘分析子系统、④数据融合评估子系统、⑤用户界面子系统、⑥电子化人工巡检与养护管理子系统。

系统总体构成及其功能实现如图 19-1 和图 19-2 所示。

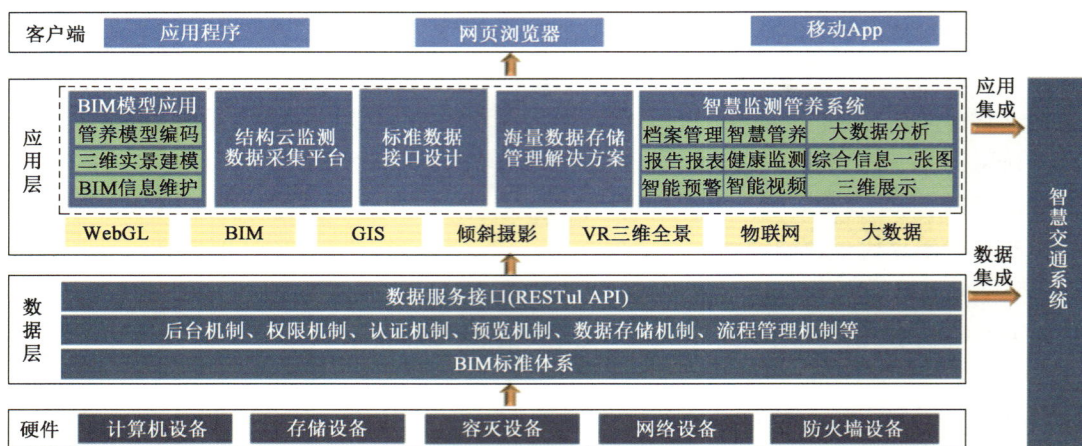

图 19-1　京雄大桥健康监测系统架构图

图 19-2　京雄大桥健康监测系统功能示意图

第二节　智慧高速应用

一、系统总体架构

本项目智慧高速平台采用"1+1+1+5+4"架构设计模式,即1套泛在感知体系、1套融合通信系统、1个路段管理中心、5个综合应用平台、4大智慧应用及服务。5个综合应用平台系统相互协作,借助现代信息技术赋能高速公路传统三大机电系统,实现管理决策科学化、路网调度智能化、出行服务精细化、应急救援高效化。构筑起"5G专网全覆盖及5G专网+北斗高精度定位+国产化服务器"的新时代示范性智慧高速。具体架构详见图19-3。

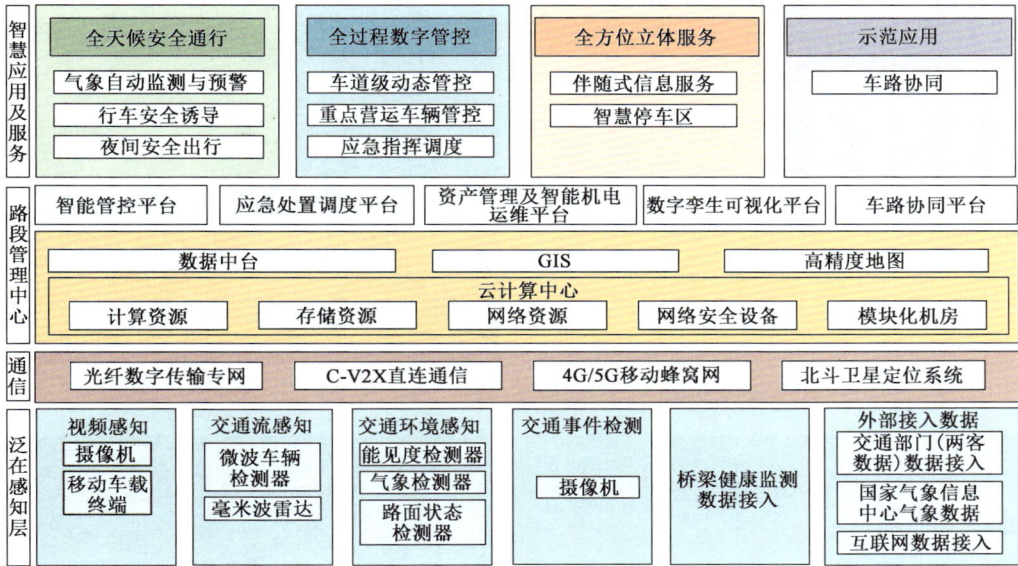

图 19-3　方案总体架构图

1 套泛在感知体系:对京雄高速公路(北京段)沿线运行状态、路网环境状态和设备安全运行状态进行实时感知。

1 套融合通信系统:为海量数据稳定传输、设备(设施)互联互通和应急传输提供可靠保障。

1 个路段管理中心(数据中心):建设京雄高速(北京段)大数据中心,提供大数据及云计算服务。

5 个综合应用平台:智能管控平台、应急处置调度平台、资产管理及智能机电运维平台、数字孪生可视化平台及车路协同平台。

4 大智慧应用及服务:全天候安全通行应用、全过程数字管控应用、全方位立体服务应用及车路协同示范应用。

二、系统亮点

(1)"新基建"——全面感知构建京雄智能感知及高性能计算体系。

京雄高速(北京段)借助新一代的 5G(图 19-4)、物联网等信息技术,利用"多源数据接入 + AI 分析",基于"云"(图 19-5)、"边"、"端"架构,构建一个多元、多维度的大数据全息智能感知体系,实现对道路运行状态、路网环境状态和设备安全运行状态的实时感知。自主软实力加上国产硬支撑,实现系统安全可信、自主可控,加速交通运输行业信息系统国产化替代。

(2)"新管理"——一图全展示、一秒知路况、一站全联动、一键出报表,让日常管理更高效、指挥调度更准确、决策处置更高效。

利用"数字孪生 + 多项智慧应用",深度整合多源数据,并对其进行分析、挖掘,生成决策支持信息,打造一个集业务信息和多元数据于一体的三维全息化场景的数字孪生可视化平台(图 19-6),并在展示界面之上叠加多个业务系统,可总览整个京雄高速(北京段)的事件、场景、设备、流量等全方位信息,提供一站式访问服务,自动识别、自动预警、自动处置各类事件(图 19-7),让路网监管、指挥调度、应急决策更准确。

图 19-4　5G 专网通信

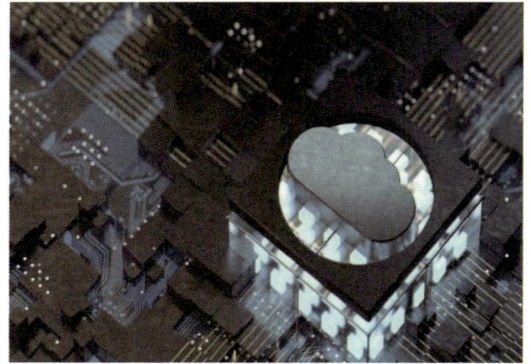

图 19-5　国产化服务器移动云

图 19-6　数字孪生可视化平台

图 19-7　资产管理及智能机电运维平台

（3）"新服务"——让驾驶更稳定，让行车更安全，让道路更通畅。

①全线覆盖行车安全诱导系统，助力道路安全通行。京雄大桥及京雄高速（北京段）全线采用了行车安全诱导系统（图19-8），该系统能在雾天、强降雨、沙尘暴、烟雾等低能见度条件下正常工作，改善低能见度路段行车环境，引导车辆安全行驶，有效地防止追尾事故发生；让京雄高速（北京段）更安全、更智能，在未来将与更多的场景结合，提高服务质量与安全性。

②精细化气象预警预报服务（图19-9），助力行车安全。京雄大桥及京雄高速（北京段）全线新增气象监测器、能见度监测仪、路面状态监测器等，对气象数据进行采集；结合周边气象站监测数据，通过计算分析，制作并发布精细化气象预警预报信息，实现对雨、雾、冰、雪等多种气象的监测与预警，为运营管理单位提供气象数据支撑。

图19-8　行车安全诱导系统

图19-9　气象预警服务系统

③全渠道＋融媒体信息发布，提供全方位的管控及服务，提高道路通行效率。京雄大桥及京雄高速（北京段）全线采用了伴随式信息服务系统，可根据路况、应急事件、施工、沿途交通管控、气象、环境等数据以及互联网交通信息数据，由路段管理中心统一规划信息内容，通过沿线可变信息标志、公众号、导航软件等进行伴随式的信息发布，如图19-10所示。

④提供跨时间（提前感知）、跨区域（盲区）、高动态服务，助力行车安全。京雄大桥及京雄高速（北京段）全线采用的伴随式信息服务系统可以跨时间（提前感知）、跨区域（盲区）获得全方位的道路信息，从而辅助驾驶人员及管理者对车辆管控、道路管控进行决策，实现安全高效驾驶，如图19-11所示。

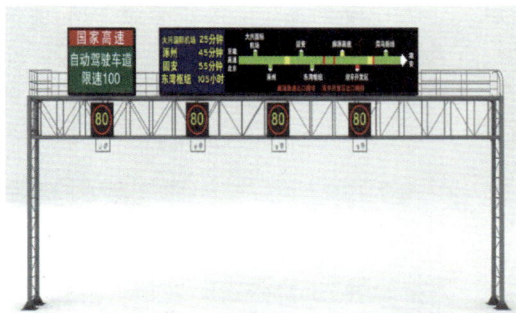

图19-10　融媒体信息发布

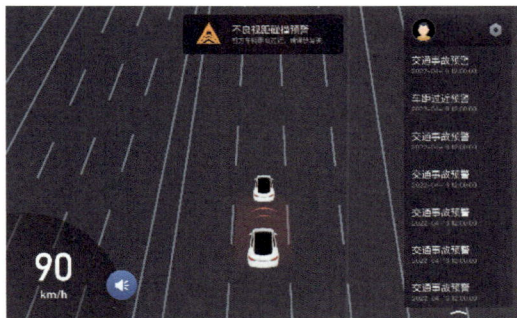

图19-11　提前感知预警系统

PART FIVE
第五篇
工程创新与展望

第二十章　工程建设创新综述

京雄大桥采用拱桥结构方案。拱桥是我国最常见的一种桥梁形式,其式样之多、数量之大,为各种桥型之冠。但是,京雄大桥建造面临着景观要求高,桥梁形态多变,抗震性能要求苛刻,地质情况复杂,建造精度控制难度大等多个重大挑战。京雄大桥建设团队在设计、施工、监控等方面开展研究,提出了多项空间异形拱桥建造创新技术。

一、设计技术创新

1. 创新研发了五孔钢-混凝土混合梁 + 三角刚架结构体系

从静力和动力两方面对比了三跨固结、三跨活动、五跨固结、五跨活动四种结构体系。通过各部位受力情况分析,五跨固结体系由于有混凝土结构的辅助跨维持主墩两侧结构受力平衡,在主墩桩基处的轴拉力、主拱拱脚纵向弯矩、边拱拱顶和边拱拱脚的横桥向弯矩明显较小;且由于固结体系梁拱的互相约束,地震作用下主拱弯矩及主梁的梁端位移幅度明显较小。综合整体受力性能和经济性,五孔钢-混凝土混合梁 + 三角刚架方案最优。

2. 研发了最大阻尼力 5000kN 国产黏滞阻尼器

为满足桥梁结构抗震安全性,同时满足阻尼器布置空间的需求,项目各参与方共同研发最大阻尼力 5000kN 国产黏滞阻尼器,阻尼器速度指数为 0.35,最大行程为 ±150mm,以限制主梁纵向位移,避免主梁在地震作用下与拱肋和边孔钢梁发生碰撞。

二、施工技术创新

1. 研发了不通航水域胶结状卵石地质深水基础施工技术

建设团队研发了胶结状卵石绞吸开挖设备、锁扣钢管桩安装用振动锤、可滑移施工平台和围檩支撑智能整体同步下放装置,创新研发应用了围堰结构和水下开挖技术,并运用无人测量船对基底断面进行测量,解决了不通航水域胶结状卵石地质深水基础施工难题。

2. 创新了空间异形钢箱拱肋加工、安装技术

建设团队研发应用了下拱肋施工技术,减少下拱肋施工误差和拱肋混凝土沉降变形。在大跨径飞燕式提篮钢箱拱桥空间异形拱肋结构的制造方面,建设团队研发应用了空间异形拱肋制造的交叉基线控制方法和梁拱共用胎架结构体系,提高了拱肋节段组拼的精度,增强了钢结构组拼中胎架的通用性,显著降低了施工成本;通过优化改进组拼的测量控制方法,提高了异形曲面拱肋组拼精度和施工效率。在拱肋安装方面,建设团队应用了三维千斤顶、三维可调节吊具,研发了拱肋支撑调节和侧向限位装置等一系列工装设备,并运用 BIM 技术对吊带和吊耳进行设计,优化了钢拱肋安装控制点坐标测量和复核测量控制方法,使拱肋线形和安装精度达到毫米级,单个拱肋节段安装时间减少 6h,提高了拱肋施工效率。建设团队研发和应用

了京雄高速公路智慧管理平台,将自动监测传感器和自动测量机器人与 5G 技术结合,实现了拱肋支架应力和位移、浮式起重机状态相关参数、现场视频等信息可视化,并对各项数据实时预警监控,实现了吊装状态全过程智能监控。此外,建设团队还研发了一种拱肋合龙段的加工方法,使拱肋合龙精度达 2mm,确保了拱肋精准合龙。

三、监控技术创新

1. 创新了桥梁施工监测技术

为准确掌握桥梁结构状态信息,完整记录桥梁建造过程信息,制定运营阶段维修养护措施,有必要对施工技术难度大、施工风险高的桥梁进行监测。基于智慧管理平台的桥梁施工智能监控技术对桥梁建设有着重要作用,通过实时监测桥梁结构参数得到桥梁在施工过程中的受力状态,通过将其与桥梁设计过程中得到的理想受力状态结果进行对比分析,可开展桥梁施工过程中的安全事故预测、桥梁状态识别和控制、施工进度调整等工作,保证施工控制预测的可靠性,使得桥梁在施工全过程中满足相关设计规范中的误差要求。

2. 研发了空间异形拱肋线形控制技术

对于异形拱肋施工而言,通过水准仪、全站仪、钢尺等传统方法只能获取结构物有限个特征点的空间位置信息,这显然难以全面地反映复杂结构物的状态。在大跨径空间异形拱桥施工过程中,通过三维扫描技术及三维建模技术构建出各施工阶段的异形拱肋节段三维模型,基于构建出的三维模型对节段安装误差、合龙口安装误差进行评判,进而达到控制拱肋线形、提高施工质量的目的。

第二十一章　设计技术创新

第一节　桥梁结构体系创新

一、三跨、五跨体系对比研究

1. 结构体系设计研究

三跨固结体系主梁分为中孔钢梁、边孔钢梁、混凝土横梁三段，主梁内设置通长柔性系杆以抵消拱肋产生的水平推力，主梁除承受荷载外还兼作柔性系杆通道。

三跨活动体系与三跨固结体系区别在于前者的边孔钢梁与拱肋下横梁不固结，而是通过单向盆式活动支座支撑于拱肋下横梁上。为降低主拱拱脚成桥内力，设置边孔短系杆，短系杆一端锚固于混凝土端横梁上，另一端锚固于主拱拱肋上。

三跨固结体系和三跨活动体系在构造上有以下弊端：

（1）主桥混凝土端横梁通过活动支座支撑在墩柱上，引桥主梁又通过活动支座设置于主桥混凝土端横梁上，这种双层支座构造后期更换难度较大。

（2）主桥系杆锚固于端横梁上，需要在引桥端横梁内设置单独的检修室，构造较复杂。

基于上述原因提出五跨固结体系和五跨活动体系。

相对于三跨固结体系和三跨活动体系，五跨体系仅增加一孔混凝土辅助跨，主桥系杆锚固于辅助墩端横梁上，辅助孔混凝土箱梁内腔作为系杆张拉和检修的空间。

2. 成桥静力分析

为详细研究各体系在静力成桥工况下的受力情况，通过建立有限元模型进行成桥静力分析，计算模型如图 7-8 所示。

通过建立施工阶段成桥模型计算四种结构体系在各工况下的结构内力，为方便对比，本节仅截取结构关键部位和受力较大部位的计算结果，具体如图 21-1 所示（图表中轴力以压力为负，拉力为正，弯矩取绝对值）。

根据上述结果可知，在成桥状态工况下，三跨体系在边拱拱顶产生了很大的纵向弯矩，该弯矩主要由主梁恒载产生的负弯矩导致，而五跨体系由于有辅助跨起平衡作用，主梁恒载产生的负弯矩较小，故其边拱拱顶和拱脚的弯矩均较小。

经核算，三跨体系边拱拱顶在正常使用状态下的裂缝宽度很难满足《公路钢筋混凝土及预应力混凝土桥涵设计规范》（JTG 3362—2018）要求，故根据静力成桥计算结果排除三跨体系，后续仅比较五跨体系在基本组合工况下的各关键部位内力结果。如图 21-2 所示。

	三跨活动	三跨固结	五跨活动	五跨固结
轴力(kN)	−38087	−38877	−38010	−38817
弯矩(kN·m)	53650	41017	54395	41785

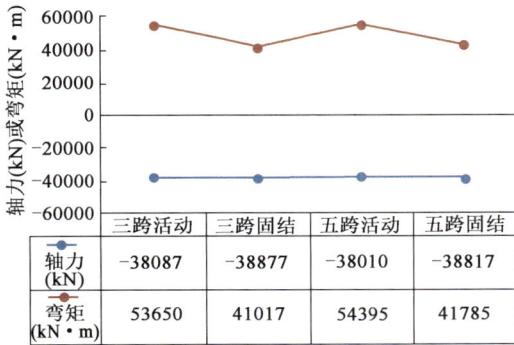

a)成桥状态主拱拱顶内力

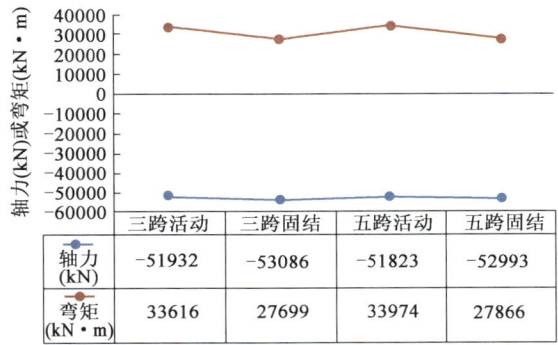

	三跨活动	三跨固结	五跨活动	五跨固结
轴力(kN)	−51932	−53086	−51823	−52993
弯矩(kN·m)	33616	27699	33974	27866

b)成桥状态主拱1/4处内力

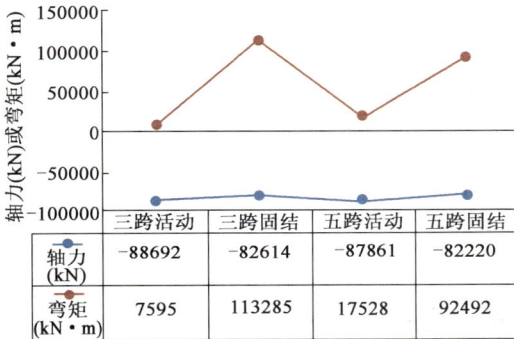

	三跨活动	三跨固结	五跨活动	五跨固结
轴力(kN)	−88692	−82614	−87861	−82220
弯矩(kN·m)	7595	113285	17528	92492

c)成桥状态主拱拱脚内力

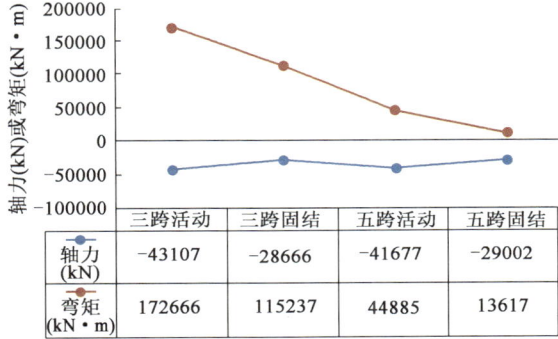

	三跨活动	三跨固结	五跨活动	五跨固结
轴力(kN)	−43107	−28666	−41677	−29002
弯矩(kN·m)	172666	115237	44885	13617

d)成桥状态边拱拱顶内力

图 21-1　成桥关键部位计算内力

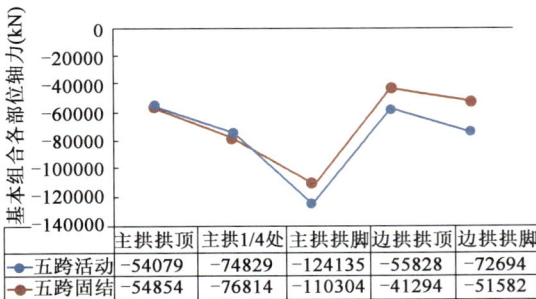

	主拱拱顶	主拱1/4处	主拱拱脚	边拱拱顶	边拱拱脚
五跨活动	−54079	−74829	−124135	−55828	−72694
五跨固结	−54854	−76814	−110304	−41294	−51582

a)基本组合各部位轴力

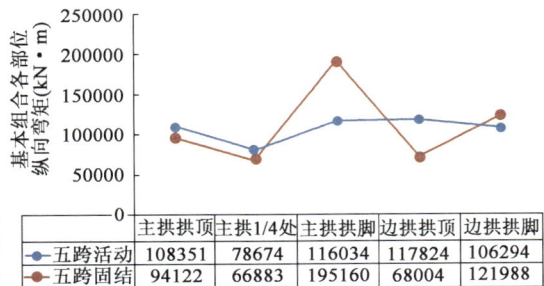

	主拱拱顶	主拱1/4处	主拱拱脚	边拱拱顶	边拱拱脚
五跨活动	108351	78674	116034	117824	106294
五跨固结	94122	66883	195160	68004	121988

b)基本组合各部位纵向弯矩

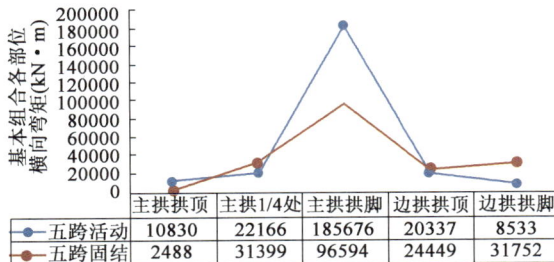

	主拱拱顶	主拱1/4处	主拱拱脚	边拱拱顶	边拱拱脚
五跨活动	10830	22166	185676	20337	8533
五跨固结	2488	31399	96594	24449	31752

c)基本组合各部位横向弯矩

图 21-2　五跨体系在基本组合工况下的各关键部位内力

根据上述结果可知,在基本组合工况下,五跨固结体系的主拱拱脚纵向弯矩较大,五跨活动体系在边拱拱顶的纵向弯矩和主拱拱脚的横向弯矩较大,两种体系各有优劣,在合理配筋范围内均能满足相关规范要求,故需进一步通过动力时程分析进行对比。

3. 动力时程分析

根据《公路桥梁抗震设计规范》(JTG/T 2231-01—2020)第 9.3.3 条的规定,动力时程分析应建立主桥与相邻引桥孔耦联的空间计算模型,计算模型如图 7-16 所示。

动力时程分析模型将地安评提供的三条水平地震波分别以顺桥向、横桥向两个方向加载,并结合一条竖向地震波,共 12 个荷载工况。由于《公路桥梁抗震设计规范》(JTG/T 2231-01—2020)要求,特大桥在 E2 地震作用下材料也不能屈服,为节约篇幅,以下仅列举 E2 地震作用工况下的计算结果。具体结果如图 21-3 所示。

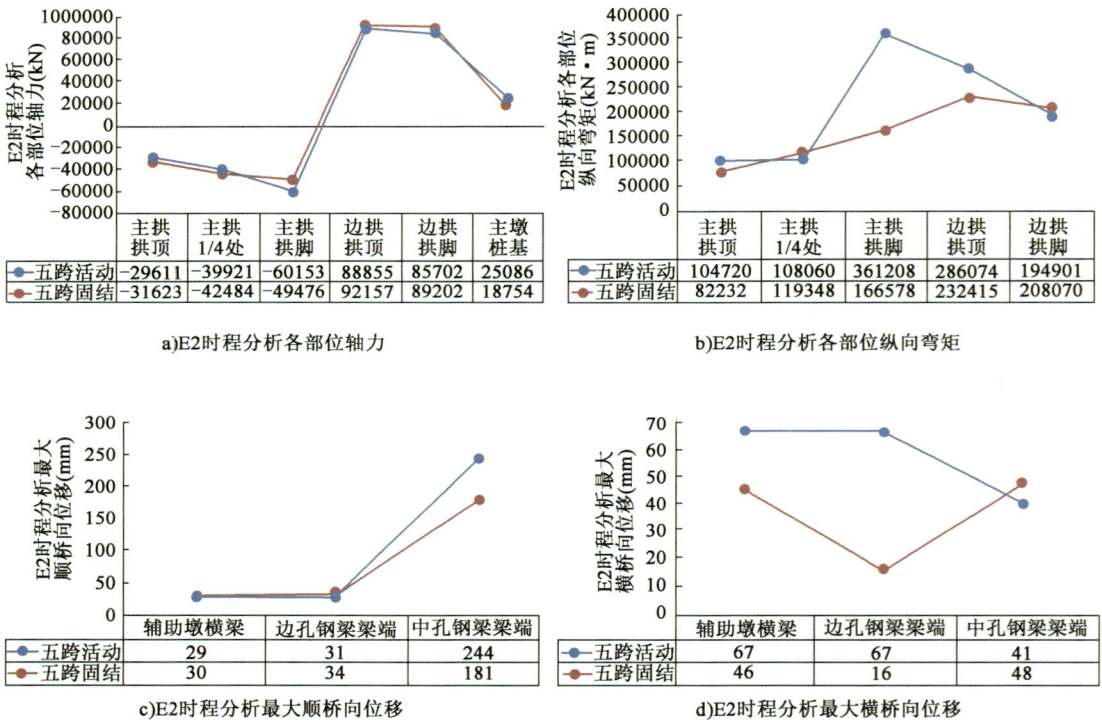

a)E2时程分析各部位轴力

	主拱拱顶	主拱1/4处	主拱拱脚	边拱拱顶	边拱拱脚	主墩桩基
五跨活动	-29611	-39921	-60153	88855	85702	25086
五跨固结	-31623	-42484	-49476	92157	89202	18754

b)E2时程分析各部位纵向弯矩

	主拱拱顶	主拱1/4处	主拱拱脚	边拱拱顶	边拱拱脚
五跨活动	104720	108060	361208	286074	194901
五跨固结	82232	119348	166578	232415	208070

c)E2时程分析最大顺桥向位移

	辅助墩横梁	边孔钢梁梁端	中孔钢梁梁端
五跨活动	29	31	244
五跨固结	30	34	181

d)E2时程分析最大横桥向位移

	辅助墩横梁	边孔钢梁梁端	中孔钢梁梁端
五跨活动	67	67	41
五跨固结	46	16	48

图 21-3 E2 地震作用工况下的计算结果

根据上述内力计算结果可知,在 E2 地震作用下,五跨固结体系和五跨活动体系的主、边拱轴力基本相当,但五跨活动体系在主墩桩基处的轴拉力明显大于五跨固结体系。另外,五跨活动体系在地震作用下不仅主拱拱脚纵向弯矩较大,边拱拱顶和边拱拱脚的纵向弯矩也较大。

根据位移计算结果可知,在 E2 地震作用下,五跨活动体系的结构位移幅度和位移峰值也更大。综合来看,五跨固结体系由于梁拱固结作用,结构在地震作用下的内力较小,且位移响应也更小,而五跨活动体系由于没有主梁的约束,拱的内力和位移都更大。

二、边孔梁拱连接关系对整体结构受力影响分析

1. 三角刚架体系

该结构体系也称固结体系,如图 21-4 所示。

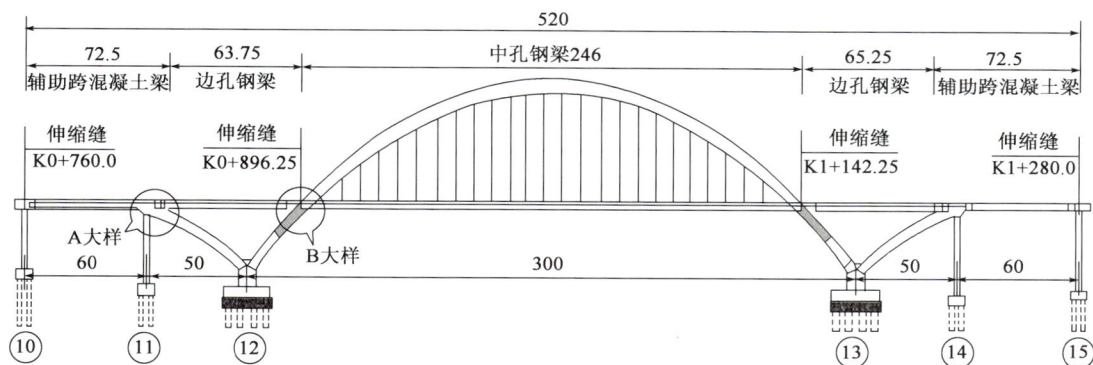

图 21-4 三角刚架体系桥梁结构体系图(尺寸单位:m)

2. 梁拱分离设拱上立柱体系

该结构体系如图 21-5 所示。

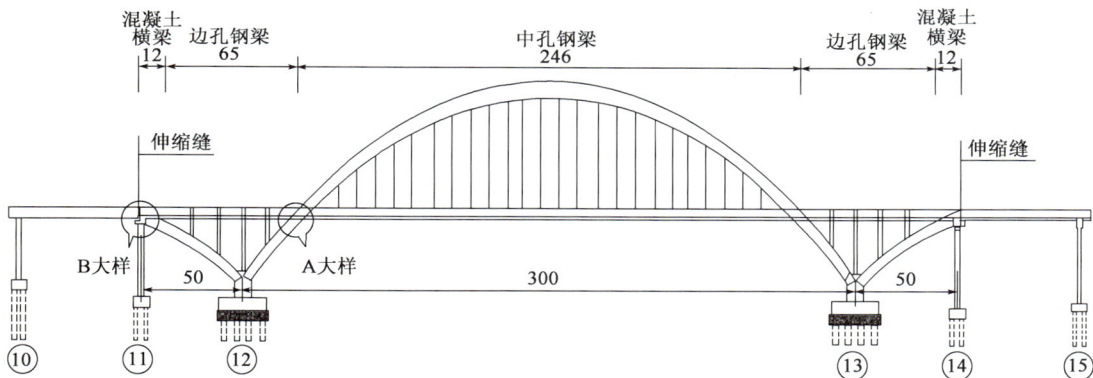

图 21-5 梁拱分离设拱上立柱体系桥型结构体系图(尺寸单位:m)

3. 梁拱分离设边跨拉索体系

该结构体系如图 21-6 所示。

4. 三种结构体系对比

对三种结构体系在 E2 地震作用下的响应进行了分析及综合对比,如图 21-7、图 21-8 所示。

由上述结果可知,梁拱分离设拱上立柱和设边跨拉索两种体系的内力和位移状态相似。固结体系由于梁拱的相互约束,地震作用下主拱弯矩,以及主梁的梁端位移明显较小,但因边拱与主梁固结在一起,地震作用下主梁纵横向位移均会导致边拱内产生较大的轴拉力。

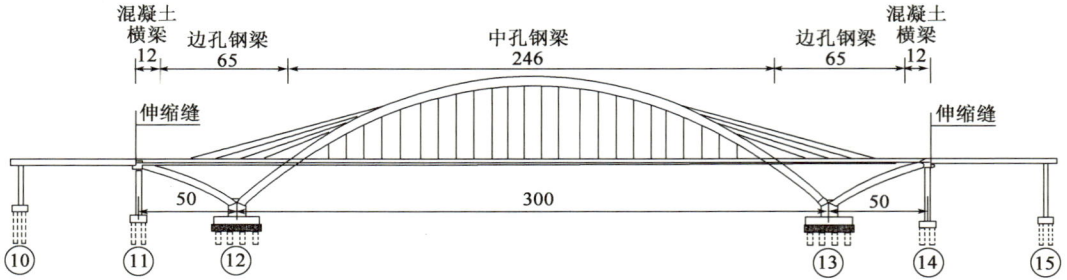

图 21-6　梁拱分离设边跨拉索体系桥型结构体系图(尺寸单位:m)

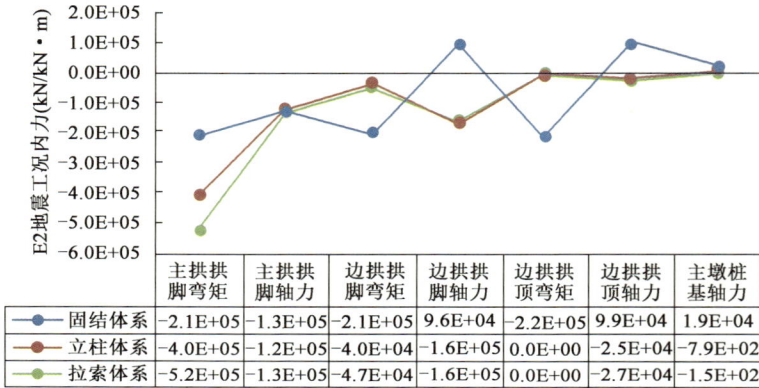

图 21-7　E2 地震工况内力

	主拱拱脚弯矩	主拱拱脚轴力	边拱拱脚弯矩	边拱拱脚轴力	边拱拱顶弯矩	边拱拱顶轴力	主墩桩基轴力
固结体系	-2.1E+05	-1.3E+05	-2.1E+05	9.6E+04	-2.2E+05	9.9E+04	1.9E+04
立柱体系	-4.0E+05	-1.2E+05	-4.0E+04	-1.6E+05	0.0E+00	-2.5E+04	-7.9E+02
拉索体系	-5.2E+05	-1.3E+05	-4.7E+04	-1.6E+05	0.0E+00	-2.7E+04	-1.5E+02

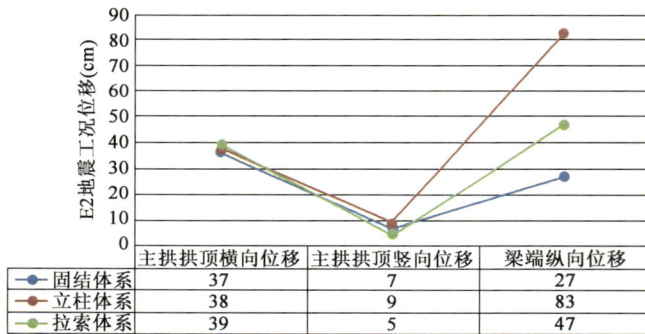

	主拱拱顶横向位移	主拱拱顶竖向位移	梁端纵向位移
固结体系	37	7	27
立柱体系	38	9	83
拉索体系	39	5	47

图 21-8　E2 地震工况位移

　　主拱拱脚的安全状况关系全桥的安全,主拱破坏会导致桥梁结构整体垮塌,而边拱破坏仅会导致基础水平力增加,桥梁体系基本完整,且震后修复相对容易,故在体系选取时考虑主拱受力状态最好的固结体系。

三、主梁结构形式对整体结构受力影响

　　在三角刚架体系的基础上,对边跨和辅助跨的主梁形式进行对比,并研究主梁形式对结构

整体受力的影响。

方案一:中跨、边跨、辅助跨主梁均采用钢梁方案。

方案二:中跨、边跨、辅助跨主梁均采用钢-混组合梁方案。

方案三:中跨、边跨主梁采用钢梁,辅助跨主梁均采用混凝土梁的混合梁方案。

对三种结构体系在 E2 地震作用下的响应进行了分析,现将各体系计算结果汇总,进行综合对比,如图 21-9、图 21-10 所示。

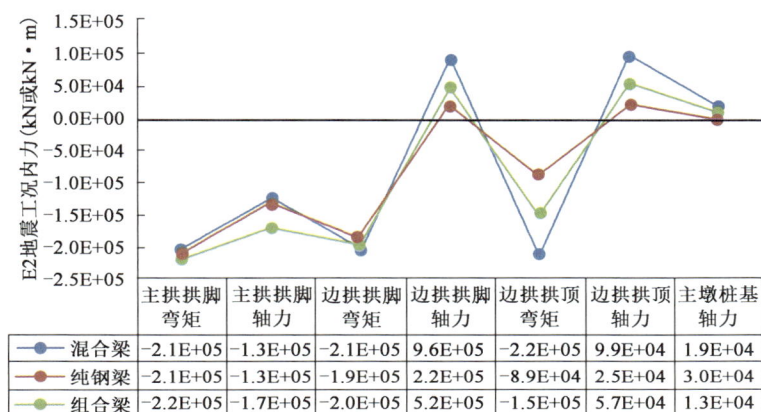

	主拱拱脚弯矩	主拱拱脚轴力	边拱拱脚弯矩	边拱拱脚轴力	边拱拱顶弯矩	边拱拱顶轴力	主墩桩基轴力
混合梁	-2.1E+05	-1.3E+05	-2.1E+05	9.6E+05	-2.2E+05	9.9E+04	1.9E+04
纯钢梁	-2.1E+05	-1.3E+05	-1.9E+05	2.2E+05	-8.9E+04	2.5E+04	3.0E+04
组合梁	-2.2E+05	-1.7E+05	-2.0E+05	5.2E+05	-1.5E+05	5.7E+04	1.3E+04

图 21-9　E2 地震工况内力

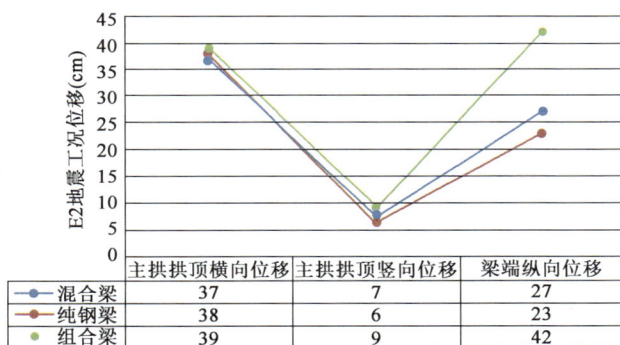

	主拱拱顶横向位移	主拱拱顶竖向位移	梁端纵向位移
混合梁	37	7	27
纯钢梁	38	6	23
组合梁	39	9	42

图 21-10　E2 地震工况位移

由上述结果可知,三种主梁形式的结构内力和位移状态相似。混合梁体系由于辅助跨主梁采用混凝土梁,自重较大,地震作用下主梁纵、横向位移均会导致边拱内产生较大的轴拉力,而纯钢梁体系的边拱轴拉力最小,组合梁体系介于两者之间。组合梁体系由于自重较大,地震作用下中孔钢梁纵飘产生的位移更大,达到 42cm,需要加大梁端间隙和伸缩缝位移量,避免地震作用下主梁发生碰撞。

通过对地震度、结构分析等方面进行研究,创新了五孔钢-混凝土混合梁 + 三角刚架结构体系(图 8-1),并顺利通过数值模拟和抗震试验(图 8-2),研究成果对于高烈度地区桥梁抗震性能与设计方法具有指导意义。

第二节　国产最大阻尼器研发

为了避免地震作用下中孔钢梁与拱肋和边孔钢梁发生碰撞,主桥中孔钢梁梁端设置 8 套黏滞阻尼器以限制主梁发生纵向位移。阻尼器采用内置硅油液体黏滞阻尼器,阻尼力为 5000kN,最大行程为 ±150mm,安全系数为 1.5,黏滞阻尼器速度指数为 0.35。阻尼器能适应的角度与其连接部件的形式有关,阻尼器在销轴轴线与阻尼轴线构成的平面内能适应的转动角度不小于 ±6°。阻尼器设置情况如图 21-11、图 21-12 所示。

图 21-11　阻尼器设置示意图

图 21-12　阻尼器设置实物图

建设团队组织开展了阻尼器桥梁振动台试验、低温试验、风洞试验、出厂试验等一系列试验。阻尼器通过了以上试验并应用在京雄大桥,目前应用效果良好。相关试验照片如图 21-13、图 21-14 所示。

图 21-13　阻尼器桥梁振动台试验

图 21-14　阻尼器出厂试验

第二十二章　施工技术创新

第一节　胶结状卵石开挖设备

在桥梁工程中,水中墩基础开挖常采用长臂挖机、链斗船、电抓斗等设备。长臂挖机 + 浮式平台、链斗船、电抓斗等设备的开挖工效最大为250m³/d。长臂挖机 + 浮式平台开挖机动性差;链斗船开挖胶结状卵石层效率低,机动性差,故障率高;电抓斗开挖胶结状卵石层效率低,且随着水深的增加,受浮力影响,抓斗下落阻力加大,开挖效率会进一步降低。传统开挖设备不能满足不通航水域胶结状卵石层开挖施工的需求。

为解决不通航水域胶结状卵石层开挖问题,建设团队研发了一种胶结状卵石开挖设备,胶结状卵石开挖设备由浮式平台、环保发电机、定位装置、绞吸头自动提升设备等组成。绞吸头将胶结状卵石吸附后,通过排放管输送至岸边存放,通过定位钢管结构避免管道运行偏移,通过卷扬机设备可实现绞吸头自动提升。采用该设备进行开挖,满足开挖大粒径卵石的需求(最大卵石粒径约60cm),开挖工效达430m³/d,实现了深水基础的快速开挖。胶结状卵石开挖设备如图22-1所示。

图 22-1　胶结状卵石开挖设备

第二节　水下开挖技术

京雄大桥桥位处为胶结状卵石地质,锁扣钢管桩打入地层的深度无法达到设计高程。为保证锁扣钢管桩顺利插打至设计高程,同时减少水下开挖数量,需先进行水下开挖。建设团队采用自主研制的胶结状卵石开挖设备进行开挖,开挖至设计高程后进行锁扣钢管桩插打。待锁扣钢管桩插打完成后,采用旋挖钻机、伸缩臂挖机或长臂挖机在研发的可滑移施工平台上进行围堰内土石方的水下开挖,解决了不通航水域胶结状卵石地质深水围堰施工的难题。水下开挖工序示意图如图22-2、图22-3所示。

图 22-2　一次水下开挖范围　　　　图 22-3　二次水下开挖范围

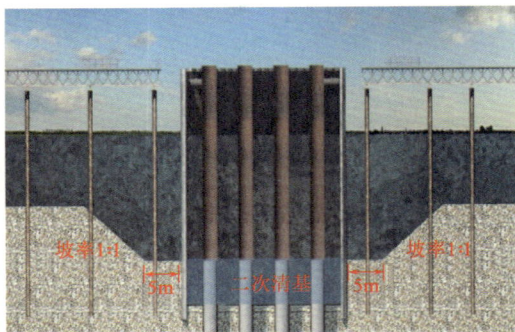

第三节　可滑移施工平台

围堰内开挖空间狭小,一般采用伸缩臂挖机或长臂挖机进行开挖,施工范围有限。为了方便开挖设备布置,在进行围堰内的土石方开挖施工时,需要在围堰上布置一个平台,为开挖设备提供施工作业面。传统围堰平台结构较为单一,作业平台布置钢材用量大,为此,本工程建设团队研发了可滑移施工平台,平台由桥面板、贝雷梁、滑道组成。其中,滑道固定在护筒上,通过钢丝绳拖拽实现作业平台滑移。可滑移施工平台大大加快了围堰内土石方的开挖速度,大大减少了作业平台的钢材投入。可滑移施工平台结构如图 22-4 所示。

图 22-4　可滑移施工平台结构

第四节　围檩、支撑整体下放装置

为解决围檩、支撑下放施工难题,研发了围檩、支撑整体下放装置,该装置由智能控制柜、支撑系统、吊挂系统、桁架系统、下放系统组成。通过建设团队研发的智慧管理平台,可远程准确控制多台下放系统千斤顶的伸缩,从而实现了围檩、支撑智能整体同步下放,缩短水下作业时间,降低施工风险,加快施工进度。围檩、支撑整体下放装置如图 22-5 所示。

图 22-5　围檩、支撑整体下放装置

第五节　下拱肋施工技术

　　传统下拱肋一般从下往上施工,拱肋骨架安装一段,混凝土浇筑一段,最后施工钢-混结合段。此施工方法容易造成拱肋骨架装配误差过大、钢绞线定位误差和钢筋对接误差累积过大,进而导致后续钢筋对接和钢绞线安装困难,拱肋骨架与钢-混结合段安装调节难度大,影响施工工期。同时,下拱肋独立浇筑对支架沉降要求较高,过大的沉降量或不均匀沉降均容易导致下拱肋在拱脚处产生结构裂纹。

　　通过研发下拱肋施工方法,解决上述难题,在保证施工安全和质量的前提下,实现了下拱肋快速化施工。首先在支架上安装下拱肋底模,然后再进行拱肋钢骨架和钢-混结合段整体吊装,最后从下而上分节段进行下拱肋施工,如图 22-6、图 22-7 所示。先进行骨架整体安装,可减少拱肋骨架装配误差。钢-混结合段整体吊装前,钢壳与钢壳内钢筋采用工厂化加工,减少了钢筋对接误差,大大降低了钢-混结合段的安装难度。钢-混结合段端头钢绞线定位精度高,采用研发的钢绞线定位装置,保证了钢绞线安装精度。为防止沉降和裂缝产生,下拱肋采用从下而上分节对称浇筑,在边拱肋和中拱肋间每节段设置刚性拉杆,以减少拱肋混凝土沉降变形。

图 22-6　钢骨架整体安装

图 22-7　钢-混结合段整体安装

第六节　空间异形拱肋制造交叉基线控制技术

　　首先在平铺底板单元上做出横基线和纵基线作为拼装的定位基准,保证每块单元件上均分布有横基线和纵基线。然后依据坐标系画出地样线,并安装胎架。再根据地样线、横基线和纵基线完成该拼装轮次内所有平铺底板单元的组装。最后在平铺底板单元的基础上依次进行曲线钢箱结构后续的内隔板、侧向壁板和顶板的拼装,直至拼装完成整体箱形结构。通过横基线校核节段环向板单元组拼精度,纵基线校核节段纵向板单元组拼精度,实现对拱肋节段组拼的高精度控制,如图 22-8 所示。

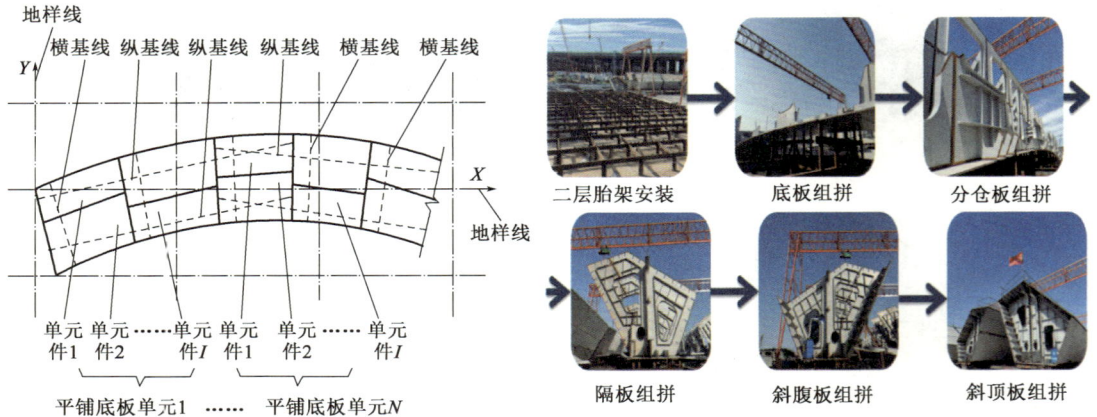

图 22-8　空间异形拱肋制造交叉基线控制技术

第七节　梁拱共用胎架

京雄大桥主桥钢拱肋截面为不规则四边形渐变至五边形的异形曲面结构,上下游拱肋内倾角度达到 17.05°,加剧了拱肋的空间扭曲。

根据大桥钢梁、钢拱肋节段特点,研发了异形曲面结构拼装通用式双层胎架结构。第一层为用于钢梁组拼的标准层胎架,在第一层的基础上加装匹配层形成第二层拱肋胎架,满足钢拱肋组拼制造的需求,通过设计优化梁拱共用胎架结构以最大限度减少胎架材料投入。标准层胎架采用模块化设计,最大限度减少杆件型号,匹配层胎架通过不同高度的立柱和调节牙板匹配异形曲面拱肋线形。钢梁及拱肋节段组拼胎架如图 22-9、图 22-10 所示。

图 22-9　钢梁节段组拼胎架结构

图 22-10　拱肋节段组拼胎架结构

第八节　空间异形拱肋安装技术

对于大跨径空间异形拱桥而言,异形拱肋的精确空间定位是顺利成桥的关键。在京雄大桥空间异形钢箱拱肋施工过程中,将三维千斤顶、三维可调节吊具(图 22-11、图 22-12)、拱肋支撑调节和限位装置等一系列智能工装设备应用于拱肋安装过程中,发挥了其灵活、便捷的优点,减少了吊带的投入,实现了安全吊装,加快了整体吊装的施工进度。通过运用 BIM 技术和虚拟预拼装技术,降低了拱肋坐标计算的难度,减少了拼装的误差,又通过对拱肋吊带和吊耳进行设计和模拟分析,提高了拱肋的施工效率。研发的一种拱肋控制点安装和控制点坐标复核的方法,可对从 BIM 模型中提取的坐标进行计算复核,保证拱肋安装坐标准确无误。将研发的京雄高速公路智慧管理平台、自动监测传感器和自动测量机器人三者与 5G 技术结合,实现拱肋支架应力和位移、浮式起重机状态相关重要数据、现场视频等信息可视化,并对各项数据实时预警、报警,全面监控拱肋安装施工,确保施工安全可控。

图 22-11　拱肋吊装吊具

图 22-12　三维可调节吊具部件组成

第九节　拱肋合龙方法

建设团队优化了拱肋合龙工艺。首先在合龙口两侧的拱肋上各选取一个测量截面,在该测量截面的拱肋顶部和底部沿对应的拱肋中心线两侧对称设置测点,然后以理论拱顶截面为基准截面,根据该测量截面测点的三维坐标、该测量截面与对应的拱肋端口截面间隔的距离,计算拱肋端口截面的顶部和底部到基准截面的曲线长度。最后根据拱肋端口截面的顶部和底部到基准截面的曲线长度切割预制合龙段结构,得到最终的合龙段结构。通过该方法形成最终的合龙段,加工精度高,能够满足拱肋合龙的要求。拱肋合龙施工如图 22-13所示。

图 22-13　拱肋合龙施工

第二十三章　监控技术创新

第一节　基于智慧管理平台的桥梁施工智能监控技术

桥梁施工监控的目的是保证桥梁施工期间的安全、满足相关规范要求和设计质量要求。桥梁施工监控系统对施工期间的桥梁结构应力状态、变形状态进行实时监测和控制,使桥梁结构在恒荷载下的受力处于理论计算的容许范围内,使桥梁轴线偏差和挠度偏差在相关规范容许标准内,及时发现并修正施工中出现的偏差,达到理想的成桥线形和结构应力状态。

为确保监控精度、贯彻建设养护全生命周期理念和适应信息化管理趋势发展要求,实现监控数据共享及反馈控制指令的快速传递,需要建立一个基于智慧管理平台的施工监控系统,覆盖施工全过程的结构和施工装备,以自动化监控为主,并辅以人工测量数据录入上传功能,然后基于实测数据进行展示、预警、施工控制等,在智慧管理平台上通过三维模型形象展示监控成果。搭建桥梁智慧管理平台,有助于动态掌握桥梁施工进展与风险,确保桥梁施工的安全与质量。施工期间布设的监控系统与平台,也为桥梁竣工验收、运营监测系统提供了监测基础,对于桥梁施工、竣工、运营期间的安全和质量跟踪监测以及管理维护等方面,都有重要的意义。

京雄大桥施工过程涉及大节段吊装拼接等多种施工工艺,结构风险控制因素多。为实时获取结构受力状况,需要对施工现场的大跨径主体结构的位移、变形和应力进行自动化监控和人工测量,并根据实测数据进行控制反馈,确保复杂工程施工的高精度及受力安全。

一、系统架构

在桥梁智慧管理平台设计中,必须要面对的一个问题是数据处理的操作应该在客户端完成,还是应该在服务器端完成。由于所有数据都集中存放在数据管理子系统中,而一般情况下数据管理子系统被部署在服务器之中,若在客户端对数据进行处理,需要对数据管理子系统进行远程的查询、修改或维护等操作,将会导致系统设计的难度增加,同时需要开发客户端的数据处理软件,而在服务器端进行处理,可直接对数据管理子系统进行相应操作,但是对服务器端应用的开发要求较高。因此,在开发施工监控系统时,必须要考虑以什么方式去操作,这就涉及系统架构的选择。京雄大桥施工监控系统平台设计采用了 B/S 架构。

B/S 是 Browser/Server 的简写,也就是浏览器/服务器架构,它是在 C/S(Client/Server,客户/服务器)架构的基础上发展起来的,为 C/S 架构存在的问题提供了很好的解决方案,目前已经得到了广泛的应用。

B/S 架构的优势在于将整个应用系统(包括界面显示和业务逻辑等)部署在服务器端,降低了对客户端的要求。客户端用户无须像 C/S 架构那样在不同的客户机上安装不同的客户应用程序,而只需要安装通用的浏览器软件,就可以发送请求给应用服务器,应用服务器调用

261

相关逻辑组件,并与数据库进行交互后,将处理结果以静态页面的形式返回到客户端的浏览器之上展示给用户。因此,B/S 架构实际上就是一个通过浏览器与服务器进行交互的网站架构。

二、平台搭建

本项目智慧管理平台,基于云计算的可插拔式监测系统,提供前端的云监测终端,可以兼容各种传感器的接入,并将采集的数据通过无线互联网传回到云计算数据中心,在中心部署的服务器运行监听程序,实时接收数据,进行解算,并将数据存储到数据库中。用户可通过 Web 端和 App,实现监测终端的配置和远程诊断,以及监测数据查看、数据分析、报表下载、报警接收等。大部分监控系统总体框架包括三个层次,底层为大数据采集管理,中间层为各种功能模块,顶层面向用户提供驾驶舱、Web 应用和微信小程序。系统可视化作为感知交互平台的基础,对确保系统发挥应有功能具有重要意义。应满足以下几个特点:

(1)数据化:对桥梁基础信息、静态资料、施工监控等全方位施工管理数据进行大数据资源整合,并在平台上对用户进行展示。

(2)可视化:通过大屏驾驶舱,将桥梁施工监测数据场景化、三维化展示,同时可快速进行施工安全状态智能分析和研判,指导下一步施工。监控平台如图 23-1 所示。

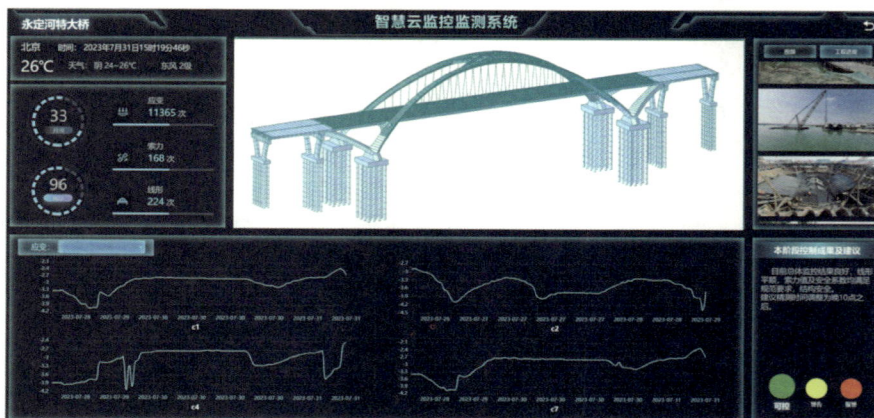

图 23-1　监控平台

第二节　基于三维扫描的空间异形拱肋线形控制

对于大跨径空间异形拱桥而言,异形拱肋的精确空间定位是顺利成桥的关键,必须确保异形拱肋的空间线形符合设计线形要求,然而异形拱肋与水平面的夹角及倾角呈现不规律变化,拱肋结构的异化也大大增加了空间精确定位的难度,使得空间异形拱肋线形很难符合设计线形要求。

本项目三维激光扫描技术主要应用于以下方面:

一、节段验收

要对拱肋架设线形进行把控,首先要保证拱肋节段的出胎几何形态符合要求。

对于常规结构的矩形截面拱肋节段而言，各个面之间的相对变形较为规律，通常对结构顶面的控制点坐标进行复测，控制点坐标满足要求即认为节段的出胎几何形态符合要求。但对于空间异形拱肋而言，其各个面之间的相对变形情况较为复杂，仅对其顶面的控制点进行复测难以对节段的整体几何形态进行判断，故可通过三维激光扫描技术对拱肋节段的出胎几何形态进行复核。

节段验收具体实施方法：拱肋节段在梁场完成制造出胎后，通过三维激光扫描技术构建拱肋节段实测三维模型，通过平移、旋转等空间变换操作将构建的三维模型拱轴线移至设计拱轴线处，用于对比实测三维模型中结构特征点相对位置与设计 BIM 模型中特征点坐标位置的偏差，判断成品节段尺寸是否合格。

二、节段精调

施工过程中受测量手段限制，须提前在拱肋上表面设置好控制点，节段吊装过程中通过将控制点调整到理论坐标位置实现节段的精调定位。

对于常规结构的矩形截面拱肋节段而言，因其截面形状、尺寸较为规整，通过几何变换计算能够较为容易地将拱轴线坐标换算为结构表面的控制点坐标。但对于空间异形拱肋而言，其结构表面的空间曲率较为复杂，通过几何变换计算的方式难以得到其定位控制点的坐标，而通过基于三维激光扫描技术构建的三维模型能够较为直接地获取控制点坐标，可以实现桥位拱肋节段的无接触测量，方便获取实际节段安装位置的三维模型，通过与理论模型比对后获得安装误差，从而指导节段安装精调。

三、关键工序控制

合龙是桥梁实现结构体系转换的重要环节，在结构受力变形难以精准预测、施工精度存在误差等因素影响下，合龙口的几何形态或多或少会与理想目标状态存在一定偏差，且在温度作用影响下，合龙口的变形较大，使得合龙成为桥梁建设过程中进行质量控制的重点与难点，尤其对于合龙段为厂内预制的钢结构而言，由于合龙段长度已不满足调整条件及合龙口焊接工艺的严格要求，该问题更加突出。故在实际施工过程中，合龙前需对合龙口尺寸进行连续观测，以确定实际合龙口的尺寸，提前对合龙段进行配切，再进行吊装合龙。

对于常规结构的矩形截面拱肋节段而言，其截面尺寸较为规整，直接测量各边的相对间距即可较为精确地确定合龙口尺寸，但对于空间异形拱肋而言，合龙口拱肋截面为单箱两室的多边形断面，构件多，可能存在扭转和畸变，拱肋对位难度大，合龙段各边的配切尺寸可能不尽相同，仅观测各边个别点间的相对距离难以确定合龙段配切尺寸。通过三维激光扫描技术可以较为完整地获取拱肋合龙前的合龙口姿态，进而更为精确地开展拱肋合龙段配切工作，其具体实施思路如下：根据现场施工进度情况，确定合龙时间及温度，在合龙前连续72h 每间隔一段时间对合龙口进行三维激光扫描，将扫描得到的两侧节段端面的点云数据信息输入三维建模软件中进行三维建模，得到不同温度下合龙口两侧节段端面的三维模型，通过不同温度下合龙口两侧节段端面各个点之间相对位置信息确定合龙段各边的配切长度。

第二十四章　展　　望

京雄大桥建设历经三年,突破了桥梁景观和河道水阻比要求高、地质情况复杂、空间异形结构加工安装困难等诸多难关,创新了高烈度地区复杂桥梁设计、施工工艺和监控量测技术,取得了高烈度地区空间异形大跨径拱桥建造的新突破,形成了高烈度地区空间异形拱肋大跨径拱桥建造关键技术,可为后续类似桥梁建设起到示范和借鉴作用。但工程环境总是在不停变化,桥梁建造的创新技术也将不断涌现,在今后的桥梁建设过程中,为解决高烈度地区大跨径空间异形桥梁建造问题,确保安全、高效、精准进行桥梁建造,仍然有许多方面值得我们思考和展望。

一、涉河工程桥梁管理展望

近年来,随着交通的发展,涉河建设项目日益增多。河道管理部门在汛期管理上高标准、严要求,不管是管理协议签订,还是施工方案审批都要层层把关,且涉河工程流程办理审批部门多、周期长。确保涉河工程项目建设既安全又高效,显得尤为重要。在加强国家治理体系和治理能力现代化的大背景下,如何开展涉河工程桥梁管理机制的研究和探索,不断完善涉河工程桥梁管理值得人们去思考。

二、桥梁设计技术展望

1. 桥梁美学技术

随着城市高标准发展,对于地标性质的桥梁建筑,要求做到美学与结构力学融合,贯穿项目设计、建造全过程。

2. 数字化协同技术

数字平台和数字技术可有效协同建筑师、结构设计师、建造工程师的工作,实现桥梁建筑美学、结构性能优化、智能建造一体化,通过数字化协同技术赋能行业高质量发展,让城市更美好。

3. 生态友好设计技术

在桥梁设计中充分考虑建筑与周围环境的和谐共存,可采用生态友好型设计,如设置绿化带、野生动物通道等。

4. 新材料与新技术的应用

高强度钢材:使用高强度钢材可以提高桥梁的承载能力和耐久性,同时减轻桥梁自重。

智能材料:利用智能材料(如形状记忆合金、压电材料等)可以实现桥梁的自动修复、智能控制,提高桥梁的安全性和稳定性。

5. 多功能性与可持续性

多功能性:未来的桥梁将不仅仅承担交通功能,还将具备观光、文化、娱乐等多种功能。

可持续性:在桥梁的设计和建造中充分考虑可持续性,包括资源的合理利用、环境的保护和社会的和谐等。

三、桥梁施工技术展望

1. 数字化管理与智能化施工技术

数字化管理方面:通过引入物联网、大数据和人工智能等技术,实现桥梁建造的数字化管理。

智能化施工方面:利用机器人、无人机等智能设备,实现桥梁施工的自动化和智能化。这不仅可以提高施工效率,还可以降低人力成本和安全风险。

2. 绿色建材与低碳技术

绿色建材方面:采用环保、可再生的建材,如高性能混凝土、复合材料等,减少对环境的影响。

低碳技术方面:在施工过程中采用低碳技术,如节能设备、绿色施工工艺等,降低能耗和碳排放。

3. 3D 打印技术

3D 打印技术可以实现复杂结构的精确制造和快速施工,其在空间异形结构加工制造中的应用场景将日益丰富。

四、桥梁智能监测技术

为保障桥梁工程安全、可靠、高效运行,贯彻"安全、智能、绿色"三大理念,充分融合工业化、数字化、智能化技术,建立新一代桥梁工程智能建造与智能运维体系的需求与日俱增。5G、云计算、人工智能、大数据、物联网等新一代技术深度融合催生的数字经济正加速驱动基础设施的转型升级,桥梁智能监测技术还有很长的路要走。为了实现智能化建设的目标,桥梁智能监测技术的应用会越来越广泛。

目前我国桥梁智能监测技术处于初期发展阶段,可依据的相关文献及应用案例较少,暂无统一的桥梁智能监测系统。桥梁智能监测技术在成桥健康监测系统中的应用较多,在大跨径桥梁施工过程中,每一座桥都有自己独特的施工环境、施工方法、大型临时设施及管理办法,很难形成统一的智能监测标准。桥梁施工监测系统与智能监测层面的结合需进一步研究,包括针对不同桥型、不同监测目标建立不同的无线自动化实时监测系统,施工期间大跨径桥梁高耸结构的风振控制系统研究,基于 BIM 可视化的桥梁监测控制体系中数据自动化管理与预警系统技术研发,多指标全方位的桥梁智能监测系统研发与应用等。不局限于单一智能监测指标,开发贯穿大跨径桥梁结构全生命周期的一体化施工监测系统与智能监测系统是未来桥梁智能监测技术发展的主要方向。

附录　建设历程

（1）2021 年 4 月 1 日,京雄大桥工程开工。

（2）2021 年 12 月 9 日,京雄大桥主墩桩基完成。

（3）2022 年 1 月 4 日,京雄大桥首个主墩承台封底完成。

（4）2022 年 1 月 12 日，京雄大桥首个盖梁浇筑完成。

（5）2022 年 2 月 23 日，京雄大桥首段钢箱梁成功完成吊装。

（6）2022 年 6 月 12 日，京雄大桥主墩承台全部浇筑完成。

(7)2022 年 9 月 14 日,京雄大桥首个拱座主体浇筑完成。

(8)2022 年 12 月 31 日,京雄大桥主桥下拱肋全部浇筑完成。

(9)2023 年 2 月 20 日,京雄大桥首段拱肋节段顺利吊装。

（10）2023 年 6 月 17 日,京雄大桥拱肋全部合龙。

（11）2023 年 12 月 6 日,京雄大桥完成梁体景观涂装。

（12）2023 年 12 月 28 日,京雄大桥通车。

参 考 文 献

[1] 中华人民共和国交通运输部.公路桥梁抗震设计规范:JTG/T 2231-01—2020[S].北京:人民交通出版社股份有限公司,2020.

[2] 中华人民共和国住房和城乡建设部,中华人民共和国国家质量监督检验检疫总局.防洪标准:GB 50201—2014[S].北京:中国计划出版社,2015.

[3] 中华人民共和国交通运输部.公路桥涵设计通用规范:JTG D60—2015[S].北京:人民交通出版社股份有限公司,2015.

[4] 中华人民共和国交通运输部.公路工程技术标准:JTG B01—2014[S].北京:人民交通出版社股份有限公司,2015.

[5] 中华人民共和国交通运输部.公路交通安全设施设计规范:JTG D81—2017[S].北京:人民交通出版社股份有限公司,2017.

[6] 彭亚东,何维利,杨冰,等.京雄高速跨永定河大桥局部构造体系对比研究[J].世界桥梁,2023,51(5):76-81.

[7] 彭亚东,何维利,杨冰,等.京雄高速跨永定河大桥抗震分析[J].特种结构,2023,40(1):59-63.

[8] 中华人民共和国国家质量监督检验检疫总局,中国国家标准化管理委员会.一般起重用D形和弓形锻造卸扣:GB/T 25854—2010[S].北京:中国标准出版社,2011.

[9] 中国铁路总公司.铁路钢桥制造规范:Q/CR 9211—2015[S].北京:中国铁道出版社,2015.

[10] 国家市场监督管理总局,国家标准化管理委员会.焊缝无损检测 超声检测 技术、检测等级和评定:GB/T 11345—2023[S].北京:中国标准出版社,2024.

[11] 中华人民共和国国家质量监督检验检疫总局,中国国家标准化管理委员会.钢的低倍组织及缺陷酸蚀检验法:GB/T 226—2015[S].北京:中国铁道出版社,2015.

[12] 中华人民共和国国家质量监督检验检疫总局,中国国家标准化管理委员会.涂覆涂料前钢材表面处理 表面清洁度的目视评定 第1部分:未涂覆过的钢材表面和全面清除原有涂层后的钢材表面的锈蚀等级和处理等级:GB/T 8923.1—2011[S].北京:中国标准出版社,2011.

[13] 中华人民共和国国家质量监督检验检疫总局,中国国家标准化管理委员会.涂覆涂料前钢材表面处理 喷射清理后的钢材表面粗糙度特性 第2部分:磨料喷射清理后钢材表面粗糙度等级的测定方法 比较样块法:GB/T 13288.2—2011[S].北京:中国标准出版社,2011.

[14] 中华人民共和国国家质量监督检验检疫总局,中国国家标准化管理委员会.金属和其他无机覆盖层厚度测量方法评述:GB/T 6463—2005[S].北京:中国标准出版社,2005.

[15] 国家市场监督管理总局,国家标准化管理委员会.色漆和清漆 划格试验:GB/T 9286—

2021[S].北京:中国标准出版社,2021.

[16] 中华人民共和国国家质量监督检验检疫总局,中国国家标准化管理委员会.色漆和清漆 拉开法附着力试验:GB/T 5210—2006[S].北京:中国标准出版社,2007.

[17] 中华人民共和国交通运输部.公路工程质量检验评定标准 第一册 土建工程:JTG F80/1—2017[S].北京:人民交通出版社股份有限公司,2018.

[18] 王博,祝兴虎,裴王简,等.BIM 正向设计在复杂立体交通设计阶段的应用[J].中外公路,2023,43(4):299-302.

[19] 覃亚伟,石文洁,肖明钊.基于BIM + 三维激光扫描技术的桥梁钢构件工程质量管控[J].土木工程与管理学报,2019,36(4):119-125.

[20] 曾春清,徐勇,屈健,等.成都西一线跨绛溪河大桥设计[J].桥梁建设,2023,53(2):105-111.

[21] 李健刚,张涛,李易,等.“骨架 + 模板”技术在工程设计中的应用:以异形钢塔斜拉桥为例[J].特种结构,2017,34(6):89-92,98.

[22] 李阳,刘艳锋,王海峰,等.一种通用型钢板曲面成型检测工具:CN218511615U[P].2023-02-21.

[23] 王迎彬,李阳,王海峰,等.一种梁拱共用胎架结构:CN218203921U[P].2023-01-03.

[24] 孙国维,周国庆,耿开通,等.三维扫描仪在钢结构预拼装过程中的应用[J].施工技术,2017(S2):514-515.

[25] 罗博仁,刘德强,吴游宇,等.基于激光扫描的公路钢梁桥模拟预拼装方法[J].施工技术(中英文),2023,52(18):104-108.

[26] 孙振海.适应城市道路景观要求的特殊结构物施工安全关键技术研究[D].重庆:重庆交通大学,2014.

[27] 孙超.基于脉动试验的某特大桥动力特性试验研究[J].交通科技与经济,2014,16(6):26-29.

[28] 中华人民共和国交通运输部.公路桥梁荷载试验规程:JTG/T J21-01—2015[S].北京:人民交通出版社股份有限公司,2016.

[29] 徐溢滨,王绪,于文浩.基于BIM 技术的公铁两用跨海大桥智能化建设研究[J].智能建筑与智慧城市,2024(8):164-166.

[30] 江宇.基于三维扫描和 BIM 的装配式结构精度检测和预拼装[D].杭州:浙江大学,2022.

[31] 王石磊.大型空间异形钢塔斜拉桥施工监控技术研究[D].北京:中国铁道科学研究院,2019.